"博学而笃志,切问而近思。"
(《论语》)

博晓古今,可立一家之说;
学贯中西,或成经国之才

复旦博学·复旦博学·复旦博学·复旦博学·复旦博学·复旦博学

主编简介

邵俊岗，男，1963年生，河南西华人，博士、教授、中共党员。1986年本科毕业于河南师范大学物理系，获理学学士学位；1989年硕士毕业于中国矿业大学（北京）；2004年博士毕业于中国矿业大学（北京），获管理学博士学位。1989—2004年在河南财经学院（河南财经政法大学）工作，2004年进入上海海事大学工作。主要从事技术创新、企业孵化、港航管理、投资分析等方面的研究，先后获得省部级科技进步奖二等奖5项、实用社会科学一等奖1项，并获得学校年度科技标兵称号；先后发表论文90余篇，出版教材、著作12余部，承担或作为主要成员完成国家级、省部级和企业委托科研项目60多项。

已出版的著作有《科教兴豫战略实施评价》《技术经济学》《区域专利发展战略》《专业技术孵化器的运行与管理》《孵化创新与创新孵化》。

肖敏，女，1979年生，山东聊城人，博士、副教授、中共党员。2001年毕业于上海交通大学工业工程专业，获工学学士学位；2004年毕业于上海交通大学管理科学与工程专业，获管理学硕士学位；2010年毕业于上海交通大学管理科学与工程专业，获管理学博士学位；2004年至今在上海海事大学经济管理学院任教。主要从事绿色供应链、运营管理、创新管理等方面的研究，在权威期刊上发表论文二十余篇，主持或参与国家级和省部级课题8项。先后获得上海海事大学"骨干教师""我心目中的好老师""教学成果奖"等荣誉。

21世纪工程管理系列

Project Management

邵俊岗　主　编
肖　敏

刘　暐　副主编
肖光年

复旦大学出版社

内容提要

　　本书在编写过程中吸收了国内外高等学校同类课程以及相关课程的适用原理和方法，并结合了作者多年工程经济学本科教学和研究生教学的实践。全书共分10章，即绪论、工程经济分析基本要素、资金时间价值与等值计算、项目评价指标与方法、项目融资分析、项目风险与不确定性分析、项目财务评价、项目国民经济评价、项目后评价、项目可行性研究。各章内容的编写注重相关理论方法的应用分析，注重理论联系实际，注重分析最新评价方法的特征以及新、旧方法之间的内在联系。本书每章后面配有思考练习题，突出了教材的实用性和可读性。本书内容丰富、素材广泛、知识面广，方便教师根据不同层面的学生和教学目的灵活选取教学内容，适合管理类和工科许多专业的本科生、研究生作为教材使用。

前 言
FOREWORD

随着社会生产力的发展，工程技术与经济发展的联系越来越紧密，工程技术成为经济发展的有效手段和方法，而经济发展成为工程技术进步的目的和动力。任何孤立于经济之外的工程技术都是没有生命力的，经济的发展更离不开工程技术的进步。工程经济学（Engineering Economics）是一门融汇工程学和经济学特点和内在联系的交叉边缘学科。工程经济学运用经济理论的分析方法来研究工程投资和经济效益的关系，以有限的资金获得最大的经济效益。工程经济学的核心是工程经济分析，其任务是对工程项目及其相应环节进行经济效果分析，对各种备选方案进行分析、论证、评价，从而选择技术可行、经济合理的最佳方案。

工程经济学已经成为我国高等学校许多管理学专业、工科专业本科生的主要必修课或选修课课程，也是我国工程管理硕士（MEM）全国教指委确定的六门核心课程之一。通过本书的学习，能够了解工程经济学产生与发展的历史背景，掌握工程经济分析的基本理论、评价指标与评价指标体系、项目财务评价、项目经济评价、项目后评价、项目不确定性分析、项目可行性研究等内容，培养学生工程经济分析、评价与决策的能力，使学生能够进行项目可行性研究、项目评价和项目决策。

本书在编写过程中吸收了国内外高等学校同类课程以及相关课程的适用原理和方法，并结合了作者多年工程经济学本科教学和研究生教学的实践。全书共分10章，即绪论、工程经济分析基本要素、资金时间价值与等值计算、项目评价指标与方法、项目融资分析、项目风险与不确定性分析、项目财务评价、项目国民经济评价、项目后评价、项目可行性研究。各章内容的编写注重相关理论方法的应用分析，注重理论联系实际，注重分析最新评价方法的特征以及新、旧方法之间的内在联系。本书每章后面配有思考练习题，突出了教材的实用性和可读性。本书内容丰富、素材广泛、知识面广，方便教师根据不同层面的学生和教学目的灵活选取教学内容，适合管理类和工科许多专业的本科生、研究生作为教材使用。

本书由讲授工程经济学和技术经济学的教师合作编写。全书由邵俊岗和肖敏担任主编，并负责全书统稿，刘暐和肖光年担任副主编。具体分工如下：邵俊岗编写项目财务评价、项目国民经济评价、项目后评价、项目可行性研究等内容，肖敏编写绪论、工程经济分析基本要素、项目融资分析等内容，刘暐编写项目评价指标与方法、项目风险与不确定性分析等内容，肖光年编写资金时间价值与等值计算等内容。

　　本书是上海市工程管理专业研究生教材建设的部分成果，得到了上海市教育委员会的大力支持；本书的出版也得到了复旦大学出版社的大力支持。

　　由于作者水平有限，书中疏漏和不妥之处在所难免，敬请读者和专家同行们不吝指正。

邵俊岗
2019年8月于上海

目录
CONTENTS

第一章　绪论　　1
　　第一节　工程经济学的含义　1
　　第二节　投资决策　3
　　第三节　工程经济学的研究对象及特点　5
　　第四节　工程经济分析基本原则及方法　7
　　本章小结　9
　　思考练习题　10

第二章　工程经济分析基本要素　　11
　　第一节　投资　11
　　第二节　成本　15
　　第三节　税金　22
　　第四节　收入和利润　25
　　本章小结　27
　　思考练习题　28

第三章　资金时间价值与等值计算　　29
　　第一节　资金时间价值及相关概念　29
　　第二节　资金等值及等值计算方法　36
　　第三节　常用的还本付息方式　45
　　本章小结　47
　　思考练习题　48

第四章　项目评价指标与方法　　50
　　第一节　项目评价指标分类　50
　　第二节　静态评价方法　52
　　第三节　动态评价方法　55
　　第四节　方案类型与评价方法　63

本章小结 … 70
思考练习题 … 70

第五章　项目融资分析　73

第一节　项目融资概述 … 73
第二节　融资渠道和方式 … 77
第三节　融资成本 … 82
本章小结 … 88
思考练习题 … 88

第六章　项目风险与不确定性分析　90

第一节　项目风险和不确定性分析概述 … 90
第二节　不确定性分析 … 93
第三节　风险分析 … 101
本章小结 … 122
思考练习题 … 123

第七章　项目财务评价　125

第一节　项目财务评价概述 … 125
第二节　财务费用与效益的识别 … 131
第三节　财务基础数据和财务报表编制 … 133
第四节　项目财务分析 … 151
本章小结 … 156
思考练习题 … 157

第八章　项目国民经济评价　160

第一节　国民经济评价概述 … 160
第二节　经济效益与费用的识别 … 168
第三节　影子价格 … 175
第四节　国民经济评价参数 … 182
第五节　项目国民经济评价报表与指标 … 193
第六节　项目费用效果分析 … 206
第七节　项目评价案例分析 … 210
本章小结 … 226
思考练习题 … 227

第九章　项目后评价　228

第一节　项目后评价概述 …………………………………… 228
第二节　项目后评价的内容 ………………………………… 235
第三节　项目后评价指标体系 ……………………………… 239
第四节　项目后评价的程序与方法 ………………………… 246
第五节　项目后评价报告 …………………………………… 250
第六节　长江口深水航道治理工程项目后评价案例 ……… 254
本章小结 ……………………………………………………… 270
思考练习题 …………………………………………………… 270

第十章　项目可行性研究　272

第一节　项目可行性研究概述 ……………………………… 272
第二节　项目周期与可行性研究阶段 ……………………… 276
第三节　项目可行性研究报告及其撰写 …………………… 285
本章小结 ……………………………………………………… 301
思考练习题 …………………………………………………… 302

主要参考文献　303

附录　复利系数表　305

第一章 CHAPTER 1

绪 论

学习目的

本章主要介绍工程经济学的内涵、产生发展的过程、研究对象、分析方法以及投资决策。通过学习,要求明确工程经济学的基本知识,为以后各章的学习打下理论基础。

第一节 工程经济学的含义

一、工程、项目、经济的含义

(一) 工程

工程是指按一定计划进行的工作,应用有关的科学知识和技术手段通过人们有组织的活动,将某个(或某些)现有实体(自然或人造)转化为具有预期使用价值产品的过程,如造船、修路、开矿等。例如,交通工程是寻求道路通行能力最大、交通事故最少、运行速度最快、运输费用最省、环境影响最小、能源消耗最低的交通系统规划、建设与管理方案,从而达到安全、迅速、经济、方便、舒适、节能及低公害的目的。

一项工程能被人们所接受必须具备两个条件:一是技术上的可行性,二是经济上的合理性。在技术上无法实现的项目是不可能存在的,因为人们还没有掌握它的客观规律;而一项工程如果只讲技术可行,忽略经济合理性,也同样是不能被接受的。人们发展技术、应用技术的根本目的,在于提高经济活动的合理性,也就是经济效益。因此,为了保证工程技术能更好地服务于经济,最大限度地满足社会需要,就必须研究、寻找技术与经济的最佳结合点,在具体目标和具体条件下,获得投入产出的最大效益。

(二) 项目

项目是以一套独特而相互联系的任务为前提，有效地利用资源，为实现某一特定的目标所做的一次性努力。

项目可以从不同的角度进行分类。按项目的目标，分为营利性项目和非营利性项目；按项目的产出属性（产品或服务），分为公共项目和非公共项目；按项目的投资管理形式，分为政府审批项目、核准项目和备案项目；按项目与企业原有资产的关系，分为新建项目和改扩建项目；按项目的融资主体，分为新设法人项目和既有法人项目。

任何一项工程的完成，都有明确的开始和结束时间，同时都是以一套独特而相互联系的任务为前提，都需要有效地利用资源。从这个意义上来讲，工程就等同于项目。

(三) 经济

"经济"一词，在不同范围内有不同的含义。目前，人们对经济的理解主要有以下几种观点：

(1) 经济是指社会生产关系的总和。这种定义将经济等同于生产关系或经济基础。

(2) 经济包括一个国家国民经济的总体和它的各个组成部分。如农业经济、工业经济、高新技术产业经济、交通运输经济等。

(3) 经济是指物质资料的生产、交换、分配、消费的总和。这个概念将经济视为生产力和生产关系相结合的活动。

(4) 经济是指效益、节约、节省，即以尽可能小的投入获得尽可能大的产出。如投资一个商业地产项目，投资方以相对较小的前期投入，经过妥善经营使得项目在运营期内每年获取丰厚的租金收入，人们就可以说这个项目具有很好的经济效益。

投资一项工程的重要原则在于从有限的资源中获得最大的利益。因此，工程经济学中"经济"的含义应取"效益、节约"的意思。工程与经济相联系就是指在整个投资项目的策划、设计、实施、运营中，如何通过科学的方法使得建设项目在保证工程技术要求的前提下获得最大的经济效益。

二、工程经济学的含义

工程经济学（Engineering Economics）是一门融汇工程学和经济学各自特点和内在联系的交叉边缘学科，它运用经济理论的分析方法来研究工程投资和经济效益的关系，以有限的资金获得最大的经济效益。

经济学的一个基本假设是资源具有稀缺性。由于资源稀缺，人们就需要对有限的资源进行合理配置，对各种配置方案进行科学的分析和比选，使其能够发挥最大效益。工程技术是人类在认识自然和改造自然的反复实践中积累起来的有关生产劳动的经验、知识、技巧等。

工程经济学的核心是工程经济分析,其任务是对工程项目及其相应环节进行经济效果分析,对各种备选方案进行分析、论证、评价,从而选择技术上可行、经济上合理的最佳方案。工程经济学的重点并不是怎样设计一条高速公路或者这条公路如何施工,而是这条公路应不应该建设,应该在什么时间、什么地点建设,建设公路需要花费多少资金及如何筹措,公路建成后能够产生多大的经济效益和社会效益等问题。

第二节 投资决策

本章第一节已经提到,工程经济学中的工程是指实践中的各种投资建设项目。对某项工程经济合理性的判别,主要评价依据是该项工程是否应该建设、项目布局优劣、所需资金情况,以及社会、经济效益大小等,产生这些问题的根源在于该项工程的投资决策是否合理。

一、投资决策的含义

投资决策是指根据预期的投资目标,拟订若干个有价值的投资方案,并用科学的方法或工具对这些方案进行分析、比较和遴选,以确定最佳实施方案的过程。在一国的经济发展过程中,无论在宏观层面还是微观层面,投资都发挥着极为重要的作用。政府通过投资,提供公共物品,满足社会需求,提高效率;企业通过投资,提供私人物品,满足市场需求,获取利润。在一定时期内,政府和企业可利用的资源都是有限的,合理配置资源、提高资源利用效率就显得非常重要。投资不仅需要热切的心情,还要有冷静的头脑。在拟建项目之前,需要分析该项投资能给投资者带来多大收益、给社会带来何种影响等,在权衡利弊的基础上决定是否实施该项投资。此外,投资具有很大的不确定性,所有的投资都建立在对未来的估计上,这就需要投资者在项目建设之前充分估计未来的不确定性,分析未来社会经济发展的条件、环境和趋势等。因此,在项目建设之前,必须科学、充分地预计未来,从而做出正确的投资决策。

二、投资决策的程序

投资决策的一般程序包括以下四个方面。

(一)调查研究、收集信息并提出问题,在此基础上确定预期目标

投资项目是投资者在充分调研和思考的基础上,根据自身的需求和愿景所提出的。作为政府,为了充分发挥其经济职能而需要实施投资项目,每一项投资都是为实现一定的目

标服务的。比如,预期目标可能是为了提供更多的社会公共物品以满足公众需要;可能是为了充分地把城市的某种资源优势转化为经济优势;可能是为了矫正外部不经济性和垄断等。作为企业,为了自身的经营和发展,在一定时期内也要进行投资,每一项投资都是为了实现特定的经济目标服务的。比如,企业投资的经济目标可能是为了扩大市场份额、提高市场竞争力;可能是为了提高生产规模以实现规模经济;可能是为了企业的某种核心竞争力能尽快实现商品化、产业化;也可能是为了扩张经营范围而实现一体化、多元化发展等。

(二) 根据宏观环境和现有条件拟订若干个有价值的方案

要达到预期的目标,可能存在着多种可实施的方案。投资者或者受投资者委托的中介咨询公司可根据预期的目标和现有的宏观政策、市场、技术、资源等条件拟订若干个有价值的方案。所谓有价值的方案,一般具有两层含义:一是强调拟订的方案有可实施性,不能拟订毫无实施可能性的方案;二是在拟订的可实施方案中也有两种选择,即可以实施方案,也可以不实施方案。不实施拟订的方案本身也是一种有价值的选择,其通常被称为"零方案"。

(三) 对拟订的方案进行分析、比较,遴选出最满意的实施方案

拟订出一系列可实施的方案后,投资者要用科学的方法对这些方案进行全面的分析和比较,以选择出能使投资者最为满意的方案。所谓科学的方法,就是指运用可行性研究和项目评估的方法进行项目的遴选,这是投资决策的重要工具和手段。一般来说,企业投资项目需要利用可行性研究和项目评估对拟订方案的必要性、市场需求、生产规模、建设和生产条件以及未来的经济效益等进行分析和比较,遴选出具体实施的方案;政府投资项目主要运用经济评价和社会评价的方法,选出有利于政府财政和利益相关者的可实施方案。所谓使投资者满意,就是指方案在各个方面都能满足投资者的要求。项目是否可行取决于诸多内在和外在因素,实施一个项目也需要具备各个方面的条件,因此应该强调的是,现实中基本不存在各个方面都特别优秀的方案,投资者所选择的只能是使他最为满意的方案。

(四) 确定实施的计划,提出合理化的建议

当确定了实施方案以后,就要制订实施的计划。投资者可以对可行性研究和项目评估中的实施计划进行适当深化和修改,也可以根据论证的结果重新制订实施计划。制订计划的同时还要提出合理化建议,其目的在于:在项目实施的过程中,不是所有条件都能满足要求,这就需要有关部门和人员为项目的顺利实施提出建议,使项目能够按照预期的目标和时间开工建造、竣工验收并投入使用,从而产生应有的效益。

第三节 | 工程经济学的研究对象及特点

一、工程经济学的产生及发展

工程经济学的产生至今已有 100 多年，其标志是 1887 年美国的土木工程师阿瑟·惠灵顿（A. M. Wellington）出版的著作《铁路布局的经济理论》。到了 1930 年，格兰特（E. L. Grant）教授出版的《工程经济学原理》教科书奠定了经典工程经济学的基础。1982 年，工程经济学家里格斯（J. L. Riggs）教授出版的《工程经济学》把工程经济学的学科水平向前推进了一大步。

近代工程经济学的发展侧重于用概率统计进行风险性、不确定性等新方法的研究以及非经济因素的研究。20 世纪 90 年代以后，工程经济学理论逐步突破了传统上对工程项目本身经济效益的研究，出现了对宏观经济加以研究的新趋势。比如，对于某些工程项目，要分析它能否应用先进的工艺水平，能否对整个地区和行业的技术进步和经济发展造成影响；对于大多数项目还要考虑其对生态环境造成的潜在威胁，是否适应可持续发展的要求等。由此可见，随着科学技术的发展和人类社会的进步，工程经济学的研究方法还将不断创新，理论还将不断完善，并不断满足人们对工程项目和技术方案进行科学决策的新要求。

我国对工程经济学的研究和应用起步于 20 世纪 70 年代后期，现已形成较为完整的学科体系。与此同时，在项目投资决策分析、项目评估和管理中，工程经济学已经在我国得到了系统和广泛的应用，有效地提高了我国投资项目的经济效益和社会效益。

二、工程经济学的研究对象

工程经济学从技术上的可行性和经济上的合理性出发，运用经济理论和定量分析方法研究工程技术和经济效益的关系。工程经济学的研究对象是工程项目方案的经济分析基本方法和社会评价方法，即研究运用哪些经济理论，采用何种分析工具，建立何种方法体系去正确地评估工程的有效性，寻求技术与经济的最佳结合点。

我们可以将工程经济学的研究对象称为工程经济分析方法，它既包括工程项目的技术方案选择、项目的财务评价、国民经济评价等传统经济评价理论，还包括项目对技术进步、生态环境保护、资源开发利用等问题带来何种影响的社会评价方法。

工程经济学的主要内容包括资金的时间价值理论、项目评价指标与方法、项目融资分析、风险与不确定性分析、项目财务评价、项目国民经济评价、项目后评价、项目可行性研究等。

三、工程经济学的特点

工程经济学是工程技术和经济相结合的交叉学科，它以自然规律为基础，以经济科学作为理论指导，在尊重客观规律的前提下，对工程技术方案的经济效果进行分析和评价，从经济的角度为工程技术的采用和工程建设提供决策依据。工程经济学具有以下五个特点。

（一）综合性

工程经济学是根据现代科学技术和社会经济发展的需要应运而生的一门结合工程与经济的交叉性学科，二者有机结合，形成了工程经济学这门两种学科相互渗透、相互促进的综合性科学。工程经济学既包括自然科学的内容，又包括社会科学的内容；既包括技术科学的内容，又包括经济科学的内容。工程经济学是在技术可行的基础上，研究经济合理性的一种综合分析方法，其研究的内容涉及技术、经济、社会、环境等多方面，因此具有综合性。

（二）实践性

工程经济学不同于传统的经济学，它不涉及国家经济制度之类的宏观问题，而是着眼于具体工程项目的经济性，因此具有很强的实践性。工程经济学是一门与社会生产实践和经济建设紧密联系的学科，无论是政府投资兴建的大型公共项目工程，还是企业为了自身发展而进行的产品开发和技术改进工程，都伴随着资金、资源的使用和投资方案的选择。只有通过工程经济分析方法才能帮助投资者和主管部门做出科学的投资决策。可以说，随着我国经济制度的不断完善和投资效率的逐步提高，工程经济知识将会成为我国掌管经济事业的各级政府官员、企业家、工程师和经济师必备的专业知识。

（三）预测性

工程经济学需要事先对未来实施的技术方案进行经济分析和评价，这使得这门学科带有显著的预测性。由于工程经济学是对工程可行方案的预期效果进行分析，其经济评价要素往往存在一定程度的不确定性，比如预测的市场需求，产品成本、预期利润等可能与实际发生较大偏离。正是由于这些不确定性因素的存在，才使得工程经济学发展出一个专门的领域，即不确定性分析。

（四）选优性

现实生活中，对于一个预期目标往往存在着多种可以实施的方案，但每个方案都各有利弊。为了取得在一定条件下可以达到的最佳经济效果，投资者需要运用科学的工程经济分析方法来选择最适合的方案。工程经济学在技术可行的基础上研究最为经济合理的方案，工程经济分析的过程也是方案的比较和选优的过程。

（五）定量性

工程经济学的研究方法注重定量分析。即使有些难以定量的因素，也要争取予以量化估计，通过对各种方案进行客观、合理、完善的评价，用定量分析的结果为定性分析提供科学的依据。如果不进行定量分析，技术方案的经济性无法评价，经济效果的大小无法衡量，也就无法在多个方案中进行择优比选。因此，在分析和研究的过程中，要用到很多数学方法和计算公式，并建立数学模型。

第四节 工程经济分析基本原则及方法

一、工程经济分析基本原则

（一）资金时间价值原则

资金的时间价值是工程经济学中一个最基本的概念。投资的项目会在未来的运营期内产生收入，这些收入发生在不同的时点，而将它们简单加总来计算项目未来全部收入总额是不合理的。由于资金时间价值的存在，未来的收入会打一个折扣，没有今天同样数额的收入高。因此，如果不考虑资金的时间价值，静态分析项目的未来收益和成本是不符合现实经济理论的。

（二）现金流量原则

衡量投资收益用的是现金流量而不是会计利润。现金流量是项目实际发生的各项现金流入量与现金流出量的统称，而利润是按"权责发生制"核算的会计账面数字，并非手头可用的现金。投资收益不是会计账面数字，而是当期实际发生的现金流。

（三）有无对比原则

有无对比法是将建设这个项目和不建设这个项目时的现金流量情况进行对比，如果结论证明不建设项目对投资者更为有利，就应放弃建设项目。例如，经过工程经济分析发现一个项目建成以后将出现入不敷出、亏本经营、投资无法顺利回收的局面，此时所采取的最佳方案就是零方案，即不进行投资建设。

（四）可比性原则

在工程经济分析中，方案的比较是极为重要的内容。进行方案比较的基础，就在于备选方案应该具有可比性，否则要经过处理以后才能比较。工程经济分析的可比性包括原始数据的可比性、资金的可比性、时间的可比性等。

（五）风险收益的权衡原则

投资是建立在对未来经济情况的预期基础上的，因此任何投资项目都是有风险的，这就必须考虑投资方案的风险和不确定性。不同的投资项目，其风险和收益不同，选择具有多大风险的项目取决于投资者的风险偏好程度和处理风险的能力。但是，选择风险高的项目必须要有与之相适应的高收益，以此来弥补投资者需要承担的额外风险。

二、工程经济分析的方法

（一）理论联系实际的方法

工程经济学中的许多概念，如投资、费用、成本等都来自经济学理论，因此，要正确地运用工程经济分析方法，必须正确地理解、把握经济学中的基本概念，了解经济学所描述的经济运行过程。对于不同的项目，由于其目标、背景和条件不同，需要具体问题具体分析。

（二）定量与定性分析相结合的方法

工程经济学对问题的分析过程从定性出发，通过定量分析再返回定性分析，即首先从工程项目的行业特点、目标要求、基本指标的含义出发，通过资料的收集和数据的计算得到一系列判别指标，再通过实际指标与基准指标的对比以及不同方案之间经济指标的对比，对工程项目各方案的优劣做出判断。定性分析往往具有较强的主观性和风险性，随着应用数学和计算机技术的飞速发展，在经济分析中引入定量分析大大提高了决策的质量。因此，应该尽可能对经济分析的各要素进行量化，这样得出的结论通常具有很强的说服力。对于一些难以量化的内容，如风俗文化等，可以进行定性分析，作为定量分析的补充。

（三）静态分析与动态分析相结合的方法

静态分析是在不考虑资金时间价值的前提下，对项目的经济指标进行计算和比较；动态分析是考虑资金的时间价值，将不同时点上的经济指标进行计算和比较，从而对项目进行更客观、合理的分析。静态分析和动态分析各有特点，在工程经济分析中可以根据工作阶段的不同和指标要求的精确程度进行选择。一般来说，静态分析计算简单且意义明确，动态分析计算烦琐但更符合经济现实。通常在寻找投资机会和初步选择项目时进行静态分析，而为了更科学、更精确地反映项目的经济情况和建设的必要性，则必须采用动态分析。

(四)系统分析和平衡分析的方法

一个工程项目通常由若干个子项目构成,每个子项目都有其各自的特点。因此,在研究中要将研究对象置于一个整体系统中来分析各个组成因素和环节,以实现总体最优的目的。工程经济分析的过程需要计算成本、收益和费用,其目的在于寻求经济与技术的最佳平衡点。

(五)统计预测和不确定性分析的方法

对一个工程项目进行分析时,所运用的投资、成本、费用等数据往往只有依靠预测来获得,评价结果的准确性和所用预测数据的可靠性有着密切关系。为保证数据的可靠性,必须运用科学的统计方法。统计预测方法主要利用回归分析法对相关的未知数据进行推算,并利用平滑指数等方法对现象发展的趋势数值进行预测。由于影响项目未来情况的因素众多且处于不断变化之中,还需要对项目的经济指标进行不确定性分析,如盈亏平衡分析、敏感性分析和概率分析等。

三、工程经济分析的一般程序

工程经济分析是工程经济学的基础和核心内容,它主要是对各种备选方案进行综合分析、计算和比较,全面评价项目的财务效益和经济效益,预测项目可能面临的风险并提出合理建议,以便做出最佳的项目选择,提高投资决策的科学水平。工程经济分析的一般程序如图1-1所示。

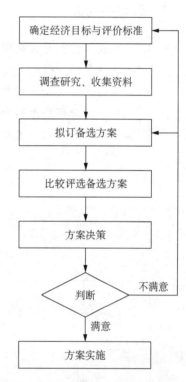

图1-1 工程经济分析的一般程序

本章小结

工程经济学中的工程,泛指实践中准备实施或者正在实施的各种投资建设项目。工程的有效性是指同时具备技术上的可行性和经济上的合理性。工程经济学是一门融汇工程学和经济学各自特点和内在联系的交叉边缘学科,它运用经济理论的分析方法来研究工程投资和经济效益的关系,以有限的资金获得最大的经济效益。

判别一项工程是否经济的重要内容是考察投资决策是否合理,投资决策是指根据预期的投资目标,拟订若干个有价值的投资方案,并用科学的方法或工具对这些方案进行分析、比较和遴选,以确定最佳实施方案的过程。工程经济学的核心是工程经济分析，其研究对象是工程项目方案的经济分析基本方法和社会评价方法。

工程经济分析的原则主要有资金时间价值原则、现金流量原则、有无对比原则、可比性原则和风险收益的权衡原则等。工程经济分析的方法有理论联系实际、定量与定性分析相结合、静态分析与动态分析相结合、系统分析和平衡分析、统计预测和不确定性分析方法等。

思考练习题

1. 什么是工程？什么是项目？什么是经济？三者之间的关系是什么？
2. 投资决策的一般程序是什么？
3. 工程经济学的研究对象和特点是什么？
4. 工程经济分析的原则和方法是什么？
5. 工程经济分析的一般程序是什么？

第二章 CHAPTER 2
工程经济分析基本要素

> **学习目的**
>
> 本章将学习投资、成本、税金、收入与利润的基本概念与构成。通过本章的学习，要求了解投资的概念和分类、建设项目总投资的构成；成本的构成及计算、常见的成本类型；熟悉税收的概念及类型，掌握工程经济中主要税种；掌握常见的折旧方法、营业收入的概念及估算、利润总额及税后利润的计算以及利润的分配。

工程经济分析是借助于现金流量分析进行的，投资、成本、收入、税金与利润等是构成工程经济分析体系中现金流量的基本要素，也是进行工程经济分析最重要的基础数据。弄清项目的投资、成本、收入、税金与利润等基本概念，确定基本数据，是工程经济分析的前提。

第一节 投 资

投资，作为一种经济活动由来已久。任何一个社会、一个国家都面临着维持原有的经济水平和进一步发展经济的任务，不断地进行物质资料再生产以满足社会生存和发展的需要。投资是促进生产力发展、提高社会物质文明程度和改善人民生活水平的主要推动力，是人类社会最重要的经济活动之一。

一、投资的概念及分类

（一）投资的基本概念

从词性上讲，投资具有两层含义：一是动词的属性，表明有目的的经济活动行为，如房地产的购置活动，通常称为房地产投资；二是名词的属性，表明在某一经济活动中投入的资金数量,如在房地产开发中投入1 000万元。

在工程经济活动的分析过程中,投资的两个属性通常都会涉及。当投资人具有一定的资金,需要决定是购买股票还是购买基金时,投资所反映的就是其动词的属性;当决定进行股票投资时,投资人需要决定在股票市场投入多少资金,这时的投资就是其名词的属性。

无论是企业还是个人,投资的目的都是希望通过现期支出一笔资金,未来能够取得更多的回报。正如经济学家所讲的,投资是为了获得将来更多的消费而放弃现期的消费。

如果投资人将资金用于开办工厂、购买房地产,这类投资称作实物投资;如果用于购买股票、债券等有价证券,这类投资称作金融投资。

工程项目投资属于实物投资,而且需要一次性支出资金。

(二) 投资的分类

根据不同的划分标准,投资可以分成多种类型。这里的投资分类主要是指工程项目的投资分类,归纳起来有以下四种方法。

1. 按投资的运用方式分类

按运用方式不同,投资可分为直接投资和间接投资。

直接投资是指将资金直接投入投资项目的建设或购置已形成固定资产和流动资产的投资。直接投资按其性质不同,又可分为固定资产投资和流动资产投资。固定资产投资是指投资是建造或购置固定资产的经济活动,即固定资产再生产活动。流动资产投资是指投资主体为启动投资项目而购置或垫支流动资产的行为和过程。

间接投资是指投资者通过购买有价证券,以获取一定预期收益的投资。间接投资按其形式,可分为股票投资和债券投资。股票投资和债券投资统称为有价证券投资,是投资者用积累起来的货币资金购买股票、公司债券或国家债券等有价证券,借以获得收益的投资活动。

2. 按投资的用途分类

按用途不同,投资可分为生产性投资和非生产性投资。

生产性投资是指直接用于物质生产或满足物质生产需要的投资,如将资金投入工业、建筑业、交通运输、邮电通信等就属于生产性投资。

非生产性投资是指用于满足人民物质和文化生活需要的投资,如将资金投入科学技术、文化教育、卫生保健、社会福利事业、城市基础设施、党政机关和社会团体等就属于非生产性投资。无论是哪种投资,所投入的资金既可以是现金,也可以是人力、物力、技术或其他资源。

3. 按建设性质分类

按工程项目的建设性质不同,投资可分为新建项目投资、改建项目投资、扩建项目投资、恢复项目投资和迁建项目投资。

新建项目投资一般是指对从无到有、平地起家项目的投资;改建项目投资是指现有企事业单位等对原有厂房、设备、工艺流程等进行技术改造或固定资产更新的项目的投资;

扩建项目投资是指现有企业为扩大生产场所的建设所进行的投资；恢复项目投资是指原有企业等投资主体对因自然灾害、战争等原因已全部报废的固定资产，按原规模重新建设的项目的投资；迁建项目投资是指对为改变生产力布局而进行的全厂性迁建工程的投资。

4. 按形成资产的用途分类

按形成资产的用途不同，投资可分为经营性投资与非经营性投资。

经营性投资是指所形成的资产主要用于物质生产和营利性服务，以投资谋利为行为趋向。绝大多数生产或者流通领域的投资都属于这种类型。

非经营性投资是指所形成的资产主要用于服务管理性事业，不以追求盈利为目标。

二、总投资的构成

根据工程项目建设与经营的要求，投资者要形成一定的生产能力所需要的项目总投资应包括三个部分，即建设投资、建设期利息和流动资金。

（一）建设投资

1. 建设投资的概念

建设投资是指工程项目在项目建设期（从项目开始建设年份起到竣工投产时为止的时期）及项目筹建期（即项目建设期之前的筹备期间）所花费的全部费用，是项目费用的重要组成部分，也是项目财务分析的基础数据。

2. 建设投资的构成

建设投资可以按概算法或形成资产法进行分类。

（1）概算法。按概算法分类，建设投资的构成如图2-1所示。

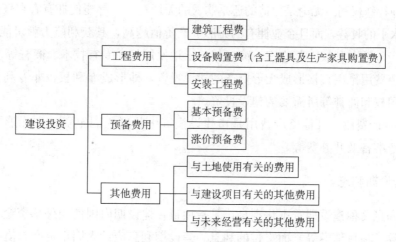

图2-1　按概算法分类的建设投资的构成

（2）形成资产法。按形成资产法分类，建设投资由固定资产费用、无形资产费用、其他资产费用组成。

① 固定资产费用。固定资产是指使用年限在 1 年以上、单位价值在一定限额以上、在使用过程中始终保持原有物质形态的资产。固定资产主要包括房屋、建筑物、机械设备、运输设备和其他与生产经营有关的设备、器具、工具等。不属于生产经营主要设备的物品，单位价值在 2 000 元以上，使用年限超过两年的也作为固定资产。

在不同的分析时期，固定资产具有不同的价值。

- 固定资产原值：项目建成投产时核定的固定资产价值，其大小等于购入或建造固定资产时所发生的全部费用。
- 固定资产净值：固定资产使用一段时间后所具有的价值，其大小等于固定资产原值扣除累计的折旧费。
- 固定资产重估值：在许多情况下，由于各种原因，固定资产净值往往不能反映当时固定资产的真实价值，需要根据社会再生产条件和市场情况对固定资产重新估价，估得的价值就称为固定资产重估值。
- 固定资产残值：项目寿命期结束时，固定资产的残余价值（一般是指当时市场上可以实现的价值）。

固定资产费用是指项目投产时将直接形成固定资产的建设投资，包括工程费用和工程建设其他费用中按规定所形成的固定资产费用（又称固定资产其他费用）。

固定资产其他费用主要包括建设单位管理费、可行性研究费、研究试验费、勘察设计费、环境影响评价费、场地准备及临时设施费、引进技术和引进设备其他费、工程保险费、联合试运转费、特殊设备安全监督检验费和市政公用设施建设及绿化费等。

固定资产费用所形成的资产就是固定资产原值。

② 无形资产费用。无形资产是指具有一定价值或可以为所有者带来经济利益，能在比较长的时期内持续发挥作用且不具有独立实体的权利和经济资源。无形资产通常表现为企业拥有的一种特殊权利。无论是建造的还是购入的无形资产，都能使拥有者在较长时期内获得高于一般水平的收益，而且企业拥有的无形资产价值越高，其获利能力就可能越强。

无形资产包括专利权、著作权、商标权、土地使用权、专有技术、商誉等。

无形资产费用是指直接形成无形资产的建设投资，即形成专利权、非专利技术、商标权、土地使用权和商誉等所需要的建设投资。

③ 其他资产费用。其他资产费用是指建设投资中除形成固定资产和无形资产以外的部分，如生产准备及开办费等。

（二）建设期利息

建设期利息又称建设期资本化利息，是指项目在建设期内因使用外部资金（如银行贷款、企业债券、项目债券等）而支付的利息。建设期利息应计入固定资产原值。

为了便于分析与计算，通常假定借款均在每年的年中支用，当年使用的建设资金借款按半年计息，其余各年份（上一年年末或本年年初借款累计）按全年计息。建设期每年利息的计算方法如下：

各年应计利息＝(年初借款本息累计＋本年借款额/2)×实际年利率　　(2-1)

【例题 2-1】　某项目建设期为 3 年，银行贷款利率为 10%，在第一年与第二年企业分别获得 50 万元贷款。试问：该项目建设期利息为多少？

解：根据公式（2-1）可知：

$$第 1 年的贷款利息 = 50 \times 10\%/2 = 2.5(万元)$$
$$第 2 年的贷款利息 = 50 \times 10\% + 50 \times 10\%/2 = 7.5(万元)$$
$$第 3 年的贷款利息 = 50 \times 10\% + 50 \times 10\% = 10(万元)$$

因此，该项目建设期的利息为 20 万元。

（三）流动资金

1. 流动资金的概念

流动资金是指生产和经营活动中用于购买原材料、燃料动力、备品备件、支付工资和其他费用，以及在制品、半成品、制成品占用的周转资金。它是在生产和经营过程中供周转使用的物资和货币的总和，也是为维护生产所占用的全部周转资金。

流动资金具有以下特点：

① 在生产过程中，其实物形态不断发生变化，一个生产周期结束，其价值一次性全部转移到产品中去，并在产品销售后以货币形式获得补偿；

② 每个生产周期流动资金完成一次周转，但在整个项目寿命期内流动资金始终被占用，直到项目寿命期末，全部流动资金才能退出生产和流通，以货币资金的形式被回收。

2. 流动资产

企业在一定的流动资金的支持下，通过采购、生产和销售等一系列生产经营活动，就可以生产出新的产品和服务，产生价值的增值。流动资金的投资使投资者具有一定的资产，即流动资产。

流动资产是指可以在一年或超过一年的一个营业周期内变现或者耗用的资产。流动资产通常包括现金（银行存款）、存货（原材料、半成品、产成品）和应收账款等。

流动资产与流动资金之间有以下关系式：

$$流动资金 = 流动资产 - 流动负债(应付账和预收款)$$

第二节　成　本

对于一个工程项目来讲，一旦建成投产，就开始了产品和服务的生产和经营活动，产品和服务的生产与销售必然伴随着活劳动和物化劳动的消耗，产品和服务的成本就是这种劳动消耗的货币表现。

一、总成本费用

总成本费用是指在运营期（生产期）内为生产产品或提供服务所发生的全部费用。总成本费用的构成可以由生产成本加期间费用法和生产要素法两种方法确定。

（一）生产成本加期间费用法

按照生产成本加期间费用法，总成本费用的构成如图 2-2 所示。

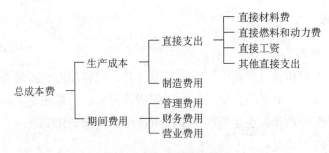

图 2-2　总成本费用构成

1. 生产成本

生产成本是指为生产产品和提供服务所发生的各种耗费，也称制造成本。它主要包括各项直接支出和制造费用。

（1）各项直接支出主要包括直接材料费、直接燃料和动力费、直接工资和其他直接支出。

直接材料费是指在生产和服务过程中直接消耗于产品生产的各种物资费用，包括实际消耗的原材料、辅助材料、备品配件、外购半成品、包装物以及其他直接材料费用。

直接燃料和动力费是指在生产和服务过程中直接消耗于产品和服务生产的各种燃料和动力费用，包括实际消耗的煤、电、气、油等费用。

直接工资是指在生产和服务过程中直接从事产品生产人员的工资性消耗，包括生产和服务人员的工资、奖金、津贴、各类补贴等。

其他直接支出是指按照直接工资的一定百分比计算的直接从事产品生产人员的职工福利费。

（2）制造费用是指发生在生产单位的间接费用，是生产单位（车间、分厂）为组织和管理生产所发生的各项费用，包括生产单位管理人员的工资、职工福利费、生产单位固定资产折旧费、修理维护费、维简费及其他制造费用（低值易耗品、取暖费、水电费、办公费、差旅费、运输费、保险费、劳保费、修理期间的停工损失费以及其他制造费用）。

2. 期间费用

期间费用是与特定的生产经营期密切相关，直接在当期得以补偿的费用。它包括管理费用、财务费用和营业费用。

（1）管理费用是指企业行政管理部门为管理和组织经营活动而发生的各项费用，包括由企业统一负担的管理人员工资和福利费、折旧费、修理费、无形资产及其他资产摊销费及其他管理费用（办公费、差旅费、劳保费、技术转让费、土地使用税、车船使用税、房产税、印花税等）。

（2）财务费用是指为筹集资金而发生的各项费用，包括生产经营期间发生的利息净支出及其他财务费用（外币汇兑损益、外汇调剂手续费、支付给金融机构的手续费等）。

（3）营业费用是指在销售产品过程中所发生的费用以及专设销售机构的各项费用，包括为销售产品和服务所发生的运输费、包装费、保险费、展览费和广告费，以及专设销售机构人员的工资及福利费、类似工资性质的费用、业务费等。

（二）生产要素法

从构成总成本费用的生产要素来看，总成本费用由外购原材料费、外购燃料和动力费、工资及福利费、修理费、折旧费、摊销费、财务费用（利息支出）和其他费用构成，即

$$总成本费用 = 外购原材料、燃料和动力费 + 工资及福利费 + 修理费 + 折旧费 + 摊销费 + 财务费用(利息支出) + 其他费用 \quad (2-2)$$

二、折旧与摊销

（一）折旧

折旧是在固定资产的使用过程中，随着资产损耗而逐渐转移到产品成本费用中去的那部分价值。将折旧费计入成本费用是企业回收固定资产的一种手段。按照国家规定的折旧制度，企业把已发生的资本性支出转移到产品成本费用中去，然后通过产品的销售，逐步回收初始的投资成本。

目前，我国采用的折旧方法主要有直线折旧法、年数总和法、双倍余额递减法。其中，年数总和法和双倍余额递减法属于加速折旧法。加速折旧法是指固定资产使用初期提取折旧较多，在后期提取较少，使固定资产价值在使用年限内尽早能够得到补偿的折旧计算方法。加速折旧法是一种鼓励投资的措施，即先让利给企业，加速回收投资，增强还贷能力，促进技术进步。

1. **直线折旧法**

直线折旧法又称直线计提折旧法，其每年计提的折旧额的计算公式为：

$$年折旧额 = (原值 - 残值)/折旧年限 \quad (2-3)$$

2. 年数总和法

在年数总和法下,年折旧率的计算公式为:

$$年折旧率=(折旧年限-已使用年限)/年序号之和\times100\%$$

根据年折旧率的大小,可知:

$$年折旧额=(固定资产原值-残值)\times年折旧率 \qquad (2-4)$$

由此可知,年数总和法的折旧率各年不相同,随着已使用年限的增加,年折旧率逐渐减少。

3. 双倍余额递减法

在双倍余额递减法下,年折旧率为双倍直线折旧率,即

$$年折旧率=2/折旧年限\times100\%$$

每年计提的折旧额为:

$$年折旧额=固定资产净值\times年折旧率 \qquad (2-5)$$

这里需要注意两点:

第一,双倍余额递减法折旧的基数是年初固定资产净值,即固定资产原值减去去年之前累计折旧费;

第二,采用双倍余额递减法折旧,固定资产折旧年限到期前两年的折旧费计算应采用平均年限法,即以此时年初资产净值扣除预计净残值后的净额在最后两年平均推销。

【例题2-2】 有一台机器,原值10 000元,残值为0,折旧年限5年,求年折旧额。

解:(1)直线折旧法。

根据公式(2-3)计算的年折旧额为:

$$年折旧额=\frac{10\ 000-0}{5}=2\ 000(元)$$

(2)年数总和法。

根据公式(2-4)计算的该机器每年计提的折旧额分别为:

$$第1年折旧额=\frac{5}{1+2+3+4+5}\times(10\ 000-0)=3\ 333(元)$$

$$第2年折旧额=\frac{4}{1+2+3+4+5}\times(10\ 000-0)=2\ 667(元)$$

$$第3年折旧额=\frac{3}{1+2+3+4+5}\times(10\ 000-0)=2\ 000(元)$$

$$第4年折旧额=\frac{2}{1+2+3+4+5}\times(10\ 000-0)=1\ 333(元)$$

$$第5年折旧额=\frac{1}{1+2+3+4+5}\times(10\ 000-0)=667(元)$$

(3) 余额递减法。

根据公式（2-5）计算的该机器每年计提的折旧额分别为：

第 1 年折旧额 $= \dfrac{2}{5} \times (10\,000 - 0) = 4\,000(元)$

第 2 年折旧额 $= \dfrac{2}{5} \times (10\,000 - 4\,000) = 2\,400(元)$

第 3 年折旧额 $= \dfrac{2}{5} \times (10\,000 - 4\,000 - 2\,400) = 1\,440(元)$

第 4 年折旧额 $= \dfrac{1}{2} \times (10\,000 - 4\,000 - 2\,400 - 1\,440) = 1\,080(元)$

第 5 年折旧额 $= \dfrac{1}{2} \times (10\,000 - 4\,000 - 2\,400 - 1\,440) = 1\,080(元)$

从例题 2-2 可以看出，加速折旧法（年数总和法和余额递减法）在设备使用的前两年就已回收了 60% 的设备投资资金。因此，加速折旧能够有效地改善企业资金短缺的局面，有利于企业的发展。

（二）摊销

摊销费是指无形资产和其他资产在一定期限内分期摊销的费用。企业通过计提摊销费，回收无形资产及其他资产的资本支出。

无形资产和其他资产摊销采用平均年限法，不留残值。《企业会计准则——基本准则》（2006 年 2 月）规定，使用寿命有限的无形资产应在寿命期内摊销，使用寿命不确定的无形资产不予摊销。无形资产摊销年限取无形资产法定有效期与合同协议规定受益年限中的最小值；没有规定期限的，按不少于十年分期摊销。

折旧和摊销本身并不是企业的实际支出，而只是一种会计手段，是把以前发生的一次性支出在生产经营期各年度中进行分摊，以核算当年应缴纳的所得税和可以分配的利润。企业计提折旧和摊销会引起成本增加、利润减少，从而使所得税减少，因此折旧和摊销具有抵减税赋的作用，即会使企业少缴所得税。

三、工程经济分析中的有关成本

在工程经济分析中，经常涉及经营成本、固定成本和可变成本、机会成本和沉没成本等。

（一）经营成本

经营成本是工程经济学中分析现金流量时所使用的特定概念。作为项目运营期的主要现金流出，其构成为：

$$经营成本 = 外购原材料、燃料和动力费 + 工资及福利费 + 修理费 + 其他费用 \tag{2-6}$$

经营成本涉及项目生产及销售、企业管理过程中的物料、人力和能源的投入费用,能够在一定程度上反映企业的生产和管理水平。同类企业的经营成本具有可比性。

经营成本与总成本的关系为:

$$经营成本 = 总成本费用 - (折旧费 + 摊销费 + 利息支出) \tag{2-7}$$

(二)固定成本和可变成本

按照各种费用与产品或服务数量的关系,可以把总成本费用划分为固定成本和可变成本两部分。

固定成本是指在一定生产规模限度内,不随产品或服务的数量增减而变化的费用,如折旧费、摊销费、修理费、工资及福利费(计件工资除外)和其他费用等。通常把运营期发生的全部利息也作为固定成本。

可变成本是指产品成本中随产品或服务数量的增减而成比例增减的费用。可变成本包括外购原材料、燃料及动力费和计件工资等。

还有一些费用,虽然也随着产量增减而变化,但不是成比例地变化,称为半可变(半固定)成本,如运输费等。通常将半可变成本进一步分解为可变成本与固定成本。因此总成本费用最终可划分为可变成本和固定成本。

【例题 2-3】 某企业的成本资料如下:原材料 3 100 元;燃料和动力 2 000 元;生产工人工资 4 000 元,其中计件工资 1 500 元,计时工资 2 500 元;车间经费和企业管理费 10 900 元,其中变动成本部分 3 400 元,固定成本部分 7 500 元。若企业年产量为 1 000 件。试问:①在上述成本资料中,哪些属于固定成本?哪些属于可变成本?②该企业的总成本费用为多少?

解:① 在该企业的成本资料中,原材料费、燃料和动力费、计件工资、管理费中的变动成本部分,都与产量成正比关系,属于变动成本。因此,该企业的变动成本为:

$$变动成本 = 3\ 100 + 2\ 000 + 1\ 500 + 3\ 400 = 10\ 000(元)$$

该企业单位产品的可变成本为:

$$单位产品的可变成本 = \frac{可变成本}{产量} = \frac{10\ 000}{1\ 000} = 10(元)$$

单位产品的可变成本为 10 元,说明每生产 1 件产品就必须投入 10 元的相关费用,即单位可变成本在相关的产量范围内是不变的。

计时工资、管理费中的固定成本部分与产量没有正比关系,属于固定成本。因此,该企业的固定成本为:

$$固定成本 = 2\,500 + 7\,500 = 10\,000(元)$$

该企业的单位产品的固定成本为：

$$单位产品的固定成本 = \frac{固定成本}{产量} = \frac{10\,000}{1\,000} = 10(元)$$

从计算结果可知，单位产品的固定成本随产量的变化而变化，并且成反比。

② 该企业的总成本费用为：

$$总成本费用 = 固定成本 + 可变成本 = 10\,000 + 10\,000 = 20\,000(元)$$

（三）机会成本

众所周知，世界上的所有资源都是有限的，对于这些有限的资源，如何分配才能发挥或创造出最大的经济效益是短缺经济学要解决的主要问题，也是摆在每一位经济学家、经营决策者面前的一个重要问题。当把一定量的某种资源用于某种用途从而获得一定权益时，就不得不放弃用于其他方面而可能产生的效益。比如一吨煤炭，用于发电可以产生一定效益，但是就不得不放弃将这吨煤用于取暖所获得的收益；再比如某人有一亩地，用来种植小麦，就不得不放弃种玉米、蔬菜的权益。这部分被迫放弃的收益就是这种资源的机会成本。当一种资源有多种用途时，被迫放弃的最大的收益就是这种资源的机会成本，即影子价格。

一种资源的机会成本只有当它面临两种以上的使用选择时才有意义。离开了不同的社会选择，机会成本就失去了实际意义。

【例题 2-4】 一位工程师宁愿为她自己工作，每年收入 5.5 万元。为了这么做，她放弃了一家大公司每年 6.2 万元的工作和朋友公司一年 6 万元的工作。请问：工程师雇用自己的机会成本是多少？

解： 根据机会成本的定义可知，工程师雇用自己的机会成本是 6.2 万元。

（四）沉没成本

沉没成本是指过去已经支付的与当前决策无关的费用。经济活动是一个连续的时间过程，过去支付的费用只是影响当前状态的一个因素，从决策的角度看，当前状况是决策的出发点，所要考虑的是当前需要实际支付的费用和未来可能发生的费用，以及所能带来的收益，而不考虑过去发生的费用。由于沉没成本在过去发生，并不因为采纳或拒绝某个项目的决策而改变，因此对项目是否采纳的决策不应造成影响。例如，已使用多年的设备，其沉没成本是指设备的账面净值与其现时市场价值之差，它与是否选择新设备进行设备更新的决策无关。沉没成本不计入工程经济评价的现金流。

第三节 税　　金

税金是国家依据法律对有纳税义务的单位和个人征收的财政资金，国家采用的这种筹集财政资金的手段叫税收。税收是国家凭借政治权力参与国民收入分配和再分配的一种方式，具有强制性、无偿性和固定性的特点。税收不仅是国家取得财政收入的主要渠道，也是国家对各项经济活动进行宏观调控的重要杠杆。税收对国家而言，是一种收入；对纳税人而言，则是一项支出。在工程经济分析中，只有正确计量项目的各项税费，才能科学、准确地进行分析、评价。

现行税收制度包含了数十个税种，按征税环节和计税依据可以把主要税种分为三类，即流转税、资源占用种、所得税。下面主要介绍与工程项目经济分析有关的税种。

一、流转税类

流转税通常也称为销售税金，是企业在流转环节缴纳的一种税金。按现行税法的规定，主要包括增值税、消费税、关税、城市维护建设税及教育费附加等。流转税是按国家税法规定的税种、税率和企业的营业收入计算征收的，只要取得了营业收入或销售收入，无论成本高低、利润多少，都应该及时计算及上缴税金。流转税具有明显的强制性和无偿性的特点，征收又具有及时性和稳定性的特点，所以它对保证国家财政收入的及时、稳妥具有重要作用。

（一）增值税

增值税是对在我国境内销售或提供加工、修理修配劳务，以及进口货物的单位和个人，就其取得货物的销售额、进口货物金额、应税劳务销售额计算税款，并实施税额抵扣制的一种流转税。增值税是一种价外税，是对购买者征收的一种税，销售价格中不含增值税款。

征收范围包括销售货物、销售劳务、视同销售货物、混同销售行为、出口货物及进口货物等。增值税基本税率为16%和10%，低税率为6%。纳税人销售货物、劳务、有形动产租赁服务或者进口货物适用16%的税率，10%的低税率适用于销售交通运输、邮政、基础电信、建筑等。6%的税率主要适用于销售服务、销售无形资产等。

一般纳税人的应纳税额为当期销项税额抵扣当期进项税额后的余额，其计算公式为：

$$应纳税额 = 当期销项税额 - 当期进项税额 \qquad (2\text{-}8)$$

式中，销项税额是指纳税人销售货物或者提供应税劳务，按照销售额和增值税率计算

并向买方收取的增值税额。销项税额的计算公式为:

$$销项税额 = 销售额 \times 税率 \tag{2-9}$$

进项税额是指纳税人购进货物或接受应税劳务所支付或负担的增值税额。进项税额是由销售方向购买方在销售价格以外收取的税费。计算公式为:

$$进项税额 = 进货额 \times 税率 \tag{2-10}$$

对于应从销项税额中抵扣的进项税额,应根据从销售方取得的增值税专用发票上注明的增值税额计列。

对于小规模纳税人销售货物或者应税劳务,实行简易办法计算应纳税额,即按照销售额和规定的征收率计算应纳税额,不得抵扣进项税额。其计算公式为:

$$应纳税额 = 销售额 \times 征收率(6\%) \tag{2-11}$$

【例题2-5】 某企业营业收入为45 000万元,本年度购买原材料及燃料等支出30 000万元,试计算该企业全年应纳增值税额。增值税适用税率为16%。

解: 应纳税额 = (当期销项税额 - 当期进项税额) × 适用税率
  = (45 000 - 30 000) × 16% = 2 400(万元)

由于销项税款是纳税人向购买方收取的税款,由购买方负担。而进项税款虽然是纳税人在进货时向销货方支付的税款,但由于进项税款可以从销项税款中扣除,即纳税人在向税务部门缴纳增值税时,只需缴纳销项税款减去进项税款的余额税款,此时纳税人在进货时支付的税款就得到了补偿。因此,从这个过程来看,增值税最终是由消费者来负担,纳税企业只是为国家履行收取税款的义务。

由于增值税是价外税,销售价格和进货价格中都不包含增值税款,故增值税既不进入销售税的征收收入,也不进入成本费用。因此,从企业角度进行投资项目现金流量分析时,可以不考虑增值税。

(二) 消费税

消费税是对一些特定消费品和消费行为征收的一种税。目前我国征收消费税的消费品主要有烟、酒、高档化妆品、贵重首饰及珠宝玉石、鞭炮焰火、成品油、小汽车、摩托车、高尔夫球及球具、高档手表、游艇、木制一次性筷子等15种商品。消费税的税率在1%~56%,有的实行从价定率,有的实行从量定额。消费税是一种价内税,与增值税交叉征收,即对应消费品既要征收增值税,又要征收消费税。

实行从价定率计征的消费税应纳税额公式为:

$$应纳税额 = 销售额 \times 适用税率 \tag{2-12}$$

实行从量定额计征的消费税应纳税额公式为:

$$应纳税额 = 销售数量 \times 单位税额 \tag{2-13}$$

(三）城市维护建设税及教育费附加

城市维护建设税及教育费附加均是以纳税人实际缴纳的增值税和消费税为计税依据的，所有缴纳增值税、消费税的单位和个人均应缴纳城市维护建设税。城市维护建设税按纳税人所在地区实行差别税率，项目所在地为市区的，税率为7%；项目所在地为县城、镇的，税率为5%；项目所在地为乡村的，税率为1%。

城市维护建设税的计算公式为：

$$城市维护建设税 = （增值税 + 消费税） \times 税率 \qquad (2\text{-}14)$$

教育费附加是国家为扶持教育事业发展，计征用于教育的政府性基金，具有专款专用的性质。教育费附加按应缴纳的增值税和消费税税款的3%征收。

教育费附加计算公式为：

$$应纳税额 = （增值税 + 消费税） \times 3\% \qquad (2\text{-}15)$$

二、资源占用税类

资源占用税主要是针对稀缺资源，包括自然资源、土地资源等的开采、占用而征收的一种税。

（一）资源税

资源税是指国家为了调节资源级差收入，对因开发和利用自然资源而征收的种税。资源税的纳税义务人是指在我国境内开采应税资源的矿产品或生产盐的单位和个人。目前我国资源税的税目有七类，分别是原油、天然气、煤炭、其他非金属矿原矿、黑色矿原矿、有色金属矿原矿和盐。

资源税应纳税额的计算公式为：

$$应纳税额 = 课税数量 \times 税率 \qquad (2\text{-}16)$$

资源税实行差别税率。对资源条件和开采条件好、收入多的，多征税；对资源条件和开采条件差、收入少的，少征税。

（二）城镇土地使用税

土地使用税是指国家在城市、农村、县城、建制镇、工矿区，对使用土地的单位和个人征收的一种税，有差别地规定单位面积年税额。

对工业企业来说，土地使用税、房产税及进口原材料和备品备件的关税等可计入成本费用中。

三、所得税类

所得税是指以单位或个人在一定时期内的纯所得为征收对象征收的一类税。所得税主要是在国民收入形成后,对生产经营者的利润和个人的纯收入发挥调节作用,包括企业所得税、个人所得税。

(一) 企业所得税

企业所得税的征税对象是指企业的经营所得和其他所得,包括来源于境内和境外的所得。经营所得是指从事商品生产、交通运输、商品流通、提供服务等取得的收入,其他所得是指股息、利息、租金、转让各类资产收益、特许权使用费以及营业外收益所得等。

企业所得税率实行比例税率,一般企业法定税率为25%,国家需要重点扶持的高新技术企业为15%,小型微利企业和非居民企业为20%。

企业应纳所得税额的计算公式为:

$$应纳所得税额 = 应纳税所得额 \times 税率 \quad (2-17)$$

其中,应纳税所得额为企业每一纳税年度的收入总额,减除不征税收入、免税收入、各项扣除以及允许弥补的以前年度亏损后的余额。

(二) 个人所得税

个人所得税是国家对本国公民、居住在本国境内的个人所得和境外个人来源于本国的所得征收的一种所得税。个人所得税的纳税义务人,既包括居民纳税义务人,也包括非居民纳税义务人。居民纳税义务人负有完全纳税的义务,必须就其来源于中国境内、境外的全部所得缴纳个人所得税;而非居民纳税义务人仅就其来源于中国境内的所得缴纳个人所得税。

个人所得主要包括工资、薪金所得,个体工商户的生产、经营所得,对企事业单位的承包经营、承租经营所得,劳务报酬所得,稿酬所得,特许权使用费所得,利息、股息、红利所得,财产租赁所得,财产转让所得,偶然所得,经国务院财政部门确定征税的其他所得。

第四节 收入和利润

销售过程是企业在生产过程中的重要一环,是产品价值实现的过程。在这一过程中,企业一方面要把生产出来的产品或劳务按照合同规定向购货单位或用户提供;另一方面要按照销售的收入和价格，从购货单位或用户收回货币资金。收回的货币资金扣除产品在生产销售过程中发生的总成本费用和税金及附加（包括消费税、城市维护建设税、教育费附加、资源税、房产税、城镇土地使用税、车船税、印花税等），得到的就是企业的利润总额。

一、收入

（一）营业收入

营业收入是指销售产品或提供服务所获得的收入，它是财务分析的重要数据，也是现金流量表中主要的现金流入量。

营业收入的大小主要与产品或服务的销售量和价格有关，即

$$营业收入 = 产品或服务的销售量 \times 单位销售价格 \tag{2-18}$$

企业的营业收入与总产值是有区别的。同一时期企业的总产值是指企业生产的成品、半成品和在制品、工业性劳务的价值总和，可按市场价格或不变价格计算。而营业收入是企业出售产品的货币收入，是按出售时的市场价格计算的。

（二）补贴收入

补贴收入是指与收益有关的政府补贴，它包括先征后返的增值税、按销量或工作量等依据国家规定的补助定额计算并按期给予的定额补贴，以及属于财政扶持而给予的其他形式的补贴等。在项目财务评价中补贴收入同营业收入一样，应列入现金流量表。

二、利润

（一）利润计算

利润是指企业在一定的期间内生产经营活动中的最终成果，是收入与费用配比相抵后的余额。利润的实现表明企业的生产耗费得到了补偿，取得了收益。

按照现行会计制度规定，利润总额等于营业利润、投资净收益、补贴收入及营业外收支净额的代数和。营业利润等于主营业务利润加上其他业务利润。在工程经济分析时，为简化计算，假定不发生其他业务利润，也不考虑投资净收益、补贴收入和营业外收支净额，则利润的计算公式为：

$$利润总额 = 营业收入 - 总成本费用 - 税金及附加 \tag{2-19}$$

在工程建设项目经济分析中，利润总额是计算一些静态指标的基础数据。根据利润总额可计算税后利润，在此基础上可进行税后利润的分配。税后利润又称净利润，是指利润总额扣除所得税后的余额。计算公式为：

税后利润＝利润总额－所得税　　　　　　　　　　(2-20)

(二) 利润分配

利润分配是指企业按照国家的有关规定，对当年实现的净利润和以前年度未分配的利润所进行的分配。在工程项目经济分析中，可按照下列顺序分配。

(1) 弥补以前年度亏损。按照税法规定，企业发生的年度亏损，可以用下一纳税年度所得税前的利润弥补；下一纳税年度的所得不足弥补的，可以逐年延续弥补。延续弥补最长不得超过 5 年、5 年后用税后利润弥补。

(2) 提取盈余公积金。企业当期实现的净利润，加上年初未分配利润（或减去年初未弥补的亏损）和其他转入的余额为可供分配的利润。从可供分配的利润中提取的盈余公积金分为两种：一是法定盈余公积金，一般按当期实现净利润的 10% 提取，累计金额达到注册资本的 50% 后，可以不再提取；二是法定公益金，按当期实现净利润的 5%～10% 提取。

(3) 向投资者分配利润或股利。可供分配利润减去应提取的法定盈余公积金、法定公益金等后，即为可供投资者分配的利润。此时，企业应首先支付优先股股利，然后提取任意盈余公积金（比例由企业自主决定），最后支付各投资方利润。

(4) 未分配利润。可供投资者分配的利润减去优先股股利、任意盈余公积金和各投资方利润后，所余部分为未分配利润。

本章小结

工程经济分析的基本要素包括投资、成本、税金、收入及利润。

建设项目总投资是建设投资、建设期利息和流动资金之和；建设投资可以按概算法或形成资产法进行分类；企业或机构对工程项目投资以后会形成资产，即固定资产、流动资产、无形资产和其他资产。

总成本费用是指在运营期（生产期）内为生产产品或提供服务所发生的全部费用。总成本费用的构成可以由生产成本加期间费用法和生产要素法两种方法确定。

折旧是在固定资产的使用过程中，随着资产损耗而逐渐转移到产品成本费用中去的那部分价值。计提折旧的方法有直线折旧法、年数总和法和双倍余额递减法；摊销费是指无形资产和其他资产在一定期限内分期摊销的费用。

经营成本是从总成本费用中分离出来的一部分费用，它是指总成本费用扣除固定资产折旧费、无形资产及其他资产摊销费和利息支出以后的费用，是工程经济评价中常用的指标。

税金是国家依据法律对有纳税义务的单位和个人征收的财政资金，国家采用的这种筹集财政资金的手段叫税收。现行税收制度包含了数十个税种，按征税环节和计税依据可以把主要税种分为三类，即流转税、资源占用税、所得税。

营业收入是指企业向社会出售产品及提供劳务的货币所得；利润是指企业在一定的期间内生产经营活动中的最终成果，是收入与费用配比相抵后的余额；税后利润又称净利润，是指利润总额扣除所得税后的差额。

思考练习题

1. 项目总投资的构成如何？
2. 按照生产成本加期间费用法，总成本费用主要包括哪些内容？
3. 按照生产要素的构成，总成本费用主要包括哪些内容？
4. 什么是期间费用？期间费用主要包括哪些内容？
5. 什么是经营成本？经营成本和总成本有何联系？
6. 固定资产原值、固定资产净值、固定资产重估值以及固定资产残值之间有何区别？
7. 按照成本与产量之间的关系，总成本费用可以分为哪两种成本？它们与产量之间的关系是什么？
8. 什么是机会成本？什么是沉没成本？
9. 与工程项目有关的税种主要有哪些？
10. 试述利润总额、税后利润以及未分配利润之间的关系。
11. 简述营业收入、总成本费用、税金和利润的关系。
12. 某设备价值100万元，估计可使用10年，残值为20万元。试分别用直线折旧法、年数总和法和双倍余额递减法计算各年的折旧额。

第三章
CHAPTER 3

资金时间价值与等值计算

> **学习目的**
>
> 资金时间价值与等值计算是工程项目或方案经济效果动态评价的理论基础。本章主要介绍资金时间价值及相关概念、普通复利计算原理及其他复利计算原理,以及几种常见的还本付息方式。通过本章的学习,要求掌握各种资金等值计算方法以及不同还本付息方式的区别。

第一节 | 资金时间价值及相关概念

资金时间价值是指相同的资金在不同的时间具有不同的价值。资金时间价值不仅与时间点有关,也与基准利率水平以及利率计算方式等其他因素有关。

一、资金的时间价值

资金的一个重要特征就是它具有时间价值。为什么资金具有时间价值呢?让我们先看下面的例子。

有 A、B 两个投资方案,它们的初始投资都为 1 000 万元,在寿命期四年中总收益也是相同的,具体见表 3-1。那么,这两个投资方案中哪个方案的经济效果较好呢?虽然两个方案投资额一样,在四年中总收益也一样,但方案 A 不到两年就能回收投资额,而方案 B 需要三年才能回收投资额。一般情况下,我们可以认为方案 A 经济效果比方案 B 好。从该例我们可以看到,资金的支出和收入的经济效果好坏不仅与资金量大小有关,而且与发生的时间有关。

同样,1元钱今年到手与明年到手的"价值"是不同的。先到手的资金可以用来投资而产生新的价值。因此,今年的 1 元要比明年的 1 元更值钱。这种货币的时间价值在银

表 3-1　A、B 方案支出和收入表　　　　　　　　　　单位：万元

年数	方案 A	方案 B
0	−1 000	−1 000
1	+700	+250
2	+400	+350
3	+300	+400
4	+150	+550

行的利息中可以体现出来。如果年利率是 5%，那么今年到手的 1 元存入银行，到明年年底就可以到手 1.05 元，也就是说，今年的 1 元等值于明年的 1.05 元。换一种说法，明年的 1 元相当于今年的 1/1.05＝0.952 4 元。

资金时间价值是商品经济中的普遍现象，它是社会劳动创造价值能力的一种表现形式。它表明一定的资金，在不同时点具有不同的价值，也即不同时间发生的等额资金在价值上存在差别。

影响资金时间价值的因素是多方面的，从投资角度分析主要有：

(1) 投资盈利率或收益率，即单位投资额所能获得的盈利额或纯收益额；

(2) 通货膨胀、货币贬值，即对因通货膨胀及货币贬值引起的损失应给予补偿；

(3) 承担风险，即对因风险的存在可能造成的损失应给予补偿；

(4) 消费期望，即消费者要求节省现在消费以换回日后更多的消费。

二、利息公式

狭义的利息是指占用资金所付出的代价（或放弃使用资金所得到的补偿）。广义的利息是指资金投入生产和流通领域，一定时间后的增值部分。它包括存款（或贷款）所得到（或付出）的报酬额和投资的净收益（或利润）。工程经济中的利息通常指广义的利息，它是衡量资金时间价值大小的绝对尺度。

利息分为单利及复利两种。利息可以按年也可以按不等于一年的周期计算。表示计算利息的时间单位称为计息周期。计息周期通常有年、半年、季、月、周等。工程经济中使用最多的计息周期是年。

（一）单利法

每期均按原始本金计息，这种计息方式称为单利法。在以单利计息的情况下，利息与时间是线性关系，不论计息期为多大，只有本金计息，而所获得的利息不计利息。

设贷款额（本金）为 P，贷款年利率为 i，贷款年限为 n，贷款总利息为 I，本金与利息和用 F 表示。由表 3-2 可知，n 年末总利息和本利和的单利计算公式为：

$$I = Pni \tag{3-1}$$
$$F = P(1+ni) \tag{3-2}$$

表 3-2 单利法计算公式的推导过程

年数	年初欠款	年末欠利息	年末欠本利和
1	P	Pi	$P+Pi=P(1+i)$
2	$P(1+i)$	Pi	$P(1+i)+Pi=P(1+2i)$
3	$P(1+2i)$	Pi	$P(1+2i)+Pi=P(1+3i)$
⋮	⋮	⋮	⋮
n	$P[1+(n-1)i]$	Pi	$P[1+(n-1)i]+Pi=P(1+ni)$

【例题 3-1】 假如以单利方式借入一笔资金 1 000 元,规定年利率为 6%,借款期为 4 年,则偿还情况如何?

解: 按照单利方式借入时,偿还情况如表 3-3 所示。

表 3-3 单利利息计算与偿付   单位:元

年数	年初欠款	年末应付利息	年末欠款	年末偿还
1	1 000	1 000×0.06=60	1 060	0
2	1 060	1 000×0.06=60	1 120	0
3	1 120	1 000×0.06=60	1 180	0
4	1 180	1 000×0.06=60	1 240	1 240

(二) 复利法

将本期利息转为下期本金,下期将按本利和的总额计息,这种计息方式称为复利法。在以复利计息的情况下,除本金计息外,利息再计利息。由表 3-4 可知,n 年末总利息和本利和的复利计算公式为:

$$F = P(1+i)^n \tag{3-3}$$
$$I = P(1+i)^n - P \tag{3-4}$$

表 3-4 复利法计算公式的推导过程

年数	年初欠款	年末欠利息	年末欠本利和
1	P	Pi	$P+Pi=P(1+i)$
2	$P(1+i)$	$P(1+i)i$	$P(1+i)+P(1+i)i=P(1+i)^2$
3	$P(1+i)^2$	$P(1+i)^2 i$	$P(1+i)^2+P(1+i)^2 i=P(1+i)^3$
⋮	⋮	⋮	⋮
n	$P(1+i)^{n-1}$	$P(1+i)^{n-1}i$	$P(1+i)^{n-1}+P(1+i)^{n-1}i=P(1+i)^n$

【例题 3-2】 假如以复利方式借入一笔资金 1 000 元，规定年利率为 6%，借款期为 4 年，则偿还情况如何？

解： 按照复利方式借入时，偿还情况如表 3-5 所示。

表 3-5 复利利息计算与偿付   单位：元

年数	年初欠款	年末应付利息	年末欠款	年末偿还
1	1 000.00	1 000×0.06＝60.00	1 060.00	0
2	1 060.00	1 060×0.06＝63.60	1 123.60	0
3	1 123.60	1 123.60×0.06＝67.42	1 191.02	0
4	1 191.02	1 191.02×0.06＝71.46	1 262.48	1 262.48

从表 3-3 和表 3-5 可以看出，同一笔借款，在 i 和 n 相同的情况下，用复利法计算出的利息金额比用单利法计算出的利息金额要大。当所借本金越大、利率越高、年数越多时，两者差距就越大。

【例题 3-3】 1626 年，荷兰东印度公司花了 24 美元从印第安人手中买下了曼哈顿岛，而到了 2000 年 1 月 1 日，曼哈顿岛的价值已经达到了约 2.5 万亿美元。这笔交易对于东印度公司来说是否划算？

解： 从两者价值来看，这笔交易对于东印度公司而言，似乎很划算。但是，如果改变一下思路，东印度公司也许并没有占到便宜。如果当时的印第安人拿着 24 美元去投资，分别按照 8% 的单利和复利利率计算，结果如下：

$$单利法：24 \times (1 + 8\% \times 374) = 742（美元）$$

$$复利法：24 \times (1 + 8\%)^{374} \approx 76（万亿美元）$$

由于"指数爆炸"的作用，到 2000 年，这 24 美元复利计息将变成约 76 万亿美元，几乎是其 2.5 万亿美元价值的 30 倍；而按照单利计算，这 24 美元仅变成 742 美元。正如爱因斯坦所说："世界的第八大奇迹是复利，复利的威力超过原子弹。"

在实际生活中，一般都按复利法计息，因为没有理由不让前期产生的利息作为下期的本金计算利息，除非每期都将利息取出。但是，为了储户的方便和易于接受，我国银行名义上用的还是单利法计算，只是通过存期的不同，规定不同的单利利率。例如，2015 年 12 月 24 日，人民币存贷款利率调整情况为，我国居民银行存款的一年期利率为 1.50%，二年期利率为 2.10%，三年期利率为 2.75%，可见银行为了吸引长期存款，规定的利率还高于等价的复利利率。贷款方面，同期的一年以内（含一年）利率是 4.35%，一至五年（含五年）利率是 4.75%，五年以上利率是 4.90%。读者可以证明，这样规定的单利利率又低于 4.35% 复利计算的等价利率，表示银行倾向于长期的贷款。为了简化分析，本书以后除特别指明外，都是按复利法计息。

三、名义利率与实际利率

(一) 概念

在工程经济分析中，多数情况下，所采用的利率是年利率，即利率的时间单位是年，如不特别指出，计算利息的计息周期也是以年为单位，即一年计息一次。但是在实际工作中，所给定的利率虽然还是年利率，但计息周期可能是比年要短的时间单位。如，计息周期可能是半年、一个季度、一个月、一周或者一天等，因此一年内的计息次数就相应为 2 次、4 次、12 次、52 次或 365 次等。由于一年内计息次数不止一次，在复利条件下每计息一次，都要产生一部分新的利息，因而实际的利率也就不同了。这就引出了所谓名义利率和实际利率的概念。

名义利率是指利率的表现形式，而实际利率是指计算利息的利率。如，每半年计息一次，每半年的利率为 5%，那么，这个 5% 就是实际计算利息的利率，我们称之为实际利率。又如，每半年的利率为 5%，而每季度计息一次，那么这个 5% 仅仅是计算利息时利率的表现形式，而非实际计算利息的利率，我们称之为名义利率。如未特别指出，我们在后续介绍中通常一年计息一次，此时的年利率是实际利率。

除了上述常见的计息周期外，还可能存在更短的计息周期，如 1 小时、1 分钟、1 秒钟，甚至更小。计息期与计息次数成反比关系。在名义利率的时间单位里，计息期越长，计息次数就越少；计息期越短，计息次数就越多。当计息期非常短、难以用时间计量时，计息次数就趋于无穷大。由此，就需要在这两种情况下对名义利率和实际利率进行转换计算，即离散式复利计算和连续式复利计算。

(二) 离散式复利计算

按照一定的时间单位（如年、月、日等）来计算的利息称为离散式复利（Discrete Compound Interest）。

设 r 为名义利率，i 为实际利率，m 为名义利率时间单位内的计息次数，那么一个计息期的利率应为 r/m，则名义利率时间末的本利和为：

$$F = P \cdot \left(1 + \frac{r}{m}\right)^m$$

其中，利息为：

$$I = F - P = P \cdot \left(1 + \frac{r}{m}\right)^m - P$$

因此，实际利率为：

$$i = \frac{I}{P} = \frac{P \cdot \left(1 + \frac{r}{m}\right)^m - P}{P} = \left(1 + \frac{r}{m}\right)^m - 1$$

即
$$i = \left(1 + \frac{r}{m}\right)^m - 1 \tag{3-5}$$

式（3-5）是离散式复利的名义利率和实际利率之间的转换关系式。

【例题 3-4】 假定张某现在向银行借款 20 000 元，约定 10 年后归还。银行规定年利率为 6%，但要求按月计算利息。试问此人 10 年后应归还银行多少钱？

解： 由题意可知，年名义利率为 $r = 6\%$，每年计息次数 $m = 12$，则年实际利率为：

$$i = \left(1 + \frac{r}{m}\right)^m - 1 = \left(1 + \frac{6\%}{12}\right)^{12} - 1 = 6.168\%$$

每年按实际利率计算利息，则 10 年后 20 000 元的终值为：

$$F = P(1+i)^n = 20\,000 \times (1 + 6.168\%)^{10} = 36\,388.68(元)$$

即此人 10 年后应归还银行 36 388.68 元。

（三）连续式复利

按瞬时计息的方式计算利息称为连续式复利。这时在名义利率时间内，计息次数有无限多次，即 $m \to \infty$。根据求极限的方法可求得年实际利率。实际利率为：

$$i = \lim_{m \to \infty}\left[\left(1 + \frac{r}{m}\right)^m - 1\right]$$

又由于，$\left(1 + \frac{r}{m}\right)^m = \left[\left(1 + \frac{r}{m}\right)^{\frac{m}{r}}\right]^r$，而 $\lim\limits_{m \to \infty}\left(1 + \frac{r}{m}\right)^{\frac{m}{r}} = e$，所以，

$$i = \lim_{m \to \infty}\left[\left(1 + \frac{r}{m}\right)^m - 1\right] = \lim_{m \to \infty}\left[\left(\left(1 + \frac{r}{m}\right)^{\frac{m}{r}}\right)^r - 1\right] = e^r - 1$$

也就是说，连续复利的年实际利率是：

$$i = e^r - 1 \tag{3-6}$$

式（3-6）是连续式复利的名义利率和实际利率之间的转换关系式。其中，e 是自然对数的底，其数值为 2.718 281 828…。

【例题 3-5】 假定张某现在向银行借款 20 000 元，约定 10 年后归还。银行规定年利率为 6%，但要求按连续式复利计算。试问此人 10 年后应归还银行多少钱？

解： 用连续复利的公式计算，银行计算张某还款时的利率为：

$$i = e^r - 1 = e^{6\%} - 1 = 6.184\%$$

10 年后张某应还银行的金额为：

$$F = P(1+i)^n = 20\,000 \times (1 + 6.184\%)^{10} = 36\,443.56(元)$$

从计算结果看，连续复利比离散复利的利息多。

虽然资金是连续运动的，但在实际的工程或项目评价中，大多数时候还是采用离散式复利计算。

为了进一步说明名义利率和实际利率之间的区别与联系，我们以名义利率12%为例，分别计算按半年、季度、月、周、日、连续式复利等情况下的实际利率，结果见表3-6所示。

表3-6 名义利率和实际利率计算比较

计息周期	一年内计息期数 m	各期的实际利率 r/m	年实际利率 i
年	1	12%	12%
半年	2	6%	12.36%
季度	4	3%	12.551%
月	12	1%	12.683%
周	52	0.230 77%	12.734%
日	365	0.032 88%	12.749%
连续	∞	—	12.75%

从表3-6的计算结果可知，名义利率时间内，计息周期越长，计息的次数越少，则名义利率和实际利率的差别就越小；反之，计息周期越短，计息的次数越多，则名义利率和实际利率的差别就越大。随着计息周期的缩短，实际利率的增长速率逐渐下降，按日计息和连续式复利的实际利率之间的差距已经很小了。

四、现金流量与现金流量图

对一个特定的经济系统而言，投入的资金、花费的成本、获取的收益，都可看成以货币形式体现的现金流动。在工程经济分析中，在不同时点上流入某一系统的资金就是现金流入，在不同时点上流出某一系统的资金就是现金流出。现金流量就是指一项特定的经济系统在一定时期内（年、半年、季等）现金流入或现金流出或流入与流出数量的代数和。流入系统的现金流入用 CI 表示，流出系统的现金流出用 CO 表示。同一时点上现金流入与流出之差称为净现金流量（$CI-CO$）。在工程经济分析中，在不同时点上发生的现金流入或现金流出称为现金流量，它是现金流入、现金流出、净现金流量的总称。

一个工程项目的建设和实施都要经历很长一段时间，在这个时间内，现金流量的发生次数非常多，且不同的时间点上发生的现金流量是不同的。例如，在项目的建设期，有自有资金的投入、银行贷款的获得、贷款还本付息的支出等；在项目的生产期，有销售收入的获得、利息补贴返还、经营成本的支出、利息的偿还、税金的缴纳、固定资产残值的回收及流动资金的回收等。这些现金流量种类繁多，发生的时间不同、大小各异、属性不同，有的属于现金流入，有的属于现金流出。因此，为了便于分析，通常用图的形式来表示各个时间点上发生的现金流量。这种图被称为现金流量图。

现金流量图的横轴表示时间轴，分成若干间隔，每一间隔代表一个时间单位。时间单位可以是年、半年或季度，最常用的时间单位是年。时间轴上的点为时点，通常表示该年的年末，同时也是下一年的年初。与横轴相连的垂直线，代表系统的现金流量。箭头向下表示现金流出，箭头向上表示现金流入。线的长度代表现金流量的大小，一般要注明每一笔现金流量的金额。如图3-1所示，第1期初（第0年）现金流出500，第1期末现金流入150，第2期末现金流出150，第3期末现金流入250，第4期末现金流出250，第5期末现金流出150，第6期末现金流入400。

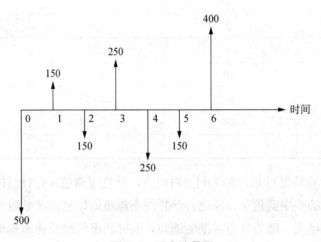

图 3-1　现金流量图

从图3-1可知，现金流量图由四个基本要素构成，分别是现金流量的流向（纵轴）、现金流量的大小、时间轴（横轴）和时刻点。现金流量图是工程项目经济效益分析的工具。通过绘制工程项目或投资项目整个计算期内的现金流量图，可以理清分析人员的思路，使项目流入和流出一目了然，不仅便于计算，而且不容易出现遗漏。因此，学习工程经济学的首要任务就是要学会绘制项目的现金流量图。

在绘制现金流量图时，本书假定投资发生在年初，经营成本、销售收入、残值回收等发生在年末。

第二节　资金等值及等值计算方法

本节所述资金等值计算均针对的是离散式复利计算。为方便起见，将相关符号的意义做如下规定。

（1）i 表示每一利息期的利率，通常为年利率。在实际工程项目中，项目周期通常为若干年。实际利率通常按照年利率的复利进行计算。

（2）n 表示计息周期数，通常是年数。通常称项目开始时为第 0 年（或第 1 年初），而项目结束时间为第 n 年末。

（3）P 表示资金的现值（Present Value）或本金。它表示资金发生在某个特定的时间序列的起始时刻的现金流量，即相对于某个特定时间序列的始点开始的将来的任何较早时间的价值。它发生在特定时刻始点以后所有时刻的现金流量的最前面。在工程经济分析计算中，我们一般都约定 P 发生在项目起始时刻点的初期，如投资发生在第 0 年。在资金的等值计算中，求现值的情况是最常见的。将一个时点上的资金"从后往前"折算到某个时刻点上就是求现值。求现值的过程也叫作折现（或贴现）。在工程经济的分析计算中，折现计算是基础，许多计算都是在折现计算的基础上衍生的。

（4）F 表示资金的未来值（Future Value）或本利和、终值。它表示资金发生在某个特定的时间序列的终点时刻的现金流，即相对现在值的任何以后的时间价值。它发生在特定时刻终点以前所有时刻的现金流量的最后面。在资金的等值计算中，将一个序列时间点上的资金"从前往后"折算到某个时刻点上的过程叫作求终值。求资金的终值也就是求资金的本利和。在工程经济的分析计算中，我们一般约定 F 发生在期末，如第 1 年末、第 2 年末等。

（5）A 表示资金的等额年值（Equivalent Annuity），表示的是在连续每期期末等额支出或收入中的每一期资金支出或收入额。由于一般一期的时间为一年，故通常称为年金。在工程经济的分析计算中，如无特别说明，我们一般约定 A 发生在期末，如第 1 年末、第 2 年末等。

（6）G 表示资金的递增年值（Gradient Annuity），即当各期的支出或收入是均匀递增或均匀递减时，相邻两期资金支出或收入额的差。

每个投资项目的现金流量的发生是不尽相同的，有的项目一次投资、多次收益；有的项目多次投资、多次收益；有的项目多次投资，一次收益；也有的项目一次投资、一次收益。因此，为了解决各种投资项目经济分析的计算问题，我们推导几种统一的计算公式，如图 3-2 所示。

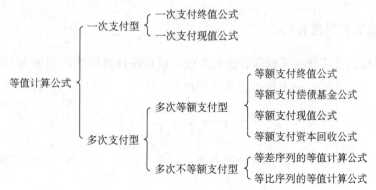

图 3-2　资金等值计算的基本类型

一、一次支付型

一次支付又叫整付,是指项目在整个寿命期内,其现金流量无论是流入还是流出都只发生一次。一般有两种情况:一种发生在期初,另一种发生在期末,如图 3-3 所示。

从考虑资金时间价值的角度来看,图 3-3 中的初始流出现金 P 刚好能被最终的收入 F 补偿,即 P 和 F 等值。

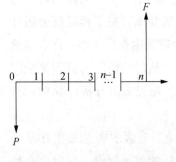

图 3-3 一次支付现金流量图

(一) 一次支付终值公式

一次支付终值就是求终值。也就是说,在项目的初期投入资金 P,n 个计息周期后,在计息周期利率为 i 的情况下,需要多少资金来弥补初期投入资金 P 呢?这个问题与复利本息和计算相同。因此,一次支付终值公式为:

$$F = P(1+i)^n \tag{3-7}$$

由于式 (3-7) 中有高次方,因此,为便于计算,工程经济学中常用系数来表示,使用时直接查询复利系数表即可。将系数 $(1+i)^n$ 称为一次支付终值系数,用符号 $(F/P, i, n)$ 表示。即

$$F = P(1+i)^n = P(F/P, i, n) \tag{3-8}$$

【例题 3-6】 某企业向银行借款 100 000 元,借款时间是 10 年,借款年利率为 10%,问 10 年后该企业应还银行多少钱?

解: 此题属于一次支付型,求一次支付的终值。
通过查表,得:

$$(F/P, i, n) = (F/P, 10\%, 10) = 2.593\ 7$$
$$F = P(F/P, i, n) = 100\ 000 \times 2.593\ 7 = 259\ 370(元)$$

(二) 一次支付现值公式

一次支付现值公式就是求现值。也就是说,项目在计息周期内利率为 i 的情况下,一次支付现值是一次支付 n 期末终值公式的逆运算。由式 (3-7) 可以直接得到:

$$P = \frac{F}{(1+i)^n} \tag{3-9}$$

系数 $1/(1+i)^n$ 称为一次支付现值系数,用符号 $(P/F, i, n)$ 表示,即

$$P = \frac{F}{(1+i)^n} = F(P/F, i, n) \tag{3-10}$$

为计算方便，同样可以通过查表得到系数值。

【例题 3-7】 某企业希望 3 年后获得 40 000 元的资金，存款年利率为 5%，那么该企业现在存入多少才能实现目标？

解： 这是一次支付求现值型。

通过查表，得：

$$(P/F, i, n) = (P/F, 5\%, 3) = 0.8638$$
$$P = F(P/F, i, n) = 40\,000 \times 0.8638 = 34\,552(元)$$

二、多次等额支付型

多次等额支付是指现金流量发生在多个时刻点上，不是前面两种支付类型中的在期初或期末集中支付，而且每个时刻点的支付额度相等。多次等额支付分为四种类型。

（一）等额支付终值公式

等额支付终值是指现金流量等额、连续发生在各个时刻点上，在考虑资金时间价值的情况下，各个时刻点的等额资金全部折算到期末，需要多少资金与之等值，即求等额支付的终值。等额支付终值的现金流量图如图 3-4 所示。

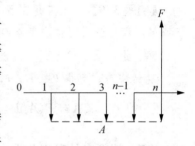

图 3-4 等额支付终值现金流量图

从图 3-4 可知，将每个 A 都通过一次支付终值公式转化成一个终值，这样就把每个 A 折算成第 n 年的终值，并将这些终值累加，就可以得到等额支付终值，即

$$F = A + A(1+i) + A(1+i)^2 + \cdots + A(1+i)^{n-2} + A(1+i)^{n-1}$$

通过等比数列求和，可得：

$$F = A\left[\frac{(1+i)^n - 1}{i}\right] \tag{3-11}$$

式（3-11）中的系数 $\frac{(1+i)^n - 1}{i}$ 称为等额支付终值系数，用符号 $(F/A, i, n)$ 表示，即

$$F = A\left[\frac{(1+i)^n - 1}{i}\right] = A(F/A, i, n) \tag{3-12}$$

【例题 3-8】 张某每年存入银行 60 000 元，存 5 年准备买房用，存款年利率为 3%。问 5 年后张某能从银行取出多少钱？

解： 此题属于等额支付型，求终值。

通过查表，可得 $(F/A, i, n) = (F/A, 3\%, 5) = 5.3091$，因此：

$$F = A(F/A, i, n) = 60\,000 \times 5.309\,1 = 318\,546(元)$$

(二) 等额支付偿债基金公式

等额支付偿债基金是指期末一次性支付一笔终值，用每个时刻点上等额、连续发生的现金流量来偿还，需要多少资金才能偿还 F。如图 3-4 所示，已知终值 F，求与之等值的年值 A，这是等额支付终值公式的逆运算。由式（3-11）可以直接得到：

$$A = F\left[\frac{i}{(1+i)^n - 1}\right] \tag{3-13}$$

式（3-13）中的系数 $\frac{i}{(1+i)^n - 1}$ 称为等额支付偿债系数，用符号 $(A/F, i, n)$ 表示，即

$$A = F\left[\frac{i}{(1+i)^n - 1}\right] = F(A/F, i, n) \tag{3-14}$$

【例题 3-9】 张某想在 5 年后从银行取出 40 万元用于购买住房。若银行年存款利率为 5%，那么此人现在应每年存入银行多少钱？

解： 此题属于求等额支付偿债基金的类型。

通过查表，可得 $(A/F, i, 5) = (A/F, 5\%, 5) = 0.181\,0$，因此：

$$A = F(A/F, i, 5) = 400\,000 \times 0.181\,0 = 72\,400(元)$$

(三) 等额支付现值公式

等额支付现值是指现金流量等额、连续发生在每个时刻点上，相当于期初的一次性发生的现金流量是多少。等额支付现值的现金流量图如图 3-5 所示。

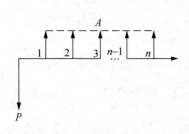

图 3-5 等额支付现值现金流量图

在图 3-5 中，已知等额年值 A，求现值 P。图中的每个 A 相对于 P 来说都是一个未来值。计算时可以将每个 A 折算到期初的现值，然后再求和。但这样计算比较麻烦，我们可以利用前面已经推导出的两个公式来直接计算。根据前面的推导，我们知道 $F = P(1+i)^n$ 和 $F = A\left[\frac{(1+i)^n - 1}{i}\right]$，从这两个公式，可得：

$$P = A\left[\frac{(1+i)^n - 1}{i(1+i)^n}\right] \tag{3-15}$$

式（3-15）中的系数 $\frac{(1+i)^n - 1}{i(1+i)^n}$ 称为等额支付现值系数，可用符号 $(P/A, i, n)$ 表示，即

$$P = A\left[\frac{(1+i)^n - 1}{i(1+i)^n}\right] = A(P/A, i, n) \tag{3-16}$$

【例题 3-10】 张某为儿上大学准备了一笔资金,打算让儿在今后的 4 年中,每月从银行取出 1 000 元作为生活费。现在银行存款月利息为 0.3%,那么张某现在应存入银行多少钱?

解: 此题属于等额支付现值型。

计息期为 $n = 4 \times 12 = 48$(月)

$$P = A\left[\frac{(1+i)^n - 1}{i(1+i)^n}\right] = 1\,000 \times \left[\frac{(1+0.3\%)^{48} - 1}{0.3\% \times (1+0.3\%)^{48}}\right] = 44\,641.93(元)$$

此题中的利率太小,没有编制系数表,只能通过直接按照公式计算的方式求解。

(四) 等额支付资本回收公式

等额支付资本回收是指期初一次性发生一笔资金,用每个计息期等额、连续发生的年制来回收,所需要的等额年值是多少。这就相当于等额支付现值公式中,已知现值 P 求等额年值 A,即

$$A = P\left[\frac{i(1+i)^n}{(1+i)^n - 1}\right] \tag{3-17}$$

式 (3-17) 中的系数 $\frac{i(1+i)^n}{(1+i)^n - 1}$ 称为等额支付资本回收系数,用符号 $(A/P, i, n)$ 表示,即

$$A = P\left[\frac{i(1+i)^n}{(1+i)^n - 1}\right] = P(A/P, i, n) \tag{3-18}$$

【例题 3-11】 某制造企业现在购买一台机械,价值 30 万元。希望在今后 8 年内等额回收全部投资。若资金的折现率为 3%,试求该企业每年回收的投资额。

解: 这是一个等额支付资本回收求每年的等额年值的问题。

通过查表,可得 $(A/P, i, n) = (A/P, 3\%, 8) = 0.142\,5$,因此:

$$A = P(A/P, i, n) = 300\,000 \times 0.142\,5 = 42\,750(元)$$

三、多次不等额支付型

多次不等额支付是指现金流量连续发生在多个时刻点上,但各个时刻点发生的现金流量不完全相等。为了推导通用的公式,我们仅讨论每个计息期发生的现金流量成等差和等比序列的情况。

(一) 等差序列公式

等差序列是指各期发生的现金流量成等差序列。假定第 1 个计息期末的现金流量为 A_1，以后每期递增 G，即第 2 个计息期末的现金流量为 A_1+G，第 3 个计息期末的现金流量为 A_1+2G，…，第 n 个计息期末的现金流量为 $A_1+(n-1)G$。现金流量图如图 3-6 所示。图中的现金流量 A_1、$A_1+(n-1)G$、时间轴和连接各现金流量的箭头的虚线正好组成一个梯形。因此，等差序列的等值计算在一些书上也叫作均匀梯度系列公式。

通过分析可知，图 3-6 由两部分现金流组成：等额支付和等差支付。等差支付现金流量图变成图 3-7 的形式。计算时分别对等额支付和等差支付进行计算，然后加总。

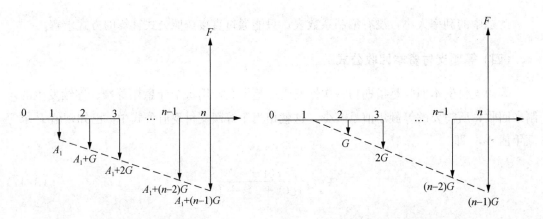

图 3-6　等差序列现金流量图　　　　图 3-7　不含等额支付的等差支付现金流量图

对于等额支付部分直接用前面的等额分付的终值公式计算将来值即可，其中的等额支付是 A_1。现在推导等差支付终值的公式。我们将每个计息期末的现金流量 G，$2G$，…，$(n-2)G$，$(n-1)G$ 全部折算到第 n 期末的未来值，求和即是等差支付的终值。

于是，图 3-7 中等差支付的终值为：

$$F_2 = G(F/P, i, n-2) + 2G(F/P, i, n-3) + \cdots + (n-2)G(F/P, i, 1) + (n-1)G$$
$$= G(1+i)^{n-2} + 2G(1+i)^{n-3} + \cdots + (n-2)G(1+i) + (n-1)G$$

为了求解，将上式两端同乘 $(1+i)$，得：

$$F_2(1+i) = G(1+i)^{n-1} + 2G(1+i)^{n-2} + \cdots + (n-2)G(1+i)^2 + (n-1)G(1+i)$$

再用第二式减去第一式，得：

$$F_2 i = G(1+i)^{n-1} + G(1+i)^{n-2} + \cdots + G(1+i)^2 + G(1+i) - (n-1)G$$

用等比数列求和的方法，可得：

$$F_2 = \frac{G}{i}\left[\frac{(1+i)^n - 1}{i} - n\right] \tag{3-19}$$

式（3-19）是不带等额支付的等差序列终值公式。上式两端同乘$(1+i)^{-n}$，则可得不带等额支付的等差序列现值公式为：

$$P_2=\frac{F_2}{(1+i)^n}=G\left[\frac{(1+i)^n-in-1}{i^2(1+i)^n}\right] \tag{3-20}$$

再利用前面介绍过的等额支付终值的公式，将等差的梯度支付终值转化为每年的等额年值，则：

$$A_2=\frac{F_2 i}{(1+i)^n-1}=G\left[\frac{1}{i}-\frac{n}{(1+i)^n-1}\right] \tag{3-21}$$

式中，$\frac{1}{i}-\frac{n}{(1+i)^n-1}$叫作梯度系数，通常用$(A/G,i,n)$表示，则：

$$A_2=G\left[\frac{1}{i}-\frac{n}{(1+i)^n-1}\right]=G(A/G,i,n) \tag{3-22}$$

再看图 3-6，图中的现值、等额年值和终值分别为：

$$F=A_1(F/A,i,n)+F_2=A_1\frac{(1+i)^n-1}{i}+\frac{G}{i}\left[\frac{(1+i)^n-1}{i}-n\right]$$

$$A=A_1+A_2=A_1+G\left[\frac{1}{i}-\frac{n}{(1+i)^n-1}\right]$$

$$P=A(P/A,i,n)=\left\{A_1+G\left[\frac{1}{i}-\frac{n}{(1+i)^n-1}\right]\right\}\frac{(1+i)^n-1}{i(1+i)^n}$$

【例题 3-12】 张某 2000 年 7 月参加工作，为了买房，从当年 8 月 1 日起开始每月存入银行 1 000 元，以后每月递增存款 40 元，连续存 5 年。若存款年利率为 2%，问：

(1) 张某 2005 年 8 月 1 日可以从银行取出多少钱？
(2) 张某每月平均存入银行多少钱？
(3) 所有这些存款相当于张某 2000 年 8 月 1 日一次性存入银行多少钱？

解： 把 2000 年 8 月 1 日看作第一个计息期末，那么 5 年内的计息期为 $n=12\times5=60$，每月等差额为 $G=40$ 元，等差序列的固定基数为 $A_1=1\,000$ 元。

(1) 张某 2005 年 8 月 1 日从银行取出的钱就是所有存款的终值，即

$$F=A_1(F/A,i,n)+F_2=A_1\frac{(1+i)^n-1}{i}+\frac{G}{i}\left[\frac{(1+i)^n-1}{i}-n\right]$$

$$=1\,000\times\frac{(1+2\%)^{60}-1}{2\%}+\frac{40}{2\%}\times\left[\frac{(1+2\%)^{60}-1}{2\%}-60\right]=222\,154.62(元)$$

(2) 张某每月平均存入银行的钱为：

$$A=A_1+A_2=A_1+G\left[\frac{1}{i}-\frac{n}{(1+i)^n-1}\right]$$

$$=1\,000+40\times\left[\frac{1}{2\%}-\frac{60}{(1+2\%)^{60}-1}\right]=1\,947.84(元)$$

(3) 所有这些存款相当于张某 2000 年 8 月 1 日一次性存入银行：

$$P = A(P/A, i, n) = F(P/F, i, n) = \frac{222\,154.62}{(1+2\%)^{60}} = 67\,708.78(元)$$

本例题的计算也可以通过查表的方法得到系数，然后再计算。上述等差序列公式也可以用于计算每期逐渐减少的均匀序列，只不过需要将公式中的 G 换成 $-G$，其他项不变。

（二）等比序列公式

等比序列是指各期发生的现金流量成等比序列。假定第 1 个计息期末的现金流量为 A_1，以后每期都按百分比 h 递增。现金流量图如图 3-8 所示。

A_1 为每期的定值，h 为等比系数。我们把每期的现金流量折算成期初的现值，然后求和，即可得等比序列现金流量的现值，即

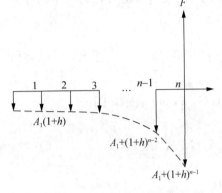

图 3-8 等比序列现金流量图

$$P = A_1(1+i)^{-1} + A_1(1+h)(1+i)^{-2} + \cdots + A_1(1+h)^{n-1}(1+i)^{-n}$$
$$= \frac{A_1}{(1+i)}1 + \frac{1+h}{1+i} + \frac{(1+h)^2}{(1+i)^2} + \cdots + \frac{(1+h)^{n-2}}{(1+i)^{n-2}} + \frac{(1+h)^{n-1}}{(1+i)^{n-1}}$$

容易看到，上式是公比等于 $\frac{1+h}{1+i}$ 的等比数列，利用等比数列的求和公式，可得：

$$P = \begin{cases} A_1 \dfrac{1-(1+h)^n(1+i)^{-n}}{i-h} & i \neq h \\ \dfrac{nA_1}{1+i} & i = h \end{cases}$$

【例题 3-13】 租用一套住房月租金为 1 600 元，预计今后 5 年内每月租金增长 0.5%。若将该住宅买下，需要一次性支付 20 万元，但 5 年后仍可以卖 20 万元。若月折现率为 1%。问是租用合算还是购买合算？

解： 分别计算两种情况的现值进行比较，计息期为 $n = 5 \times 12 = 60$（月）。

若租用，5 年内全部租金的现值为：

$$P_1 = 1\,600 \times \left[\frac{1-(1+0.5\%)^{60} \times (1+1\%)^{-60}}{1\% - 0.5\%}\right] = 82\,408.30(元)$$

若购买，则全部费用现值为：

$$P_2 = 20\,000 - 20\,000 \times (1+1\%)^{-60} = 89\,910.08(元)$$

由于租金的现值小于购买的现值，因此租用合算。

第三节 | 常用的还本付息方式

在现代货币市场上,借款人和银行(债权人)事前约定还款的方式和期限。常用的还款方式有等额还款、等额还本、先息后本和到期还本付息四种。

一、等额还款

这种还款方式要求借款人每期归还相等的金额,直到约定的期限还清本金和利息。所谓"等额",是指每期要求支付的利息和本金相加的金额相等,这相当于用等额支付资金恢复系数计算的还款系列。

例如,借款 200 万元,年利率 5.94%,分五年等额还款,假设借款发生在第一年年初,还款均发生在年末。我们可用等额支付系列资金恢复公式算得每年还款金额为 47.40 万元。五年中总还款金额 237 万元,其中 200 万元是本金,37 万元是利息。要注意的是,虽然每年的还款额相等,但期间发生的利息和归还的本金各年是不等的,前者从大到小,后者从小到大。这种还本付息方式便于借款人记忆和均匀地筹集还款数额,多数住房抵押贷款都采取这种还款方式,借款人一般不区分还款中的利息和本金。但是,对于企业法人来说,由于利息可以抵扣所得税,因此有必要区分每年不同的利息支付,具体如表 3-7 所示。

表 3-7 等额还款方式计算表　　　　　　　　　　　　　　　　　　单位:万元

年数	1	2	3	4	5	合计
年初欠款	200.00	164.48	126.84	86.98	44.74	
年末还本付息	47.40	47.40	47.40	47.40	47.40	237
其中:付息	11.88	9.78	7.54	5.16	2.66	37.00
还本	35.52	37.64	39.88	42.24	44.74	200.00
年末欠款	164.48	126.84	86.98	44.74	0.00	

二、等额还本

这种还款方式要求借款人每期归还等额的本金外,再加上每期的利息支付。由于利息随欠款金额而减少,因此每期还款的总金额是不等的,从大到小。采用这种还款方式的借款人初期还款压力较大。

承上例,先确定每年等额还本 40 万元,再按照年初欠款余额计算利息,两者相加后就是各年的还款数,显然各年是不相等的,如表 3-8 所示。利息支付的总额(代数和)只有 35.64 万元,比上面等额还款方式的利息 37 万元要少。

表 3-8 等额还本方式计算表　　　　　　　　　　　单位:万元

年数	1	2	3	4	5	合计
年初欠款	200.00	160.00	120.00	80.00	40.00	
年末还本付息	51.88	49.50	47.12	44.76	42.38	235.64
其中:付息	11.88	9.50	7.12	4.76	2.38	35.64
还本	40.00	40.00	40.00	40.00	40.00	200.00
年末欠款	160.00	120.00	80.00	40.00	0.00	

三、先息后本

这种还款方式常见于债券的偿还,债权人按票面价值获得利息,到期一次兑现面值,也见于部分信用贷款偿还。

承上例,如表 3-9 所示,发债人每年支付利息 11.88 万元(200×5.94%),至第五年末连同本金(面值)和利息 211.88 万元还清债务。显然,这种还款方式累计的利息要比以上两种多,这是因为各期没还本金,保持相同的计息基数,但是这种还款方式对于发债人而言,项目到期日之前还款压力较小。

表 3-9 先息后本计算表　　　　　　　　　　　单位:万元

年数	1	2	3	4	5	合计
年初欠款	200.00	200.00	200.00	200.00	200.00	
年末还本付息	11.88	11.88	11.88	11.88	211.88	259.40
其中:付息	11.88	11.88	11.88	11.88	11.88	59.40
还本	0	0	0	0	200.00	200.00
年末欠款	200.00	200.00	200.00	200.00	0	

四、到期还本付息

这种还款方式常发生在投资较大、建设期较长的项目贷款。银行在建设期给予一定时间的宽限期,在此期间既不付息也不还本,但所发生的利息累积计入本金一次总付。总付的金额相当于用复利公式计算的本利和。

承上例,如表 3-10 所示,这种还款方式的累计利息代数和最大。

表 3-10 到期还本付息计算表 单位：万元

年份	1	2	3	4	5	合计
年初欠款	200.00	211.88	224.46	237.80	251.72	
年末还本付息	0	0	0	0	266.88	266.88
其中：付息	0	0	0	0	66.88	66.88
还本	0	0	0	0	200.00	200.00
年末欠款	211.88	224.46	237.80	251.92	0	

由于货币的时间价值，不能把发生在不同时间的利息或还款额简单地相加来判断还本付息的好坏。事实上，以上例子中的四种还款方式的货币时间价值都是一样的，年利率都是 5.94%，都是按每年欠款金额的 5.94% 计算利息，这点从上面各表的"合计"列中可得到验证：合计的利息除以合计的欠款都等于 5.94%。

除以上四种还本付息方式外，还可以在这些方式基础上组合成其他方式。例如，在建设期采用第四种，到生产经营期再采用第一种或第二种方式归还建设期累计的本息和。还有一种不同的、目前已较少见的所谓"有多少还多少"的方式。这种方式也就是我国 20 世纪 90 年代经常采用的国有银行对国有企业贷款的所谓"拨改贷"方式。那时，贷款期限不是事先约定的，而是要求企业投产后按规定的全部盈利归还贷款。因此，银行有必要对贷款的偿还期和偿还进度进行详细的预测，政府主管部门也以测算出的偿还期作为投资项目经济评价的主要依据。

本章小结

资金运动的规律是资金的价值随时间的变化而变化，不同时间发生的等额资金在价值上的差别称为资金的时间价值。利息是指资金投入生产和流通领域中一定时间后的增值部分。利率是单位时间的利息与本金之比。利息和利率是衡量资金时间价值的绝对尺度和相对尺度。计息周期是计算利息的时间单位，通常以年为时间单位。单利计息法是指仅对本金计算利息，对所获得的利息不再计息；复利计息法指不仅本金计算利息，而且先前周期的利息在后续周期中还要计息。年名义利率是计息周期的利率与年中的计息周期数之乘积，年实际利率 $i = \left(1 + \dfrac{r}{m}\right)^m - 1$。

等值资金是指在特定的利率下，在不同的时间上，绝对数额不同而价值相等的若干资金。影响资金等值的因素包括资金额大小、资金发生的时间和利率等。将一个时点发生的资金金额按一定利率换算成另一时点的等值金额，这一过程叫作资金等值计算。应用资金等值计算的普通复利公式时，除了要注意各公式中资金值的大小外，还要注意资金值发生的时间。如在一次支付现值公式和一次支付终值公式中，现值 P 发生在第一年期初，终值发生在第 n 年期末；在等额分付终值公式和等额分付偿债基金公式中，终值与最后一个等年值A在一个时间点上；在等额分付现值公式和等额分付资本回收公式中，现值P在第一个等年值A的前一期；在等差分付复利公式中，第一个G发生在第二期期末。资金时间价值的其他复利计算公式可根据普通复利公式及有关原理和方法进行推导得出，不必死记硬背。

常用的还款方式有等额还款、等额还本、先息后本和到期还本付息四种。

思考练习题

1. 什么是现金流量？它包括哪些内容？试举例说明。
2. 什么是现金流量图？它的构成要素有哪些？绘制现金流量图时应注意哪些问题？
3. 什么是资金的时间价值？影响资金的时间价值因素有哪些？
4. 什么是单利法？什么是复利法？各自的计算有何不同？它们有何关系？
5. 试分析银行生存的原因与经营的目的。
6. 我国银行的活期存款是单利法还是复利法计息？
7. 什么是资金的等值？资金等值有何作用？
8. 什么是名义利率和实际利率？它们有什么关系？
9. 某城市投资兴建一座桥梁，建设期为3年，预计总投资15 000万元，所有投资从银行贷款，分3年等额投入建设（投资均在每年年初投入）。桥建好后即可投入使用。预计每天过往车辆2 000辆，每辆车收取过桥费10元，一年按360天计算。设该桥的寿命期为50年，桥梁每年的维修保养费为10万元。试绘制其现金流量图。
10. 某工程项目5年前投资100万元，第一年年末就投入生产并获利。截至目前，每年年收入20万元，每年的维修保养费1万元。预计该工程还能继续使用5年，今后5年内每年收益为15万元，维修费仍为每年1万元。5年后资产全部回收完并报废。试画出该项目的现金流量图。
11. 某人现在向银行借款5 000元，约定3年后归还。若银行借款利率为6%，试分别按单利法和复利法计算3年后此人应归还银行多少钱？对还款人来说，哪种计算利息的方式比较合算？
12. 蔡某按单利利率6%借款20 000元给胡某，3年后蔡某收回了借款，又将全部本利和贷款给李某，约定贷款年利率为5%，期限为2年，但按复利计算。问蔡某最后收回贷款时能收回多少钱？
13. 某公司投资建设一栋楼房，在银行贷款300万元。约定一年后归还，贷款月利率为0.5%。问该公司一年后应归还银行多少钱？
14. 某电力公司拟在5年后建设一座电站，估计投资1 000万元。该公司打算现在存入一笔资金留给电站建设用。若银行现在的存款年利率为2%，问该公司现在应存入银行多少钱？如果该公司打算从现在开始每年年末存入银行一笔钱，年存款利率仍为2%，那么该公司现在应存入银行多少钱？若该公司从现在开始每年年初存入银行一笔钱，年存款利率仍为2%，那么该公司现在又应存入银行多少钱？

15. 老张现在向银行借款30万元用于购买商品房，借款期限为20年。银行规定的借款年利率为7%，还款方式为每月等额还款。问老张每月的还款是多少？

16. 某公司现在存款P万元，存款期限为10年，现在有多种利率投资方式可供选择，问该公司希望10年后本利和是现在存款的2倍，应选择年利率为多少的投资方式？

17. 某人第1个月存入银行1 000元，从第2个月开始每月递增100元，连续存5年。存款年利率为3%，问此人全部存款的现值、终值及平均每年的存款额是多少？

18. 某人在银行贷了一笔款项，从现在开始偿还。第1个月偿还10 000元，从第2个月开始每月递减1 000元，连续还10个月。贷款月利率为1%，问此人全部贷款的现值、终值及平均每月的还款额是多少？

19. 某企业向银行贷款20 000元，在5年内以年利率5%还清全部本金和利息。有以下四种还款方式。

(1) 5年后一次性还本付息，中途不做任何还款；

(2) 在5年内仅在每年年底归还利息，最后在第5年年末将本金和利息一并归还；

(3) 分期均匀偿还所借本金，同时偿还到期利息，至第5年年末全部还清；

(4) 将所欠本金和利息全部分摊到每年做等额偿还，即每年偿还的本金加利息相等。

试列表计算各种还款方式所付出的总金额。

20. 某企业兴建一工厂，第一年投资200万元，第二年投资300万元，第三年投资200万元，投资均发生在年初。其中第一年和第二年的投资使用银行贷款，银行贷款年利率为6%。该项目从第4年年末开始获益并偿还贷款。估计项目的寿命期有20年，每年的净收益为100万元，该企业打算用10年的时间等额偿还完第1年和第2年的贷款。试绘制现金流量图，并计算该企业10年内每年偿还银行贷款多少钱？

第四章 CHAPTER 4

项目评价指标与方法

> **学习目的**
>
> 本章主要介绍工程项目经济评价的两种静态评价指标和方法,以及五种动态评价指标和方法。对各评价指标的概念、经济意义、应用条件、计算式、判别准则等进行了详细讨论。从独立方案、互斥方案和混合型方案三种类型介绍方案的比选方法,及各种评价指标在方案比选中的运用方法。通过本章的学习,要求熟悉项目经济评价指标的基本概念,重点掌握静态和动态评价指标的计算方法和评判准则,掌握独立方案、互斥方案和混合型方案的比选方法。

第一节 项目评价指标分类

投资项目评价是从工程、技术、经济、资源、环境、政治、国防和社会等多方面对项目方案进行全面的、系统的、综合的技术经济分析、比较、论证和评价,从多种可行方案中选择最优方案。经济评价是投资项目评价的核心内容之一。为了确保投资决策的正确性和科学性,掌握经济评价的指标和方法是十分必要的。

一、按指标是否在计算中考虑资金时间价值分类

根据是否考虑资金的时间价值,项目的评价方法可分为静态评价和动态评价两大类,如图4-1所示。

静态评价是指在进行项目方案效益和费用的计算时,不考虑资金的时间价值,不计利息。因此,静态评价比较简单、直观、使用方便,但不够精确。静态评价常用于项目的初步可行性研究,对方案进行粗略分析评价和初选。

动态评价是指在计算项目方案的效益和费用时,考虑资金的时间价值,采用复利计算方

法，把不同时间点的效益和费用折算为同一时间点的等值价值，为项目方案的经济比较确立相同的时间基础。动态评价主要用于项目详细可行性研究阶段，是项目经济评价的主要方法。

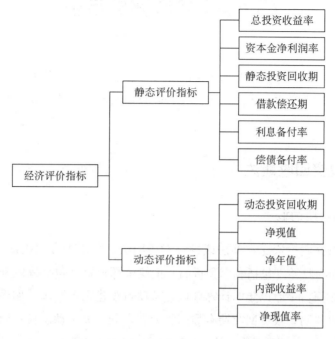

图 4-1　项目经济评价指标体系（按时间价值分类）

二、按指标本身的经济性质分类

在工程项目经济评价中，项目经济评价指标按本身的经济性质一般可以分为三大类：一类是以时间单位计量的时间性指标，如投资回收期；第二类是以货币单位计量的价值性指标，如净现值、净年值、费用现值、费用年值等；第三类是反映资金利用效率的效率性指标，如投资收益率、内部收益率、净现值指数等。这三类指标从不同角度考察项目的经济性，在对项目方案进行经济效益评价时，应当尽量同时选用这三类指标以利于较全面地反映项目的经济性。项目的经济评价指标分类如表 4-1 所示。

表 4-1　项目的经济评价指标体系（按指标的经济性质分类）

指标类型	具体指标	备注
时间性指标	投资回收期 差额投资回收期	静态、动态 静态、动态
价值性指标	净现值、净年值、净将来值 费用现值、费用年值……	动态
效率性指标	投资收益率 内部收益率、外部收益率 净现值率	静态 动态 动态

第二节 | 静态评价方法

在经济评价中，不考虑资金时间因素的评价方法称为静态评价方法。静态评价方法主要有投资回收期法、投资收益率法、差额投资回收期法等。本节主要介绍投资回收期法和投资收益率法。

一、静态投资回收期法

（一）投资回收期的概念

投资回收期法又叫投资返本期法或投资偿还期法。所谓投资回收期（Payback Period，P_t）是指以项目的净收益（包括利润和折旧）抵偿全部投资（包括固定资产投资和流动资金投资）所需的时间，一般以年为计算单位，从项目投建之年算起。如果从投产年或达产年算起时，应予以注明。投资回收期有静态和动态之分，关于动态投资回收期，我们将在本章第三节中介绍。

静态投资回收期是反映项目财务上投资回收能力的重要指标，是用来考察项目投资盈利水平的经济效益指标。

（二）投资回收期的计算

静态投资回收期的理论计算公式如下：

$$\sum_{t=0}^{P_t}(CI-CO)_t = 0 \tag{4-1}$$

式中：P_t——静态投资回收期（年）；

CI——现金流入量；

CO——现金流出量；

$(CI-CO)_t$——第 t 年的净现金流量。

静态投资回收期也可根据全部投资的财务现金流量表中累计净现金流量计算求得，这也是实际计算公式，即

$$P_t = （累计净现金流量首次出现正值的年份数 - 1） \\ + \frac{上一年累计净现金流量绝对值}{首次出现正值年份的净现金流量} \tag{4-2}$$

将计算出的静态投资回收期 P_t 与所确定的基准投资回收期 P_c 进行比较，得到判断

标准：

① 若 $P_t \leqslant P_c$，表明项目投资能在规定的时间内收回，则项目可以接受；

② 若 $P_t > P_c$，表明项目投资不能在规定的时间内收回，则项目应予以拒绝。

【例题 4-1】 某项目现金流量如表 4-2 所示，基准投资回收期为 5 年，试用静态投资回收期法评价方案是否可行。

表 4-2 现金流量表　　　　　　　　　　　　　　单位：万元

年数	0	1	2	3	4	5	6
投资	1 000						
收入		500	300	200	200	200	200

解：

$$\sum_{t=0}^{P_t}(CI-CO)_t = -1\,000 + 500 + 300 + 200 = 0$$

$$P_t = 3$$

$$P_t < P_c$$

所以项目可行。

【例题 4-2】 某项目现金流量如表 4-3 所示，用投资项目财务分析中使用的现金流量表来计算投资回收期。基准投资回收期为 9 年。

表 4-3 现金流量表　　　　　　　　　　　　　　单位：万元

项目＼年数	0	1	2	3	4	5	6	7	8～N
净现金流	−6 000	0	0	800	1 200	1 600	2 000	2 000	2 000
累计净现金流	−6 000	−6 000	−6 000	−5 200	−4 000	−2 400	−400	1 600	

解：

$$P_t = 7 - 1 + \frac{400}{2\,000} = 6.2(年) < 9$$

所以项目可以接受。

(三) 投资回收期法的优缺点

静态投资回收期的优点包括：第一是概念清晰，反映问题直观，计算方法简单；第二，也是最重要的，该指标不仅在一定程度上反映项目的经济性，而且反映项目的风险大小。项目决策面临着未来的不确定性因素的挑战，这种不确定性所带来的风险随着时间的延长而增加，因为离现时越远，人们所能确知的东西就越少。为了减少这种风险，当然希望投资回收期越短越好。因此，作为能够在一定程度上反映项目经济性和风险性的静态投资回收期指标，在项目评价中具有独特的地位和作用，被广泛用作项目评价的辅助性指标。

静态投资回收期指标的缺点，第一是它没有反映资金的时间价值；第二是由于它舍弃了回收期以后的收入与支出数据，故不能全面反映项目在寿命期内的真实状态，难以对不同方案的比较选择做出正确判断。

二、投资收益率法

(一) 投资收益率的概念

投资收益率（return on investment，ROI）是指项目达到设计生产能力后的一个正常年份的年息税前利润与项目总投资的比率。对生产期内各年的年息税前利润变化幅度较大的项目，则应计算生产期内年平均年息税前利润与项目总投资的比率。它适用于项目处在初期勘察阶段或者项目投资不大、生产比较稳定的财务盈利性分析。

(二) 投资收益率的计算

总投资收益率的计算公式如下：

$$ROI = \frac{EBIT}{TI} \times 100\% \qquad (4-3)$$

式中，TI 为投资总额，包括固定资产投资和流动资金等；$EBIT$ 为项目达产后正常年份的年息税前利润或平均年息税前利润，包括企业利润总额和支出利息。

将计算出来的投资收益率 ROI 与所确定的基准投资收益率 R_c 进行比较，得到判断标准：

① 若 $ROI \geqslant R_c$，则项目可以接受；

② 若 $ROI < R_c$，则项目应予以拒绝。

【例题 4-3】 某项目经济数据如表 4-4 所示，现已知基准投资收益率为 15%，达产年为第 5 年。试以总投资收益率指标判断项目取舍。

解： 由表中数据可得，

$$ROI = \frac{200}{750} = 0.27 = 27\%$$

由于 $ROI > R_c$，故项目可以考虑接受。

表 4-4　某项目的投资及收益　　　　　　单位：万元

年数 项目	0	1	2	3	4	5	6	7	8	9	10	合计
1. 建设投资	180	240	80									500
2. 流动资金			250									250

(续表)

项目 \ 年数	0	1	2	3	4	5	6	7	8	9	10	合计
3. 总投资（1+2）	180	240	330									750
4. 营业收入				300	400	500	500	500	500	500	500	3 700
5. 总成本				250	300	350	350	350	350	350	350	2 650
6. 利息				50	50	50	50	50	50	50	50	400
7. 息税前利润（4−5+6）				100	150	200	200	200	200	200	200	1 450
8. 累计净现金流量	−180	−420	−750	−650	−500	−300	−100	100	300	500	700	

（三）投资收益率法的优缺点

投资收益率指标的经济意义明确、直观，计算简便，在一定程度上反映了投资效果的优劣，可适用于各种投资规模的项目分析。但不足的是，投资收益率指标没有考虑投资收益的时间因素，忽视了资金具有时间价值的重要性；投资收益率指标计算的主观随意性强，因此多用于初步比选的辅助指标。

第三节 动态评价方法

考虑资金时间价值的评价方法称为动态评价方法。它以等值计算公式为基础，把投资方案中发生在不同时点的现金流转换成同一时点的值或者等值序列，计算出方案的特征值（指标值），然后依据所选定的指标基准值并在满足时间可比的条件下，进行评价比较，以确定较优方案。

常用的动态评价方法主要有现值法、年值法、净现值率法、动态投资回收期法、内部收益率法等。

一、净现值法

（一）净现值的概念

净现值法是在建设项目的财务评价中计算投资效果的一种常用的动态分析方法。

净现值（net present value，NPV）指标要求考虑项目寿命期内每年发生的现金流量，净现值是指按一定的折现率（基准折现率），将各年的净现金流量折现到同一时点（计算基准年，通常是期初）的现值累加值。

（二）净现值的计算

净现值的计算公式如下：

$$NPV = \sum_{t=0}^{n}(CI-CO)_t(1+i_0)^{-t} \tag{4-4}$$

式中，NPV 为净现值，i_0 为基准投资收益率，n 为计算期。

净现值是评价项目盈利能力的绝对指标。对单一方案而言，其评价准则如下：

① 当 $NPV \geqslant 0$ 时，表示项目实施后的收益率不小于基准收益率，方案予以接受；

② 当 $NPV < 0$ 时，表示项目的收益率未达到基准收益率，应予拒绝。

寿命期相等的多方案比较时，以净现值大的方案为优。

【例题 4-4】 某游乐场项目设计方案总投资 1 995 万元，当年投产，投产后年经营成本 500 万元，年营业收入额 1 500 万元，第三年年末工程项目配套追加投资 1 000 万元。若计算期为 5 年，基准收益率为 10%，残值等于零，试计算投资方案的净现值。

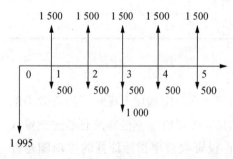

图 4-2 项目现金流量（单位：万元）

解：项目现金流量如图 4-2 所示。

$$\begin{aligned}NPV &= -1\,995 + 1\,500(P/A, 10\%, 5) - 500(P/A, 10\%, 5) \\ &\quad - 1\,000(P/F, 10\%, 3) \\ &= -1\,995 + 500 \times 3.790\,8 - 500 \times 3.790\,8 - 1\,000 \times 0.751\,3 \\ &= -1\,995 + 3\,790.8 - 751.3 = 1\,044.5 > 0\end{aligned}$$

该项目净现值 1 044.5 万元，说明该项目实施后的经济效益除达到 10% 的收益率外，还有 1 044.5 万元的收益现值。

（三）净现值法的优缺点

净现值法的优点有：

(1) 考虑了投资项目在整个经济寿命期内的收益，在决定短期利益时常常使用某年的净利润这一指标，而净现值则往往在决定长期利益时使用；

(2) 考虑了投资项目在整个经济寿命期内的更新或追加投资；

(3) 反映了纳税后的投资效果；

(4) 既能在费用效益对比上进行评价，又能和别的投资方案进行收益率的比较。

净现值法的缺点有：

(1) 预先确定折现率 i_0，这给项目决策带来了困难。i_0 定得略高，NPV 比较小，方案不易通过；反之，i_0 略低，方案容易通过。影响基准折现率 i_0 大小的因素主要有投资收益率（资金成本、投资的机会成本等），通货膨胀率以及项目可能面临的风险。

（2）净现值比选方案时，没有考虑到各方案投资额的大小，因而不能直接反映资金的利用效率。例如，A、B两个方案，A投资总额为1 000万元，净现值为10万元；B方案投资总额50万元，净现值为5万元。如按净现值比选方案，$NPV_A > NPV_B$，所以A优于B。但A方案的投资总额是B方案的20倍，但净现值却只有B的2倍，显然B方案的资金利用率高于A方案。为了考虑资金的利用效率，人们通常用净现值率作为净现值的辅助指标。

二、净现值率法

（一）净现值率的概念

净现值用于多方案比较时，虽然能反映每个方案的盈利水平，但是由于没有考虑各方案投资额的多少，因而不能直接反映资金的利用效率。为了考察资金的利用效率，可采用净现值率作为净现值的补充指标。

净现值率和净现值一样是反映建设项目在计算期内获利能力的动态评价指标。净现值率（net present value ratio，NPVR）是按基准折现率求得的方案计算期内的净现值与其全部投资现值的比率。

（二）净现值率的计算

净现值率的计算公式如下：

$$NPVR = \frac{NPV}{K_p} \tag{4-5}$$

式中，$NPVR$ 为净现值率，K_p 为项目总投资现值，n 为计算期。

净现值率表示单位投资现值所取得的净现值额，也就是单位投资现值所取得的超额净效益。净现值率的最大化，将有利于实现有限投资取得净贡献的最大化。

净现值率法的判别准则如下：

① 当 $NPVR \geqslant 0$ 时，表示方案可行；
② 当 $NPVR < 0$ 时，表示方案不可行。

用净现值率进行方案比较时，以净现值率较大的方案为优。净现值率一般作为净现值的辅助指标来使用。净现值率法主要适用于多方案的优劣排序。

【**例题 4-5**】 某物流工程有A、B两种可行方案，现金流量如表4-5所示，当基准折现率为10%时，试用净现值法和净现值率法比较评价择优。

表 4-5　A、B方案现金流量表　　　　　　　　　　　单位：万元

年数		0	1	2	3	4	5
投资	A	2 000					
	B	3 000					

(续表)

年数		0	1	2	3	4	5
现金流入	A		1 000	1 500	1 500	1 500	1 500
	B		1 500	2 500	2 500	2 500	2 500
现金流出	A		400	500	500	500	500
	B		1 000	1 000	1 000	1 000	1 000

解：按净现值判断，

$$NPV_A = -2\,000 + (1\,000 - 400)(P/F, 10\%, 1)$$
$$+ (1\,500 - 500)(P/A, 10\%, 4)(P/F, 10\%, 1) = 1427(万元)$$

$$NPV_B = -3\,000 - 1\,000(P/A, 10\%, 5)$$
$$+ 1\,500(P/F, 10\%, 1)$$
$$+ 2\,500(P/A, 10\%, 4)(P/F, 10\%, 1) = 1\,777(万元)$$

由于 $NPV_A < NPV_B$，所以方案 B 为优化方案。

按净现值率判断，

$$NPVR_A = 1\,427/2\,000 = 0.713\,5$$
$$NPVR_B = 1\,777/3\,000 = 0.592\,3$$

由于 $NPVR_A > NPVR_B$，所以方案 A 为优化方案，这与用净现值法计算的结论相反。

由此可见，当方案的投资额不相等时，除用净现值法外，往往需要用净现值率作为辅助评价指标，才能做出合理的评价。

本例中，方案 A 的净现值率为 0.713 5，其含义是方案 A 除了有 10% 的基准收益率外，每万元现值投资尚可获得 0.713 5 万元的现值收益。

三、净年值法

年值（金），是每个方案在寿命期内不同时点发生的所有现金流量按基准收益率换算成与其等值的等额支付序列年值（金）。由于换算后的年现金流量在任何年份均相等，所以有了时间上的可比性，故可据此进行不同寿命期方案的评价、比较和选择。

(一) 净年值法的概念

净年值（net annual value，NAV）法，是将方案各个不同时点的净现金流量按基准收益率折算成与其等值的整个寿命期内的等额支付序列年值后再进行评价、比较和选择的方法。

(二) 净年值的计算

净年值的计算公式如下：

$$NAV = NPV(A/P, i_0, n) \\ = \left[\sum_{t=0}^{n}(CI-CO)_t(P/F, i_0, t)\right](A/P, i_0, n) \quad (4-6)$$

式中，NAV 为净年值。

净年值的判别准则为：在独立方案或单一方案评价时，①当 $NAV \geqslant 0$ 时，方案可行；②当 $NAV < 0$ 时，方案不可行。在多方案比较时，净年值大的方案为优选方案。

显而易见，净年值是方案在寿命期内每年除获得按基准收益率应得的收益外，所取得的等额超额收益。

将式 (4-6) 与式 (4-4) 相比较可知，净年值与净现值在项目评价的结论上是一致的。因此，就项目的评价结论而言，净年值与净现值是等效评价指标。净现值给出的信息是项目在整个寿期内获取的超出最低期望盈利的超额收益现值，净年值给出的信息是寿命期内每年的等额超额收益。由于信息的含义不同，而且由于在某些决策结构形式下，采用净年值比采用净现值更为简便和易于计算，故净年值指标在经济评价指标体系中也占有相当重要的地位。

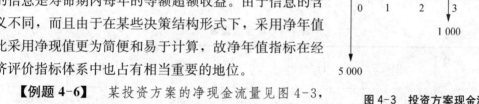

图 4-3 投资方案现金流量（单位：万元）

【例题 4-6】 某投资方案的净现金流量见图 4-3，设基准收益率为 10%。试求该方案的净年值。

解： 用现值求年值，

$$NAV = [-5\,000 + 2\,000(P/F, 10\%, 1) + 4\,000(P/F, 10\%, 2) - \\ 1\,000(P/F, 10\%, 3) + 7\,000(P/F, 10\%, 4)](A/P, 10\%, 4) \\ = 1\,311 (万元)$$

四、动态投资回收期法

(一) 动态投资回收期的概念

所谓动态投资回收期，是在考虑资金时间价值的条件下，按设定的基准收益率收回全部投资所需的时间。此法主要是为了克服静态投资回收期未考虑时间因素的缺点。

(二) 动态投资回收期的计算

动态投资回收期的理论计算公式如下：

$$\sum_{t=0}^{P_D}(CI-CO)_t(1+i_0)^{-t}=0 \tag{4-7}$$

式中，P_D 为动态投资回收期，i_0 为基准收益率。

(4-7) 式是指用基准收益率将投资与各期净收益折现为净现值，使净现值等于零时的计算期期数。

P_D 也可用项目财务现金流量表中的累计净现金流量计算求得，其实际计算式为：

$$P_D = (累计折现值首次出现正值的年份数 - 1) + \frac{上一年累计折现值的绝对值}{首次出现正值年份的折现值} \tag{4-8}$$

用动态投资回收期评价投资项目的可行性需要与基准动态投资回收期相比较。设基准动态投资回收期为 P_c，判别准则如下：

① 当 $P_D \leqslant P_c$ 时，表示项目可以被接受；
② 当 $P_D > P_c$ 时，表示项目不可行。

【例题 4-7】 用例 4-2 的数据计算动态投资回收期，并对项目可行性进行判断。假定基准折现率为 10%，基准动态投资回收期为 9 年（见表 4-6）。

表 4-6 现金流量表　　　　　　　　　　　　　　　单位：万元

年数 项目	0	1	2	3	4	5
净现金流	-6 000	0	0	800	1 200	1 600
累计净现金流	-6 000	-6 000	-6 000	-5 200	-4 000	-2 400
折现值	-6 000	0	0	601.04	819.6	993.4
累计折现值	-6 000	-6 000	-6 000	-5 398.96	-4 579.39	-3 585.95
年数 项目	6	7	8	9	10	
净现金流	2 000	2 000	2 000	2 000	2 000	
累计净现金流	-400	1 600	3 600	5 600		
折现值	1 129	1 026.4	933	848.2		
累计折现值	-2 456.95	-1 430.55	-497.55	350.75		

解：

$$P_D = 9 - 1 + 497.55/848.2 \approx 8.59(年) < 9$$

本例中，按动态投资回收期评价，该方案可以接受。

动态投资回收期没有考虑回收期以后的经济效果，因此不能全面地反映项目在寿命期内的真实效益，通常只适合用于辅助性评价。

五、内部收益率法

（一）内部收益率的概念

内部收益率（internal rate of return，IRR）又称内部报酬率，它是除净现值以外的另一个最重要的动态经济评价指标。净现值是求所得与所费的绝对值，而内部收益率是求所得与所费的相对值。

所谓内部收益率，是指项目在计算期内各年净现金流量现值累计值（净现值）等于零时的折现率。

（二）内部收益率的计算

内部收益率的计算公式如下：

$$\sum_{t=0}^{n}(CI-CO)_t(1+IRR)^{-t}=0 \qquad (4-9)$$

式中，IRR 为内部收益率。

工程经济中常规投资项目的财务净现值函数曲线在其定义域（即 $-1 < i < +\infty$）内是单调下降的，且递减率逐渐减小，即随着折现率的逐渐增大，财务净现值将由大变小、由正变负，NPV 与 i 之间的关系一般如图 4-4 所示。

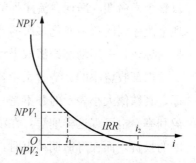

图 4-4 常规投资项目的净现值函数曲线

按照净现值的评价准则，只要 $NPV(i) \geqslant 0$，方案或项目就可接受，但由于 $NPV(i)$ 是 i 的递减函数，故折现率 i 定得越高，方案被接受的可能性就越小。很明显，i 可以大到使 $NPV(i)=0$，这时曲线与横轴相交，i 达到了其临界值 i^*，可以说 i^* 是净现值评价准则的一个分水岭，将 i^* 称为内部收益率 IRR，其实质就是使投资方案在计算期内各年净现金流量的现值累计等于零时的折现率。

内部收益率是一个未知的折现率，求方程式中的折现率需解高次方程，不易求解。在实际工作中，一般通过计算机计算，手算时可采用"线性内插法"求 IRR 的近似解。线性内插法求解 IRR 的基本原理如下所述：

首先，试用 i_1 计算，若得 $NPV_1 > 0$ 时，再试用 $i_2(i_2 > i_1)$；若 $NPV_2 < 0$ 时，则 $NPV=0$ 时的 IRR 一定在 i_1 至 i_2 之间，如图 4-5 所示。

此时，可用线性内插法求出 IRR 的近似值，其公式为：

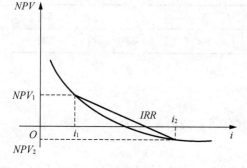

图 4-5 线性内插法求出 IRR

$$IRR = i_1 + \frac{NPV_1}{NPV_1 + |NPV_2|}(i_2 - i_1) \qquad (4\text{-}10)$$

式中，NPV_1 为较低折现率 i_1 时的净现值（正）；NPV_2 为较高折现率 i_2 时的净现值（负）；i_1 为较低折现率，使净现值为正值，但其接近于零；i_2 为较高折现率，使净现值为负值，但其接近于零。

为了保证 IRR 的精度，i_1 与 i_2 之间的差距一般以不超过 2% 为宜，最大不要超过 5%。

采用线性内插法计算 IRR 只适用于具有常规现金流量的投资方案，而对于具有非常规现金流量的方案，由于其内部收益率的存在可能不是唯一的，因此不太适用。这里所说的常规项目是指只在前期初始投资时出现现金流出，以后各期出现的都是现金流入，在项目整个寿命期内净现金流序列的符号仅变化一次的投资项目；而非常规项目是指项目的净现金流序列的符号变化多次的项目。对于无约束条件单方案而言，不论是采用静态经济效果指标还是采用动态经济效果评价指标，其评价结论基本是一致的。

内部收益率的经济含义：内部收益率是用以评价项目方案全部投资的经济效益的指标，其数值大小表示的并不是一个项目初始投资的收益率，而是尚未回收的投资余额的年盈利率。也可以这样理解：在项目的整个寿命期内按利率 $i = IRR$ 计算，始终存在未能收回的投资，而在寿命期结束时，投资恰好被完全收回。它不仅受到项目初始投资规模的影响，而且受到项目寿命期内各年净收益大小的影响。

求得的内部收益率 IRR 要与项目的基准收益率 i_0 相比较，内部收益率的判别准则如下：

① 当 $IRR \geq i_0$ 时，说明该项目在满足基准收益率要求的盈利之外，还能得到超额收益，故该项目可行；

② 当 $IRR < i_0$ 时，说明该项目不能满足基准收益率要求的盈利水平，故该项目不可行。

【例题 4-8】 某工程的现金流量见表 4-7，假定基准收益率为 10%，试用内部收益率法分析该方案是否可行。

表 4-7 现金流量表

年数	0	1	2	3	4	5
现金流量	-2 000	300	500	500	500	1 200

解：

$i_1 = 12\%$

$NPV_1 = -2\,000 + 300(P/F, 12\%, 1) + 500(P/A, 12\%, 3)(P/F, 12\%, 1)$
$\qquad + 1\,200(P/F, 12\%, 5)$
$\qquad = -2\,000 + 300 \times 0.892\,9 + 500 \times 2.401\,8 \times 0.892\,9 + 1\,200 \times 0.567\,4$
$\qquad = 21(万元) > 0$

$i_2 = 14\%$

$NPV_2 = -2\,000 + 300(P/F, 14\%, 1) + 500(P/A, 14\%, 3)(P/F, 14\%, 1)$
$\qquad\quad + 1\,200(P/F, 14\%, 5) = -9(万元) < 0$

将 i_1、NPV_1、i_2、NPV_2 代入公式（4-10），可以得到：

$$IRR \approx i_1 + \frac{NPV(i_1)}{NPV(i_1) + |NPV(i_2)|}(i_2 - i_1) = 12\% + \frac{21}{21 + 9}(14\% - 12\%) = 13.4\%$$

因此 $IRR = 13.4\% > 10\%$，所以该方案可行。

（三）内部收益率法的优缺点

内部收益率指标考虑了资金的时间价值以及整个计算期内的经济状况，能直接衡量项目未收回投资的收益率，不需要事先确定一个基准收益率。但不足的是，内部收益率计算需要大量的与方案有关的数据，计算比较麻烦，对于具有非常规现金流量的方案来说，其内部收益率往往不是唯一的。内部收益率不适用于只有现金流入或流出的项目。

第四节　方案类型与评价方法

对工程项目方案进行经济评价，一般常遇到两种情况：一种是单一方案评价，即投资项目只有一种技术方案或独立的项目方案可供评价；另一种是多方案评价，即投资项目有几种可供选择的技术方案。对单一方案的评价，采用前述的经济指标就可以决定项目的取舍。但在实践中，由于决策结构的复杂性，往往只有对多方案进行比较评价，才能确定技术上先进适用、经济上合理有利、社会效益大的最优方案。

一、方案类型

多方案的动态评价方法的选择与各比选项目方案的类型，即项目方案之间的相互关系有关。按方案之间的经济关系，可将方案分为相关方案与非相关方案。如果采纳或放弃某一方案并不显著地改变另一方案的现金流系列，或者不影响另一方案，则认为这两个方案在经济上是不相关的。如果采纳或放弃某一方案显著地改变了其他方案的现金流系列，或者会影响其他方案，则认为这两个（或多个）方案在经济上是相关的。为了叙述上的方便，根据方案的性质，我们可将方案分为三种类型。

(1) 独立方案，作为评价对象的各个方案的现金流量是独立的，不具有相关性，且任一方案采用与否都不影响其他方案是否采用的决策，即各个方案之间不具有排斥性，采纳某一方案并不要求放弃另外的方案。如果决策的对象是单一方案，则可以认为是独立方案的特例。

(2) 互斥方案，即在多方案中只能选择一个，其余方案必须放弃。方案不能同时存在，方案之间的关系具有互相排斥的性质。

(3) 混合方案，在方案群内包括的各个方案之间既有独立关系，又有互斥关系。不同类型方案的评价指标和方法是不同的。

二、独立方案的评价方法

独立方案的采用与否，只取决于方案自身的经济性，即只需检验它们能否通过基于净现值、净年值或内部收益率等指标的绝对效果评价。因此，多个独立方案与单一方案的评价方法是相同的。

【例题 4-9】 两个独立方案 A 和 B，其现金流如表 4-8 所示。试判断其经济可行性 ($i_0=12\%$)。

表 4-8 独立方案 A、B 的净现金流量　　　　　　　　单位：万元

方案 \ 年数	0	1～10
A	−20	5.8
B	−30	7.8

解： 本例为独立方案，可首先计算方案自身的绝对效果指标——净现值、净年值、内部收益率等，然后根据各指标的判别准则进行绝对效果检验并决定取舍。

(1) 净现值：

$$NPV_A = -20 + 5.8(P/A, 12\%, 10) = 12.77 (万元)$$
$$NPV_B = -30 + 7.8(P/A, 12\%, 10) = 14.07 (万元)$$

由于 $NPV_A > 0$，$NPV_B > 0$，据净现值判别准则，A、B 方案均可接受。

(2) 净年值：

$$NAV_A = NPV_A(A/P, 12\%, 10) = 2.26 (万元)$$
$$NAV_B = NPV_B(A/P, 12\%, 10) = 2.49 (万元)$$

据净年值判别准则，由于 $NAV_A > 0$，$NAV_B > 0$，故应接受 A、B 两方案。

(3) 内部收益率：

设 A 方案内部收益率为 IRR_A，B 方案的内部收益率为 IRR_B，由方程：

$$\begin{cases} -20 + 5.8(P/A, IRR_A, 10) = 0 \\ -30 + 7.8(P/A, IRR_B, 10) = 0 \end{cases}$$

解得各自的内部收益率为 $IRR_A = 26\%$，$IRR_B = 23\%$，由于 $IRR_A > i_0$，$IRR_B > i_0$，故

应接受 A、B 两方案。

对于独立方案而言，经济上是否可行的判据是其绝对经济效果指标是否优于某个检验标准。不论采用净现值、净年值或内部收益率，评价结论都是一样的。

三、互斥方案的评价方法

在建设方案比选中，多见的是互斥型方案的比选。对于一组互斥方案，只要项目的投资额在规定的投资额之内，均有资格参加比选。在互斥的条件下，经济比选包括两部分内容：一是考察各个方案自身的经济效果，即绝对效果检验；二是考察哪个方案较优，即相对效果检验。两种检验的目的和作用不同，通常缺一不可。一般先以绝对经济效果评价筛选出可行方案，然后以相对经济效果评价优选方案。前者的比选方法参见独立型方案比选，确保每个方案的整体功能达到目标要求，盈利性达到可以接受水平，包含的范围、时间一致，效益和费用的计算口径一致。对于后者的比选方法，目前国内外常用的方案比选方法有两类：考虑资金时间价值的动态分析法和不考虑资金时间价值的静态分析法。方案比选一般以动态分析法为主。

（一）计算期相同的互斥方案的经济比选

1. 净现值比较法

根据各方案经济费用效益流量表或现金流量表计算结果，比较各方案的净现值，首先剔除净现值小于零的方案，然后对所有的方案比较其净现值，以净现值大的方案为优。这种方法往往仅对项目进行初步的比选，没有考虑不同投资、不同收益、不同计算期对项目产生的影响。

必须注意的是，净现值比较法只能用来检验差额投资的效果，或者说是相对效果。净现值差额大于零只表明增加的投资是合理的，并不表明全部投资是合理的。因此，在采用净现值比较法对方案进行比较时，首先必须保证比选的方案都是可行方案。

2. 差额投资内部收益率法

差额投资内部收益率（ΔIRR）是相比较的两个方案的各年净流量差额的现值之和等于零时的折现率，其表达式为：

$$\sum_{t=0}^{n}[(CI-CO)_2-(CI-CO)_1]_t(1+\Delta IRR)^{-t}=0 \qquad (4-11)$$

式中，$(CI-CO)_2$ 为投资大的方案年净现金流量，$(CI-CO)_1$ 为投资小的方案年净现金流量，ΔIRR 为差额投资内部收益率。

差额内部收益率定义的另一种表述方式是两互斥方案净现值（或净年值）相等时的折现率。其计算公式也可以写成：

$$\sum_{t=0}^{n}(CI_2-CO_2)_t(1+\Delta IRR)^{-t}-\sum_{t=0}^{n}(CI_1-CO_1)_t(1+\Delta IRR)^{-t}=0 \qquad (4-12)$$

用差额投资内部收益率比选方案的判别准则如下：

① 当 $\Delta IRR > i_0$ 时，投资大的方案为优；

② 当 $\Delta IRR < i_0$ 时，投资小的方案为优。

【例题 4-10】 有两个可供选择的建设方案，有关数据见表 4-9。设定折现率为 12%，请用差额投资内部收益率法比较哪个方案为较优方案？

表 4-9 两个建设方案的有关数据   单位：万元

方案	项目	计算期						
		第 1 年	第 2 年	第 3 年	第 4 年	第 5 年	第 6 年	第 7 年
Ⅰ	投资	12 000	12 000					
	年营业收入			20 000	20 000	20 000	20 000	20 000
	年经营成本及营业税金和附加			12 000	12 000	12 000	12 000	12 000
Ⅱ	投资	20 000	20 000					
	年营业收入			33 000	33 000	33 000	33 000	33 000
	年经营成本及营业税金和附加			20 000	20 000	20 000	20 000	20 000
Ⅱ～Ⅰ	差额现金流量	−8 000	−8 000	5 000	5 000	5 000	5 000	5 000

解： 采用试算法进行计算。

① 设 i_1 为 12% 试算：

$$\Delta IRR(i_1) = -8\,000(P/F, 12\%, 1) - 8\,000(P/F, 12\%, 2) \\ + 5\,000(P/A, 12\%, 5)(P/F, 12\%, 2) = 847(万元)$$

② 设 i_2 为 15% 试算：

$$\Delta IRR(i_2) = -8\,000(P/F, 15\%, 1) - 8\,000(P/F, 15\%, 2) \\ + 5\,000(P/A, 15\%, 5)(P/F, 15\%, 2) = -333(万元)$$

$$\Delta IRR = 12\% + \frac{847}{847 + 333} \times (15\% - 12\%) = 14.15\%$$

因 $\Delta IRR > 12\%$，故投资大的方案Ⅱ为较优方案。

（二）计算期不等的互斥方案的经济比选

对于计算期不等的互斥方案，要合理选用评价指标或者计算期，使之在时间上具有可比性。

（1）净年值法。净年值法是指投资方案在计算期的收入及支出，按一定的折现率换算为等值年值，用以评价或选择方案的一种方法。在对计算期不等的互斥方案进行比选时，特别是参加比选的方案数目众多时，净年值法是最为简便的方法。

设 m 个互斥方案，其寿命期分别为 $n_1, n_2, \cdots, n_m$，方案 $j(j=1, 2, \cdots, m)$ 在其寿命期内的净年值为：

$$NAV_j = NPV_j(A/P, i_0, n_j)$$
$$= \sum_{t=0}^{n_j}(CI_j - CO_j)_t(P/F, i_0, t)(A/P, i_0, n_j) = 0 \quad (4-13)$$

净年值最大且非负的方案为最优可行方案。

(2) 净现值法。当互斥方案计算期不等时，一般情况下，各方案的现金流在各自计算期内的现值不具有可比性。如果要使用现值指标进行方案比选，必须设定一个共同的分析期。分析期的设定通常有以下几种方法。

① 最小公倍数法。此法以不同方案寿命期的最小公倍数作为计算期，在此期间各方案分别以同样规模重复投资多次，据此算出各方案的净现值，然后进行比较选优。对于某些不可再生资源开发型项目寿命期或允许的计算期小于最小公倍数的，这种方法不适用。

② 研究期法。研究期法是根据对市场前景的预测，直接选取一个适当的分析期作为各个方案共同的计算期。通常选择互斥方案中年限最短的方案的计算期作为互斥方案比选的共同研究期。净现值最大且非负的方案是最优可行方案。

③ 无限期法。当某建设项目的计算期大于 50 年时，可以把此建设项目近似当作计算期无限的建设项目进行经济比选。如桥梁、铁路、机场等具有很长的寿命期的建设项目，可对其计算期视为无穷大而简化处理。

(3) 差额内部收益率法。用内部收益率法进行寿命期不等的互斥方案经济效果评价，需要首先对各备选方案进行绝对效果检验，然后再对通过绝对效果检验（如净现值大于或等于零，内部收益率大于或等于基准折现率）的方案用差额内部收益率的方法进行比选。用差额投资内部收益率比选方案的判别准则如下：

① 当 $\Delta IRR > i_0$ 时，投资大的方案为优；

② 当 $\Delta IRR < i_0$ 时，投资小的方案为优。

【例题 4-11】 某公司拟投资购买某种设备，现有设备 A、B 均可满足使用需求，数据见表 4-10，设该公司的基准收益率 $i_0 = 10\%$。试用净年值法、净现值法和差额内部收益率法选出较优发电机组。

表 4-10 互斥方案比选

设备	投资（万元）	每年末净收益（万元）	寿命（年）
A	10	4.0	4
B	20	5.3	6

解：

(1) 净年值法。

分别计算设备 A、B 方案的净年值，则有：

$$NAV_A = 4 - 10(A/P, 10\%, 4) = 0.85(万元)$$
$$NAV_B = 5.3 - 20(A/P, 10\%, 6) = 0.71(万元)$$

由于 $NAV_A > NAV_B$，故选择 A 设备更为经济。

(2) 净现值法。

① 最小公倍数。根据最小公倍数寿命法，假设设备 A、B 方案能够完全重复，然后计算各方案的净现值，取其最大者为最优方案。A、B 设备寿命的最小公倍数寿命为 12 年，其间 A 设备重复更新 2 次，B 设备更新 1 次，现金流量如图 4-6 所示。

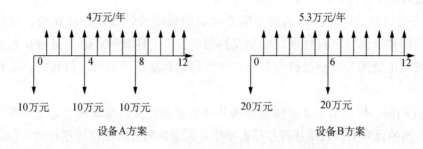

图 4-6 A、B 设备的最小公倍数寿命期现金流量

由图 4-6 可知：

$NPV_A = 4 \times (P/A, 10\%, 12) - 10 \times (P/F, 10\%, 8) - 10 \times (P/F, 10\%, 4) - 10$
$= 5.76(万元)$

$NPV_B = 5.3 \times (P/A, 10\%, 12) - 20 \times (P/F, 10\%, 6) - 20 = 4.83(万元)$

因为 $NPV_A > NPV_B$，故选择 A 设备更有利。

② 研究期法。假定取设备 A 方案的寿命 4 年为研究期，并承认设备 B 方案投资使用 6 年的价值，即将设备 B 投资按时间价值分摊到整个寿命期 6 年中，然后取 4 年研究期的净现值与设备 A 方案的净现值相比较，则有：

$$NPV_A = 4 \times (P/A, 10\%, 4) - 10 = 2.68(万元)$$
$$NPV_B = [5.3 - 20 \times (A/P, 10\%, 6)](P/A, 10\%, 4) = 2.24(万元)$$

因为 $NPV_A > NPV_B$，故选择设备 A 方案。

③ 无限期法。

$$NPV_A(\infty) = [4 - 10 \times (A/P, 10\%, 4)] \times (P/A, 10\%, \infty) = 8.5(万元)$$
$$NPV_B(\infty) = [5.3 - 20 \times (A/P, 10\%, 6)] \times (P/A, 10\%, \infty) = 7.1(万元)$$

因为 $NPV_A(\infty) > NPV_B(\infty)$，所以结论同样是选择 A 设备更有利。

(3) 差额内部收益率法。

为了求解差额内部收益率，可令 $NAV_A = NAV_B$，则有：

$$4-10\times(A/P,\Delta IRR,4)=5.3-20\times(A/P,\Delta IRR,6)$$
$$10\times(A/P,\Delta IRR,4)-20\times(A/P,\Delta IRR,6)+1.3=0$$

经过估计初值，反复迭代，利用插值公式，可求出 $\Delta IRR=8\%$。因为差额内部收益率小于基准收益率 $i_0=10\%$，故选择设备 A 更有利。

四、混合方案的评价方法

当方案组合中既包含独立方案，也包含互斥方案时，就构成了混合方案。独立方案或互斥方案的选择，属于单项决策。但在实际情况下，需要考虑各个决策之间的相互关系。混合方案的特点，就是在分别决策的基础上，研究系统内诸方案的相互关系，从中选择最优的方案组合。

混合方案选择的程序如下：

① 按组际方案互相独立、组内方案互相排斥的原则，形成所有可能的方案组合。
② 以互斥方案比选的原则筛选组内方案。
③ 在总的投资限额下，以独立方案比选原则选择最优的方案组合。

【例题 4-12】 某投资生态农场的项目，有六个可供选择的方案，其中两个是互斥方案，其余为独立方案。基准收益率为 10%，其投资、净现值等指标如表 4-11 所示，试进行方案选择。分别假设：①该项目投资额为 1 000 万元；②该项目投资限额为 2 000 万元。

表 4-11 混合方案比选

投资方案		投资（万元）	净现值（万元）	净现值率（%）
互斥型	A	500	250	0.500
	B	1 000	300	0.300
独立型	C	500	200	0.400
	D	1 000	275	0.275
	E	500	175	0.350
	F	500	150	0.300

解： 六个方案的净现值都是正值，表明方案都是可取的。

(1) 在 1 000 万元资金限额下，以净现值率为判断，选择 A、C 两个方案。A、C 方案的组合效益为：

$$NPV=250+200=450(万元)$$

(2) 在 2 000 万元资金限额时，选择 A、C、E、F 四个方案。A、C、E、F 四个方案的组合效益为：

$$NPV = 250 + 200 + 175 + 150 = 775(万元)$$

本例说明，先以 NPV 筛选方案淘汰一些不可取的方案，然后以 NPVR 优选方案。

本章小结

项目经济评价指标根据是否考虑资金的时间价值分为两大类：第一类是静态评价指标，如静态投资回收期、投资收益率等；第二类是动态评价指标，如净现值、净现值率、净年值、动态回收期和内部收益率等。

项目经济评价指标根据本身的经济性质可以分作三大类：第一类是以时间单位计量的时间性指标，如投资回收期；第二类是以货币单位计量的价值性指标，如净现值、净年值等；第三类是反映资金利用效率的效率性指标，如投资收益率、内部收益率、净现值率等。

对工程项目方案进行经济评价包括单一方案评价和多方案评价。对多方案进行比选时，根据方案的性质，可分为独立方案比选、互斥方案比选和混合方案比选三种类型。多个独立方案与单一方案的评价方法是相同的。互斥方案常用的比选方法有两类：考虑资金时间价值的动态分析法和不考虑资金时间价值的静态分析法，一般以动态分析法为主。对于计算期相等的互斥方案进行经济比选，主要采用净现值比较法和差额投资内部收益率法。对于计算期不等的互斥方案，主要采用净年值、净现值和差额内部收益率法。混合方案的比选首先按组际间的方案互相独立、组内方案互相排斥的原则，形成所有可能的方案组合，其次以互斥型方案比选的原则筛选组内方案，最后在总的投资限额下，以独立方案比选原则选择最优的方案组合。

思考练习题

1. 静态评价和动态评价的区别是什么？
2. 什么是静态投资回收期？如何使用？
3. 如何用净现值进行方案评价？净现值法有何优缺点？
4. 什么是内部收益率的经济含义和判别准则？
5. 简述基准折现率的含义及其影响因素。
6. 投资方案有哪几种类型？试举例说明。
7. 独立方案的特点是什么？应如何进行评价？
8. 对计算期不等的互斥方案，可以用什么方法进行最优方案的选择？
9. 某工程一次投资 500 万元，每年净收益 10 万元。试求静态投资回收期和投资收益率。

10. 某投资项目,第1年年初投资100万元,第1年年末投资400万元,第2年年末的收入为200万元,第3至第5年末的收入均为700万元,若基准收益率为15%。计算该项目的净现值、净现值率和净年值。

11. 某拟建项目,第1年年初投资1 000万元,第2年年初投资2 000万元,第3年年初投资15 000万元,从第4年起连续8年每年可获净收入1 450万元。若期末残值不计,基准投资收益率为12%,基准投资回收期为8年。要求:

(1) 绘制该项目的现金流量图;
(2) 计算该项目的净现值;
(3) 判断该项目经济上是否可行。

12. 已知某拟建项目在第1年年初投资3 500万元,每年经营收入为1 900万元,与销售相关的税金为50万元,经营成本为580万元,折旧费为50万元,利息为15万元,估计寿命6年,项目寿命期末残值为零。行业基准收益率为10%,行业基准投资回收期4年。试对该项目方案进行评价。

(1) 绘制该项目的现金流量图;
(2) 应用静态投资回收期指标进行评价;
(3) 应用动态投资回收期指标进行评价;
(4) 应用净现值指标进行评价;
(5) 应用内部收益率指标进行评价。

13. 有A、B两个互斥方案,A方案初始投资为15 000元,期末回收残值为5 000元;B方案初始投资为0元,每季度损失2 000元,两方案的寿命都为5年。假如利息按年利率10%算,每季度计息一次,试比较哪个方案最优。

14. 两个互斥方案,寿命相同,资料见下表,基准折现率为15%。试用差额投资内部收益率法比较和选择最优可行方案。

项目 方案	投资(万元)	年收入(万元)	年支出(万元)	净残值(万元)	使用寿命(年)
A	5 000	1 600	400	200	10
B	6 000	2 000	600	0	10

15. 某企业为节能实施技术改造,现有两个方案可供选择,各方案的有关数据见下表。试在基准折现率12%的条件下选择最优方案。

方案	投资额(万元)	年净收益(万元)	寿命期(年)
A	800	360	6
B	1 200	480	8

16. 某公司欲充分利用自有资金，现正在研究下表所示各投资方案选择问题。A、B、C 为投资对象，彼此间相互独立。各投资对象分别有 3 个、3 个、3 个互斥方案，计算期均为 8 年，基准折现率为 10%。当投资限额分别为 500 万元、700 万元时，该如何选择方案（用静态指标，单位：万元）。

投资对象 \ 项目	方案	投资额	年收益
A	A_1	300	90
	A_2	400	95
	A_3	500	112
B	B_1	100	10
	B_2	200	44
	B_3	300	60
C	C_1	400	68
	C_2	200	43
	C_3	300	61

第五章 CHAPTER 5

项目融资分析

> **学习目的**
>
> 本章主要介绍项目融资的渠道、方式及各种融资方式所需的成本。通过本章的学习,要求熟悉融资的基本概念,重点掌握融资的各种渠道和方式;掌握各种融资方式的资金成本的计算以及对于不同资金结构的评价。

第一节 项目融资概述

所谓融资,即资金筹措,是以一定的渠道为某些特定活动筹集所需资金的各种活动的总称。在工程项目的经济分析中,融资是指为项目投资而进行的资金筹措行为或资金来源方式。

一、融资原则

在项目进行融资之前,有必要明确项目资金筹措的基本原则。

(一) 合理确定资金需求量,力求提高融资效果

无论通过什么渠道、采取什么方式筹集资金,都应首先确定资金的需求量。这就是说,筹集的资金有一个"度"的问题。资金不足会影响项目的正常建设和运营,不利于项目发展;资金过多又会影响资金使用的效率和效果,造成资源的浪费。因此,在实际的项目经济分析中,必须采取科学的方法预测和确定项目资金的需求量,尽可能避免资金不足或过剩,提高资金的使用效率。

(二) 认真选择资金来源,力求降低资金成本

项目筹措资金可以采用多种融资渠道和方式,而它们的融资难易程度、资金成本和风

险也各不相同。但无论采取哪种方式，都需要付出一定的代价，包括资金筹集费用和资金占用费用，这个代价可以理解为筹措资金的机会成本。因此，投资者应从自身实际条件出发，尽可能选择资金来源可靠、资金成本较低的融资方式。

（三）适时取得资金，保证资金投放需要

筹集资金要有时间上的安排，这取决于投资的时间。合理安排筹资与投资，可以使其在时间上相互衔接，避免取得资金过早而造成资金的闲置或取得资金滞后造成投资机会的丧失。适时取得资金，可以有效地控制资金成本，尽可能提高资金的利用效率。

（四）适当维持自有资金比例，正确安排举债经营

自有资金即由投资者自身支付的投资额。举债经营即项目通过借债获取资金开展建设和经营活动。举债经营有利有弊，有利之处在于借款利息可以在所得税前计入总成本费用，对净利润影响不大，因而能够提高自有资金的收益水平。但负债的多少必须与项目的偿债能力相适应，如果负债过多，项目未来的收益不足以偿还债务，这个项目就很难获得债务资金，即使获得资金也会有很大的财务风险，面临丧失偿债能力而破产的危机。因此，项目法人一方面要利用举债经营的积极作用，另一方面又要保持合理的资金结构，以提防财务风险。

二、融资种类

按照不同的标准，资金筹措的种类主要有以下几种。

（一）按照融资的期限，可以将融资分为长期融资和短期融资

长期融资是指企业为满足因构建固定资产、无形资产或进行长期投资等活动产生的资金需求而筹集的、使用期限在一年以上的融资。长期融资通常采用吸收直接投资、发行股票、发行长期债券或进行长期贷款等方式进行。

短期融资是指企业因季节性或临时性资金需求而筹集的使用期限在一年以内的融资。短期融资一般通过商业信用、短期借款和商业票据等融资方式进行。

工程项目的投资主要由建设投资、建设期投资利息和流动资金三部分构成。对于建设投资及其利息，由于项目的建设时间较长，这种特性决定了资金应依靠长期融资解决；对于流动资金，一般可分为以下两类。

1. 永久性流动资金

这是企业生产经营所必需的、无论业绩高低都要保持的流动资金，一般通过长期融资解决。

2. 临时性流动资金

这是为了应对突如其来的经营利好或者预料之外的企业危机，企业临时性需要的流动

资金，这种性质决定其应通过短期融资解决。

（二）按照融资的性质，可以将融资分为权益融资和负债融资

权益融资是指以所有者的身份投入非负债性资金的方式所进行的融资。权益融资形成企业的所有者权益和项目的资本金。权益融资在我国项目资金筹措中具有强制性，投资者必须按照我国有关经济法律、法规规定的比例认缴项目资本金，不允许"无本项目"存在。一般来说，权益融资的特点主要有：

（1）权益融资的资金是一种永久性资金，没有到期日也无须归还；

（2）权益融资的资金没有固定的按期还本付息的压力，项目法人的融资风险较小；

（3）权益融资是负债融资的基础，权益融资占融资总额的比例较高，可以表明项目法人拥有较强的经济实力，这可以为偿债提供保障，减少债权人的顾虑，从而增强项目法人的举债能力。

根据国家有关规定，项目资本金来源可以是货币资金，也可用实物、工业产权、非专利技术、土地使用权作价出资。作为资本金来源的实物、工业产权、非专利技术、土地使用权，必须经过有资质的资产评估机构依照法律、法规进行评估作价，不得故意高估或低估。以工业产权、非专利技术作价出资的比例不得超过投资项目资本金总额的20%，国家对采用高新技术成果有特别规定的项目除外。

负债融资是指通过负债方式筹集各种债务资金的融资形式。负债融资是工程项目资金筹措的重要形式，国家规定项目法人在利用负债资金建设项目时，在经营期内必须按时还本付息。负债融资的特点主要体现在：

（1）负债融资在使用上有时间限制，到期必须按时偿还；

（2）无论项目经营好坏，都必须支付债务利息，从而形成项目法人的财务负担；

（3）负债融资的资金成本通常比权益融资低，而且负债融资不会分散项目法人的控制权。

债务资金主要通过在金融市场上进行负债性融资来解决。债务资金按其使用期限可以分为短期债务（1年及1年以下）、中期债务（1年以上至5年）和长期债务（5年以上）。

（三）按照融资的来源不同，可以将融资分为境内融资和境外融资

境内融资包括国内商业银行贷款、政策性银行贷款、发行公司债券、可转换债券、股票及其他产权融资方式。境外融资即利用外资，主要包括成立中外合资经营企业、中外合作经营企业、外商独资企业等国际直接投资融资方式，在海外发行股票、债券、基金等证券融资方式，利用外国政府贷款、国际金融组织贷款、国际商业银行贷款、国际出口信贷、国际融资租赁等信贷融资方式，以及补偿贸易、对外加工装配等方式。

（四）按照不同的融资结构，可以将融资分为传统融资方式和项目融资方式

传统融资方式是指投资项目的业主利用其自身的资信能力为项目安排的融资。在传统方式下，投资者将项目与项目业主作为一个整体看待，以其资产负债情况、盈利水平、现金流量状况等作为依据决定是否投资。

项目融资是指为某种资金需求量巨大的投资项目而筹集资金的活动，以负债作为资金主要来源。在这种融资方式下，项目融资方以项目本身具有的吸引力和项目建成并投入使用后预期的现金流量作为偿债资金的来源，而不是以项目业主的信用或有形资产作为担保来获得贷款；同时，只将项目的资产作为抵押，与项目业主的其他资产没有关联。因此，项目融资具有无追索权或有限追索权的特点，加之项目融资往往需要的资金量非常大，其风险比传统融资方式要大得多。

项目融资与传统融资差异很大，它是以项目的资产、收益作为抵押的融货。下面举例说明传统融资与项目融资的区别。

【例题 5-1】 假设某公司拥有甲、乙两个工厂。为了再建设新的工厂丙，有两种从金融市场上筹集资金的备选方案。第一种是传统融资，就是用整个公司的收益，即甲、乙两个工厂的总收益作为归还贷款的资金来源，贷款方对该公司具有完全追索权。如果丙建设失败，该公司用甲、乙两个工厂的收益作为偿债担保，如图 5-1（a）所示。第二种是项目融资，用丙建成后生产经营的收益作为归还贷款的款项来源，如果丙建设失败，贷款公司只能从清理丙的资产中收回部分资金，不能够动用该公司其他资产来归还贷款，在这种形式下，贷款方对该公司无追索权。如果签订贷款合约时，贷款方与该公司商定将公司特定的一部分资产作为贷款担保，则贷款方对该公司具有有限追索权。可见，项目融资是将归还贷款资金来源限定在特定项目的收益和资产范围之内的融资方式，如图 5-1（b）所示。

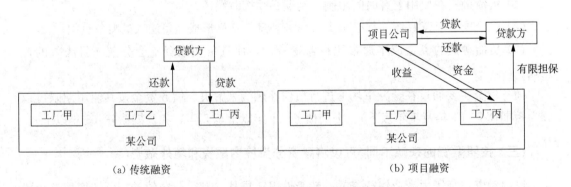

图 5-1 传统融资与项目融资的区别

从上述例子中可以看出，项目融资和传统融资的主要区别是：

（1）贷款对象不同。项目融资贷款人融资的对象是项目单位（项目发起人为了建造某一工程项目而组成的承办单位），而传统融资贷款人融资的对象是项目发起人。

（2）筹资渠道不同。项目融资中工程项目所需要的建设资金具有规模大、期限长的特点，因而需要多元化的资金融资渠道；而传统融资方式的融资渠道一般比较单一。

（3）追索性质不同。在前面的例子中我们已经提到，项目融资的突出特点是融资的有限追索或者无追索权；而在传统融资中，银行提供的是具有完全追索权的资金，一旦借款人无法偿还银行贷款，银行能够行使对于借款人的资产处置权。

（4）还款来源不同。项目融资以项目投产后的收益和项目本身的资产作为还款资金来源，而传统融资则以项目发起人的所有资产及其收益作为还款资金来源。

（5）担保结构不同。项目融资一般具有结构严谨、复杂的担保体系，而传统融资一般只需要单一的担保结构。

第二节 融资渠道和方式

一、融资渠道

融资渠道是指取得资金的来源和通道。这些渠道主要有：

（1）项目投资者自有资金。

（2）政府财政性资金，即国家以财政拨款、财政贷款及入股等形式向企业投入的资金。

（3）国内外银行等金融机构的信贷资金。银行贷款一般可以分为商业银行贷款和政策性银行贷款，商业银行以营利为目的向企业提供商业性贷款，政策性银行依据有关政策向特定的企业提供政策性贷款。

（4）国内外证券市场的资金，即企业通过在国内或国外发行股票、债券等金融产品在证券市场上筹集的资金。

（5）国内外非银行金融机构的资金。非银行金融机构是指由各级政府主办或民间成立的其他金融机构，如信托投资公司、投资基金公司、风险投资公司、保险公司、租赁公司等。

（6）外国政府、企业、团体、个人等的资金。

二、融资方式

所谓融资方式，即取得资金的具体形式。下面分别对于负债融资和权益融资两种不同融资类别下各种主要的融资方式给予介绍。

（一）负债融资

1. 商业银行贷款

（1）国内商业银行贷款。按照《贷款通则》的规定，根据承担风险主体的不同，国内商业银行贷款可以分为自营贷款、委托贷款和特定贷款；根据贷款期限的不同，可以分为短期贷款、中期贷款和长期贷款；根据贷款的担保情况，可以分为信用贷款、担保贷款、保证贷款、抵押贷款、质押贷款和票据贴现贷款等。

根据我国有关制度的规定，申请国内商业银行贷款应当具备产品或服务市场前景良好、生产经营效益较佳、信用良好等基本条件。

(2) 国际商业银行贷款。国际商业银行贷款有以下两种提供方式：第一种是小额贷款，即由一家商业银行独自提供贷款；第二种贷款金额较大，一般由数家商业银行组成银团联合提供贷款，又称"辛迪加贷款"或者银团贷款。数额较大的贷款大多采用"辛迪加贷款"的方式，因为这种方式可以有效分散贷款的风险。

(3) 国际出口信贷。国际出口信贷是指以出口国政府为后盾，通过银行对出口贸易提供的信贷。出口国政府对本国出口信贷给予利息补贴并提供担保，促使本国商业银行对本国出口商或外国进口商（或银行）提供较低利率的贷款，以满足买方支付的需求，鼓励和扩大本国的出口。

2. 政策性贷款

(1) 国家政策性银行贷款。国家政策性银行贷款是指我国政策性银行，如国家开发银行、中国进出口银行、中国农业发展银行等提供的贷款。这种贷款一般期限较长、利率较低，而且配合一定产业政策的实施而进行。

(2) 外国政府贷款。外国政府贷款是指外国政府向发展中国家提供的长期优惠性贷款。这种贷款具有政府间开发援助的性质，赠与成分（即通过与市场条件利率和偿还期相比较，计算出的贷款的优惠幅度）一般达到35%以上。

(3) 国际金融组织贷款。国际金融组织贷款主要是指国际货币基金组织、世界银行、国际开发协会、国际金融公司、亚洲开发银行等组织提供的贷款。这些国际金融组织由多个国家组成，向特定的国家提供优惠性的贷款，是另一种官方资本来源。

3. 发行债券

(1) 发行债券的主要方式。

① 国内公司（企业）债券。发行债券是项目融资的主要形式之一。发行公司债券必须符合法律规定。目前我国企业发行债券的法律依据是《企业债券管理条例》，公司发行债券的法律依据是《中华人民共和国公司法》。该法规定，利用公司债券融资必须是股份有限公司、国有独资公司和两个以上的国有企业或者其他两个以上的国有投资主体投资设立的有限责任公司。

② 可转换债券。可转换债券是指在规定期限内的任何时候，债券持有人都可以按照发行合同指定的条件把所持债券转换成发行企业的股票的一种债券。如果股价上涨，持有者可将可转换债券换成股票，从股市中取得利润；如果股价下跌，持有者可保留债券获取利息。与股票和普通债券相比，可转换债券为投资者提供了更大的选择余地。

③ 海外债券。海外债券是由一国政府、金融机构、企业或国际组织，为筹措资金而在国外证券市场上发行的、以某种货币为面值的债券。海外债券也称国际债券，包括外国债券和欧洲债券。海外债券的主要形式有一般利率债券、浮动利率债券、固定利率债券、

授权债券以及复合利率债券。

④ 海外可转换债券。海外可转换债券是指向国外发行的可转换债券。和国内可转换债券一样，海外可转换债券也是一种允许债券持有人在规定的时间内，按规定的价格把债券转换成企业股票的债券，它同时具有股票和债券的双重性质。

（2）发行债券的优点。

① 资金成本较低。这主要是因为债券的发行费用比较低，债券利息在税前支付了，有一部分利息由政府承担。

② 可以保证控制权。债券持有人无权干涉企业的管理事务，如果现有股东担心控制权旁落，则可采用债券融资。

③ 可以发挥财务杠杆作用。不论公司赚钱多少，债券持有人只收取固定的有限的利息，而更多的收益可分配给股东，增加其财富，或留归企业以扩大经营。

（3）发行债券的缺点。

① 融资风险较高。如果公司业绩不佳，在债券到期日必须向债券持有人还本付息，这会给公司带来较大的财务负担。

② 限制条件较多。发行债券的契约中往往有一些很严格的限制条款，这些条款可能会影响公司以后的筹资能力。

③ 筹资能力比较有限。当公司的负债比率超过一定水平后，债券筹资的成本会迅速增加，有时甚至会发行不出去。

4. 融资租赁

融资租赁又称财务租赁，它区别于经营租赁，是以金融、贸易和租赁相结合，以租赁物品的所有权和使用权相分离为特征的一种新型的借贷方式。

（1）融资租赁的形式。融资租赁主要有售后租回、直接租赁和杠杆租赁三种形式。售后租回是指根据协议，企业将某资产卖给出租人，再将其租回使用；直接租赁是指承租人向出租人租入所需要的资产，并支付佣金；在杠杆租赁的方式下，出租人一般只出全部设备金额的 20%～40%，其余资金则以出租设备作为抵押，由金融机构贷款解决。

（2）融资租赁的优缺点。融资租赁的筹资速度比较快，限制条款少，而且设备淘汰风险和财务风险比较小，税收负担也较轻，但是资金成本比较高。一般来说，其租金要比银行借款或发行债券所负担的利息高得多。

（二）权益融资

1. 吸收直接投资

吸收直接投资是指企业按照"共同投资、共同经营、共担风险、共享利润"的原则直接吸收国家、法人、个人投入资金的一种筹资方式。吸收直接投资无须公开发行证券，出资者都是企业的所有者，他们对于企业具有经营管理权，各方按出资额的比例分享利润或者承担损失。

(1) 吸收投资的种类。

① 吸收国家投资。吸收国家投资是国有企业筹集资金的主要方式，是指有权代表国家投资的政府部门或者机构以国有资产投入企业，这种情况下形成的资本叫作国有资本。吸收国家投资具有以下特点：产权归属国家，资产的运用和配置受国家约束较大，在国有企业中采用比较广泛。

② 吸收法人投资。法人投资下形成的资本叫作法人资本，是指法人单位以其依法可以支配的资产投入企业。其特点是发生在法人单位之间，以参与企业利润分配为目的，出资方式灵活多样。

③ 吸收个人投资。个人投资下形成的资本叫作个人资本，是指社会个人或者企业内部职工以个人合法资产投入企业。其特点是：参加投资的人员较多，每个人投资的数额较少，以参与企业利润分配为目的。

(2) 吸收投资过程中的出资方式。

① 以现金出资。以现金出资是吸收投资中最重要的一种筹资方式。投资现金的数额取决于投入的实物、工业产权之外尚需多少资金来满足建厂的开支和日常周转需要。至于现金投资占资本总额的多少，需要在投资过程中由双方协商确定。

② 以实物出资。以实物出资就是投资者投入厂房、建筑物、设备等固定资产和原材料、商品等流动资产所进行的投资。这些投入的实物必须确实为企业科研、生产、经营所需，而且技术性能较好、作价公平合理。

③ 以工业产权出资。以工业产权出资就是投资者以专有技术、商标权、专利权等无形资产进行的投资。在这种投资方式中技术被资本化了，但是技术具有时效性，因其不断老化而导致价值不断减少甚至完全丧失，风险较大。

2. 发行普通股

股票属于股份公司为筹集自有资金而发行的有价证券，是公司签发的证明股东所持股份的凭证，它代表了股东对于股份制公司的所有权。

发行普通股是股份有限公司筹集权益资金最常见的方式。普通股是股份公司依法发行的具有管理权、股利不固定的股票。它具备股票的一般特征，是股份公司资本的基本部分。普通股股票的持有人称为普通股股东，具有公司管理权、分享盈余权、出让股份权、优先认股权和剩余财产要求权。

发行普通股筹资具有以下优点：

(1) 筹措的资金具有永久性，没有到期日，不需要归还，有利于公司的长期稳定发展；

(2) 发行普通股筹资没有固定的利息负担，股利支付视公司的盈利状况而定，因此公司的财务负担比较轻；

(3) 筹资风险小，因为这种筹资实际上不存在不能偿付的风险；

(4) 能增加公司的信誉，因为发行普通股筹集的资本是公司最基本的资金来源，这笔资金反映了一个公司的实力，可以为债权人提供保障，也是其他方式融资的基础；

(5) 与优先股和债券相比，筹资限制较少。

发行普通股具有以下缺点：

(1) 利用普通股筹资，引进了新的股东，容易导致公司控制权的分散。

(2) 普通股票的发行费用较高，且股利要从净利润中支付，而债券资金的利息可在税前支付。

3. 发行优先股

优先股是股份公司依法发行的具有一定优先权的股票。它是一种特别股票，与普通股有许多相似之处，但又具有债券的某些特征。

优先股的"优先"是相对于普通股而言的，这些优先权主要表现在优先分配股利权、优先分配剩余资产权和部分管理权几个方面。

从法律上讲，优先股属于企业自有资金，不承担法定的还本付息义务。优先股股东所拥有的权利和普通股股东近似。优先股的股利不能像债务利息那样从税前扣除，而必须从净利润中支付。但优先股有固定的股利，而且对于盈余的分配和剩余资产的求偿具有优先权，这两点与债券类似。所以，优先股具有双重性质。

发行优先股具有以下优点：

(1) 没有固定到期日，不需要归还本金。

(2) 股利支付既固定，又有一定弹性。一般来说，优先股都采用固定股利，但是，如果财务状况不佳，可暂时不支付优先股股利。

(3) 能增加公司的信誉。从法律上讲，优先股属于企业自有资金，因此，可以扩大企业的权益基础。

发行优先股具有以下缺点：

(1) 筹资限制多。发行优先股的限制条款比较多，比如，对公司借款的限制等。

(2) 筹资成本高。优先股支付的股利要从税后净利润中支付，而债券资金的利息可在税前支付。

(3) 财务负担重。优先股需要支付固定股利，又不能在税前扣除，当利润下降时，它会成为财务负担。

(三) 其他融资方式

1. BOT 融资

BOT 是英文 build-operate-transfer 的缩写，即建设—经营—移交方式，是指政府将一个基础设施项目的特许权授予承包商（一般为外商投资机构）。承包商在特许期内负责项目设计、融资、建设和营运，并回收成本、偿还债务、赚取利润，特许期结束后将项目所有权移交给政府。实质上，BOT 融资方式是政府与承包商合作经营工程项目的一种特殊运作模式，主要用于发展收费公路、发电厂、铁路、废水处理等基础设施项目。

BOT 融资方式的新发展是 TOT 融资方式，主要用于电力行业，是指中方把已经投产的电站移交给外商经营，凭借电站在未来若干年内的现金流量，一次性地从外商那里融得一部分资金，用于建设新电站。

2. ABS 融资

ABS 是英文 asset-backed-securitization 的缩写，它是以项目所属的资产为支撑的一种证券化融资方式。ABS 融资是在 BOT 融资的基础上发展起来的，以项目所拥有的资产为基础，以项目资产可以带来的预期收益为保证，通过在资本市场上发行债券来筹集资金。

3. 贸易融资

贸易融资有补偿贸易和对外加工装配两种方式。

补偿贸易是技术贸易、商品贸易和信贷相结合的一种利用外资的融资方式，主要有直接补偿、间接补偿、综合补偿和劳务补偿几种方式。这些方式的主要区别在于用于补偿的是用外商提供的设备和技术直接生产出来的产品（直接补偿），或是本企业的其他产品（间接补偿），或是两者都有（综合补偿），或是承接外商来料加工和来料装配的劳务（劳务补偿）。

4. 境外投资基金融资

境外投资基金融资主要用于对我国的基础设施建设、基础产业开发、现有企业技术改造等进行直接投资。境外投资基金包括全球基金、地区基金和国家基金等。

第三节 融资成本

融资成本又称资金成本，是指企业为筹集和使用资金而付出的代价。融资成本主要由资金筹集成本和资金使用成本两部分组成。资金筹集成本又称融资费用，是指在资金筹措过程中支付的各项费用，主要包括各种融资方式下产生的手续费、股票和债券的发行费、印刷费、公证费、担保费等。资金使用成本又称资金占用费，包括支付给股东的股利、向债权人支付的贷款利息以及支付给其他债权人的各种利息费用等。资金筹集成本属于一次性费用，在资金使用过程中不再发生，而资金使用成本则在资金使用过程中多次发生。融资成本的高低是判断项目融资方案是否合理的重要因素之一。

一、融资成本

资金成本一般以相对数表示，以便于比较分析。项目使用资金每年所负担的成本同筹集资金净额的比率，称为资金成本率，一般将其统称为资金成本。资金成本的计算公式为：

$$K = \frac{D}{P-f} \quad \text{或} \quad K = \frac{D}{P(1-F)} \tag{5-1}$$

式中，K 为资金成本率(一般统称为资金成本)；P 为融资金额；D 为每年的资金使用成本；f 为融资费用；F 为融资费用率，即融资费用与融资金额的比率。

(一) 个别资金成本

个别资金成本是指各种资金来源的资金成本。不同的融资方式和融资渠道对应于不同的资金成本。企业的资金成本一般包括债券成本、长期借款成本、优先股成本、普通股成本、利润留成成本等，前两者统称为债务成本，后三者统称为权益成本。

1. 债务成本

债务资金的资金成本就是贷款利率，因为借贷资本的使用费用就是借贷者所支付的贷款利息。

(1) 债券成本。发行债券的成本主要是债券利息和筹资费用。债券成本中的利息应在所得税前列支。此外，发行债券的融资费用，包括发行债券的手续费、注册费、印刷费、上市费等，也应该计入融资成本。

债券成本的计算公式为：

$$K_b = \frac{I_b(1-T)}{B(1-F_b)} \tag{5-2}$$

式中，K_b 为债券成本；I_b 为债券年利息，债券年利息为面值×票面利率；T 为所得税税率；B 为债券筹资额，若债券溢价或折价发行，应以实际发行价格作为债券筹资额；F_b 为债券筹集费用率。

【例题 5-2】 某公司发行面额为 5 000 万元的债券，票面利率为 8%，发行费用率为 5%，发行价格为 5 500 万元，公司所得税税率为 25%，则该项债券融资的资金成本为：

$$K_b = \frac{5\,000 \times 8\% \times (1-25\%)}{5\,500 \times (1-5\%)} = 5.74\%$$

【例题 5-3】 上例中，其他条件不变，如果发行价格为 4 500 万元，则该项债券融资的资金成本为：

$$K_b = \frac{5\,000 \times 8\% \times (1-25\%)}{4\,500 \times (1-5\%)} = 7.02\%$$

(2) 长期借款成本。一般来说，长期借款成本要比债券成本低一些，因为没有那么多的发行费用。长期借款成本的计算公式为：

$$K_l = \frac{I_l(1-T)}{L(1-F_l)} \tag{5-3}$$

或

$$K_l = \frac{R_l(1-T)}{(1-F_l)} \tag{5-4}$$

式中，K_l 为长期借款成本；I_l 为长期借款年利息；T 为所得税税率；L 为长期借款融资额，即借款本金；F_l 为长期借款融资费用率；R_l 为长期借款年利率。

长期借款中发生的融资费用主要是手续费。当这笔费用数目很小时，可以忽略不计。

【例题 5-4】 一个企业获得四年期长期借款 4 000 万元，年利率 10%，每年付息一次，到期一次还本，融资费用率为 5%，公司所得税税率为 25%。则该长期借款的资金成本为：

$$K_l = \frac{4\,000 \times 10\% \times (1-25\%)}{4\,000(1-5\%)} = 7.89\%$$

2. 权益成本

权益资金的红利是由所得税后的净利润来支付的，所以并不会减少企业应该缴纳的所得税的数额。

(1) 优先股成本。优先股的认购人能够优先于普通股分得股利。在优先股的资金成本计算中，融资额按照优先股的发行价格来确定。

优先股的资金成本的计算公式为：

$$K_P = \frac{D_P}{P_P(1-F_P)} \tag{5-5}$$

式中，K_P 为优先股的资金成本，D_P 为优先股的年股利，P_P 为优先股的融资额，F_P 为优先股的融资费用率。

【例题 5-5】 某公司发行优先股总面额为 2 000 万元，总发行价格为 2 500 万元，融资费用率为 8%，年股利率为 14%。则优先股的资金成本为：

$$K_P = \frac{2\,000 \times 14\%}{2\,500 \times (1-8\%)} = 12.17\%$$

(2) 普通股成本。计算普通股资金成本，通常采用"股利固定增长法"和"资本资产定价模型法"。

采用股利固定增长法时，由于普通股是根据公司每年的盈利情况决定向股东分派的股利，一般认为股利是逐年增长的，因此普通股资金成本的计算公式为：

$$K_C = \frac{D_C}{P_C(1-F_C)} + G \tag{5-6}$$

式中，K_C 为普通股融资成本，D_C 为普通股首期股利，P_C 为普通股融资额，F_C 为普通股融资费用率，G 为普通股股利年增长率。

【例题 5-6】 某公司发行总价格为 3 000 万元的普通股，融资费用率为 6%，第一年股利率为 10%，以后每年增长 7%。则该普通股融资的资金成本为：

$$K_C = \frac{3\,000 \times 10\%}{3\,000 \times (1-6\%)} + 7\% = 17.64\%$$

采用资本资产定价模型测算普通股成本的计算公式为:

$$K_C = R_f + \beta_i(R_m - R_f) \tag{5-7}$$

式中,K_C 为普通股成本,R_f 为无风险报酬率,R_m 为平均风险股票必要报酬率,β_i 为第 i 种股票的贝塔系数。

【例题 5-7】 某期间内,证券市场的无风险报酬率为 9%,平均风险股票必要报酬率为 16%。某股份公司普通股的 β 系数为 1.25,则该普通股的资金成本为:

$$K_C = 9\% + 1.25(16\% - 9\%) = 17.75\%$$

(3) 利润留成成本。

股东将利润留成用于公司而不作为股利或者用于其他投资,是想从中获得能够与普通股等价的报酬。所以,利润留成成本也就是股东失去的机会成本,它的计算与普通股的成本相似,但是不考虑融资费用。其计算公式为:

$$K_C = \frac{D_C}{P_C} + G \tag{5-8}$$

式中,K_C 为利润留成成本,其他符号与普通股计算公式相同。

(二) 综合资金成本

工程项目一般会采取各种不同的融资方式。当把整个项目的所有融资方案当作一个整体来考虑时,就需要计算资金的综合资金成本。

综合资金成本一般在计算出各类资金的个别资金成本的基础上,以各种资金占全部资金的比例为权数,用加权平均法计算出资金的综合资金成本。其计算公式为:

$$K_w = \sum_{j=1}^{n} K_j W_j \tag{5-9}$$

式中,K_w 为综合资金成本,K_j 为第 j 种个别资金成本,W_j 为第 j 种个别资金占全部资金的比例(权数)。

在计算综合资金成本时,可按三个步骤进行:第一步,先计算个别资金成本;第二步,计算出各种资金来源占资金总额的比重即权数;第三步,利用公式求出综合资金成本。

【例题 5-8】 某公司建设一座工厂,采取了多种融资方式,其中,银行贷款、债券和股票所占比重为 50%、20%、30%,经测算三种融资方式的资金成本分别为 5%、6.3%、8.6%,则综合资金成本为:

$$K_w = 50\% \times 5\% + 20\% \times 6.3\% + 30\% \times 8.6\% = 6.34\%$$

二、融资结构

融资结构是项目资金筹措方案中各种资金来源的构成及比例关系。习惯上,将负债融资和权益融资的结构比例称为融资结构。因为融资结构比例直接影响项目投产运营后项目法人的财务结构和资产质量,并对项目的盈利能力和清偿能力产生较大影响,因此我国有关项目投资管理法规对项目资本金比例的最低限额做出了明确规定。

从技术上讲,在公司融资组合中既能满足综合资金成本最低,同时企业财务风险最小的融资结构最能实现企业价值最大化,也是最理想的融资结构。企业可以运用以下两种分析方法来确定自己的融资结构。

(一)每股盈余分析法

判断资本结构合理与否,其一般方法是用每股盈余的变化来衡量,即能提高每股盈余的资本结构是合理的;反之,则不够合理。每股盈余的高低受资本结构和企业经营规模等多种因素的影响。通过每股盈余分析,可以判断某项投资计划是单一采用负债融资还是采用股权融资更为有利。

每股盈余(EPS)的计算公式为:

$$EPS = \frac{(S-VC-F-I)\times(1-T)}{N} = \frac{(EBIT-I)\times(1-T)}{N} \quad (5-10)$$

式中,EPS 为每股盈余,S 为销售额,VC 为变动成本,F 为固定成本,I 为债券利息,T 为所得税税率,N 为流通在外的普通股股数,$EBIT$ 为息税前利润。

每股盈余分析是利用每股盈余的无差异点进行的。所谓每股盈余的无差异点,是指每股盈余不受融资方式影响的销售水平。在每段盈余的无差异点上,负债融资与权益融资能够产生同样大小的每股盈余。以 EPS_1 代表采用负债融资情况下的每股盈余,以 EPS_2 代表采用权益融资方式下的每股盈余,则有:

$$EPS_1 = EPS_2$$
$$\frac{(S_1-VC_1-F_1-I_1)\times(1-T)}{N_1} = \frac{(S_2-VC_2-F_2-I_2)\times(1-T)}{N_2} \quad (5-11)$$

在每股盈余无差异点上 S_1 与 S_2 相等,通过求解上述方程式,就可以解出无差异点处的销售额。当企业改扩建以后的销售额达到每股盈余无差异点的销售额时,采用负债融资可以提高每股盈余;反之,则采用权益融资。

【例题 5-9】 某公司原有资本 500 万元,其中债务资本 100 万元,年负担利息费用 12 万元,普通股股本 400 万元(发行普通股 8 万股,每股面值 50 元)。公司拟追加筹资 200 万元,其融资方案有以下两种:

(1) 全部发行普通股，增发 4 万股，每股面值为 50 元；
(2) 全部筹借长期债务，债务利率仍为 12%，利息 24 万元。

公司的变动成本率为 60%，固定成本为 180 万元，所得税税率为 25%。求每股盈余无差异点。

解： 根据上述资料，首先求两种融资方案下的每股盈余无差异点的销售额 S。

将两种融资方案下的数据代入公式（5—11），可得：

$$[(S-0.6 \times S-180-12) \times (1-25\%)]/(8+4)$$
$$=[(S-0.6 \times S-180-12-24) \times (1-25\%)]/8$$

对等式进行求解，可得出销售额 S，即

$$S=660(万元)$$

将 S 代入到公式（5-10），可求出每股盈余无差异点处的每股盈余，即

$$EPS=[(660-0.6 \times 660-180-12) \times (1-25\%)]/(8+4)=4.5(元)$$

每股盈余无差异点处的销售额为 660 万元，此时每股盈余为 4.5 元。

(二) 企业价值分析

以每股盈余的高低作为衡量标准对筹资方式进行选择，其缺陷在于没有考虑风险因素。从根本上讲，财务管理的目标在于追求公司价值的最大化或股价的最大化。然而，只有在风险不变的情况下，每股盈余的增长才会直接导致股价的上升。实际上，经常是随着每股盈余的增长，风险也随之增加。如果每股盈余的增长不足以补偿风险增加所需的报酬，尽管每股盈余有所增加，但股价仍然会下降。

企业的市场总价值等于负债资本的总价值和权益资本的总价值之和。为了简便起见，我们假定企业只有债券和普通股两种资本。债券的市场价值等于它的面值，普通股的市场价值等于税后利润与普通股资金成本之商，则：

$$V=B+S \tag{5-12}$$

$$S=\frac{(EBIT-I) \times (1-T)}{K_S} \tag{5-13}$$

$$K_V=K_B \frac{B}{V}(1-T)+K_S \frac{S}{V} \tag{5-14}$$

式中，V 为企业市场总价值，B 为债券价格，S 为股票价格，$EBIT$ 为息税前利润，I 为负债利息，T 为所得税税率，K_B 为税前债券资金成本，K_S 为权益资本成本，K_V 为综合资金成本。

综合资金成本 K_V 最低的资金结构就是最优的融资结构。

本章小结

资金筹措又称融资，是以一定的渠道为某种特定活动筹集所需资金的各种活动的总称。在项目进行融资之前，有必要明确工程项目资金筹措的基本原则，主要有合理确定资金需求量、认真选择资金来源、适时取得资金、适当维持自有资金比例等。筹措的资金有多种分类：按照融资的性质，可以分为权益融资和负债融资；按照融资的来源不同，可以分为境内融资和境外融资；按照融资的期限，可以分为长期融资和短期融资；按照不同的融资结构，可以分为传统融资方式和项目融资方式等。

筹资渠道是指取得资金的来源和通道。这些渠道主要有项目投资者自有资金、政府财政性资金、银行及非银行金融机构信贷资金、证券市场资金等。融资方式，即取得资金的具体形式。其中，负债融资的融资方式有商业银行贷款、政策性贷款、发行债券、融资租赁；权益融资的融资方式有吸收直接投资、发行普通股、发行优先股。其他融资方式有BOT融资、ABS融资、贸易融资、境外投资基金融资。

融资成本主要由资金筹集成本和资金使用成本两部分组成。融资成本主要用相对数来表示。个别资金成本是指各种资金来源的资金成本。不同的融资方式和融资渠道所取得资金的资金成本有所不同。当把整个项目的所有融资方案当作一个整体来考虑时，就需要计算资金的综合资金成本。融资结构是指融资方案中各种资金的比例关系。从技术上讲，综合资金成本最低，同时企业财务风险最小的资金结构最能实现企业价值最大化，也是最理想的融资结构。企业可以运用每股盈余分析法、企业价值分析法来确定自己的融资结构。

思考练习题

1. 什么是融资？资金筹措的原则有哪些？
2. 什么是权益性融资和负债性融资？其特点是什么？
3. 试述传统融资方式与项目融资方式的区别。
4. 主要的融资渠道有哪些？
5. 发行债券有什么优缺点？
6. 融资租赁有哪几种形式？
7. 发行普通股有什么优缺点？
8. 发行优先股有什么优缺点？
9. 简述融资成本的定义及构成。
10. 一个企业获得4年期长期借款2 000万元，年利率为12%，每年付息一次，到期一次还本，融资费用率为4%，公司所得税税率为25%。长期借款的资金成本是多少？
11. 某企业发行面值为200元的债券，发行价格为95元，票面利率为年利率6%，4年期，到期一次还本付息，发行费率为1.8%，手续费率为0.3%，所得税税率为 25%。试计算这笔债券的资金成本。

12. 面值 150 元的优先股,发行价格为 98 元,发行成本为 3%,每年付息一次,固定股息率为 8%。试计算该优先股的资金成本。

13. 当前证券市场的无风险报酬率为 18%,平均风险股票的必要报酬率是 20%。某股份公司普通股的贝塔系数是 1.4,那么该普通股的资金成本是多少?

14. 总融资额为 4 000 万元的普通股,融资费用率为 3%,第一年股利率为 12%,以后每年增长 7%。问:这笔普通股的资金成本是多少?

15. 某企业账面反映的长期资金共 5 000 万元,其中长期借款 1 000 万元,应付长期债券 500 万元,普通股 2 500 万元,保留盈余 1 000 万元;其成本率分别为 6.7%、9.17%、11.26%、11%。求该企业的加权平均资金成本。

16. 某公司原有资本 700 万元,其中债务资本 200 万元(每年负担利息 24 万元),普通股股本 500 万元(发行普通股 10 万股,每股面值 50 元)。公司拟追加筹资 400 万元,其融资方案有以下两种:

(1) 全部发行普通股,增发 8 万股,每股面值为 50 元;
(2) 全部筹借长期债务,债务利率为 12%,利息 48 万元。

公司的变动成本率为 40%,固定成本为 160 万元,所得税税率为 25%。求每股盈余无差异点。

第六章
CHAPTER 6

项目风险与不确定性分析

> **学习目的**
>
> 本章主要介绍工程项目中风险分析的流程、方法及不确定性分析的主要方法，重点为盈亏平衡分析、敏感性分析和概率分析方法，难点为敏感性分析和概率分析。通过本章的学习，要求熟悉风险分析与不确定性分析的基本概念、作用、区别与联系，熟悉风险分析的流程与方法，掌握盈亏平衡分析的方法，掌握敏感性分析的方法，熟悉概率分析的基本方法。

第一节 项目风险和不确定性分析概述

工程项目内外部环境的复杂性以及项目本身的一次性、独特性等特点，使得项目存在着大量的不确定性。项目不确定性的存在使项目的管理者及其他相关利益者，在无法确知行动结果的情况下制订项目目标和行动计划，并在项目的实施中逐渐调整，给项目带来各种风险，有时甚至会改变项目的主要目标和行动计划。随着科技的飞速发展，各种不确定性发生的可能性大量增加，造成的风险规模也日益扩大，使得面向项目不确定性的风险管理工作有了更强的紧迫性。

一、风险和不确定性

（一）风险的概念与特征

"风险"一词的由来，最为普遍的一种说法是：在远古时期，以打鱼捕捞为生的渔民们，每次出海前都要祈祷，祈求神灵保佑自己能够平安归来，其中主要的祈祷内容就是让神灵保佑自己在出海时能够风平浪静、满载而归。他们在长期的捕捞实践中，深深地体会到"风"给他们带来的无法预测无法确定的危险。他们认识到，在出海捕捞打鱼的生活中，风即意味着"险"，因此有了"风险"一词的由来。

人们对风险（risk）研究由来已久。目前存在多种风险的定义。按照传统的理解，风险总是与灾害或损失联系在一起的，风险的本质是有害的或是不利的。如英国风险管理学会（IRM）将风险定义为"不利结果出现或不幸事件发生的机会"。此外，一些学者对风险仍有多种定义，典型的如：风险是意外结果出现的概率，风险是事件出现差错并影响工作（任务）完成的可能性；风险是特定威胁发生的概率或频率以及后果的严重性；风险是影响工作（任务）成功完成的高概率事件；风险是因采取特定活动所涉及的可变性导致经济、财务损失、身体伤害或伤亡等的可能性。

不同的行业，风险也有着不同定义。如在保险界，风险被定义为可保险以规避事故或损失的项目或条款，它表明承担保险责任的保险公司存在损失机会；在管理术语中，风险被视为变化或不确定性；在加工工业特别是化学工业中，风险指火灾、泄漏、爆炸、人员伤亡、财产损失、环境损害、经济损失等灾害事件。

以上定义被称为狭义的风险，其只反映了风险的一个方面，即风险是有害的和不利的，将给项目带来威胁。而风险的另一方面，即风险也可能是有利的和可以利用的，将给项目带来机会，被称为广义的风险。越来越多的国际性项目管理组织开始接受"风险是中性的"这一概念。

英国项目管理学会（APM）因此将"风险"定义为"对项目目标产生影响的一个或若干不确定事件"，英国土木工程师学会（ICE）更明确定义"风险是一种将影响目标实现的不利威胁或有利机会"。国际标准化组织（ISO）则定义风险为"某一事件发生的概率和其后果的组合"。概括起来，广义的风险可以定义为未来变化偏离预期的可能性及其对目标产生影响的大小。其特征是：（1）风险是中性的，既可能产生不利影响，也可能带来有利影响；（2）风险的大小与变动发生的可能性有关，也与变动发生后对项目影响的大小有关。变动出现的可能性越大，变动出现后对目标的影响越大，风险就越高。

本章涉及的风险内容针对的是狭义风险，主要侧重于分析、评价风险给工程项目带来的不利影响。

（二）风险的性质

（1）客观性。风险是客观存在的，无论是自然现象中的地震、洪水，还是现实社会中的矛盾、冲突等，不可能根除，只能采取措施降低其对工程项目的不利影响。随着社会的发展和科技的进步，人们对自然界和社会的认识逐步加深，对风险的认识也逐步提高，但仍然存在大量的风险。

（2）可变性。风险可能发生，造成损失甚至重大损失，也可能不发生。风险是否发生，风险事件的后果如何都是难以确定的。但是可以通过历史数据和经验，对风险发生的可能性和后果进行一定的分析预测。

（3）阶段性。建设项目的不同阶段存在的主要风险有所不同，投资决策阶段的风险主要包括政策风险、融资风险等，项目实施阶段的主要风险可能是工程风险和建设风险等，而在项目运营阶段的主要风险可能是市场风险、管理风险等。因此,风险对策是因时而变的。

(4) 多样性。风险依行业和项目的不同具有特殊性,不同的行业和不同的项目具有不同的风险,如高新技术行业投资项目的主要风险可能是技术风险和市场风险,而基础设施行业投资项目的主要风险则可能是工程风险和政策风险,必须结合行业特征和不同项目的情况来识别风险。

(5) 相对性。项目的有关各方(不同的风险管理主体)可能会有不同的风险,而且同一风险因素对不同主体的影响是不同的,甚至是截然相反的,如工程风险对业主而言可能产生不利后果,而对于保险公司而言,正是由于工程风险的存在,才使得保险公司有了通过工程保险而获利的机会。

(三) 不确定性与风险

不确定性(uncertainty)是与确定性(certainty)相对的一个概念,指某一事件、活动在未来可能发生,也可能不发生,其发生状况、时间及其结果的可能性或概率是未知的。

1921年,美国经济学家弗兰克·奈特(Frank Knight)对风险进行了开拓性的研究,他首先将风险与不确定性区分开来,认为风险是介于确定性和不确定性之间的一种状态,其出现的可能性是可以知道的,而不确定性的概率是未知的。由此,出现了基于概率的风险分析以及未知概率的不确定性分析两种决策分析方法。

不确定性与风险的区别体现在以下四个方面。

(1) 可否量化。风险是可以量化的,即其发生概率是已知的或通过努力可以知道的;不确定性则是不可能量化的。因而,风险分析可以采用概率分析方法,分析各种情况发生的概率及其影响;而不确定性分析只能进行假设分析,假定某些情况发生后,分析不确定因素对项目的影响。

(2) 可否保险。风险是可以保险的,而不确定性是不可以保险的。由于风险概率是可以知道的,理论上保险公司就可以计算确定的保险收益,从而提供有关保险产品。

(3) 概率可获得性。不确定性的发生概率未知,而风险的发生概率可知,或可以测定,可以用概率分布来描述。

(4) 影响大小。不确定性代表不可知事件,因而有更大的影响,而如果同样事件可以有量化风险,其影响则可以防范并得到有效降低。

概括起来,确定性是指在决策涉及的未来期间内一定要发生或者一定不发生,其关键特征是只有一种结果。不确定性则是指不可能预测未来将要发生的事件。因为存在多种可能性,其特征是可能有多种结果。由于缺乏历史数据或类似事件信息,不能预测某一事件发生的概率,因而该事件发生的概率是未知的。风险则是介于不确定性与确定性之间的一种状态,其概率是可知的或已知的。

二、风险分析与不确定性分析

风险分析是识别风险因素、估计风险概率、评价风险影响并制定风险对策的过程。不确定性分析则是对影响项目的不确定性因素进行分析，测算它们的增减变化对项目效益的影响，找出最主要的敏感因素及其临界点的过程。

（一）风险分析与不确定性分析的作用

投资项目不但要耗费大量资金、物资和人力等宝贵资源，且具有一次性和固定性的特点，一旦建成，难以更改。因此相对于一般经济活动而言，投资项目的风险和不确定性尤为值得关注。只要能在决策前正确地认识到相关的风险，并在实施过程中加以控制，大部分风险和不确定性的影响是可以降低和防范的。

风险分析应贯穿于项目分析的各个环节和全过程。投资决策时充分考虑风险分析的结果，有助于在可行性研究的过程中通过信息反馈，改进或优化项目研究方案，直接起到降低项目风险的作用，避免因在决策中忽视风险的存在而蒙受损失。同时，充分利用风险分析的成果，建立风险管理系统，有助于为项目全过程风险管理打下基础，防范和规避项目实施和经营中的风险。

（二）风险分析与不确定性分析的区别与联系

不确定性分析与风险分析两者的目的是共同的，都是识别、分析、评价影响项目的主要因素，以防范不利影响，从而提高项目的成功率。两者的主要区别在于分析方法的不同：不确定性分析是对投资项目受不确定因素的影响进行分析，并粗略地了解项目的抗风险能力，其主要方法是敏感性分析，《建设项目经济评价方法与参数》也将盈亏平衡分析归为不确定性分析；而风险分析则要对投资项目的风险因素和风险程度进行识别和判断，主要方法有概率树分析、蒙特卡洛模拟（Monte-carlo Simulation）等。

不确定性分析与风险分析之间也有一定的联系。由敏感性分析可以知道影响项目效益的敏感因素和敏感程度，但不知道这种影响发生的可能性，如需要知道可能性，就必须借助于概率分析。而敏感性分析所找出的敏感因素又可以作为概率分析风险因素的确定依据。

第二节 不确定性分析

一、盈亏平衡分析

（一）盈亏平衡分析的概念、作用与条件

1. 盈亏平衡分析的定义

盈亏平衡分析是在一定的市场和经营管理条件下，根据达到设计生产能力时的成本费用与收入数据，通过求取盈亏平衡点，研究分析成本费用与收入平衡关系的一种方法。随着相

关因素的变化，企业的盈利与亏损会有个转折点，称为盈亏平衡点（Break-even Point，BEP）。在这一点上，销售收入（扣除销售税金与附加）等于总成本费用，刚好盈亏平衡。

盈亏平衡分析可以分为线性盈亏平衡分析和非线性盈亏平衡分析，在工程项目不确定性分析中一般仅进行线性盈亏平衡分析。

盈亏平衡点的表达形式有多种，可以用产量、产品售价、单位可变成本和年总固定成本等绝对量表示，也可以用某些相对值表示。投资项目决策分析与评价中最常用的是以产量和生产能力利用率表示的盈亏平衡点，也有采用产品售价表示的盈亏平衡点。

2. 盈亏平衡分析的作用

通过盈亏平衡分析可以找出盈亏平衡点，考察企业（或项目）对市场导致的产出（销售）量变化的适应能力和抗风险能力。用产量和生产能力利用率表示的盈亏平衡点越低，表明企业适应市场需求变化的能力越大，抗风险能力越强；用产品售价表示的盈亏平衡点越低，表明企业适应市场价格下降的能力大，抗风险能力强。

3. 线性盈亏平衡分析的条件

进行线性盈亏平衡分析要符合以下四个条件：

（1）产品产量等于销售量，即当年生产的产品（扣除自用量）当年完全销售；

（2）产量变化，单位可变成本不变，从而总成本费用是产量的线性函数；

（3）产量变化，产品售价不变，从而销售收入是销售量的线性函数；

（4）只生产单一产品，或者生产多种产品，但可以换算为单一产品计算，即不同产品负荷率的变化是一致的。

（二）盈亏平衡点的计算方法

盈亏平衡点可以采用图解法求取，也可以采用公式计算法。

1. 图解法

盈亏平衡点可以采用图解法求得，见图 6-1。

图中销售收入线（如果销售收入和成本费用都是按含税价格计算的，销售收入中还应减去增值税）与总成本费用线的交点即为盈亏平衡点，这一点所对应的产量 Q^* 即为 BEP（产量），也可换算为生产能力利用率。当产量在 $0 < Q < Q^*$ 范围时，总成本费用曲线位于年销售收入曲线之上，此时企业处于亏损状态；而当产量在 $Q > Q^*$ 范围时，年销售收入曲线位于总成本费用曲线之上，此时企业处于盈利状态。

根据盈亏平衡点的定义，当达到盈亏平衡状态时，总成本费用等于总营业收入，如果用 Q^* 表示盈亏平衡时的产量，则有：

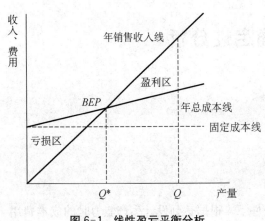

图 6-1 线性盈亏平衡分析

$$TR = TC$$
$$TR = PQ$$
$$TC = F + C_v Q \quad (6\text{-}1)$$
$$PQ^* = F + C_v Q^*$$
$$Q^* = F/(P - C_v)$$

式中，TR 为营业收入，TC 为总成本费用，P 为单位产品价格（不含税），Q 为产品销售量，F 为总固定成本，C_v 为单位产品变动成本。

如果价格是含销售税金与附加的，可用式（6-2）计算盈亏平衡点产量，即

$$pQ^*(1-r) = F + C_v Q$$
$$Q^* = \frac{F}{(1-r)p - C_v} \quad (6\text{-}2)$$

式中，r 为产品销售税率；p 为产品含税价格，$P = (1-r)p$。

盈亏平衡点除可用产量表示外，还可用营业收入、生产能力利用率、销售价格以及单位产品变动成本等来表示。生产能力利用率表示的盈亏平衡点是指项目不发生亏损时生产能力利用率的最低限度，也可用下式表示：

$$q^* = (Q^*/Q_c) \times 100\% = [F/Q_c(P - C_v)] \times 100\% \quad (6\text{-}3)$$

式中，q^* 为盈亏平衡点的生产能力利用率；Q_c 为设计年产量；q^* 值越低，项目的投资风险就越小。

若按设计能力进行生产和销售，则盈亏平衡销售价格为：

$$P^* = TR/Q_c = (F + C_v Q_c)/Q_c \quad (6\text{-}4)$$

若按设计能力进行生产和销售，且销售价格已定，则盈亏平衡单位产品变动成本为：

$$C_v^* = P - (F/Q_c) \quad (6\text{-}5)$$

2. 公式计算法

盈亏平衡点计算公式为：

$$BEP(\text{生产能力利用率}) = \text{年总固定成本}/(\text{年销售收入} - \text{年总可变成本}$$
$$- \text{年销售税金与附加}) \times 100\% \quad (6\text{-}6)$$

$$BEP(\text{产量}) = \text{年总固定成本}/(\text{单位产品价格} - \text{单位产品可变成本}$$
$$- \text{单位产品销售税金与附加})$$
$$= BEP(\text{生产能力利用率}) \times \text{设计生产能力} \quad (6\text{-}7)$$

$$BEP(\text{产品售价}) = (\text{年总固定成本}/\text{设计生产能力}) + \text{单位产品可变成本}$$
$$+ \text{单位产品销售税金与附加} \quad (6\text{-}8)$$

【例题 6-1】 假设某项目达产第一年的销售收入为 31 389 万元，销售税金与附加为 392 万元，固定成本为 10 542 万元，可变成本为 9 450 万元，销售收入与成本费用均采用不含税价格表示，该项目设计生产能力为 100 万吨。

问题：
(1) 分别计算该项目以生产能力利用率、产量和产品售价表示的盈亏平衡点；
(2) 计算该项目达到设计生产能力时的年利润；
(3) 计算该项目年利润达到 5 000 万元时的最低年产量。

解：
(1) BEP（生产能力利用率）$=[10\ 542/(31\ 389-9\ 450-392)]\times 100\% = 48.93\%$

$$BEP（产量）=100\times 48.93\% = 48.93（万吨）$$

或

$BEP（产量）=[10\ 542/(31\ 389/100-9\ 450/100-392/100)]=48.93（万吨）$

$BEP（产品售价）=(10\ 542/100)+(9\ 450/100)+(392/100)=204（元/吨）$

因为达产第一年时，一般项目利息负担较重、固定成本较高，所以该盈亏平衡点实为项目计算期内各年的较高值。计算结果表明，在生产负荷达到设计能力的 48.93% 时即可盈亏平衡，说明项目对市场的适应能力较强。而为了维持盈亏平衡，允许产品售价最低降至 204 元/吨。

(2) 该项目达到设计生产能力时的年利润 $=31\ 389-392-(10\ 542+9\ 450)=11\ 005$（万元）。

(3) 设该项目年利润达到 5 000 万元时的最低年产量为 Q，则：

$$[(31\ 389-392)/100]\times Q-[10\ 542+(9\ 450/100)\times Q]=5\ 000$$

可得：$Q=72.13$ 万吨，即该项目年利润达到 5 000 万元时的最低产量应为 72.13 万吨。

（三）盈亏平衡分析注意要点

盈亏平衡点应按项目达产年份的数据计算，不能按计算期内的平均值计算。这是由于盈亏平衡点表示的是相对于设计生产能力下，达到多少产量或负荷率多少才能盈亏平衡，或为保持盈亏平衡最低价格是多少，故必须按项目达产年份的销售收入和成本费用数据计算，如按计算期内的平均数据计算，就失去了意义。

当计算期内各年数值不同时，最好按还款期间和还完借款以后的年份分别计算。即便在达产后的年份，由于固定成本中的利息各年不同，折旧费和摊销费也不是每年都相同，所以成本费用数值可能因年而异，具体按哪一年的数值计算盈亏平衡点，可以根据项目情况进行选择。一般而言，最好选择还款期间的第一个达产年和还完借款以后的年份分别计算，以便分别给出最高的盈亏平衡点和最低的盈亏平衡点。

二、敏感性分析

（一）敏感性分析的作用与内容

敏感性分析是投资项目的经济评估中常用的分析不确定性的方法之一，是从多个不确定性因素中逐一找出对投资项目经济效益指标有重要影响的敏感性因素，并分析、测算其对项目经济效益指标的影响程度和敏感性程度，进而判断项目承受风险的能力的不确定性分析方法。若某参数的小幅度变化能导致经济效益指标的较大变化，则称此参数为敏感性因素，反之则称其为非敏感性因素。

敏感性分析用以考察项目涉及的各种不确定因素对项目基本方案经济评价指标的影响，找出敏感因素，估计项目效益对它们的敏感程度，粗略预测项目可能承担的风险，为进一步的风险分析打下基础。

敏感性分析通常是改变一种或多种不确定因素的数值，计算其对项目效益指标的影响，通过计算敏感度系数和临界点，估计项目效益指标对它们的敏感程度，进而确定关键的敏感因素。通常将敏感性分析的结果汇总于敏感性分析表，也可通过绘制敏感性分析图显示各种因素的敏感程度并求得临界点。最后对敏感性分析的结果进行分析，并提出减轻不确定因素影响的措施。

敏感性分析包括单因素敏感性分析和多因素敏感性分析。单因素敏感性分析是指每次只改变一个因素的数值来进行分析，估算单个因素的变化对项目效益产生的影响；多因素敏感性分析则是同时改变两个或两个以上因素进行分析，估算多因素同时发生变化的影响。为了找出关键的敏感因素，通常多进行单因素敏感性分析。必要时，可以同时进行单因素敏感性分析和多因素敏感性分析。

（二）敏感性分析的方法与步骤

1. 选取不确定因素

进行敏感性分析首先要选定不确定因素并确定其偏离基本情况的程度。不确定因素是指那些对项目效益有一定影响的基本因素。敏感性分析不可能也不需要对项目涉及的全部因素进行分析，而只是对那些可能对项目效益影响较大的重要的不确定因素进行分析。不确定因素通常根据行业和项目的特点，参考类似项目的经验特别是项目后评价的经验进行选择和确定。

经验表明，通常应进行敏感性分析的因素包括建设投资、产出价格、主要投入价格或可变成本、运营负荷、建设期以及人民币外汇汇率等，根据项目的具体情况也可选择其他因素。

2. 确定不确定因素变化程度

敏感性分析通常是同时针对不确定因素的不利变化和有利变化进行，以便观察各种变化对效益指标的影响，并编制敏感性分析表或绘制敏感性分析图。

一般是选择不确定因素变化的百分率，为了作图的需要，可分别选取±5%、±10%、±15%、±20%等。对于那些不便用百分数表示的因素，如建设期，可采用延长一段时间表示，如延长一年。

百分数的取值其实并不重要，因为敏感性分析的目的并不在于考察项目效益在某个具体的百分数变化下发生变化的具体数值，而只是借助它进一步计算敏感性分析指标，即敏感度系数和临界点。

3. 选取分析指标

工程项目经济评价有一整套指标体系，敏感性分析可选定其中一个或几个主要指标进行。最基本的分析指标是内部收益率或净现值，根据项目的实际情况也可选择投资回收期等其他评价指标，必要时可同时针对两个或两个以上的指标进行敏感性分析。

通常财务分析的敏感性分析中必选的分析指标是项目投资财务内部收益率，经济分析中必选的分析指标是经济净现值或经济内部收益率。

4. 计算敏感性分析指标

(1) 敏感度系数。敏感度系数是项目效益指标变化的百分率与不确定因素变化的百分率之比。敏感度系数高，表示项目效益对该不确定因素敏感程度高，提示应重视该不确定因素对项目效益的影响。敏感度系数计算公式如下：

$$E = (\Delta A/A)/(\Delta F/F) \tag{6-9}$$

式中，E 为评价指标 A 对于不确定因素 F 的敏感系数；$\Delta A/A$ 为不确定因素 F 发生 $\Delta F/F$ 变化时，评价指标 A 的响应变化率（%）；$\Delta F/F$ 为不确定因素 F 的变化率（%）。

$E > 0$，表示评价指标与不确定因素同方向变化；$E < 0$，表示评价指标与不确定因素反方向变化。$|E|$ 较大者敏感度系数高。

敏感度系数的计算结果可能受到不确定因素变化率取值不同的影响，敏感度系数的数值会有所变化。但其数值大小并不是计算该项指标的目的，重要的是各不确定因素敏感度系数的相对值，借此了解各不确定因素的相对影响程度，以选出敏感度较大的不确定因素。虽然敏感度系数有以上缺陷，但在判断各不确定因素对项目效益的相对影响程度上仍然具有一定的作用。

(2) 临界点。临界点是指不确定因素的极限变化，即不确定因素的变化使项目由可行变为不可行的临界数值，也可以说是该不确定因素使内部收益率等于基准收益率或净现值变为零时的变化率。当该不确定因素为费用科目时，为其增加的百分率；当该不确定因素为效益科目时，为其降低的百分率。临界点也可用该百分率对应的具体数值（转换值 Switching Value）表示。当不确定因素的变化超过临界点所表示的不确定因素的极限变化时，项目效益指标将会转而低于基准值，表明项目将由可行变为不可行。

临界点的高低与设定的基准收益率有关，对于同一个项目，随着设定基准收益率的提高，临界点就会变低（即临界点表示的不确定因素的极限变化变小）；而在一定的基准收益率下，临界点越低，说明该因素对项目效益指标影响越大，项目对该因素就越敏感。

可以通过敏感性分析图求得临界点的近似值，但由于项目效益指标的变化与不确定因素变化之间不完全是直线关系，有时误差较大，因此最好采用试算法或函数求解。

5. 敏感性分析结果表述

(1) 编制敏感性分析表。将敏感性分析的结果汇总于敏感性分析表，在敏感性分析表中应同时给出基本方案的指标数值、所考虑的不确定因素及其变化、在这些不确定因素变化的情况下项目效益指标的计算数值,并据此编制各不确定因素的敏感度系数与临界点分析表,也可将其与敏感性分析表合并成一张表。表 6-1 为某项目敏感性分析表。

表 6-1 敏感性分析表

序号	不确定因素	不确定因素变化率(%)	财务内部收益率(%)	敏感性系数	临界点(%)
	基本方案		15.3		
1	建设投资变化	10	12.6	−1.76	12.3
		−10	18.4	−2.04	
2	销售价格变化	10	19.6	2.81	−7.1
		−10	10.6	3.07	
3	原材料价格变化	10	13.8	−0.95	22.4
		−10	16.7	−0.94	
4	汇率变化	10	14.2	−0.71	32.2
		−10	16.4	−0.75	
5	负荷变化	10	17.9	1.72	−11.2
		−10	12.4	1.92	

说明:
① 表中的基本方案是指项目财务分析中按所选定投入和产出的相关数值计算的指标。
② 求临界点的基准收益率为 12%。
③ 表中临界点系采用函数计算的结果。临界点为正,表示允许该不确定因素升高的比率;临界点为负,表示允许该不确定因素降低的比率。
④ 表中敏感度系数为负,说明效益指标变化方向与不确定因素变化方向相反;敏感度系数为正,说明效益指标变化方向与不确定因素变化方向相同。
⑤ 表中仅列出不确定因素变化率为 ±10% 的情况。为了绘制敏感性分析图,还测算了变化率为 ±20% 和 ±30% 的情况。
⑥ 以建设投资增加 10% 和销售价格降低 10% 为例,表 6-1 中敏感系数的计算如下。
建设投资增加 10% 时:

$$\Delta A/A = (0.126 - 0.153)/0.153 = -0.176$$
$$E_{建} = -0.176/0.1 = -1.76$$

式中,$E_{建}$ 为效益指标对建设投资的敏感度系数,敏感度系数为负,说明建设投资增加导致内部收益率降低。
销售价格降低 10% 时:

$$\Delta A/A = (0.106 - 0.153)/0.153 = -0.307$$
$$E_{销} = -0.307/(-0.1) = 3.07$$

式中,$E_{销}$ 为效益指标对销售价格的敏感度系数,敏感度系数为正,说明销售价格降低导致内部收益率降低。
比较上面两个敏感度系数的绝对值,可以看出 $E_{销}$ 大于 $E_{建}$,说明销售价格比建设投资对项目效益指标的影响程度大,即项目效益指标对销售价格敏感程度高于对建设投资的敏感程度。

(2) 绘制敏感性分析图。根据敏感性分析表中的数值可以绘制敏感性分析图,横轴为不确定因素变化率,纵轴为项目效益指标。图中曲线可以明确表明项目效益指标变化受不确定因素变化的影响趋势,并由此求出临界点。图 6-2 是典型的敏感性分析图。

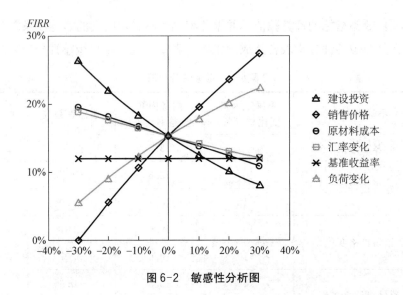

图 6-2 敏感性分析图

图 6-2 是根据表 6-1 以及相关数据绘制。横轴为不确定因素的变化率，纵轴为内部收益率的数值。图中共有五条内部收益率随不确定因素的变化曲线，还有一条基准收益率线。每条曲线分别代表内部收益率随着各种不确定因素变动而发生的变化。

以销售价格为例，当销售价格提高时，内部收益率随之提高；而销售价格降低时，内部收益率随之降低。内部收益率随销售价格的变化曲线与基准收益率线相交的交点，就是销售价格变化的临界点，用该点对应的不确定因素的变化率表示。用该变化率换算的不确定因素的变化数值就称为临界值。可以看出，销售价格降低的临界点约为 7%，说明在基准收益率为 12% 时允许销售价格降低的极限是 7%。

6. 对敏感性分析结果进行分析

应对敏感性分析表和敏感性分析图显示的结果进行文字说明，将不确定因素变化后计算的经济评价指标与基本方案评价指标进行对比分析，分析中应注重以下三个方面。

(1) 结合敏感度系数及临界点的计算结果，按不确定因素的敏感程度进行排序，找出哪些因素是较为敏感的不确定因素。可通过直观检测得知或观其敏感度系数和临界点，敏感度系数较高者或临界点较低者为较为敏感的因素。

(2) 定性分析临界点所表示的不确定因素变化发生的可能性。以可行性研究报告的分析研究为基础，结合经验进行判断，说明所考察的某种不确定因素是否可能发生临界点所表示的变化，并做出风险的粗略估计。

(3) 归纳敏感性分析的结论，指出最敏感的一个或几个关键因素，粗略预测项目可能的风险。对于不是系统进行风险分析的项目，应根据敏感性分析结果提出相应的减轻不确定因素影响的措施，提请项目业主、投资者和有关各方在决策和实施中注意，以尽可能降低风险，实现预期效益。

(三) 敏感性分析的不足

敏感性分析虽然可以找出项目效益对之敏感的不确定因素，并估计其对项目效益的影响程度,却并不能得知这些影响发生的可能性有多大,这是敏感性分析最大的不足之处。

对于项目风险估计而言,仅回答有无风险和风险大小的问题是远远不够的。因为投资项目要经历一个持久的过程,一旦实施便很难改变。为避免实施后遭受失败,必须在决策前做好各方面的分析。决策者必须对项目可能面临的风险有足够的估计,对风险发生的可能性心中有数,以便及时采取必要的措施规避风险。只有回答了风险发生的可能性大小问题,决策者才能获得全面的信息,最终做出正确的决策。而要回答这个问题,必须进行风险分析。

第三节 风险分析

一、风险分析流程

项目风险分析是认识项目可能存在的潜在风险因素,估计这些因素发生的可能性及由此造成的影响,研究防止或减少不利影响而采取对策的一系列活动,它包括风险识别、风险评估、风险评价与风险应对四个基本阶段。风险分析所经历的四个阶段,是从定性分析到定量分析,再从定量分析到定性分析的过程。其基本流程如图 6-3 所示。

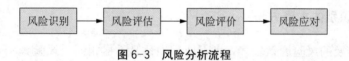

图 6-3 风险分析流程

项目风险分析应遵循以下流程:首先,从认识风险特征入手去识别风险因素;其次,根据需要和可能选择适当的方法估计风险发生的可能性及其影响;再次,按照某个标准,评价风险程度,包括单个风险因素的风险程度估计和对项目整体的风险程度估计;最后,提出针对性的风险对策,将项目风险进行归纳,提出风险分析结论。

二、风险识别

风险因素识别首先要认识和确定项目究竟可能存在哪些风险因素,这些风险因素会给项目带来什么影响,具体原因又是什么。在对风险特征充分认识的基础上,识别项目潜在的风险和引起这些风险的具体风险因素,只有首先把项目主要的风险因素揭示出来,才能进一步通过风险评估确定损失程度和发生的可能性,进而找出关键风险因素,提出风险对策。

(一) 风险识别

风险识别 (risk identification) 是风险分析的基础,作为风险分析的第一步,其目的在于：

(1) 识别对项目产生重要影响的风险，按照风险来源和特征进行风险分类。项目风险有其自身的特征，要根据这些特征来识别风险因素。

(2) 分析这些风险产生的原因或是发生的条件。每个风险都存在自己的原因，要仔细检查引起这些风险的具体因素。

(3) 寻找风险事件，即风险的直接表现。检查风险事件的后果以及表现，决定应对策略，衡量风险处理的成本。

(4) 明确风险征兆，即风险发生的间接表现。作为风险预警的重要信号，可以提前采取措施，防范风险或减轻风险的不利影响。

风险识别一般可以划分为四个阶段：

(1) 确定目标。确定风险分析的范围和目标。

(2) 选择方法。根据项目所在行业、区域和自身的特点，以及相关数据资料的可得性，选择恰当的风险识别方法。

(3) 收集资料。收集与项目相关的资料，包括项目本身的有关市场、技术、财务等资料，类似项目的资料，以及对项目构成影响的环境、政策和社会等方面的信息。

(4) 识别风险。组织项目组或是专家组进行风险的识别，筛选主要风险，分析风险发生的原因和表现，编写风险识别报告，对主要风险进行分类，提出风险分析的下一步计划。

(二) 风险识别的主要方法

工程项目涉及的风险因素较多，各行业和项目又不尽相同。风险识别要根据行业和项目的特点，采用适当的方法进行。风险识别要采用分析和分解原则，把综合性的风险问题分解为多层次的风险因素。常用的方法包括解析法、风险结构分解法、专家调查法、故障树、事件树、问卷调查和情景分析法等。下面主要介绍解析法、风险结构分解法、专家调查法。

1. 解析法

解析法是将一个复杂系统分解为若干子系统进行分析的常用方法，通过对子系统的分析进而把握整个系统的特征。例如，市场风险可以细分为如下子风险（见图6-4）。

(1) 经济风险。如全球或区域性的经济萧条带来需求的低增长或负增长，导致购买力低下，从而影响项目产品或服务的消费需求。

(2) 政策风险。如国家产业政策、技术政策、土地政策等调整，对部分投资过热行业的行政管制，银行相应控制信贷，导致一些正在建设的项目资金供应中断，面临资金短缺的风险。

(3) 技术风险。由于技术的不断创新、

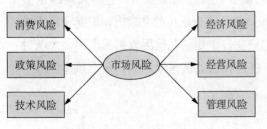

图6-4 市场风险的分解

新产品的不断出现,致使原有产品生命周期缩短。

(4) 管理风险。项目组织管理不善、项目团队缺乏经验、主要管理者流失等问题,会带来项目管理的风险。

(5) 经营风险。如竞争者采用新的竞争策略,或是有新的竞争者加入同一目标市场,导致市场竞争格局发生重大变化,导致企业的市场份额下降等。

(6) 消费风险。如消费态度、消费习惯和消费方式的变化,将影响产品销售。

以上因素将影响投资项目产出的数量或价格,并影响项目的销售收入,进而影响项目的盈利能力和正常运营。

解析法有多种具体途径。基于影响图 (influence diagram) 的解析方法为风险识别提供了更系统观察风险源对项目目标影响的逻辑过程,使风险分析专业人员能够更好地理解风险过程,全面识别项目风险。图 6-5 描绘了收费桥梁项目的财务风险解析过程。从风险源到中间风险因素到关键风险因素,再到财务效益目标。通过解析,可以发现构成项目财务风险的主要风险源包括设备价格、材料价格、劳动力价格、交通量、工程量、收费标准、收费年限、利率、移民搬迁补偿标准等。

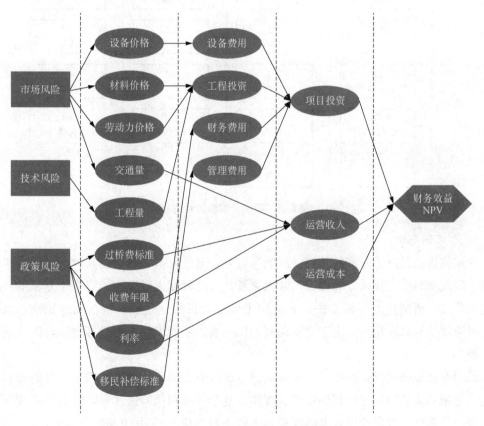

图 6-5 收费桥梁项目的财务风险影响

2. 风险结构分解法

风险结构分解法 (risk breakdown structure, RBS) 是在解析法基础上发展出来的,是风险识别的主要方法之一。2002年，赫尔森（D. Hillson）博士按照美国项目管理学会的工作分解法（work breakdown structure，WBS）的原理，研究提出了风险结构分解法。风险结构分解法的定义为"一种基于原因或来源对风险进行垂直分类的方法，它可以描述和组织项目的全部风险，每深入一个层次表示项目风险来源描述的进一步详细和明确"。它是将一个复杂系统分解为若干子系统进行分析的常用方法，是风险来源的递阶层次分解结构，通过对子系统的分析进而把握整个系统的特征，可以帮助项目分析人员和决策者更好地了解和分析项目潜在的风险，并全面地把握项目的整体风险。风险分解结构示例如图6-6所示。

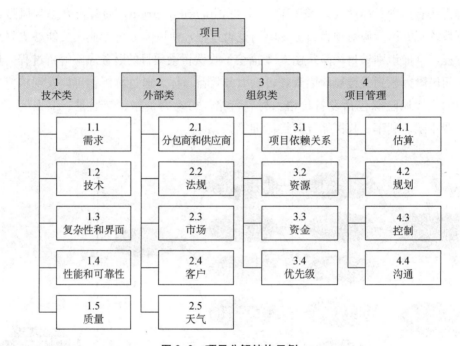

图6-6 项目分解结构示例

3. 专家调查法

专家调查法是基于专家的知识、经验和直觉，通过发函、开会或其他形式向专家进行调查，发现项目潜在风险，对项目风险因素及其风险程度进行评定，将多位专家的经验集中起来形成分析结论的一种方法。它适用于风险分析的全过程，包括风险识别、风险估计、风险评价与风险应对。由于专家调查法比一般的经验识别法更具客观性，因此应用更为广泛。

采用专家调查法时，所聘请的专家应熟悉该行业和所评估的风险因素，并能做到客观公正。专家的人数取决于项目的特点、规模、复杂程度和风险的性质，没有绝对规定。但是为减少主观性，专家应有合理的规模，人数一般应在10～20位左右。

专家调查法有很多，其中头脑风暴法、德尔菲法、风险识别调查表、风险对照检查表（check-list）和风险评价表是最常用的几种方法。这里介绍后三种方法。

(1)风险识别调查表。风险识别调查表主要定性描述风险的来源与类型、风险特征、对项目目标的影响等。典型的风险识别调查表如表 6-2 所示。

表 6-2 典型的风险识别调查表

编号： 时间：

项目名称	
风险类型	
风险描述	
风险对项目目标的影响 （费用、质量、进度、环境等）	
风险的来源、特征	

(2)风险对照检查表。风险对照检查表是一种规范化的定性风险分析工具，具有系统、全面、简单、快捷、高效等优点，容易集中专家的智慧和意见，不容易遗漏主要风险；对风险分析人员有启发思路、拓展思路的作用。当有丰富的经验和充分的专业技能时，项目风险识别相对简单，并可以取得良好的效果。对照检查表的设计和确定是建立在众多类似项目经验基础上的，需要大量类似项目的数据。而对于新的项目或完全不同环境下的项目，则难以适应，可能导致风险识别的偏差。因此，需要针对项目的类型和特点，制定专门的风险对照检查表。国际上许多项目管理组织如美国项目管理学会、欧洲国际项目管理协会等都制定了规范的风险清单，大大提高了风险识别的工作效率。表 6-3 给出了投资项目风险分析对照检查表的一个示例。

表 6-3 风险对照检查表示例

风险因素	可能的原因	可能的影响	可能性		
			高	中	低
项目进度	资金不足 设计变更 施工能力不足 ……	进度延误		* *	*
投资估算	工程量估计不准 设备价格变化 材料价格变动 土地成本增加 ……	投资超支	*	* *	*
项目管理	项目复杂程度高 业主缺乏经验 可行性研究深度不足 ……	影响质量		*	* *

（3）风险评价表。通过专家凭借经验独立对各类风险因素的风险程度进行评价，最后将各位专家的意见归集起来。风险评价表通常的格式如表 6-4 所示，表中风险种类应随

表 6-4 风险评价表

风险因素名称	风险程度					说明
	重大	较大	一般	较小	微小	
1. 市场风险						
市场需求量						
竞争能力						
价格						
2. 原材料供应风险						
可靠性						
价格						
质量						
3. 技术风险						
可靠性						
适用性						
经济性						
4. 工程风险						
地质条件						
施工能力						
水资源						
5. 投资与融资风险						
汇率						
利率						
投资						
工期						
6. 配套条件						
水、电、气配套条件						
交通运输配套条件						
其他配套工程						
7. 外部环境风险						
经济环境						
自然环境						
社会环境						
8. 其他						

行业和项目的特点而异，其层次可视情况细分，同时重在说明。说明中应对程度判定的理由进行描述，并尽可能明确最悲观值（或最悲观情况）及其发生的可能性。

三、风险评估

（一）风险评估

风险评估是在风险识别之后，主要是对风险事件发生可能性的估计、风险事件影响范围的估计、风险事件发生时间的估计和风险后果对项目严重程度的估计。

风险评估应采取定性描述与定量分析相结合的方法，从而对项目面临的风险做出全面的估计。应该注意到定性与定量不是绝对的，在深入研究和分解之后，有些定性因素可以转化为定量因素。

风险评估的方法包括风险概率估计方法和风险影响估计方法两类，前者分为主观估计和客观估计，后者有概率树分析、蒙特卡洛模拟等方法。

（二）风险评估的主要方法

1. 风险概率估计

风险概率估计包括客观概率估计和主观概率估计。在项目评价中，风险概率估计中较常用的是正态分布、三角形分布、贝塔分布等概率分布形式，由项目评价人员或专家进行估计。

（1）客观概率估计。客观概率是实际发生的概率，并不取决于人的主观意志，可以根据历史统计数据或是大量的试验来推定。概率估算有两种方法：一是将一个事件分解为若干子事件，通过计算子事件的概率来获得主要事件的概率；二是通过足够量的试验，统计出事件的概率。由于客观概率是基于同样事件历史观测数据的，它只能用于完全可重复事件，因而并不适用于大部分现实事件。应用客观概率对项目风险进行的估计称为客观估计，它利用同一事件的历史数据，或是类似事件的数据资料，计算出客观概率。该法的最大缺点是需要足够的信息，但通常是不可得的。

当项目的某些风险因素可以找到比较多的历史数据时，就可以基于已有的数据资料，进行统计分析，从而得出这些风险因素出现的概率。

如某风险因素有 Q_1，Q_2，Q_3，$\cdots$，Q_m 等 m 个状态，对应的出现次数分别是 n_1，n_2，n_3，$\cdots$，n_m，则第 i 种状态出现的概率是：

$$p(x=Q_i)=\frac{n_i}{n}, \ i=1,2,3,\cdots,m \tag{6-10}$$

其中，$n=n_1+n_2+n_3+\cdots+n_m$。

（2）主观概率估计。主观概率是基于个人经验、预感或直觉而估算出来的概率，是一种个人的主观判断，反映了人们对风险现象的一种测度。当有效统计数据不足或是不可能进行试验时，主观概率是唯一选择，基于经验、知识或类似事件比较的专家推断概率便是主观估计。在实践中，许多项目风险是不可预见，并且不能精确计算的。主观概率估计的具体步骤如下：

① 根据需要调查问题的性质组成专家组。专家组成员由熟悉该风险因素的现状和发展趋势的专家、有经验的工作人员组成。

② 估计某一变量可能出现的状态数或状态范围、各种状态出现的概率或变量发生在状态范围内的概率，由每个专家独立使用书面形式反映出来。

③ 整理专家组成员的意见，计算专家意见的期望值和意见分歧情况，反馈给专家组。

④ 专家组讨论并分析意见分歧的原因，再由专家组成员重新背靠背地独立填写变量可能出现的状态或状态范围、各种状态出现的概率或变量发生在状态范围内的概率，如此重复进行，直至专家意见分歧程度满足要求值为止。这个过程最多经历三个循环，超过三个循环将会引起厌烦，不利于获得专家们的真实意见。

(3) 风险概率分布。

① 离散型概率分布。当输入变量可能值是有限个数，称这种随机变量为离散型随机变量。如产品市场销售量可能出现低销售量、中等销售量、高销售量三种状态，即认为销售量是离散型随机变量。各种状态的概率取值之和等于1，它适用于变量取值个数不多的输入变量。

② 连续型概率分布。当输入变量的取值充满一个区间，无法按一定次序一一列举出来时，这种随机变量称为连续随机变量。如市场需求量在某一数量范围内，无法按一定次序一一列举，列出区间内 a、b 两个数，则有无限多个数 x，$b>x>a$，这时的产品销售量就是一个连续型随机变量，它的概率分布用概率密度和分布函数表示。常用的连续型概率分布有以下4种。

• 正态分布。其特点是密度函数以均值为中心对称分布，这是一种最常用的概率分布，其均值为 $\bar{x}$，方差为 σ^2，用 $N(\bar{x}, \sigma)$ 表示。当 $\bar{x}=0$，$\sigma=1$ 时，称这种分布为标准正态分布，用 $N(0, 1)$ 表示，适用于描述一般经济变量的概率分布，如销售量、售价、产品成本等。

• 三角形分布。其特点是密度数是由最悲观值、最可能值和最乐观值构成的对称的或不对称的三角形。适用于描述工期、投资等不对称分布的输入变量，也可用于描述产量、成本等对称分布的输入变量。

• β 分布。其特点是密度函数为在最大值两边不对称分布，适用于描述工期等不对称分布的输入变量。

• 经验分布。其密度函数并不适合于某些标准的概率函数，可根据统计资料及主观经验估计的非标准概率分布，它适合于项目评价中的所有各种输入变量。

(4) 风险概率分析指标。描述风险概率分布的指标主要有期望值、方差、标准差、离散系数等。

① 期望值。期望值是风险变量的加权平均值。

对于离散型风险变量，期望值为：

$$\bar{x} = \sum_{i=1}^{n} x_i p_i \tag{6-11}$$

式中，n 为风险变量的状态数，x_i 为风险变量的第 i 种状态下变量的值，p_i 为风险变量的第 i 种状态出现的概率。

② 方差和标准差。方差和标准差都是描述风险变量偏离期望值程度的绝对指标。

对于离散型变量，方差 S^2 为：

$$S^2 = \sum_{i=1}^{n} (x_i - \bar{x})^2 p_i \tag{6-12}$$

方差的平方根为标准差，计为 S。

对于等概率的离散随机变量，方差为：

$$S^2 = \frac{1}{n-1} \sum_{i=1}^{n} (x_i - \bar{x})^2 \tag{6-13}$$

当 n 足够大（通常 n 大于 30）时，可以近似为：

$$S^2 = \frac{1}{n} \sum_{i=1}^{n} (x_i - \bar{x})^2 \tag{6-14}$$

③ 离散系数。离散系数是描述风险变量偏离期望值的离散程度的相对指标，计为 β：

$$\beta = \frac{S}{\bar{x}} \tag{6-15}$$

【**例题 6-2**】 有 A、B、C 三个方案，在不同状态下的净现值见表 6-5。试选择最优方案。

表 6-5 各方案在不同状态下的净现值

方案 \ NPV	1 $P(1) = 0.3$	2 $P(2) = 0.5$	3 $P(3) = 0.2$
A	20	12	−12
B	16	16	−10
C	12	12	−8

解： $E(NPV_A) = 20 \times 0.3 + 12 \times 0.5 - 12 \times 0.2 = 9.6$（万元）
$E(NPV_B) = 16 \times 0.3 + 16 \times 0.5 - 10 \times 0.2 = 10.8$（万元）
$E(NPV_C) = 12 \times 0.3 + 12 \times 0.5 - 8 \times 0.2 = 8$（万元）

根据期望值最大原则，应选择方案 B。

2. 概率树分析

概率树分析是借助现代计算技术，运用概率论和数理统计原理进行概率分析，求得风险因素取值的概率分布，并计算期望值、方差或标准差和离散系数，表明项目的风险程度。

由于项目评价中效益指标与输入变量（或风险因素）间的数量关系比较复杂，概率树分析一般只使用于服从离散分布的输入与输出变量。

(1) 假定输入变量之间是相互独立的，可以通过对每个输入变量各种状态取值的不同组合计算项目的内部收益率或净现值等指标。根据每个输入变量状态的组合计算得到的内部收益率或净现值的概率为每个输入变量所处状态的联合概率，即各输入变量所处状态发生概率的乘积。

若输入变量有 A，B，…，N，每个输入变量有状态 A_1，A_2，…，A_{m1}；B_1，B_2，…，B_{m2}；N_1，N_2，…，N_{mn}。

各种状态发生的概率为：

$$\sum_{i=1}^{m_1} P\{A_i\} = P\{A_1\} + P\{A_2\} + P\{A_3\} + \cdots + P\{A_{m_1}\} = 1 \quad (6-16)$$

$$\sum_{i=1}^{m_2} P\{B_i\} = 1$$

$$\sum_{i=1}^{m_n} P\{N_i\} = 1 \quad (6-17)$$

则各种状态组合的联合概率为 $P(A_1)P(B_1)\cdots P(N_1)$；$P(A_2)P(B_2)\cdots P(N_2)$；…，$P(A_{m_1})P(B_{m_2})\cdots P(N_{m_n})$，共有这种状态组合和相应的联合概率 $m_1 \times m_2 \times \cdots \times m_n$ 个。

(2) 评价指标（净现值或内部收益率）由小到大进行顺序排列，列出相应的联合概率和从小到大的累计概率，并绘制评价指标为横轴、累计概率为纵轴的累计概率曲线。计算评价指标的期望值、方差、标准差和离散系数（$\sigma/\bar{x}$）。

(3) 根据评价指标 $NPV = 0$，$IRR = i_c$，由累计概率表计算 $P[NPV(i_c) < 0]$ 或 $P[IRR < i_c]$ 的累计概率，同时也可获得：

$$P[NPV(i_c) \geqslant 0] = 1 - P[NPV(i_c) < 0] \quad (6-18)$$

$$P[IRR \geqslant i_c] = 1 - P[IRR < i_c] \quad (6-19)$$

当输入变量数和每个变量可取的状态数较多时，状态组合数过多，一般不适于使用概率树分析方法。若各输入变量之间不是独立的，而存在相互关联时，也不适合使用这种方法。

【例题 6-3】 某项目的主要风险变量有三个，建设投资、产品价格和主要原材料价格。经调查，每个风险变量有三种状态，其概率分布见表 6-6。

（1）以给出各种组合条件下的 NPV 为基础，计算净现值的期望值（折现率 10%）。

（2）计算净现值大于或等于 0 的累计概率；如果投资者是稳健型的，要求净现值大于 0 的累计概率是 70%，考虑风险后，投资者是否会接受该项目？

表 6-6　风险变量及概率分布

风险因素 \ 概率 \ 变化率	+20%	计算值	-20%
建设投资	0.6	0.3	0.1
产品价格	0.5	0.4	0.1
主要原材料价格	0.5	0.4	0.1

解： 因每个变量有三种状态，共组成 27 个组合，见图 6-7。图中 27 个分支、圆圈内的数字表示输出变量各种状态发生的概率，如第一个分支表示建设投资、产品价格、主要原材料价格同时增加 20% 的情况，以下称为第一事件。

（1）计算净现值的期望值。

① 分别计算各种可能发生事件发生的概率（以第一事件为例）。

第一事件发生的概率 = P_1（固定资产投资增加 20%）× P_2（产品价格增加 20%）
　　　　　　　　　　× P_3（经营成本增加 20%）
　　　　　　　　　　= 0.6 × 0.5 × 0.5 = 0.15

式中，P 为各不确定因素发生变化的概率。

以此类推，计算出其他 26 个事件可能发生的概率，如表 6-7 中"发生的可能性"一列数字所示。该列数字的合计数应等于 1。

② 分别计算各可能发生事件的净现值。将产品价格、建设投资、主要原材料价格各年数值分别调增 20%，通过计算机程序重新计算财务净现值，得出第一事件下的经济净现值为 32 489 万元。以此类推，计算出其他 26 个可能发生事件的净现值，也可将计算结果列于表 6-7 中。这里省去 27 个事件下财务净现值的计算过程。

③ 将各事件发生的可能性与其净现值分别相乘，得出加权净现值，如表 6-7 中最后一列数字所示。然后将各个加权净现值相加，求得财务净现值的期望值。

在上述设定的条件下，该项目的期望值为 24 483 万元。

（2）净现值大于或等于零的概率。

对单个项目的概率分析应求出净现值大于或等于零的概率，由该概率值的大小可以估计项目承受风险的程度。该概率值越接近 1，说明项目的风险越小；反之，项目的风险越大。可以列表求得净现值大于或等于零的概率。

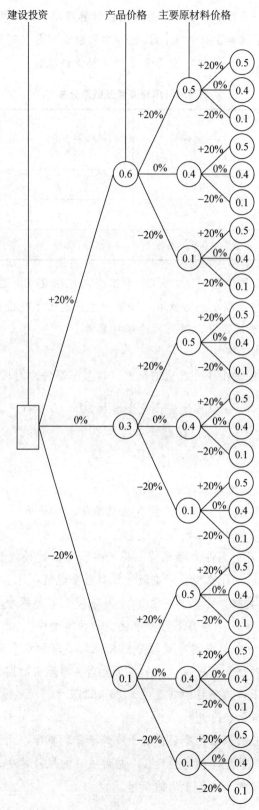

图 6-7 概率树

表 6-7 可能的事件及其对应的财务净现值

事件	发生的可能性	财务净现值（万元）	加权财务净现值（万元）
1	0.6×0.5×0.5=0.15	32 489	4 873.35
2	0.6×0.5×0.4=0.12	41 133	4 935.96
3	0.6×0.5×0.1=0.03	49 778	1 493.34
4	0.6×0.4×0.5=0.12	−4 025	−483.00
5	0.6×0.4×0.4=0.096	4 620	443.52
6	0.6×0.4×0.1=0.024	13 265	318.36
7	0.6×0.1×0.5=0.03	−40 537	−1 216.11
8	0.6×0.1×0.4=0.024	−31 893	−765.43
9	0.6×0.1×0.1=0.006	−23 248	−139.49
10	0.3×0.5×0.5=0.075	49 920	3 744.00
11	0.3×0.5×0.4=0.06	58 565	3 513.90
12	0.3×0.5×0.1=0.015	67 209	1 008.14
13	0.3×0.4×0.5=0.06	13 407	804.42
14	0.3×0.4×0.4=0.048	22 051	1 058.45
15	0.3×0.4×0.1=0.012	30 696	365.35
16	0.3×0.1×0.5=0.015	−23 106	−346.59
17	0.3×0.1×0.4=0.012	−14 462	−173.54
18	0.3×0.1×0.1=0.003	−5 817	−17.45
19	0.1×0.5×0.5=0.025	67 351	1 683.78
20	0.1×0.4×0.5=0.02	75 996	1 519.92
21	0.1×0.5×0.1=0.005	84 641	423.21
22	0.1×0.4×0.5=0.02	30 838	616.76
23	0.1×0.4×0.4=0.016	39 483	631.73
24	0.1×0.4×0.1=0.004	48 127	192.51
25	0.1×0.1×0.5=0.005	−5 675	−28.38
26	0.1×0.1×0.4=0.004	2 969	11.88
27	0.1×0.1×0.1=0.001	11 614	11.61

具体步骤为：将上面计算出的各可能发生事件的经济净现值按数值从小到大的顺序排列起来，到出现第一个正值为止，并将各可能发生事件发生的概率按同样的顺序累加起来，求得累计概率，一并列入表 6-8。

表 6-8　累计概率计算表

净现值（万元）	概率	累计概率
−40 537	0.030	0.030
−31 893	0.024	0.054
−23 248	0.006	0.060
−23 106	0.015	0.075
−14 462	0.012	0.087
−5 817	0.003	0.090
−5 675	0.005	0.095
−4 025	0.120	0.215
2 969	0.004	0.219

根据上表，可以得出净现值小于零的概率为 $P[NPV(10\%)<0]=0.215$，即项目不可行的概率为 0.215。计算得出净现值大于或等于零的可能性为 78.5%，超过投资者所要求的 70%。因此，项目是可以接受的。

3. 蒙特卡洛模拟法

当项目评价中输入的随机变量个数多于 3 个，每个输入变量可能出现 3 个以上以至无限多种状态时（如连续随机变量），就必须采用蒙特卡洛模拟技术。这种方法的原理是用随机抽样的方法抽取一组输入变量的数值，并根据这组输入变量的数值计算项目评价指标，如内部收益率、净现值等，用这样的办法抽样计算足够多的次数可获得评价指标的概率分布及累计概率分布、期望值、方差、标准差，计算项目由可行转变为不可行的概率，从而估计项目投资所承担的风险。

(1) 蒙特卡洛模拟的实施步骤。

① 确定风险分析所采用的评价指标，如净现值、内部收益率等；

② 确定对项目评价指标有重要影响的输入变量；

③ 经调查确定输入变量的概率分布；

④ 为各输入变量独立抽取随机数；

⑤ 由抽得的随机数转化为各输入变量的抽样值；

⑥ 根据抽得的各输入随机变量的抽样值组成一组项目评价基础数据；

⑦ 根据抽样值所组成的基础数据计算出评价指标值；

⑧ 重复第四步到第七步，直至预定模拟次数；

⑨ 整理模拟结果所得评价指标的期望值、方差、标准差和期望值的概率分布，绘制累计概率图；

⑩ 计算项目由可行转变为不可行的概率。

(2) 应用蒙特卡洛模拟法时应注意的问题。

① 应用蒙特卡洛模拟法时,需假设输入变量之间是相互独立的。在风险分析中会遇到输入变量的分解程度问题,一般而言,变量分解得越细,输入变量个数也就越多,模拟结果的可靠性也就越高;变量分解程度低,变量个数少,模拟可靠性降低,但能较快获得模拟结果。对一个具体项目,在确定输入变量分解程度时,往往与输入变量之间的相关性有关。变量分解过细往往造成变量之间有相关性,例如,产品销售收入与产品结构方案中各种产品数量和价格有关,而产品销售往往与售价存在负相关的关系,各种产品的价格之间同样存在或正或负的相关关系。如果输入变量本来是相关的,模拟中视为独立地进行抽样,就可能导致错误的结论。为避免此问题,可采用以下办法处理。

- 限制输入变量的分解程度。例如,不同产品虽有不同价格,如果产品结构不变,可采用平均价格。又如,销量与售价之间存在相关性,则可合并销量与价格作为一个变量,但是如果销量与售价之间没有明显的相关关系,还是把它们分为两个变量为好。
- 限制不确定变量个数,模拟中只选取对评价指标有重大影响的关键变量,除关键变量外,其他变量认为保持在期望值上。
- 进一步搜集有关信息,确定变量之间的相关性,建立函数关系。

② 蒙特卡洛法的模拟次数。从理论上讲,模拟次数越多,随机数的分布就越均匀,变量组合的覆盖面也越广,结果的可靠性也越高。实务中应根据不确定变量的个数和变量的分解程度确定模拟次数,不确定变量的个数越多,变量分解得越细,需要模拟的次数就越多。

四、风险评价

(一) 风险评价

风险评价是在项目风险识别和风险估计的基础上,通过相应的指标体系和评价标准,对风险程度进行划分,揭示影响项目成败的关键风险因素,以便针对关键风险因素,采取防范对策。工程项目风险评价的依据主要有工程项目类型、风险管理计划、风险识别的成果、工程项目进展状况、数据的准确性和可靠性、概率和影响程度等。

风险评价包括单因素风险评价和整体风险评价。

单因素风险评价,即评价单个风险因素对项目的影响程度,以找出影响项目的关键风险因素。评价方法主要有风险概率矩阵、专家评价法等。

项目整体风险评价,即综合评价若干主要风险因素对项目整体的影响程度。对于重大投资项目或估计风险很大的项目,应进行投资项目整体风险分析。

风险评价可以按照以下三个步骤进行。

(1) 确定风险评价基准。风险评价基准是项目主体针对每一种风险后果确定的可接受水平。单个风险和整体风险都要确定评价基准,可分别称为单个评价基准和整体评价基准。风险的可接受水平可以是绝对的,也可以是相对的。

(2) 确定项目的风险水平。工程项目整体风险水平是综合所有个别风险之后确定的。一般工程项目的风险水平取决于工程中存在风险的多少和风险对工程目标的影响程度,一般来说,工程项目中存在的风险越多或风险事件对工程影响越大,则说明工程项目的风险等级越高。

(3) 确定项目风险等级。将项目风险水平与评价基准对比,判断项目风险是否在可接受的范围之内,确定不同风险对工程项目目标的重要性,按照重要的程度排序,为项目决策提供依据。

(二) 风险评价的主要方法

1. 风险函数

描述风险有两个变量:一是事件发生的概率或可能性 (probability),二是事件发生后对项目目标的影响 (impact)。因此,风险可以用一个二元函数描述:

$$R(P, I) = PI \tag{6-20}$$

式中,P 为风险事件发生的概率,I 为风险事件对项目目标的影响。

显然,风险的大小或高低既与风险事件发生的概率成正比,也与风险事件对项目目标的影响程度成正比。

2. 风险影响

按照风险发生后对项目的影响大小,可以将风险划分为五个影响等级。

(1) 严重影响:一旦发生风险,将导致整个项目的目标失败,可用字母"S"表示;

(2) 较大影响:一旦发生风险,将导致整个项目的标值严重下降,用"H"表示;

(3) 中等影响:一旦风险发生,对项目的目标造成中度影响,但仍然能够部分达到目标,用"M"表示;

(4) 较小影响:一旦风险发生,对于项目对应部分的目标受到影响,但不影响整体目标,用"L"表示;

(5) 可忽略影响:一旦风险发生,对于项目对应部分的目标影响可忽略,并且不影响整体目标,用"N"表示。

3. 风险概率

按照风险因素发生的可能性,可以将风险概率划分为五个档次。

(1) 很高:风险发生的概率在 81%~100%,风险很有可能发生,用"S"表示;

(2) 较高:风险发生的概率在 61%~80%,发生的可能性较大,用"H"表示;

(3) 中等:风险发生的概率在 41%~60%,可能在项目中预期发生,用"M"表示;

(4) 较低:风险发生的概率在 21%~40%,不可能发生,用"L"表示;

(5) 很低:风险发生的概率在 0~20%,非常不可能发生,用字母"N"表示。

4. 风险评价矩阵

风险的大小可以用风险评价矩阵即概率-影响矩阵（probability-impact matrix, PIM）来表示，它以风险因素发生的概率为横坐标，以风险因素发生后对项目的影响大小为纵坐标，发生概率大且对项目影响也大的风险因素位于矩阵的右上角，发生概率小且对项目影响也小的风险因素位于矩阵的左下角，如图6-8所示。

根据风险因素对投资项目影响程度的大小，采用风险评价矩阵方法，可将风险程度分为微小风险、较小风险、一般风险、较大风险和重大风险五个等级。

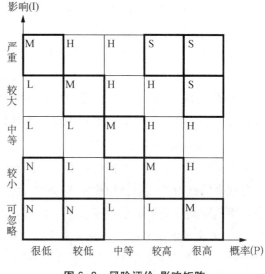

图6-8 风险评价-影响矩阵

（1）微小风险。风险发生的可能性很小，且发生后造成的损失较小，对项目的影响很小。对应图6-8的N区域。

（2）较小风险。风险发生的可能性较小，或者发生后造成的损失较小，不影响项目的可行性。对应图6-8的L区域。

（3）一般风险。风险发生的可能性不大，或者发生后造成的损失不大，一般不影响项目的可行性，但应采取一定的防范措施。对应图6-8的M区域。

（4）较大风险。风险发生的可能性较大，或者发生后造成的损失较大，但造成的损失是项目可以承受的，必须采取一定的防范措施。对应图6-8的H区域。

（5）重大风险。风险发生的可能性大，风险造成的损失大，将使项目由可行转变为不可行，需要采取积极有效的防范措施。对应图6-8的S区域。

五、风险应对

（一）风险应对

工程项目的建设是一种大量耗费资源的经济活动，投资决策的失误将引起不可挽回的损失。在投资项目决策前的可行性研究中，不仅要了解项目可能面临的风险，而且要提出针对性的风险对策，避免风险的发生或将风险损失降低到最低限度，才能有助于提高投资的安全性，促使项目获得成功。同时，可行性研究阶段的风险对策研究可为投资项目实施过程的风险监督与管理提供依据。另外，风险对策研究的结果应及时反馈到可行性研究的各个方面，并据此修改部分数据或调整方案，进行项目方案的再设计。

为将风险损失控制在最小的范围内，促使项目获得成功，在项目的决策、实施和经营的全过程实施风险管理是十分必要的。在投资项目周期的不同阶段，风险管理具有不同的内容。可行性研究阶段的风险对策研究是整个项目风险管理的重要组成部分,对策研究的基本要求包括以下 5 点。

1. 风险对策研究应贯穿于可行性研究的全过程

可行性研究是一项复杂的系统工程,而风险因素又可能存在于技术、市场、工程、经济等各个方面。在正确识别出投资项目各方面的风险因素之后,应从方案设计上就采取规避防范风险的措施,才能防患于未然。因此风险对策研究应贯穿于可行性研究的全过程。

2. 风险对策应具有针对性

投资项目可能涉及各种各样的风险因素,且各个投资项目又不尽相同。风险对策研究应有很强的针对性,结合行业特点,针对特定项目主要的或关键的风险因素提出必要的措施,将其影响降低到最小程度。

3. 风险对策应具有可行性

可行性研究阶段所进行的风险对策研究应立足于现实客观的基础之上,提出的风险对策应是切实可行的。所谓可行,不仅指技术上可行,且在财力、人力和物力方面也是可行的。

4. 风险对策应具有经济性

规避防范风险是要付出代价的,如果提出的风险对策所花费的费用远大于可能造成的风险损失,该对策将毫无意义。在风险对策研究中应将规避防范风险措施所付出的代价与该风险可能造成的损失进行权衡,旨在寻求以最少的费用获取最大的风险效益。

5. 风险对策研究是项目有关各方的共同任务

风险对策研究不仅有助于避免决策失误,而且是投资项目以后风险管理的基础,因此它应是投资项目有关各方的共同任务。项目发起人和投资者应积极参与和协助进行风险对策研究,并真正重视风险对策研究的结果。

在风险对策研究中,可以采用风险-控制矩阵,针对不同的风险程度和控制能力,采取不同的策略,如表 6-9 所示。对于风险程度高、控制能力差的风险因素,应再进行深入的研究;对于风险程度中等、控制能力一般的风险因素,要密切关注;对于控制能力好、风险程度中低的风险因素,则不必更多关注。

表 6-9 风险-控制矩阵

		风险程度		
		高	中	低
风险控制能力	差	深入分析	密切跟踪	关注
	一般	密切跟踪	密切跟踪	不必过多关注
	强	关注	不必过多关注	不必过多关注

(二) 主要风险对策

任何经济活动都可能有风险,面对风险,人们的选择可能不同。由于风险具有威胁和机会并存的特征，所以应对风险的对策可以归纳为消极风险或威胁的应对策略及积极风险或机会的应对策略。前者一般包括风险回避、风险减轻、风险转移和风险接受，针对的是可能对项目目标带来消极影响的风险；后者针对的是可以给项目带来机会的某些风险，采取的策略总是着眼于对机会的把握和充分利用。由于大多数投资项目决策过程中更为关注的是可能给项目带来威胁的风险，因此下面陈述的主要风险对策仅涉及消极风险或威胁的应对策略。

1. 风险回避

风险回避是彻底规避风险的一种做法，即断绝风险的来源。对投资项目可行性研究而言，意味着提出推迟或否决项目的建议或者放弃采纳某一具体方案。在可行性研究过程中，通过信息反馈彻底改变原方案的做法也属于风险回避方式。如风险分析显示产品市场方面存在严重风险，若采取回避风险的对策，就会做出缓建（待市场变化后再予以考虑）或放弃项目的决策。这样固然避免了可能遭受损失的风险，也放弃了投资获利的可能，因此风险回避对策的采用一般都是很慎重的，只有在对风险的存在与发生、对风险损失的严重性有把握的情况下才有积极意义。所以风险回避一般适用于以下两种情况：其一是某种风险可能造成相当大的损失，且发生的频率较高；其二是应用其他的风险对策防范风险代价昂贵、得不偿失。

2. 风险减轻

风险减轻是指把不利风险事件发生的可能性和（或）影响降低到可以接受的临界值范围内，也是绝大部分项目应用的主要风险对策。提前采取措施以降低风险发生的可能性和（或）可能给项目造成的影响，比风险发生后再设法补救要有效得多。可行性研究报告的风险对策研究应十分重视风险控制措施的研究，应就识别出的关键风险因素逐一提出技术上可行、经济上合理的预防措施，以尽可能低的风险成本来降低风险发生的可能性，并将风险损失控制在最低限度。在可行性研究过程中，风险对策研究提出的风险控制措施可以运用于方案的再设计；在可行性研究完成之后，风险对策研究可以针对决策、设计和实施阶段提出不同的风险控制措施，以防患于未然。典型的风险减轻措施包括通过降低技术方案复杂性的方式降低风险事件发生的概率，通过增加那些可能出现的风险的技术方案的安全冗余度以降低日后一旦风险发生可能带来的负面效果。

风险减轻必须针对项目具体情况提出防范、化解风险的措施预案，既可以是项目内部采取的技术措施、工程措施和管理措施等，也可以采取向外分散的方式来减少项目承担的风险。例如，银行为了减少自己的风险，只贷给投资项目所需资金的一部分，让其他银行和投资者共担风险。在资本筹集中采用多方出资的方式也是风险分散的一种方法。

3. 风险转移

风险转移是试图将项目业主可能面临的风险转移给他人承担，以避免风险损失的一种方法。转移风险是把风险管理的责任简单地推给他人，而并非消除风险。实行这种策略要遵循两个原则：第一，必须让承担风险者得到相应的报酬；第二，对于具体风险，谁最有能力管理就让谁分担。

转移风险有两种方式：第一种是将风险源转移出去，第二种是只把部分或全部风险损失转移出去。就投资项目而言，第一种风险转移方式是风险回避的一种特殊形式。例如，将已做完前期工作的项目转给他人投资，或将其中风险大的部分转给他人承包建设或经营。

第二种风险转移方式又可细分为保险转移方式和非保险转移方式两种。保险转移是采取向保险公司投保的方式将项目风险损失转嫁给保险公司承担，例如，对某些人力难以控制的灾害性风险就可以采取保险转移方式。但应注意，保险公司承保的风险并不涵盖所有人力难以控制的灾难性风险。

非保险转移方式是项目前期工作涉及较多的风险对策。如采用新技术可能面临较大的风险，可行性研究中可以提出在技术合同谈判中注意加上保证性条款，如达不到设计能力或设计消耗指标时的赔偿条款等，以将风险损失全部或部分转移给技术转让方。在设备采购和施工合同中也可以采用转嫁部分风险的条款，如采用总价合同形式将风险转移给卖方。

非保险转移主要有三种方式：出售、发包、免责合同。

（1）出售。通过买卖契约将风险转移给其他单位。例如，项目可以通过发行股票或债券筹集资金。股票或债券的认购者在取得项目的一部分所有权时，同时承担了一部分风险。

（2）发包。发包就是通过从项目执行组织外部获得货物、工程或服务而把风险转移出去。发包时又可以在多种合同形式中选择。例如，建设项目的施工合同按计价形式划分，有总价合同、单价合同和成本加酬金合同。

（3）免责合同。在合同中列入免责条款，在某些风险事故发生时，项目班子本身不应承担责任。

无论采用何种风险转移方式，风险的接收方应具有更强的风险承受能力或更有利的处理能力。

4. 风险接受

顾名思义，风险接受就是将可能的风险损失留给项目业主自己承担。风险接受分为两种情况：

一种可能是主动的。已知项目有风险，但若采取某种风险措施，其费用支出会大于自担风险的损失时，常常主动接受风险，最常见的主动接受策略是建立应急储备，安排一定的时间、资金或资源来应对风险。

另一种可能是被动的。已知项目有风险，风险事件不影响项目实施，但由于可能获得高额利润而需要冒险，而且此时无法采用其他的合理应对策略，必须被动地保留和承担这种风险。例如，资源开发项目和其他风险投资项目可能获利而需要冒险时，必须保留和承担该风险。

为了应对风险接受，可以事先制定好后备措施。一旦项目实际进展情况与计划不同，就需动用后备措施。主要有费用、进度和技术三种后备措施。

(1) 预备费（contingence）措施。预备费是一笔事先准备好的资金，用于补偿差错、疏漏及其他不确定性对项目费用估计精确性的影响。预算应急费在项目预算中要单独列出，不能分散到具体费用项目之下，否则，项目班子就会失去对支出的控制。

预算应急费一般分为实施应急费和经济应急费两类。实施应急费用于补偿估价和实施过程中的不确定性，经济应急费用于对付通货膨胀和价格波动。

(2) 进度后备措施。对于项目进度方面的不确定性因素，项目各方一般不希望以延长时间的方式来解决。因此，就要设法制订出一个较紧凑的进度计划，争取项目在各方要求完成的日期前完成。从网络计划的观点来看，进度后备措施就是在关键路线上设置一段时差或浮动时间。项目工序不确定程度越高，任务越含糊，关键路线上的时差或浮动时间也应该越长。

(3) 技术后备措施。技术后备措施专门用于应付项目的技术风险，它可以是一段时间或是一笔资金。当预想的情况未出现并需要采取补救行动时，才动用这笔资金。

预算和进度后备措施很可能用上，而技术后备措施很可能用不上。只有当不太可能发生的事件发生、需要采取补救行动时，才动用技术后备措施。

以上所述的风险对策不是互斥的，实践中常常组合使用。比如在采取措施降低风险的同时并不排斥其他的风险对策，向保险公司投保、引入合作伙伴等。可行性研究中应结合项目的实际情况，研究并选用相应的风险对策。

(三) 风险下的项目决策

由于不同的投资者对于项目风险的态度和承受能力是不同的，因而对于风险下建设项目的决策出现差异。按照不同人群对风险的不同态度，可以划分为三类：风险热爱型、风险中性型和风险厌恶型。有的投资者敢于冒大的风险，以争取获得高的收益，属于风险热爱型；有的投资者害怕风险，不愿意冒风险，而放弃项目，这类投资者属于风险厌恶型；也有的投资者既不喜好风险，也不厌恶风险，属于风险中性型。

1. 风险决策准则

风险决策准则是风险下项目的决策依据，因为存在风险导致项目决策的指标不再具有单一确定的结果，而是存在多种可能性，使得决策变得复杂。风险决策准则包括最大盈利决策、期望值决策、最小损失决策等，采取何种决策准则取决于决策者的风险偏好。

最大盈利决策是指在不同的项目中选择可能获得最大收益的项目，或者是按照项目的最大获利能力来对照目标值，如果大于目标值，则项目可行。

期望值决策是指在不同的项目中选择可能获得收益期望值最大的项目，或者是按照项目的期望值来对照目标值——如果大于目标值，则项目可行；反之，则项目不可行。

最小损失决策是指在不同的项目中选择可能损失最小的项目，或者是按照项目的损失值来对照目标值——如果小于目标值，则项目可行；反之，则项目不可行。

2. 政府决策

对于政府投资项目而言，由于政府投资资金主要投资于公共项目，政府对风险的态度通常应该是风险中性，既不追逐风险以获得高收益，也不因为存在项目风险而放弃公共利益建设。同时，由于政府投资建设大量的项目，存在所谓风险库（risk pooling）效应，即建设项目的分散使得风险得以分散。因此，政府投资决策主要采用期望值决策准则。

但是，对于重大投资项目、关系弱势群体等特殊群体利益的项目或是处于决策指标临界点的项目，则需要调整决策准则。可以采用累计概率水平准则，即项目收益水平大于基准目标值的累计概率大于某个数值，如60%或70%等，项目才可行。

3. 私人决策

私人投资决策取决于决策者的风险偏好。对于风险热爱型投资者，一般采取最大盈利决策准则；对于风险中性者，一般选择期望值决策准则；对于风险厌恶型投资者，一般选择风险损失的概率低于某一限度如30%，或是采用最小损失决策准则。

本章小结

工程项目的风险与不确定性分析是为了弄清和减少不确定因素对经济效果评价的影响，进行项目的风险和不确定性分析有助于加强项目的风险管理和控制。不确定性是指不可能预测未来将要发生的事件。因为存在多种可能性，其特征是可能有多种结果。由于缺乏历史数据或类似事件信息，不能预测某一事件发生的概率，因而该事件发生的概率是未知的。风险则是介于不确定性与确定性之间的一种状态，其概率是可知的或已知的。虽然风险分析与不确定性分析的目的是相同的，但分析方法不同，不确定性分析是对投资项目受不确定因素的影响进行分析，并粗略地了解项目的抗风险能力，其主要方法包括盈亏平衡分析和敏感性分析，而风险分析则要对投资项目的风险因素和风险程度进行识别和判断，主要方法有概率树分析、蒙特卡洛模拟等。

不确定性分析包括盈亏平衡分析和敏感性分析。各种不确定因素的变化会影响投资方案的经济效果，当这些因素的变化达到某一临界值时，就会影响方案的取舍。盈亏平衡分析的目的就是找出这种临界值，判断投资方案对不确定因素变化的承受能力。用产量和生产能力利用率表示的盈亏平衡点越低，表明企业适应市场需求变化的能力越大，抗风险能力越强；用产品售价表示的盈亏平衡点越低，表明企业适应市场价格下降的能力大，抗风险能力强。敏感性分析的目的就是通过分析及预测影响工程项目经济评价指标的主要因素发生变化时，这些经济评价指标的变化趋势和临界值，从中找出敏感性因素，并确定其敏感程度，从而对外部条件发生不利变化时投资方案的承受能力做出判断。敏感性分析包括单因素敏感性分析和多因素敏感性分析。

项目风险分析是认识项目可能存在的潜在风险因素，估计这些因素发生的可能性及由此造成的影响，研究防止或减少不利影响而采取对策的一系列活动，它包括风险识别、风险估计、风险评价与风险应对四个基本阶段。风险识别是风险分析的基础，常用的方法包括解析法、风险结构分解法、专家调查法等。风险评估是在风险识别之后，主要是对风险事件发生可能性的估计、风险事件影响范围的估计、风险事件发生时间的估计和风险后果对项目严重程度的估计，常用的方法包括概率树分析、蒙特卡洛模拟等。风险评价是在项目风险识别和风险估计的基础上，通过相应的指标体系和评价标准，对风险程度进行划分，揭示影响项目成败的关键风险因素，以便针对关键风险因素采取防范对策，主要方法有风险评价矩阵等。应对风险的对策可以归纳为消极风险或威胁的应对策略及积极风险或机会的应对策略。消极风险的应对对策一般包括风险回避、风险减轻、风险转移和风险接受。

思考练习题

1. 什么是不确定性分析？为何要进行不确定性分析？
2. 不确定性分析和风险分析有哪些区别？
3. 试述对项目进行不确定性分析的内容和方法。
4. 简述盈亏平衡分析的含义和作用。
5. 敏感性分析的任务和目的是什么？它有哪些局限性？
6. 如何进行单因素敏感性分析？
7. 什么是概率分析？为何要进行概率分析？
8. 简述风险分析的基本过程。
9. 简述风险识别的主要方法。
10. 简述常见的风险评价方法。
11. 简述风险的主要应对策略。
12. 新建一化工厂，如果设计能力为年产 50 000 吨，预计每吨售价 8 000 元，总固定成本为 10 000 万元，单位产品可变成本 4 000 元。试通过盈亏平衡分析，对该方案做出评价，并画出盈亏平衡简图。
13. 某公司欲生产某种电子新产品，年设计生产能力为 3 万件，单位产品价格为 3 000 元，总成本费用为 7 800 万元，其中固定成本 3 000 万元，总变动成本与产品产量成正比，销售税率为 5%。求以产量、生产能力利用率、销售价格、营业收入、单位产品变动成本表示的盈亏平衡点。
14. 某投资方案预计总投资为 1 200 万元，年产量为 10 万台，产品价格为 35 元/台，年经营成本为 120 万元，方案经济寿命期为 10 年，届时设备残值为 80 万元，基准折现率为 10%。试就投资额、产品价格及方案寿命期进行敏感性分析。
15. 某公司有一个生产电瓶车的投资方案，其估算的现金流量如下表所示。由于对未来影响经济分析的某些因素把握不大，投资额、经营成本和产品价格均有可能在 ±20% 的范围内变动。设基准折现率为 10%，不考虑企业所得税，请分别就上述三个因素做敏感性分析。

电瓶车项目现金流量表　　　　　　　　　　　　单位：万元

年数	1	2~10	11
投资	10 000		
销售收入		15 600	15 600
经营成本		12 200	12 200
期末资产残值			1 000
净现金流量	−10 000	3 400	4 400

16. 某房地产公司一个开发项目的现金流量如下表所示。

某房地产开发项目现金流量表　　　　　　　　　　单位：万元

年数	开发成本	租售收入	期末残值	净现金流量
0	4 500			−4 500
1~9		800		800
10		800	400	1 200

根据敏感性分析，项目的主要风险因素有两个：开发成本与租售收入。经调查，两个不确定因素的可能状态及其概率如下表所示。

开发成本和租售收入变化的概率

风险因素 \ 变化率	−20%	0	+20%
开发成本	0.1	0.6	0.3
销售收入	0.3	0.5	0.2

若计算期为10年，基准收益率为10%，试求净现值的期望值和净现值大于等于零的累计概率；若投资者要求净现值大于0的累计概率是70%，问此时项目在经济上是否可行。

第七章
CHAPTER 7

项目财务评价

> **学习目的**
>
> 本章论述财务评价的内容、方法和基本步骤,详细说明财务评价报表的编制过程及财务效果评价。通过本章的学习,要求掌握项目财务评价的概念和作用,熟悉财务效益和财务费用的识别与估算,熟悉财务评价基本报表与辅助报表,掌握财务评价指标的计算与财务效果分析。

投资项目经济评价包括财务评价和国民经济评价。财务评价是项目可行性研究中经济评价的重要组成部分,是项目决策分析与评价中为判定项目财务可行性所进行的一项重要工作,也是项目投融资决策的重要依据。

第一节 项目财务评价概述

一、项目财务评价的概念

项目财务评价是指在国家现行财税制度和价格体系下,从项目的角度出发,计算项目范围内的财务效益和费用,分析项目的盈利能力、清偿能力和财务生存能力,据以评价、判别项目的财务可行性,以便为项目的投资决策提供科学依据。

在项目财务评价的概念中需要注意以下几个方面。

(1) 项目财务评价的依据是国家现行的财税制度和价格体系,即项目财务评价遵循国家现行的会计准则、会计制度、税收法规和价格体系,计算项目的财务费用和效益。项目财务评价采用的价格是以现行价格体系为基础的预测价格,包括基价、时价和实价。基价是基年的价格,一般选择预计的建设开始年份作为基年。例如,2018年进行某项目财务评价,一般可以选择2018年为基年。假定某种货物在2018年的价格为100元,即其基价为100元,是以2018年价格水平表示的。时价是指任何时候的当时价格。时价不仅体现了绝对价格的变化,也包含了相对价格的变化,包括通货膨胀影响在内。例如,某种货物的时价上涨率为2%,在2018年基价100元的基础上,2019年的时价应为102元。实价是以基年价格水平表示的时价中扣除通货膨胀因素之后的部分,体现相对价格水平的变化。若通货膨胀率为3.5%,则2019年上述某种货物的实价为102/(1+3.5%),即98.55元。也就是说,虽然看起来2019年上述某种货物的价格比2018年上涨了2%,但扣除通货膨胀影响后,其实际价格反而比2018年降低了,这有可能是由于某种原因使得其相对价格发生了变动。

(2)项目财务评价是从项目或企业的角度分析、预测、计算项目投入的费用和产出的效益。这种费用和效益是由项目引起的直接费用和直接效益产生的内部效果,不考虑由项目引起的但不能在财务效果上反映的间接费用和间接效益。间接费用和间接效益在项目经济评价的另外一部分——国民经济评价中进行分析和计算。

(3)项目财务评价的基本内容和任务是分析和考察项目的财务盈利能力、清偿能力、财务生存能力等财务状况。

(4)项目财务评价的目的是判断项目的财务可行性,进而为项目投资决策提供依据。项目投资估算、资金筹措以及项目投资成本、生产成本与费用、收益与利润等财务基础数据的估算,为项目财务评价提供了客观、准确的基础数据,项目财务评价在此基础上进行,从而判断项目是否可行。

项目财务评价应在初步确定的建设方案、投资估算和融资方案的基础上进行,财务评价结果又可以反馈到方案设计中,用于方案比选,优化方案设计。

二、项目财务评价的目的与作用

项目财务评价对项目的投资决策、融资决策以及有关部门对项目的审批决策都具有十分重要的意义,对项目的投资者、融资者等都有重要影响。

(1)财务评价是项目决策分析与评价的重要组成部分。项目评价按照其发生的时间可以分为项目前评价、项目中评价和项目后评价。但不论是项目前评价还是项目中评价或项目后评价,财务评价都是必不可少的重要内容。在运用最多的项目前评价中,无论是机会研究、项目建议书、初步可行性研究还是(详细)可行性研究,财务评价都是其中的重要组成部分。

(2)财务评价是项目投资决策的重要依据。财务评价从项目或企业角度分析、计算项目的盈利能力、债务清偿能力和生存能力,特别是在具备债务清偿能力和生存能力的前提下,分析和判断项目的盈利能力。对营利性项目而言,投资者进行项目投资,自主投资,自主决策,自享收益,自担风险,因而对投资决策非常慎重。因投资决策失误而造成投资损失,或者投资项目达不到投资者的收益目标或所在行业的基准收益率,或者投资不能在规定的时间内收回,都会造成投资项目的失败。而盈利能力分析的结论是项目投资决策的基本依据,决定了投资者是否投资、投资多少和投资时机等，进而影响项目的融资决策等。在项目决策所涉及的范围中，财务评价虽然不是唯一的项目决策依据，却是最重要的决策依据，投资决策是项目其他决策的基础和重要依据。

（3）财务评价是项目融资规划和融资决策的重要依据。项目的建设和运行需要进行资金规划，确定项目的投资额（包括固定资产投资数额与流动资金投资数额）以及资本金数额、融资数额、融资方式、融资途径、融资时机等，制定项目融资方案。在进行项目融资时，需要银行等金融机构、其他投资者提供资金支持。银行等金融机构、其他投资者在为项目提供资金、进行融资决策时，必然关注财务评价的三个方面，即项目盈利能力、债务清偿能力、财务生存能力的评价结果，选择具有财务生存能力、债务清偿能力和较高项目盈利能力的项目提供资金支持，以保证自身的资金安全和资金效果。

（4）项目财务评价可以确定非营利性项目或微利项目的财政补贴、经济优惠措施或其他弥补亏损措施，为协调企业利益和国家利益提供依据。对于一些没有直接营业收入的非营利性项目，或者虽有营业收入，但政府进行严格价格管制的微利项目、亏损项目，需要国家或地方政府给予财政补贴，或者减免税收，或者采取其他弥补亏损的措施。政府进行财政补贴、减免税收等措施的力度多大合适？需要进行财务计算、分析和评价。项目经济评价包括财务评价和国民经济评价。项目财务评价与国民经济评价的结论可能一致，也可能不一致。当项目财务评价与国民经济评价的结论一致时，很容易进行决策。当项目财务评价与国民经济评价的结论不一致时，就需要政府运用经济手段进行调节，即运用税收、补贴、利率等政策进行调节，以协调企业利益和国家利益。在这种情况下，项目财务评价可以提出相关政策建议，为协调企业利益和国家利益提供依据。

（5）项目财务评价是国民经济评价的基础。国民经济评价有两种方法，即在财务评价的基础上进行国民经济评价或直接进行国民经济评价。如果在财务评价的基础上进行国民经济评价，需要对财务评价的范围和数值进行调整，这种调整使项目财务评价成为国民经济评价的基础。

三、财务评价的基本原则

1. 费用与效益计算范围的一致性原则

项目财务评价是在项目范围内或者企业范围内进行的评价。因此，财务评价的范围可能是一个项目，可能是企业内部几个项目构成的整体，也可能是整个企业。但无论是上述哪种情况，财务评价都必须遵循费用与效益计算范围的一致性原则，即在同样的范围内计算项目的效益和费用；否则，就可能低估项目的效益，或者高估项目的效益。只有将效益和费用的估算限定在同一范围内，计算的净效益才是项目投入的真实回报。

2. 费用与效益识别的"有无对比"原则

"有无对比"就是实施项目后的将来状况（"有项目"）与不实施项目时的将来状况

（"无项目"）两种状态的对比。"有无对比"是国际上项目评价中通用的费用与效益识别的基本原则，财务评价也不例外。我国国家发展和改革委员会、建设部联合发布的《建设项目经济评价方法与参数》（第三版）遵循财务费用与效益识别的"有无对比"原则。在识别项目的效益和费用时，通过"有无对比"计算的差额部分才是由于项目的建设增加的效益和费用，即增量效益和费用。采用"有无对比"的方法，可以准确识别和计算项目效益的变化，即增量效益，排除那些由于其他原因产生的效益变化；同时，也可以准确识别与增量效益相对应的增量费用，真正体现项目投资的净效益。

3. 动态分析与静态分析相结合、以动态分析为主的原则

国际通行的财务评价都是以动态分析方法为主，即考虑资金的时间价值，采用现金流量分析的方法，计算项目的内部收益率和净现值等评价指标。我国国家发展和改革委员会、建设部联合发布的《建设项目经济评价方法与参数》（第三版）按照动态分析与静态分析相结合，以动态分析为主的原则制定了一整套项目评价方法与指标体系。

4. 财务评价的内容、深度及计算指标，应能满足审批项目建议书和可行性研究报告中对项目财务评价的要求原则

项目的前期研究或者项目前评价包括项目的机会研究、项目建议书、初步可行性研究、（详细）可行性研究等不同阶段和不同类型，而财务评价都是其中的重要组成部分。财务评价的不同阶段在评价内容、深度及计算指标的选取上都不同，要能够满足不同阶段财务评价的不同要求。例如，在（详细）可行性研究阶段，必须按照现行的《建设项目经济评价方法与参数》（第三版），对项目做出全面、详细、完整的财务评价；而在项目建议书阶段，可根据实际情况需要适当从简，进行项目的财务评价。

四、财务评价的主要内容

在财务评价的概念中我们知道，项目财务评价的主要内容包括三部分，即项目盈利能力、偿债能力和财务生存能力的评价。项目盈利能力、清偿能力可以通过编制财务报表及计算相应的评价指标来进行判断。项目的财务生存能力取决于项目的财务效益和费用的大小及其在时间上的分布情况。项目财务评价的内容主要包括下列几个方面：

(1) 项目财务效益和费用的识别；
(2) 项目财务效益和费用的计算；
(3) 项目财务报表的编制；
(4) 项目财务评价指标的计算与评价；
(5) 项目不确定性分析等。

项目有经营性项目和非经营性项目两种类型。由于项目性质的差异，并不是所有的项目都进行盈利能力、偿债能力和财务生存能力的分析和评价。在经营性项目中，要进行项目的盈利能力、偿债能力和财务生存能力的分析和评价；而在非经营性项目中，仅仅需要进行项目生存能力的分析和评价。

此外，项目财务评价包括融资前分析和融资后分析。一般首先进行项目的融资前分析，在融资前分析结论满足要求的情况下，初步设定融资方案，进行融资后分析。

五、财务评价的方法与步骤

项目财务评价是在项目市场研究和技术研究基础上进行的，是一项系统的、综合性的分析评价工作，是对项目在建设、生产全过程中的经济活动进行的经济分析与评价。项目财务评价的基本步骤如下。

（1）熟悉项目情况，收集项目财务评价的基础数据与参数，包括主要投入物和产出物的财务价格、税率、利率、汇率、计算期、固定资产折旧率、无形资产和递延资产摊销年限、生产负荷、资金筹措方案及基准收益率等基础数据和参数。

（2）编制辅助报表，预测项目财务数据。对财务数据进行鉴定、分析和预测、估算，并将所得的数据编制成辅助财务报表（基础性财务报表）。辅助财务报表包括建设投资估算表（概算法、形成资产法）、建设期利息估算表、流动资金估算表、项目总投资使用计划与资金筹措表、营业收入营业税金及附加估算表、总成本费用估算表（生产要素法、生产成本加期间费用法）等。

（3）编制基本财务报表或主要财务报表。基本财务报表是根据辅助财务报表编制的，是计算项目盈利能力、清偿能力和生存能力等经济指标的基础和依据。基本财务报表包括项目投资现金流量表、项目资本金现金流量表、项目投资各方现金流量表、利润与利润分配表、财务计划现金流量表、资产负债表、贷款还本付息估算表等。

（4）计算财务评价指标，进行盈利能力分析、偿债能力分析和财务生存能力分析。

（5）进行项目的不确定性分析。项目不确定性分析包括盈亏平衡分析、敏感性分析、概率分析等。利用盈亏平衡分析、敏感性分析、概率分析等不确定性分析方法，可以分析项目可能面临的风险以及项目在不确定情况下适应市场变化的能力和抗风险能力，得出项目在不确定情况下的财务效益分析结论或建议。

（6）分析、确定项目财务评价的结论，编写项目财务评价报告。将上述确定性分析和不确定性分析的结果与国家或行业的基准指标，或与经验标准、历史标准和目标标准等进行比较分析，判断项目财务可行性，确定项目财务评价的结论，并编写项目财务评价报告。

财务评价的内容和步骤及与财务效益和费用估算的关系如图 7-1 所示。

六、影响项目财务评价的因素

1. 项目计算期

项目计算期的选取直接影响评价指标的计算结果。因此，项目计算期的合理确定是全面、正确评价项目经济效益的前提。项目计算期通常包括建设期和运营期两部分。

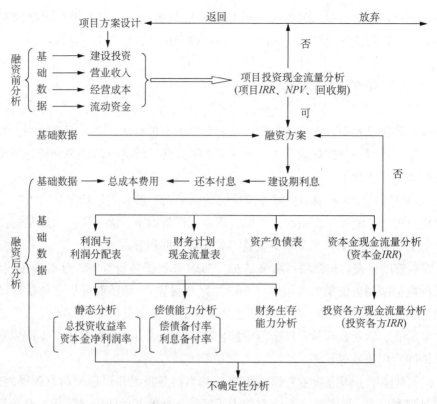

图 7-1 财务评价操作程序

项目建设期是项目建设过程所耗用的时间,一般包括设计期、施工期和试运转期。项目建设期的估算在项目实施规划中需要明确提出。

项目运营期是根据项目技术经济评价的要求而确定的一个期限。项目运营期一般并不是指项目建成投产后将实际存在的时间,也不是指项目的技术寿命,而是根据项目的性质及可能的实际寿命、技术水平与技术进步趋势等确定的期限。项目的运营期一般比设备及建筑物的物理寿命短,因为要考虑技术进步等因素。项目的运营期可由部门或行业根据本部门、本行业项目的特点自行确定。一般除某些采掘工业受资源储量限制而需确定合理开采年限外,一般工业项目可按综合折旧寿命计算。一般项目在 15 年左右,最多不超过 20 年;某些水利、交通等服务年限很长的特殊项目,经营期可定为 25 年,甚至 30 年以上。运营期一般又分为投产期和达产期两个阶段。从项目正式投产到产量达到设计生产能力前的时期称为投产期,产量达到设计生产能力后的时期称为达产期。

2. 项目范围的界定

项目财务评价中的项目可能是企业或其他投资者新建的项目,也可能是在企业或其政府部门现有项目的基础上进行更新改造的项目。因此,应科学地划分和界定效益与费用的计算范围,即确定是项目范围还是企业范围,或者介于二者之间。如果拟建项目建成后能够独立经营,形成相对独立的核算单位,项目所涉及的范围就是财务评价的对象;如果项目投产后的生产运营与现有企业已有的项目无法分开,也不能单独计算项目发生的效益与费用，就应将整个企业作为项目财务评价的对象。

3. 数据资料

进行项目的财务评价，离不开项目的数据资料。财务评价需要尽可能完整而准确的数据资料。数据资料的完整性是数量要求，要求数据资料尽可能多、尽可能全；数据资料的准确性是质量要求，要求数据资料能够真实、准确、可靠，反映项目有关的真实情况。

第二节 财务费用与效益的识别

一、项目财务费用和效益

财务费用与效益的识别是财务评价的基础。对于费用与效益的识别，清华大学傅家骥等提出了识别准则：凡削弱目标的就是费用，凡对目标有贡献的就是效益，而目标是与评价角度相联系的。

营利性项目的目标是对利润的追求，那么有利于增加项目利润的就是财务效益，不利于增加项目利润的就是财务费用。非营利性项目的目标可能是提供公共产品或公共服务，或者是保护环境、改善环境等，那么有利于增加这些非营利性项目目标的就是财务效益，不利于增加这些非营利性项目目标的就是财务费用。

项目的财务费用主要是项目投资、经营成本、销售税金及附加等。

项目总投资是指为完成工程项目建设及运行而投入的全部费用总和，或者说是拟建项目全部建成、投入营运所需的费用总和。建设项目按用途可分为生产性建设项目和非生产性建设项目。生产性建设项目总投资包括建设投资（含固定资产投资、无形资产投资、递延资产投资等）、建设期借款利息和（铺底）流动资金投资三部分。而非生产性建设项目总投资只有固定资产投资，不包括流动资产投资。

经营成本是项目评价中所使用的特定概念，是项目评价中为了分析的需要从项目总成本费用中分离出来的一部分费用，是项目运营期内在一定期间（通常为一年）由于生产和销售产品及提供劳务而实际发生的现金支出。作为项目运营期的主要现金流出，经营成本包括外购原材料费、外购燃料和动力费、工资及福利费、修理费、其他费用。由于投资已在其发生的时间（主要是建设期）作为一次或几次性支出计入现金流出，所以不能再以折旧和摊销的方式计为现金流出，否则会发生重复计算。因此经营成本中不包括折旧和摊销费等。因为全部投资现金流量表是以全部投资作为计算基础（自有资金假设），利息支出不作为现金流出，而自有资金现金流量表中已将利息支出单列，因此，经营成本中也不包括利息支出。

税金及附加是指应由销售产品、提供工业性劳务等负担的销售税金和教育费附加，包括增值税、消费税、资源税、城市维护建设税和教育费附加等。

项目财务效益主要是营业收入（销售收入）、资产回收、补贴收入（包括增值税返还）等。

营业收入是项目效益的主要部分，根据产品或服务的数量、价格等确定。当项目的产品或服务有多种时，每一种都需要估算，然后加起来估算项目的营业收入。在进行营业收入估算时，项目财务评价使用的价格是以现行价格体系为基础的预测价格。项目计算期内各年采用的预测价格是在项目开始建设时的物价总体水平基础上预测的。预测时一般仅考虑价格的相对变化，不考虑物价总体水平的变化（一般是上涨）。

资产回收是项目的财务效益，包括项目计算期内可回收的固定资产残值和流动资金。

补贴收入是国家或地方政府为支持项目的建设、运营而给予的资金，属于项目的财务效益。增值税等税收返还具有同样的性质，也属于项目的财务效益。

二、项目财务评价效益与费用识别需要注意的问题

（一）项目财务费用与效益的识别范围

项目财务费用与效益识别的范围也就是项目财务评价的范围。以企业投资的项目为例，项目财务费用与效益的范围可能是项目本身，可能是企业的一部分，也可能是整个企业，范围大小需要根据项目的具体情况来确定。一般来说，如果项目建设涉及企业的各个环节，影响到企业总体效益与费用的变化，应将企业整体作为项目，识别其效益与费用；如果项目的建设是局部性的，但其效益与费用难以与整个企业的效益与费用分开，则应以企业整体作为项目识别其效益与费用；如果项目建设是局部的，项目的效益与费用可以与原有企业完全分开，则在进行盈利性分析（财务评价的主要内容之一）时，可以将增建的项目作为一个新建项目独立地对其效益与费用进行识别；如果项目的建设是局部的，但项目的建设对企业公共服务、基础设施、原料供应、产品销售等都有影响时，就不能将增建的项目作为一个新建项目独立识别其效益与费用，必须根据效益与费用计算范围一致的原则，确定其合适的范围（虚拟范围）。

（二）所得税的处理

如果项目允许实行税前还贷，则本来应交给国家的所得税实际上用于还贷，在财务费用与效益识别中属于项目的财务效益；而项目还贷以后的所得税，真正交给了国家，在财务费用与效益识别中属于项目的财务费用；如果不允许项目实行税前还贷，则项目的所得税全部上缴国家，在财务费用与效益识别中属于项目的财务费用。

（三）折旧费与摊销费的处理

在会计实务中，折旧费与摊销费都是企业成本的组成部分。但项目财务评价中，分析

项目的盈利能力、清偿能力时，折旧费与摊销费是项目提取的收益，在财务费用与效益识别中属于项目的财务效益；但是，如果项目提取的折旧费与摊销费用来进行再投资，则在财务费用与效益识别中属于项目的财务费用。

（四）利息

分析项目投资的盈利能力时，不考虑或区分项目资本金与借入资金，而是考虑项目资本金与借入资金的总体效果，利息在财务费用与效益识别中属于项目的财务效益；分析项目资本金（自有资金）的盈利能力时，利息在财务费用与效益识别中属于项目的财务费用，要交给金融机构（借款方）。

第三节 财务基础数据和财务报表编制

项目财务评价是通过财务报表分析来进行的。而财务报表的编制需要财务基础数据与参数。这里的"财务基础数据"是指在进行项目财务评价过程中必须予以充分考虑的、与项目直接相关的各种投入产出要素数据的统称。

一、财务基础数据的类型

按照财务基础数据的作用，可将其分为两类：一类是计算用的数据；另一类是判别用的数据——参数，或者说基准参数。计算用的数据很多，如产品或服务的价格、数量等；计算用的参数如基准收益率，在计算财务评价指标如净现值、净年值、费用现值、费用年值等指标的时候采用。判别用参数是用来判断项目效益的参数，如基准收益率、基准投资回收期等，在分析项目效益的时候可以作为项目效益的判断标准（基准）。我国项目财务评价中的判别用参数一般是通过专门机构分析和测算得到的，或者由有关部门或行业定期发布，或者由投资者自行确定。这类基准参数决定着对项目效益的判断，是项目取舍的重要依据。

按照财务基础数据的性质，可将其分为两类：一类是初级数据，另一类是派生数据。初级数据主要是通过调查研究、分析、预测确定的数据，或者是相关人员提供的数据，包括产品产量或服务量、产品价格、人员数量、人员工资、原材料及燃料动力消耗量及价格、折旧与摊销年限、费率、税率、汇率、利率、计算期、运营负荷等；派生数据是利用初级数据计算出来的数据，包括成本费用、营业收入、税金及附加等。初级数据是派生数据的基础，是最需要关注的数据，初级数据的确定是否合理，直接影响成本费用、营业收入等派生数据的估算，进而影响财务评价的结果及其可信度。

二、财务评价的价格

财务评价是对拟建项目未来（整个寿命期）的效益与费用的分析，而项目效益与费用的分析需要使用项目投入物和产出物的价格。为了真实、合理地反映项目的效益、费用及财务状况，财务评价应采用以市场价格体系为基础的预测价格。这种预测价格需要考虑价格变动的多种因素，既考虑价格的相对变动，也考虑价格总水平的变动。我国国家发展和改革委员会、建设部发布的《建设项目经济评价方法与参数》（第三版）规定，在项目的建设期，一般应考虑投入的相对价格变动及价格总水平变动；在项目的运营期，若能合理判断未来市场价格变动趋势，投入与产出可采用相对变动价格；如果难以确定投入与产出的价格变动，一般可采用项目运营期初的价格；有要求时，也可考虑价格总水平的变动。

三、基准收益率

基准收益率是财务评价中最重要的基准参数，是判断项目财务可行性和方案比选的主要依据，体现了投资者对资金时间价值的判断和对项目风险程度的估计。对政府投资的项目进行财务评价时，采用国家发展和改革委员会、建设部组织测定、发布的财务基准收益率；对企业投资的项目进行财务评价时，可以采用国家有关部门或行业测算并报国家发展和改革委员会、建设部备案的财务基准收益率，也可以根据项目的资金成本和风险收益等情况自行决定项目的财务基准收益率。

对于项目投资内部收益率来说，其基准参数可采用行业或政府有关部门统一发布并执行的财务基准收益率，也可以由项目投资者或评价者自行设定。设定财务基准收益率时，主要考虑行业边际收益率、银行贷款利率、资本金的资金成本等因素，或者采用项目加权平均资金成本（WACC）来确定项目财务基准收益率。

对于项目资本金内部收益率来说，其基准参数应为最低可接受收益率。最低可接受收益率的确定主要取决于资本收益水平及资本金所有者对权益资金收益的要求，涉及资金机会成本以及投资者对风险的态度等。最低可接受收益率可以按该项目所有资本金投资者对权益资金收益的综合要求选取，也可以采用社会平均或行业平均的权益资金收益水平。

投资各方内部收益率的基准参数为投资各方对投资收益水平的最低期望值，也就是最低可接受收益率。投资各方最低可接受收益率只能由各投资者自行确定，受不同投资者的决策理念、资本实力和承受风险能力、收益水平要求等因素的影响。

四、项目计算期

项目计算期是根据项目经济评价要求确定的计算项目净效益的时间，一般用年数来表示，也可以采用其他常用的时间单位。项目计算期可以分为建设期和运营期，运营期又分为投产期和达产期。

项目建设期的长短需要根据项目的规模大小、性质、建设方式、建设难度、建设成本、建设技术等因素综合考虑，参照项目建设合理工期或项目的建设进度计划合理确定。一般纺织等轻工项目建设期为1~3年，机械工程类项目的建设期为2~5年，城市轨道交通项目的建设期为3~5年。合理确定项目的建设期，对于控制项目建设投资、减少资金占用、抢占产品或服务市场、提高项目效益具有重要的影响。

项目竣工验收以后，开始交付使用，进入运营期。运营期可以分为尚未达到正常设计能力的投产期和达到正常设计能力的生产期——达产期。项目的运营期一般根据项目的技术寿命、经济寿命等综合确定。项目的运营期差异很大，短的可能仅有几年时间，长的可能达到20~30年，甚至50年或更长时间。

五、项目财务评价报表

(一) 项目财务评价报表的类型

项目财务评价主要是围绕着项目财务评价报表的分析进行的。项目财务评价报表包括各类现金流量表、利润与利润分配表、财务计划现金流量表、资产负债表、借款还本付息估算表等。这是项目财务评价的主要报表或基本报表。

为了编制项目财务评价的主要报表或基本报表，还需要先行编制一系列辅助报表或基础性报表。辅助报表或基础性报表是根据调查研究确定的基础数据对项目的资产、负债、权益、收入、成本、费用等基本要素进行计算，包括建设投资估算表（概算法、形成资产法）、建设期利息估算表、流动资金估算表、项目总投资使用计划与资金筹措表、营业收入营业税金及附加估算表、总成本费用估算表（生产要素法、生产成本加期间费用法）、外购原材料费估算表、外购燃料和动力费估算表、固定资产折旧费估算表、无形及递延资产摊销估算表、工资及福利费估算表、主要产出物和投入物使用价格依据表等。在完成辅助报表编制的基础上可以编制基本报表，并进行项目的财务分析与评价。项目财务评价的基本报表与辅助报表属于不同层次的报表，但两者的关系非常密切。

基本报表是项目财务评价要求的一套完整报表，所有项目均需要编制，其内容、栏目具有通用性，可以适应不同类型项目的需要。辅助报表则可以根据项目特点、项目行业特点的不同进行适当调整。

(二) 项目财务评价基础性报表(辅助报表)

下面是国家发展和改革委员会、建设部发布的《建设项目经济评价方法与参数》（第三版）提出需要编制的项目财务评价基础性报表（辅助报表）。

表 7-1 建设投资估算表（概算法） 单位：万元

序号	工程或费用名称	建筑工程	设备购置	安装工程	其他费用	合计
1	工程费用					
1.1	主体工程					
1.2	辅助工程					
1.3	公用工程					
1.4	服务性工程					
1.5	厂外工程					
1.6	……					
2	工程建设其他费用					
3	预备费					
3.1	基本预备费					
3.2	涨价预备费					
4	建设投资合计					

表 7-2 建设投资估算表（形成资产法） 单位：万元

序号	工程或费用名称	建筑工程	设备购置	安装工程	其他费用	合计
1	固定资产费用					
1.1	工程费用					
1.2	固定资产其他费用					
2	无形资产费用					
3	其他资产费用					
4	预备费					
4.1	基本预备费					
4.2	涨价预备费					
5	建设投资合计					

表 7-3 建设期利息估算表 单位：万元

序号	项目	合计	建设期				
			1	2	3	…	n
1	借款						
1.1	建设期利息						
1.2	其他融资费用						
1.3	小计						

(续表)

序号	项目	合计	建设期				
			1	2	3	...	n
2	债券						
2.1	建设期利息						
2.2	其他融资费用						
2.3	小计						
3	合计						
3.1	建设期利息合计						
3.2	其他融资费用合计						

表 7-4 流动资金估算表　　　　　　　　　　单位：万元

序号	项目	周转天数	周转次数	投产期		达到设计能力生产期				合计
				3	4	5	6	...	n	
1	流动资产									
1.1	应收账款									
1.2	存货									
1.2.1	原材料									
1.2.2	燃料									
1.2.3	在产品									
1.2.4	产成品									
1.3	现金									
2	流动负债									
2.1	应付账款									
2.2	预收账款									
3	流动资金									
4	流动资金当期增加额									

表 7-5 项目总投资使用计划与资金筹措表　　　　　　单位：万元

序号	项目	合计			1			2...n
		人民币	外币	小计	人民币	外币	小计	
1	总投资							
1.1	建设投资							
1.2	建设期利息							

(续表)

序号	项目	合计			1			2…n
		人民币	外币	小计	人民币	外币	小计	
1.3	流动资金							
2	资金筹措							
2.1	项目资本金							
2.2	债务资金							
2.3	其他资金							

表 7-6 营业收入、税金及附加和增值税估算表　　　　单位：万元

序号	项目	合计	计算期				
			1	2	3	…	n
1	营业收入						
1.1	产品 A						
1.2	产品 B						
…	……						
2	税金及附加						
2.1	营业税						
2.2	消费税						
2.3	城市维护建设费						
2.4	教育费附加						
3	增值税						
	销项税额						
	进项税额						

表 7-7 总成本费用估算表（生产要素法）　　　　单位：万元

序号	项目	合计	计算期			
			1	2	…	n
1	外购原材料费					
2	外购燃料及动力费					
3	工资及福利费					
4	修理费					
5	其他费用					
6	经营成本					

(续表)

序号	项目	合计	计算期			
			1	2	...	n
7	折旧费					
8	摊销费					
9	利息支出					
10	总成本费用					
	其中：可变成本					
	固定成本					

表 7-8　外购原材料费估算表

序号	项目	合计	计算期				
			1	2	3	...	n
1	外购原材料费						
1.1	原材料 A						
	单价						
	数量						
	进项税额						
...	......						
2	辅助材料费用						
	进项税额						
3	其他						
	进项税额						
4	外购原材料费合计						
5	进项税额合计						

表 7-9　外购燃料和动力费估算表

序号	项目	合计	计算期				
			1	2	3	...	n
1	燃料费						
1.1	燃料 A						

(续表)

序号	项目	合计	计算期				
			1	2	3	...	n
	单价						
	数量						
	进项税额						
	……						
2	动力费						
	单价						
	数量						
	进项税额						
	……						
3	外购燃料及动力费合计						
4	进项税额合计						

表7-10 固定资产折旧费估算表

序号	项目	合计	计算期				
			1	2	3	...	n
1	房屋、建筑物						
	原值						
	当期折旧费						
	净值						
2	机器设备						
	原值						
	当期折旧费						
	净值						
	……						
3	合计						
	原值						
	当期折旧费						
	净值						

表 7-11 无形资产和其他资产摊销估算表

序号	项目	合计	计算期				
			1	2	3	…	n
1	无形资产						
	原值						
	当期摊销费						
	净值						
2	其他资产						
	原值						
	当期摊销费						
	净值						
	……						
3	合计						
	原值						
	当期摊销费						
	净值						

表 7-12 工资及福利费估算表

序号	项目	合计	计算期				
			1	2	3	…	n
1	工人费						
	人数						
	人均年工资						
	工资额						
2	技术人员						
	人数						
	人均年工资						
	工资额						
3	管理人员						
	人数						
	人均年工资						
4	工资总额						
5	福利费						
6	合计						

表 7-13 总成本费用估算表（生产成本加期间费用法）

序号	项目	合计	计算期				
			1	2	3	…	n
1	生产成本						
1.1	直接材料费						
1.2	直接燃料及动力费						
1.3	直接工资及福利费						
1.4	制造费用						
2	管理费用						
2.1	无形资产摊销						
2.2	其他资产摊销						
2.3	其他管理费用						
3	财务费用						
4	营业费用						
5	总成本费用						
5.1	可变成本						
5.2	固定成本						
6	经营成本						

（三）主要财务报表

前面已经提到，项目财务评价的主要报表或基本报表包括各类现金流量表、利润与利润分配表、财务计划现金流量表、资产负债表、借款还本付息估算表等。这里对这些报表及其编制进行分析。

1. 现金流量表

现金流量表是反映投资项目在计算期内各年的各项现金流入、现金流出和净现金流量的表格，是项目经济评价的基本报表，用于分析项目的盈利能力，是评价投资项目财务效益的主要依据。现金流量表的基本结构是现金流入、现金流出和净现金流量三个部分。利用项目的现金流量表可以计算项目的财务净现值（$FNPV$）、财务内部收益率（$FIRR$）、静态与动态投资回收期等指标。现金流量表只反映项目在计算期内各年实际发生的现金收支，不反映非现金收支（如折旧费、摊销费、应收及应付款等）。

由于财务评价的角度和要求不同，项目现金流量分析分为三个层次：第一层次为项目投资现金流量分析，第二层次为项目资本金现金流量分析，第三层次为投资各方的现金流量分析。因此，现金流量表可以分为项目投资现金流量表、项目资本金现金流量表、投资各方现金流量表。

(1) 项目投资现金流量表。

① 项目投资现金流量表的结构。

项目投资现金流量表又称项目全部投资现金流量表,是从项目全部投资的角度,不考虑资金的来源与性质,分析项目全部投资的财务效益,是项目全部投资现金流量系统的表格式反映。

项目投资现金流量表的格式如表 7-14 所示。项目投资现金流量表由现金流入、现金流出、净现金流量、累计净现金流量、所得税前净现金流量、所得税前累计净现金流量等构成。项目投资现金流量表的现金流入包括营业收入、补贴收入、回收固定资产余值、回收流动资金等;项目投资现金流量表的现金流出包括建设投资、流动资金、经营成本、税金及附加、维护运营投资等。根据项目投资现金流量表可以计算投资项目所得税前及所得税后的财务内部收益率($FIRR$)、财务净现值($FNPV$)和投资回收期(静态、动态)等有关财务评价指标。

表 7-14 项目投资现金流量表

序号	项目	合计	计算期				
			1	2	3	…	n
1	现金流入						
1.1	营业收入						
1.2	补贴收入						
1.3	回收固定资产余值						
1.4	回收流动资金						
2	现金流出						
2.1	建设投资						
2.2	流动资金						
2.3	经营成本						
2.4	税金及附加						
2.5	维护运营投资						
3	所得税前净现金流量						
4	累计所得税前净现金流量						
5	所得税						
6	所得税后净现金流量						
7	累计所得税后净现金流量						

② 项目投资现金流量表的编制。

编制项目投资现金流量表所需要的基本数据主要来自前面几个辅助报表。项目投资现金流量表的编制大致包括以下3个步骤。

首先，确定项目的计算期（n）。

其次，制作项目投资现金流量表（空白表），如表7-14所示。

最后，根据前面的项目财务评价辅助报表等计算、填写表格中的内容（数字）。例如，"营业收入""税金及附加"可以从辅助报表"营业收入、税金及附加和增值税估算表"中取得；"建设投资""流动资金""经营成本""所得税"等也可以从相关辅助报表"固定资产投资估算表""投资计划与资金筹措表""总成本费用估算表""利润与利润分配表"等中获取。

不同项目的建设性质和建设内容不同，项目的所得税率和享受的国家优惠政策也不相同。因此，在编制项目投资现金流量表时，一般要计算所得税前和所得税后的财务内部收益率、财务净现值和投资回收期等指标。计算所得税前的指标，目的是考察项目方案设计本身的财务盈利能力，反映项目的可行性，以供决策者对项目的可行性做出基本判断。由于不考虑资金来源和所得税的高低，从而也为各个投资方案的比较建立了共同基础。

（2）项目资本金现金流量表。

项目资本金现金流量表又称自有资金现金流量表。与项目投资现金流量表不同，项目资本金现金流量表在进行财务分析时区分项目资本金与债务资金，站在项目投资主体的角度考察项目的现金流入与流出情况。其报表格式如表7-15所示。

表7-15　项目资本金现金流量表

序号	项目	合计	计算期				
			1	2	3	…	n
1	现金流入						
1.1	营业收入						
1.2	补贴收入						
1.3	回收固定资产余值						
1.4	回收流动资金						
2	现金流出						
2.1	项目资本金						
2.2	借款本金偿还						
2.3	借款利息偿还						
2.4	经营成本						
2.5	税金及附加						
2.6	所得税						
2.7	维持运营投资						
3	净现金流量						

项目资本金现金流量表由现金流入、现金流出、净现金流量等构成。项目资本金现金流量表的现金流入包括营业收入、补贴收入、回收固定资产余值、回收流动资金等；项目资本金现金流量表的现金流出包括项目资本金、借款本金偿还、借款利息偿还、经营成本、税金及附加、维护运营投资、所得税等。根据项目资本金现金流量表可以计算项目资本金投资的财务内部收益率（FIRR）、财务净现值（FNPV）和投资回收期（静态、动态）等有关财务评价指标。

在项目资本金现金流量表中的现金流出增加了"借款本金偿还"和"借款利息偿还"。这两项数据来自辅助报表"借款还本付息估算表""总成本费用估算表"等。

（3）投资各方现金流量表。

项目投资各方现金流量表是站在项目不同投资主体的角度考察项目投资各方的现金流入与流出情况。

表 7-16 投资各方现金流量表

序号	项目	合计	计算期				
			1	2	3	...	n
1	现金流入						
1.1	实分利润						
1.2	资产处置收益分配						
1.3	租赁费收入						
1.4	技术转让或使用收入						
1.5	其他现金收入						
2	现金流出						
2.1	实缴资本						
2.2	租赁资产支出						
2.3	其他现金支出						
3	净现金流量						

项目投资各方现金流量表的格式如表 7-16 所示。项目投资各方现金流量表由现金流入、现金流出、净现金流量等构成。项目投资各方现金流量表的现金流入包括投资者的实分利润、资产处置收益分配、租赁费收入、技术转让或使用收入、其他现金收入等，项目投资各方现金流量表的现金流出包括投资者的实缴资本、租赁资产支出、其他现金支出等。根据项目投资各方现金流量表可以计算项目投资各方投资的财务内部收益率（FIRR）、财务净现值（FNPV）和投资回收期（静态、动态）等有关财务评价指标，考察投资各方的盈利情况，进而可以分析投资各方收益的不均衡性是否在合理水平上，有助于促成投资各方达成平等互利的投资方案，从而确定是否值得投资。

2. 利润与利润分配表

利润与利润分配表也叫损益表，是反映项目计算期内各年的营业收入、总成本费用、利润总额、所得税及净利润分配情况的财务评价报表。

表 7-17 利润与利润分配表

序号	项目	合计	计算期				
			1	2	3	…	n
1	营业收入						
2	税金及附加						
3	总成本费用						
4	补贴收入						
5	利润总额						
6	弥补以前年度亏损						
7	应纳税所得额						
8	所得税						
9	净利润						
10	期初未分配利润						
11	可供分配利润						
12	提取法定盈余公积金						
13	可供投资者分配的利润						
14	应付优先股股利						
15	提取任意盈余公积金						
16	应付普通股股利						
17	投资各方利润分配						
	……						
18	未分配利润						
19	息税前利润						
20	息税折旧摊销前利润						

利润与利润分配表的格式见表 7-17。利用利润与利润分配表可以计算投资利润率、投资利税率、资本金利润率和资本金净利润率等项目财务评价指标。

利润与利润分配表涉及 4 个基本公式。

$$利润总额 = 业务收入 - 营业税金及附加 - 总成本费用$$

其中，利润总额应根据国家规定先调整为应纳税所得额（如减免所得税、弥补以前亏损等），再计算所得税。按现行《工业企业财务制度》规定，企业发生的年度亏损，可以用下一年度的税前利润弥补，下一年度利润不足以弥补的，可以在5年内用税前利润延续弥补；延续5年仍未弥补的亏损，可用税后利润弥补。

$$净利润＝利润总额－所得税$$

$$\begin{aligned}可供分配利润＝&净利润－以前年度尚未弥补的亏损(或加上年初未分配利润)\\=&盈余公积金(包括法定盈余公积金、法定公益金和任意盈余公积金)\\&＋应付利润＋未分配利润\end{aligned}$$

其中，法定盈余公积金按照净利润的10%提取，法定公益金按照净利润的5%～10%提取，任意盈余公积金的提取比例则可以自行确定。在项目财务评价中，法定盈余公积金、法定公益金和任意盈余公积金可以合并为盈余公积金，提取比例可按照可供分配利润的15%进行估算。

$$未分配利润＝可供分配利润－盈余公积金－应付利润$$

按照国家现行财务制度规定，可供分配的利润应该首先用于偿还长期借款，借款偿还完毕后才可向投资者进行利润分配。因此，在项目财务评价中，净利润采取以下的方式处理：净利润不足以偿还长期借款或偿还长期借款后无余额的年份，应将净利润全部计入未分配利润，用于长期借款还本，不计提盈余公积金；净利润在偿还长期借款后有余额的年份，先按税后利润的15%计提盈余公积金，然后将用于长期借款还本的金额计入未分配利润，将剩余部分作为应付利润；还清借款后先按净利润的15%计提盈余公积金，其余全部作为应付利润。

3. 财务计划现金流量表

财务计划现金流量表是反映项目计算期内各年的投资、融资及经营活动的现金流入和流出活动的财务评价报表，主要用于计算项目各年的累计盈余资金，考察项目各年的资金平衡和余缺情况，分析项目的财务生存能力。

表7-18 财务计划现金流量表

序号	项目	合计	计算期				
			1	2	3	...	n
1	经营活动净现金流量						
1.1	现金流入						
1.1.1	营业收入						
1.1.2	增值税销项税额						
1.1.3	补贴收入						
1.1.4	其他流入						
1.2	现金流出						
1.2.1	经营成本						

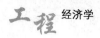

(续表)

序号	项目	合计	计算期				
			1	2	3	…	n
1.2.2	增值税进项税额						
1.2.3	营业税金及附加						
1.2.4	增值税						
1.2.5	所得税						
1.2.6	其他流出						
2	投资活动净现金流量						
2.1	现金流入						
2.2	现金流出						
2.2.1	建设投资						
2.2.2	维持运营投资						
2.2.3	流动资金						
2.2.4	其他流出						
3	筹资活动净现金流量						
3.1	现金流入						
3.1.1	项目资本金投入						
3.1.2	建设投资借款						
3.1.3	流动资金借款						
3.1.4	债券						
3.1.5	短期借款						
3.1.6	其他流入						
3.2	现金流出						
3.2.1	利息支出						
3.2.2	偿还债务本金						
3.2.3	应付利润（股利分配）						
3.2.4	其他流出						
4	净现金流量（1+2+3）						
5	累计盈余资金						

4. 资产负债表

资产负债表是用于综合反映项目计算期内各年年末资产、负债和所有者权益的增减变化及对应关系的项目财务评价报表。根据资产负债表反映的项目财务状况，可以计算资产负债率、流动比率、速动比率等指标，分析项目的资产、负债、所有者权益的结构是否合理，进而分析项目的债务清偿能力，预测项目未来的财务状况和财务安全度。

资产负债表是根据"资产＝负债＋所有者权益"的会计平衡原理编制的，其格式如表7-19所示。

表 7-19 资产负债表

序号	项目	合计	计算期				
			1	2	3	…	n
1	资产						
1.1	流动资产总额						
1.1.1	货币资金						
1.1.2	应收账款						
1.1.3	预付账款						
1.1.4	存货						
1.1.5	其他						
1.2	在建工程						
1.3	固定资产净值						
1.4	无形及其他资产净值						
2	负债及所有者权益						
2.1	流动负债总额						
2.1.1	短期借款						
2.1.2	应付账款						
2.1.3	预收账款						
2.1.4	其他						
2.2	建设投资借款						
2.3	流动资金借款						
2.4	负债小计						
2.5	所有者权益						
2.5.1	资本金						
2.5.2	资本公积金						
2.5.3	累计盈余公积金						
2.5.4	累计未分配利润						

资产负债表中的"资产"由"流动资产总额""在建工程""固定资产净值"和"无形及其他资产净值"等构成。其中，"流动资产总额"包括货币资金、应收账款、预付账款、

存货、其他等。资产负债表中"资产"的各项数据可以从辅助报表"流动资金估算表""财务计划现金流量表""固定资产折旧估算表""无形及递延资产摊销估算表""流动资金估算表"等表格中获取。

资产负债表中的"负债"包括"流动负债总额""建设投资借款""流动资金借款"等。相关数据可以从辅助报表"流动资金估算表""财务计划现金流量表"等报表中获取。

资产负债表中的"所有者权益"包括资本金、资本公积金、累积盈余公积金、累计未分配利润等。这些数据可以从"利润与利润分配表"等报表中计算、获取。

5. 借款还本付息计划表

借款还本付息计划表是反映项目计算期内各年借款本金偿还和利息支付情况的项目财务评价报表,用以计算建设投资借款偿还期、偿债备付率、利息备付率等指标,进行项目的债务清偿能力分析。其格式如表7-20所示。

表7-20 借款还本付息计划表

序号	项目	合计	计算期				
			1	2	3	…	n
1	借款1						
1.1	期初借款余额						
1.2	当期还本付息 其中:还本 　　　付息						
1.3	期末借款余额						
2	借款2 ……						
3	债券						
3.1	期初债务余额						
3.2	当期债务余额						
3.3	期末债务余额						
4	借款和债务合计						
4.1	期初余额						
4.2	当期还本付息 其中:还本 　　　付息						
4.3	期末余额						

借款还本付息计划表主要分为"借款还本付息"和"债券还本付息"两部分,相关数据可以从"财务计划现金流量表""利润与利润分配表"及"总成本费用估算表"等财务报表中分析、获取。按国家现行财务制度规定,归还建设投资借款的资金来源主要是当年

可用于还本的折旧费和摊销费、当年可用于还本的未分配利润、以前年度结余可用于还本资金和可用于还本的其他资金等。由于流动资金借款本金在项目计算期末一次性回收，因此不必考虑流动资金借款的偿还问题。

第四节 项目财务分析

项目财务分析是项目经济评价的重要组成部分，是在财务效益与费用估算以及编制财务辅助报表的基础上，编制财务报表，计算财务分析指标，考察、分析项目的盈利能力、偿债能力和财务生存能力，判断项目的财务可行性，明确项目对财务主体的价值以及对投资者的贡献，为投资决策、融资决策、金融机构信贷决策等提供依据。

项目财务分析的内容需要根据项目的类型来确定。对于经营性项目，应按照财务分析的要求编制财务报表，计算财务指标，分析项目的盈利能力、偿债能力和财务生存能力，判断项目的财务可行性；对于为社会提供公共产品（服务），或以保护环境为目标的非经营性项目，财务分析则主要分析项目的财务生存能力。

一、融资前分析

投资项目财务评价阶段的决策可以分为投资决策与融资决策。投资决策与融资决策的重点不同，投资决策重点是分析、考察项目是否值得投资；融资决策的重点则是分析、考察项目的融资方案是否可以达到投资要求，是不是最好的融资方案。根据项目不同决策的需要，投资项目财务分析可以分为融资前分析和融资后分析。

投资项目融资前分析是指在不考虑融资条件下对投资项目进行的财务分析，或者说是不考虑资金的来源和性质，即不论是自有资金还是借入的债务资金，把所有资金放在一起，一视同仁，从项目投资总获利能力角度，考察项目方案设计的合理性，分析项目的投资效益和投资效果。投资项目融资前分析不考虑融资方案和融资条件，需要数据较少，项目投资现金流量表编制比较简单，但其分析结论可以满足方案比选以及初步进行调整决策的需要。

投资项目融资前分析只进行盈利能力分析，以营业收入、建设投资、经营成本和流动资金的估算为基础，考察整个计算期内现金流入和现金流出，编制项目投资现金流量表，通过项目投资现金流量表分析、计算投资项目的财务净现值（$FNPV$）、财务内部收益率（$FIRR$）、静态与动态投资回收期。这些财务评价指标可以分别从所得税前、所得税后进行分析、计算。计算所得税前财务评价指标的所得税前融资前分析是从息税前的角度进行分析，计算所得税后财务评价指标的所得税后融资前分析是从息税后的角度进行分析。

按照所得税前的净现金流量计算的财务分析指标即所得税前指标，是投资项目盈利能力的完整体现，反映了与项目设计方案有关的投资项目的盈利能力。投资项目所得税前分析指标不受项目融资方案和所得税政策的影响，体现项目方案设计的合理性，用以考察由项目设计方案本身所决定的财务盈利能力。所得税后分析是所得税前分析的延伸，所得税后分析指标可用于非融资条件下判断项目投资对投资项目（企业）价值的贡献，是投资者进行投资决策的主要指标。

二、融资后分析

财务分析首先进行投资项目融资前分析。在投资项目融资前分析结论满足要求的情况下，开始考虑并初步设定投资项目的融资方案，再进行投资项目融资后分析。投资项目融资后分析是以设定的融资方案为基础进行的财务分析，是主要针对项目资本金折现现金流和投资各方折现现金流进行的分析，包括盈利能力分析、偿债能力分析、财务生存能力分析等内容，进而判断投资项目方案在融资条件下的合理性，比选融资方案，进行融资决策、投资决策。

三、融资后的财务盈利能力分析

投资项目融资后的盈利能力分析包括动态分析与静态分析两种类型。

（一）动态分析

投资项目融资后的动态分析又称折现现金流量分析，是通过编制项目资本金现金流量表、投资各方现金流量表等，根据资金时间价值理论，计算投资项目的财务净现值（FNPV）、财务内部收益率（FIRR）等指标，分析投资项目的盈利能力。

项目资本金现金流量分析是在拟定的融资方案下，从项目资本金出资者（权益投资者）整体的角度，确定其现金流入和现金流出，编制项目资本金现金流量表，计算项目资本金财务净现值（FNPV）、财务内部收益率（FIRR）等指标，考察项目资本金可获得的收益水平。结合投资项目融资前分析的结果，项目资本金财务净现值、财务内部收益率等指标体现了在特定的融资方案下投资者整体可以获得的权益性收益水平。根据这些评价指标可以对融资方案进行比较、分析与选择，进行融资决策。

投资项目投资各方现金流量分析从投资各方实际收入和支出的角度，确定其现金流入和现金流出，分别编制投资各方财务现金流量表，计算投资各方的财务净现值（FNPV）、财务内部收益率（FIRR）指标，考察投资各方可能获得的收益水平。一般情况下，投资各方按照股本比例分享利润、承担风险，因此，投资各方的利益一般来说是一致的。当投资各方不按股本比例进行分配或有其他不对等的收益时，可进行投资各方财务现金流量分析，计算投资各方的财务净现值（FNPV）、财务内部收益率（FIRR）等。

(二) 静态分析

投资项目融资后的静态分析是不采用现金流折现方法处理现金流数据,而是主要依据利润与利润分配表、现金流量表等计算项目盈利能力指标,分析、判断投资项目融资后的盈利能力。这些指标主要是项目资本金净利润率(ROE)和总投资收益率(ROI)。这些指标的比较标准一般是行业基准收益率。

$$\text{总投资收益率}(ROI) = \text{项目正常年份的年息税前利润或运营期内年均息税前利润}(EBIT) \Big/ \text{项目总投资}(TI) \quad (7-1)$$

$$\text{项目资本金净利润率}(ROE) = \text{项目正常年份的年净利润或运营期内的年均净利润}(NP) \Big/ \text{项目资本金}(EC) \quad (7-2)$$

四、偿债能力分析

如果投资项目筹集了债务资金,那么在财务评价中就需要进行投资项目的偿债能力分析。投资项目偿债能力分析是在财务盈利能力分析的基础上,进一步对项目财务计划现金流量表、借款还本付息计划表、资产负债表等财务报表进行分析,分析项目的总体负债水平、清偿长期债务及短期债务的能力,为信贷决策提供依据。反映投资项目偿债能力的指标有借款偿还期、资产负债率、流动比率及速动比率、利息备付率、偿债备付率等。

(一) 借款偿还期

借款偿还期是指根据现行财税管理规定以及投资项目的具体财务条件,从借款之日起,用投资项目投产后可以用作还款的利润、折旧、摊销及其他收益偿还投资借款本金(含未付建设期利息)所需要的时间。借款偿还期一般以年为单位。通过借款还本付息计划表、总成本费用估算表、利润与利润分配表等财务报表可以计算借款偿还期。其计算公式为:

$$\text{借款偿还期} = (\text{借款偿还后开始出现盈余年份} - \text{开始借款年份}) + \text{当年偿还借款额} / \text{当年可用于还款的资金额} \quad (7-3)$$

借款偿还期评价指标适用于那些没有预先给定借款偿还期,而是按照投资项目的最大还款能力尽快偿还借款的项目。当计算的借款偿还期可以满足借款机构的要求期限时,即认为投资项目具有还贷能力。对于预先已经确定了借款偿还期的投资项目,应采用利息备付率、偿债备付率指标等评价投资项目的偿债能力。

(二) 资产负债率

资产负债率(LOAR)是反映投资项目长期偿债能力的指标,是企业负债总额除以资产总额的百分比。资产负债率反映了在投资项目总资产中有多少是通过借款来筹集的，以及投资项目资产对债权人权益的保障程度。资产负债率越小，投资项目债务偿还的稳定性、安全性越大，长期偿债能力越强。其计算公式为：

$$资产负债率(LOAR)=负债总额(TL)/资产总额(TA)\times100\% \quad (7-4)$$

适度的资产负债率有利于投资项目或企业的发展，债务风险也较小。但什么是适度的资产负债率则没有统一的标准，需要结合宏观经济形势、行业发展趋势、项目或企业所处竞争环境等确定。一般认为，资产负债率的适宜水平在 $40\%\sim60\%$。资产负债率过高，会加大投资项目的风险，增加信贷机构的风险，造成投资项目融资困难。不同国家、不同行业投资项目的资产负债率有比较大的差异。

(三) 流动比率

流动比率是反映投资项目短期偿债能力的指标，是流动资产与流动负债的比值。流动比率的计算公式为：

$$流动比率=流动资产总额/流动负债总额\times100\% \quad (7-5)$$

流动比率表明投资项目每一元流动负债有多少资产作为偿付保障。因此，流动比率越高，表示投资项目短期偿债能力越强，流动负债获得清偿的机会越大，债权人的安全性也越大。对债权人来说，流动比率越大越好，流动比率高，债权人的风险就低。但是，过高的流动比率也有可能存在问题，因为过高的流动比率可能是由于滞留在流动资产上的资金过多所致，从而会影响投资项目或企业的获利能力。至于最佳流动比率，并没有统一的标准，需要根据不同行业、不同项目的具体情况而定。过去一般认为流动比率 2∶1 较好，现在有些人则认为这一比例太高，平均值可能在 1.5∶1 比较合适。

(四) 速动比率

速动比率是反映投资项目快速偿付流动负债能力的指标，是速动资产与流动负债的比值。速动比率的计算公式为：

$$速动比率=(流动资产总额-存货等)/流动负债总额\times100\% \quad (7-6)$$

按照财务通则或财务制度规定，速动资产是流动资产减去变现能力较差且不稳定的存货、待摊费用、待处理流动资产损失等后的余额。由于剔除了存货等变现能力较弱且不稳定的资产，因此，速动比率比流动比率更能准确、可靠地评价投资项目资产的流动性及其偿还短期负债的能力。速动比率是对流动比率的补充。如果投资项目的流动资产比率较高，而流动资产的流动性较低，则投资项目的偿债能力依然不高。至于最佳速动比率，也没有统一的标准，需要根据不同行业、不同项目的具体情况而定。过去一般认为速动比率 1∶1 较好，现在有些人则认为这一比例太高，平均值在 0.8∶1 比较合适。

(五) 利息备付率

利息备付率（ICR）是指投资项目在借款偿还期内各年可用于支付利息的息税前利润（EBIT）与当期应付利息费用（PI）之比，即

$$利息备付率 = 借款偿还期内的息税前利润 / 当期应付利息 \qquad (7-7)$$

利息备付率反映投资项目各年的息税前利润支付利息的保障程度。一般来说，投资项目各年的利息备付率要大于2。当然，投资项目的利息备付率越高，风险越小。

(六) 偿债备付率

偿债备付率（DSCR）是指在投资项目借款期内各年可用于还本付息的资金（EBITDA−TAX）与当期应还本付息金额（PD）之比，即

$$\begin{aligned}&偿债备付率(DSCR)\\&=可用于还本付息的资金(EBITDA-TAX)/应还本付息额(PD)\\&=(息税前利润+折旧和摊销-企业所得税-运营期维护运营的投资)/应还本付息额(PD)\end{aligned} \qquad (7-8)$$

可用于还本付息的资金（EBITDA−TAX）= 息税前利润 + 折旧和摊销 − 企业所得税 − 运营期维护运营的投资。当期还本付息金额包括当期偿还本金数额及计入成本的利息。偿债备付率反映投资项目各年可用于还本付息的资金数额偿还借款本息的保障程度。一般来说，投资项目各年的偿债备付率要大于1.3。当然，投资项目的偿债备付率越高，风险越小。

五、财务生存能力分析

在投资项目运营期间，确保从各项经济活动中获得足够的净现金流量是项目能够持续生存的条件。财务生存能力分析应在财务分析辅助表和利润及利润分配表的基础上编制财务计划现金流量表，通过综合考察项目计算期内各年的投资活动、融资活动、经营活动所产生的各项现金流入和流出，计算净现金流量和累计盈余资金，分析项目是否有足够的净现金流量维持正常运营，以实现财务可持续性。

财务生存能力分析应结合偿债能力分析进行。财务生存能力可通过以下两个方面进行判断。

第一，拥有足够大的经营活动净现金流量是投资项目财务可持续的基本条件，特别是在投资项目的运营初期。一个投资项目具有较大的经营活动净现金流，说明项目方案比较合理，项目产品或服务能够被市场所接受，项目实现自身资金平衡的能力强；或者可能性大，不需要过分依赖短期融资来维持运营。反之，如果一个项目不能产生足够的经营活动

净现金流量，甚至经营活动净现金流量为负值，说明项目维持正常运营会遇到财务上的困难，项目方案可能缺乏合理性，项目产品或服务不能完全被市场所认可，项目实现自身资金平衡的能力弱；或者可能性小，可能需要通过短期融资来维持运营；或者项目本身难以达到资金平衡，需要依靠政府补贴维持运营。

第二，各年累计盈余资金不应出现负值是投资项目财务生存的必要条件。投资项目具有财务生存能力，要求在整个运营期间，允许个别年份的净现金流量出现负值，但不能容许任一年份的累计盈余资金出现负值。若累计盈余资金出现负值，应进行短期借款，同时分析短期借款的年份长短和数额大小，进一步判断项目的财务生存能力。短期借款应体现在财务计划现金流量表中，其利息应计入财务费用。为维持项目正常运营，还应分析短期借款的可靠性。

对没有营业收入的非营利性项目，不进行盈利能力分析，主要进行财务生存能力分析。这类项目通常需要政府长期补贴才能维持运营，应合理估算项目运营期各年所需的政府补贴数额，并分析政府补贴的可能性与支付能力。对有债务资金的非营利性项目，还应结合借款偿还要求进行财务生存能力分析。

对有营业收入但营业收入或价格受到政府严格管制的非营利性项目，其分析重点也是财务生存能力分析。这类项目的运营需要政府给予补贴以维持运营，因此财务生存能力分析应估算项目运营各年所需的政府补贴数额，并分析政府可能提供财政补贴的能力。

本章小结

项目财务评价是在国家现行财税制度和价格体系下，从项目的角度出发，计算项目范围内的财务效益和费用，分析项目的盈利能力、清偿能力和财务生存能力，据以评价、判别项目的财务可行性，以便为项目的投资决策提供科学依据。项目财务评价的内容主要包括项目财务效益和费用的识别、项目财务效益和费用的计算、项目财务报表的编制、项目财务评价指标的计算与评价、项目不确定性分析等。项目财务评价的基本步骤包括：熟悉项目情况，收集项目财务评价的基础数据与参数；编制辅助报表，预测项目财务数据；编制基本财务报表或主要财务报表；计算财务评价指标，进行盈利能力分析、偿债能力分析和财务生存能力分析；进行项目的不确定性分析；分析、确定项目财务评价的结论，编写项目财务评价报告。影响项目财务评价的因素主要有项目的计算期、项目的范围界定、项目分析和计算的数据资料等。

财务费用与效益的识别是财务评价的基础。项目的财务费用主要是项目投资、经营成本、销售税金及附加等；项目财务效益主要是营业收入（销售收入）、资产回收、补贴收入（包括增值税返还）等。项目财务评价效益与费用识别需要注意识别范围、所得税的处理、折旧费与摊销费的处理、利息等问题。

财务报表的编制需要财务基础数据与参数，"财务基础数据"是指在进行项目财务评价过程中必须予以充分考虑的、与项目直接相关的各种投入产出要素数据的统称。为了真实、合理地反映项目的效益、费用及财务状况,财务评价应采用以市场价格体系为基础的预测价格。基准收益率可采用行业或政府有关部门统一发布并执行的财务基准收益率,也可以由项目投资者或评价者自行设定。项目计算期可以分为建设期和运营期,运营期又分为投产期和达产期。

项目财务评价的主要报表或基本报表包括各类现金流量表、利润与利润分配表、财务计划现金流量表、资产负债表、借款还本付息估算表等。辅助报表或基础性报表包括建设投资估算表(概算法、形成资产法)、建设期利息估算表、流动资金估算表、项目总投资使用计划与资金筹措表、营业收入营业税金及附加估算表、总成本费用估算表(生产要素法、生产成本加期间费用法)、外购原材料费估算表、外购燃料和动力费估算表、固定资产折旧费估算表、无形及递延资产摊销估算表、工资及福利费估算表、主要产出物和投入物使用价格依据表等。

项目财务分析是项目经济评价的重要组成部分,是在财务效益与费用估算以及编制财务辅助报表的基础上,编制财务报表,计算财务分析指标,考察、分析项目的盈利能力、偿债能力和财务生存能力,判断项目的财务可行性,明确项目对财务主体的价值以及对投资者的贡献,为投资决策、融资决策、金融机构信贷决策等提供依据。

投资项目财务分析可以分为融资前分析和融资后分析。投资项目融资前分析是指在不考虑融资条件下对投资项目进行的财务分析,或者说是不考虑资金的来源和性质,即不论是自有资金还是借入的债务资金,把所有资金放在一起,一视同仁,从项目投资总获利能力角度,考察项目方案设计的合理性,分析项目的投资效益和投资效果。投资项目融资后分析是以设定的融资方案为基础进行的财务分析,是主要针对项目资本金折现现金流和投资各方折现现金流进行的分析,包括盈利能力分析、偿债能力分析、财务生存能力分析等内容。

思考练习题

1. 什么是财务评价?为什么要进行财务评价?
2. 建设项目财务评价应遵循的基本原则有哪些?
3. 建设项目财务评价的内容与步骤有哪些?
4. 建设项目财务评价报表包括哪些?各有什么作用?
5. 建设项目财务评价的基础数据与参数分类有哪些?
6. 财务评价涉及的价格体系包括哪些?
7. 编制基本财务报表需要哪些基础数据?
8. 某建设项目的建设期为1年,运营期为7年,基础数据如下:

(1) 固定资产投资总额为 2 060 万元(其中包括无形资产 210 万元),其中 1 060 万元为自有资金,1 000 万元通过贷款获得,年利率为 10%。贷款本金在运营期初的年份按照最大偿还能力偿还，利息每年收取，固定资产使用年限为10年，余值在运营期末收回（按直线法折旧，残值率为4%）；

(2) 无形资产在运营期内均匀摊入成本；

(3) 流动资金为1 200万元，运营期初一次性投入，在运营期末一次性收回，有一半为自有资金，另一半为贷款，年利率为5%，每年偿还利息，本金在运营期末一次性偿还；

(4) 预计运营期每年销售收入为2 000万元，年经营成本为1 420万元，销售税金及附加按6%计算，所得税税率为25%。

问题：

(1) 将相应数据填入下面的表1、表2、表3中；

(2) 计算该项目的借款偿还期；

(3) 计算该项目的资本金利润率及投资利税率。

表1 还本付息表

序号	项目	1	2	3	4	5	6	7	8
1	年初累计借款								
2	本年新增借款								
3	本年应计利息								
4	本年应还本金								
5	本年应还利息								

表2 总成本费用估算表

序号	项目	1	2	3	4	5	6	7	8
1	年经营成本								
2	年折旧费								
3	年摊销费								
4	长期借款利息								
5	流动资金贷款利息								
6	总成本费用								

表3 损益表

序号	项目	1	2	3	4	5	6	7	8
1	年销售收入								
2	销售税金及附加								
3	总成本费用								
4	利润总额								
5	所得税								
6	税后利润								
7	盈余公积金（10%）								
8	应付利润								
9	未分配利润								

第八章 CHAPTER 8

项目国民经济评价

> **学习目的**
>
> 本章主要介绍项目国民经济评价的内容。通过本章的学习，要求掌握国民经济评价的概念和作用，理解国民经济评价与财务评价的联系与区别，熟悉经济效益和经济费用识别及基本要求，了解经济效益与经济费用的估算，了解劳动力、土地和自然资源等项目特殊投入物的影子价格，熟悉国民经济评价指标及报表，了解经济分析中的费用效果分析。

在对投资项目进行了财务评价以后，部分投资项目还需要进行国民经济评价，即对投资项目从宏观角度进行决策分析与评价，判定其经济合理性。

第一节 国民经济评价概述

投资项目财务评价是从项目的角度出发，分析项目范围内的财务费用和效益，这种单纯的项目内部财务费用和效益的分析没有考虑项目的外部性，不能完整反映投资项目的全部成本和收益。因此，对部分投资项目在经济评价中需要引入国民经济评价的概念，站在国家和社会的角度对投资项目进行分析评价。

一、国民经济评价的概念

投资项目的国民经济评价（或经济分析）是在合理配置社会资源的前提下，从国家整体利益的角度出发，采用社会折现率、影子汇率、影子工资和货物影子价格等经济分析参数，计算项目对国民经济的贡献，分析项目的经济效率、经济效果和对社会的影响，评价项目在宏观经济上的合理性。

国民经济评价把建设项目置于整个国民经济这个大系统中，从国民经济的角度出发，站在国家的立场上考虑、研究和预测项目从建设到建成投产后为国家和社会所能做出的贡献的大小，并根据这些贡献的大小，综合考虑其他各方面的利弊得失情况来决定项目的取舍。投资项目国民经济评价既包括项目对经济的影响，也有项目对社会和环境等带来的影响，评价方面较多、范围较大、视野较为宽广，因此也称为"宏观评价"。

投资项目国民经济评价可以采用经济费用效益分析或经济费用效果分析的方法，对那些可能对就业、区域和宏观经济产生明显外部影响的项目，进行系统的经济影响分析。

在进行投资项目国民经济评价时，应根据国家与地方社会发展的长远规划和战略目标、部门及行业规划的要求，结合产品或服务的市场预测、工程技术研究及投资项目的具体情况，计算项目投入、产出的直接的和间接的费用和效益，通过多方案比较论证，对拟建投资项目在经济上的合理性、可行性进行科学计算、分析、论证，做出全面科学的经济评价。

国民经济评价是项目经济评价的关键，是经济评价的主要组成部分，也是项目投资决策的重要依据。

二、国民经济评价的作用

（1）投资项目国民经济评价是项目评价方法体系中的重要组成部分，具有项目市场分析、技术方案分析、财务分析、环境影响分析、组织机构分析等不可替代的功能和作用。

投资项目的市场分析、技术方案分析、财务分析、环境影响分析、组织机构分析等都是可行性研究的构成部分，分别从项目产品或服务的市场前景、项目采用的技术方案、投资者的投资效果、项目的环境影响、组织机构设置及其适应性等方面对投资项目进行分析，但国民经济评价是从国家整体利益的角度分析项目的经济效率、经济效果和对社会的影响，有其独特性，是其他分析所不能替代的，也是投资项目财务评价不能替代的。

（2）国民经济评价可以正确反映项目对社会经济的净贡献，评价项目的经济合理性，优化社会资源的配置。

财务分析是从项目或企业（财务主体）的角度考察项目范围内的效益，即项目的内部费用和效益。其实，投资项目除了内部费用和效益外，还有外部费用和效益。不同投资项目由于政府补贴、上缴税金、产品或服务市场价格扭曲、垄断、贸易配额、外部效果等原因，使项目投资者的利益并不总是与国家、社会的利益完全一致。因此，需要从项目对社会资源增加所做贡献和项目引起社会资源耗费增加的角度，采用能够反映资源真实价值的影子价格等参数进行项目费用和效益的分析，以便正确反映项目的经济效益和对社会福利的净贡献。

（3）国民经济评价是市场经济体制下政府对公共项目进行分析、评价的重要方法，有助于政府投资项目的科学决策。

在市场经济体制下，我国政府还需要对公益性项目、公共基础设施项目、保护和改善生态环境项目以及交通运输、农林水利等基础设施、基础产业项目等进行投资、建设及管理。这些项目具有较强的外部性、公共性。而在我国新的投资体制下，国家对项目的审批和核准重点就放在项目的外部性、公共性等方面。国民经济评价强调从资源配置效率的角度分析项目的外部效果，是政府审批或核准项目的重要依据，也是政府投资项目决策的依据。

（4）国民经济评价是市场经济条件下国家政府部门干预投资活动的重要手段。

合理配置有限的资源（包括劳动力、土地、各种自然资源、资金等）是人类经济社会发展所面临的共同问题。社会资源配置的方式主要有两种：市场调节、市场调节与政府调节相结合。在完全市场经济状态下，理论上可通过市场机制调节资源的流向，实现资源的优化配置。在非完全市场经济状态下，则需要在市场调节的基础上发挥政府在资源配置中的调节作用，即市场调节与政府调节相结合。但是，由于市场本身不完善等原因及政府不恰当的干预，可能导致市场失灵。这就需要进行项目的国民经济评价，并且注意处理投资项目财务评价与国民经济评价的关系，将企业利益与社会利益有机结合，为政府的资源配置提供依据，提高社会资源配置的有效性。

对于财务效益好而国民经济效益差的项目，政府在审批或核准项目的过程中可以通过经济手段、行政手段等进行限制，使有限的社会资源得到更有效的利用；对于财务效益差而国民经济效益好的项目，可以提出相应的财务政策方面的建议，调整项目的财务条件，使项目具有财务可持续性，政府可以采取补贴、税收、利率等调节方式鼓励项目的投资、建设和运营，促进社会资源的有效利用。

三、国民经济评价的适用对象（项目范围）

投资项目经济评价适用对象或项目范围的选择，需要根据项目的性质、项目的目标、项目的投资主体、项目对我国经济与社会发展的影响等具体情况来确定。对于费用与效益计算比较简单、建设期与运营期比较短的项目，如果财务评价的结论能够满足项目投资决策的需要，可以不必进行国民经济评价，仅仅进行财务评价即可。这类项目处在比较理想的市场经济条件下，市场调节发挥着重要的作用，由市场竞争决定其生存，由市场竞争优胜劣汰机制促进生产力的不断发展和进步。而政府调节的主要作用发挥在构建合理有效的市场机制，而不在具体的项目投资决策。

在现实经济中，市场本身的原因（供需失衡等）及政府不恰当的干预，可能导致市场配置资源失灵，市场价格难以反映其真实经济价值，财务评价不能全面反映项目的价值，需要通过经济分析反映投资项目的真实经济价值，判断投资的经济合理性，为投资决策提供依据。因此，市场配置资源失灵的项目需要进行经济分析。对于关系公共利益、国家安全和市场不能有效配置资源的经济和社会发展项目，则需要同时进行投资项目的财务评价与国民经济评价。

具体来说，需要进行投资项目国民经济评价的项目范围主要有如下 5 个。

（1）具有垄断特征的项目。例如，我国的电力项目、电信项目以及一定范围内的交通运输项目等，存在着规模效益递增的产业特征，会形成自然垄断格局，从而导致市场配置资源失效，难以发挥市场调节作用。

（2）产出具有公共产品特征的项目。这类项目提供的产品或服务在同一时间内可以被消费者共同消费，每个人的消费不影响其他人的消费，或者说，不以牺牲其他人的消费为代价，具有典型的"消费的非排他性"和"消费的非竞争性"特征，市场机制难以发挥作用。

（3）外部效果显著的项目。外部效果是在财务评价考虑内部效果的基础上进行投资项目国民经济评价中增加的项目效果，是一个投资项目的建设和运营对其他项目、企业、消费者等产生的影响，而项目的投资者又不去承担相应责任或获得相应的报酬。外部效果显著的项目投资者在投资项目的建设和运营过程中常常会低效率甚至无效率地使用资源，造成资源配置低效、失效甚至无效。

（4）涉及国家控制的战略性资源开发项目和涉及国家经济安全的项目，产品或服务具有公共产品特征，外部效果显著，不可能依靠市场调节配置资源。

（5）政府行政干预过度的项目。政府对市场经济活动的过度干预，可能降低经济活动效率，导致市场配置资源失效。

从投资管理的角度，需要进行国民经济评价的项目有如下 5 个。

（1）政府预算内（包括国债资金）投资的用于关系国家安全、国土开发和市场不能有效配置资源的公益性项目和公共基础设施建设项目、保护和改善生态环境项目、重大战略性资源开发项目；

（2）政府各类专项建设基金投资的用于交通运输、农林水利等基础设施、基础产业建设项目；

（3）利用国际金融组织和外国政府贷款，需要政府主权信用担保的建设项目；

（4）法律、法规规定的其他政府性资金投资的建设项目；

（5）企业投资建设的涉及国家经济安全、影响环境资源、公共利益、可能出现垄断、涉及整体布局等公共性问题，需要政府核准的建设项目等。

四、投资项目国民经济评价与财务评价的异同与联系

投资项目财务评价与国民经济评价是经济评价的两个组成部分，两种评价有相同点，也有不同点；两种评价从不同的角度对项目进行考察，又存在紧密的联系。

（一）投资项目国民经济评价与财务评价的区别

第一，两种评价的角度和基本出发点不同。从项目财务评价与国民经济评价的概念中可以看出，财务评价是站在项目的层次上，通过分析项目现金流等变化，从项目的财务主体或投资者、未来的债权人角度，分析项目的财务效益和财务可持续性，分析投资各方的实际收益或损失，分析投资或贷款的风险及收益，为投资决策服务；国民经济评价则是站

在国家的层次上，从全社会的角度分析、评价、比较项目对社会、经济的效益和费用，需要考察的因素更加全面，从项目对社会整体的效应来判断项目的可行性，为宏观调控服务。

第二，项目效益和费用的含义与范围划分不同。财务评价仅根据项目范围内直接发生的财务收支，计算项目范围内的直接效益和费用，凡是货币收入都视为收益，如补贴等；凡是项目的货币支出都视为费用，如税金、利息等。国民经济评价则从全社会的角度考察项目的效益和费用，不仅要考虑项目范围内直接的效益和费用，还要考虑项目范围外间接的效益和费用。从全社会的角度考虑，项目的有些收入和支出不能作为费用或效益，如企业向政府缴纳的税金和政府给予企业的补贴、国内银行贷款利息，一般并不发生资源的实际增加或耗用，大多是国民经济内部的"转移支付"，这些在项目国民经济评价中属于"转移支付"，不予考虑。

第三，财务评价与国民经济评价使用的价格体系不同。财务评价要确定投资项目财务上的现实可行性，对投入物和产出物均采用预测的财务收支价格，即根据现行价格所做的市场预测价格；国民经济评价则采用反映货物的真实经济价值、反映机会成本、供求关系以及资源稀缺程度的影子价格，目的是剔除市场非均衡等因素对实际价格造成的扭曲。

第四，财务评价与国民经济评价的内容不同。财务评价要进行盈利能力分析、偿债能力分析、财务生存能力分析，而国民经济评价只做盈利能力分析，分析投资项目的经济效率与经济效益。

第五，财务评价与国民经济评价使用的参数或计算基础不同。计算基础的不同主要体现在选用的折现率、汇率等不同。财务评价的折现率一般采用的是行业基准的收益率，汇率一般是采用当时的官方汇率；而国民经济评价则采用国家统一测定、颁布的社会折现率和影子汇率。

（二）国民经济评价与财务评价的相同之处

第一，国民经济评价与财务评价都使用效益与费用比较的理论方法。国民经济评价与财务评价都是经济效果评价，都使用基本的经济评价理论，即效益与费用比较的理论方法，都要考虑资金的时间价值，都采用内部收益率、净现值等盈利性指标评价工程项目的经济效果。国民经济评价与财务评价都是从费用和效益入手，基本思想都是试图在一定的投入基础上获得最大化的产出。

第二，遵循效益和费用识别、计算的"有无对比"原则，即在财务评价和国民经济评价中均根据"有无对比"原则进行费用效益识别与计算。

第三，国民经济评价与财务评价采用的主要分析方法和使用的经济指标相同，两者都采用现金流量法来计算项目净现值、内部收益率等指标，并以此进行项目的效益评估；都是通过动态与静态相结合、定量与定性相结合进行分析。

第四，国民经济评价与财务评价的基础相同，两者都要在产品或服务市场需求预测、厂址选择、工程技术方案论证、投资估算、资金筹措等完成之后进行。

第五，国民经济评价与财务评价的计算期相同。无论是国民经济评价还是财务评价，都使用相同的计算期，包括建设期和运营期。

(三) 国民经济评价与财务评价的联系

投资项目国民经济评价与财务分析之间有着密切的联系。在很多情况下，国民经济评价是在财务评价基础上进行的，需要利用财务评价中已经使用的数据资料，以财务评价为基础进行必要的调整、计算，得到国民经济评价的结论。当然，国民经济评价也可以独立进行，即在项目的财务评价之前或者不依据财务评价的结果、数据等基础资料就可以进行经济评价。某些项目经济评价也不一定首先进行财务评价然后再进行国民经济评价，并不一定按照固定的程序，像在一些大型水利工程项目进行经济评价时，一般都首先进行国民经济效益的评估，甚至有时把财务效益的考虑直接并入国民经济效益分析。可见，项目外部性的大小不同会导致财务评价和国民经济评价相对重要程度的变化。一般而言，项目越大，对其进行国民经济评价就越重要。因此，在进行投资项目经济评价时，要根据具体项目灵活选择侧重点并采取相应的评估程序。

(四) 投资项目财务评价与国民经济评价结果的处理

投资项目财务评价与国民经济评价的结果可能相同，也可能不同。财务评价与国民经济评价可能面临下列情况。

第一，当一个项目在微观上能给企业带来效益，在宏观上又有利于经济增长，即在财务评价和国民经济评价中都是"可行"的，那么这个项目就是"可行"的。

第二，当一个项目能够给投资者或企业带来巨大利益，却给国民经济整体带来不利的影响，即存在外部不经济时，财务评价的结果"可行"，国民经济评价的结果"不可行"，政府应该采取措施来干预；当外部性很大且很难消除时，该项目不能被实施。

第三，当一个项目在财务评价上"不可行"，但对社会经济发展有着促进的作用，存在外部经济，即财务评价的结果"不可行"，国民经济评价的结果"可行"，那么政府应该根据项目的实际情况，通过价格、税收等手段对企业进行补偿，保障项目的实施，从宏观上实现国民经济的整体利益。

第四，当一个项目在财务效益评估和国民经济效益评估中都是"不可行"的，那么毫无疑问，这个项目不能实施。

五、投资项目国民经济评价的内容

(1) 投资项目经济效益和费用的划分、识别，特别是"转移支付"的处理、外部效果的识别与分析；

(2) 投资项目经济效益和费用计算所用影子价格及其国家参数的确定。投资项目的经济费用和效益的计算采用影子价格、影子汇率、影子工资等，要合理分析、确定这些参数。

(3) 投资项目的经济效益和费用的计算。投资项目的经济效益和费用可以直接计算，也可以通过对财务评价相关范围与数值的调整进行计算，即按照已经选定的评价参数，计算项目的销售收入、投资和生产成本的支出，并计算投资项目的经济效益和费用。

(4) 投资项目的国民经济评价报表的分析与评价。对投资项目的国民经济评价报表进行分析与评价主要是对所编制的有关报表进行核对，保证其符合规定及正确性。

(5) 国民经济效益指标的评价。对国民经济效益指标的评价就是从国民经济整体角度出发考察项目给国民经济带来的净贡献，即对项目国民经济盈利能力等进行评价。

(6) 投资项目的社会效益评价。项目的社会效益评价，主要针对投资项目的建设给地区或部门经济发展带来的效果进行定量或定性分析，包括对收入分配、产业结构、技术水平、劳动力就业、环境保护、资源利用、产品质量及对人民物质文化水平和社会福利的影响等。

(7) 投资项目的风险与不确定性分析。投资项目的风险与不确定性分析一般包括盈亏平衡分析、敏感性分析、概率分析等，以确定投资项目在经济上的可靠性。

(8) 方案经济效益比较。在国民经济评价中，方案比较一般采用净现值法和差额投资内部收益率法，而对于效益相同或效益基本相同又难以具体估算的方案，可采用最小费用法（总费用现值比较和年费用现值比较）。

(9) 综合评价与结论建议。在对主要评价指标进行综合分析后，就可以做出评价结论，并对在评价中出现和反映的问题及对投资项目需要说明的问题、有关建议作简要的说明。

六、投资项目国民经济评价的方法与步骤

首先需要说明的是，投资项目国民经济评价包括经济费用效益分析与经济费用效果分析两种基本方法。但本书除在本章最后单独介绍经济费用效果分析外，一般是把国民经济评价与经济费用效益分析等同的。

一般而言，投资项目国民经济评价可以采用两种具体方法：一种是在财务分析的基础上进行国民经济评价；另一种是不考虑财务评价，直接进行国民经济评价。

(一) 在财务分析基础上进行国民经济评价的步骤

在财务评价基础上进行投资项目的国民经济评价，主要是将财务评价中的财务费用和财务效益调整为经济费用和经济效益，即调整不属于国民经济效益和费用的内容，剔除国民经济内部的"转移支付"，计算和分析项目的间接费用和效益（即外部效果），按投入物和产出物的影子价格及其他经济评价参数（如影子汇率、影子工资、社会折现率等）对有关经济数据进行调整。

1. 确认投资项目经济效益和费用

(1) 剔除已计入财务效益和费用中的"转移支付"；

（2）识别、计算项目的外部收益和外部费用（间接效益和间接费用），能定量的尽量进行定量分析，不能定量的则进行定性分析。

2. 财务效益、财务费用范围与数值的调整

（1）固定资产投资的调整。对固定资产投资的调整，首先应剔除属于国民经济内部"转移支付"的引进设备、材料的关税、增值税等税金，然后再用影子汇率、影子运费和贸易费用对引进设备、材料价值进行调整；对于国内设备价值则用影子价格、影子运费和贸易费用进行调整；建筑工程消耗的人工、"三材"（钢材、木材、水泥）、其他大宗材料、电力等，可用影子工资、货物和电力的影子价格调整建筑费用，或通过建筑工程影子价格换算系数直接调整建筑费用；若安装费中有材料费占较大比重，或有进口安装材料，也应按材料的影子价格调整安装费用；剔除涨价预备费，并调整其他有关费用。

（2）无形资产投资的调整。无形资产投资的调整主要是要求调整取得土地使用权的费用支出，即要用土地的影子费用（经济价值）代替占用土地的实际费用，剔除在取得土地使用权时发生的"转移支付"。

（3）流动资金的调整。流动资金的调整是指按流动资金构成或经营成本逐项调整，即可按影子价格对流动资金进行详细的分项调整，也可按调整后的销售收入、经营成本或固定资产价值乘以相应的流动资金占有率进行调整（剔除未造成社会资源实际消耗的流动资金部分）。

（4）经营费用的调整。对财务评价中的经营费用，可首先将其划分为可变费用和固定费用，然后再按如下方法进行调整：可变费用部分按原材料、燃料、动力的影子价格重新计算各项费用；固定费用部分应在剔除固定资产的折旧费、无形资产摊销及流动资金利息后对维修费和工资进行调整，其他费用则不用调整。其中，维修费可按调整后的固定资产原值（应扣除国内借款建设期的利息）、维修费率重新计算，工资则按影子工资换算系数进行调整。

（5）销售收入（营业收入）的调整。销售收入的调整主要是根据产出物的类型及其影子价格来进行调整，重新计算项目的销售收入。

（6）在涉及外汇借款时，应用影子汇率计算调整外汇借款本金与利息的偿付额。

3. 编制投资项目国民经济评价表格，计算评价指标

编制投资项目的经济分析效益费用流量表（全部投资），并据此计算全部投资的经济内部收益率和经济净现值指标。对使用国外贷款的项目，还应编制经济分析效益费用流量表（国内投资），并据此计算国内投资的经济内部收益率和经济净现值。

对于产出物用于出口（含部分出口）或替代进口的项目，需要编制经济外汇流量表和国内资源流量表，计算外汇净现值、经济外汇换汇成本或经济节汇成本。

4. 进行国民经济评价的不确定性分析

在经济效益费用分析中，估算和预测的数据不可避免地存在不确定性，所以要通过盈亏平衡分析、敏感性分析、概率分析等方法判断投资项目的抗风险能力，为决策提供依据。

(二)直接进行国民经济评价的步骤

(1)识别和计算项目(内部)的直接效益。对那些为国民经济提供产出物的投资项目,首先应根据产出物的性质确定其是否属于外贸货物,再根据定价原则确定产出物的影子价格。在影子价格确定以后,可以根据项目产出物的种类、数量及其增减情况和相应的影子价格计算项目的直接效益。而对那些为国民经济提供服务的投资项目,应根据其提供服务的数量和用户的受益程度计算项目的直接效益。

(2)用货物的影子价格、土地的影子费用、影子工资、影子汇率、社会折现率等参数直接进行项目的投资估算。

(3)估算流动资金。

(4)根据项目生产经营的实物消耗,用货物的影子价格、影子工资、影子汇率等计算经营费用。

(5)识别和计算项目的(外部)间接效益和费用,对能定量计算的,应尽可能定量计算;对难以定量计算的,应进行定性描述。

(6)编制投资项目国民经济评价表格,计算评价指标。

(7)进行国民经济评价的不确定性分析。

第二节 经济效益与费用的识别

一、经济效益和经济费用识别的基本要求

我国国家发展和改革委员会、建设部发布的《建设项目经济评价方法与参数》(第三版)规定:经济效益的计算应遵循支付意愿(WTP)原则和(或)接受补偿意愿(WTA)原则;经济费用的计算应遵循机会成本原则。经济效益和经济费用可直接识别,也可通过调整财务效益和财务费用得到。

进行投资项目经济效益、经济费用识别应遵循下列基本要求:

(一)对经济效益与费用进行全面识别

进行国民经济评价首先要对项目的经济效益与费用进行识别和划分,也就是要认清所评价的项目在哪些方面对整个国民经济产生费用,又在哪些方面产生效益。识别和划分费用与效益的基本原则是:凡是对国民经济所做的贡献,均计为项目的经济效益,包括项目的直接效益和间接效益;凡是国民经济为项目所付出的代价(即社会资源的耗费,或社会成本),均计为项目的经济费用。也就是说,项目的国民经济效益是指项目对国民经济所做的贡献,包括项目的直接效益和间接效益;项目的国民经济费用是指国民经济为项目付

出的代价，包括直接费用和间接费用。因此，国民经济评价应考虑关联效果，对项目涉及的所有社会成员的有关效益和费用进行全面的识别，包括直接效益与间接效益，或者内部效益与外部效益。

（二）遵循"有无对比"的原则

判别项目的经济效益和费用，要按照"有无对比"的原则进行分析，将"有项目"（项目实施）与"无项目"（项目不实施）两种方案进行对比，以确定某项效益或费用的存在。

（三）合理确定经济效益与费用识别的时间跨度

经济效益与费用识别的时间跨度应足以包含项目所产生的全部重要效益和费用，不完全受财务分析计算期的限制。国民经济评价不仅要分析项目的近期影响，还要分析可能会带来的中期影响、长期影响，因此，时间跨度可能更长。

（四）正确处理"转移支付"

正确处理"转移支付"是经济效益与费用识别的关键。对社会成员之间发生的财务收入与支出，应从是否新增社会资源和是否增加社会资源消耗的角度出发加以识别。不新增社会资源和不增加社会资源消耗的财务收入与支出则视作社会成员之间的"转移支付"，在国民经济评价中不作为经济效益与费用。

（五）遵循以本国社会成员作为分析对象的原则

经济效益与费用的识别应以本国社会成员作为分析对象。对于跨越国界，对本国之外的其他社会成员也产生影响的项目，应重点分析项目给本国社会成员带来的效益和费用，项目对国外社会成员所产生的效果应予以单独陈述。

二、直接效益与直接费用

投资项目的直接费用和直接效益在财务评价中已经得到了反映。因此，投资项目的直接效益与间接效益的分析与判断相对来说比较简单。

（一）直接效益

项目直接效益是指由项目产出物产生的为社会提供的产品或者服务，并在项目范围内用影子价格计算的经济效益，一般表现为项目为社会生产提供的物质产品、科技文化成果和各种各样的服务所产生的效益。例如，工业项目生产的产品、矿产开采项目开采的矿产品、邮电通信项目提供的邮电通信服务等满足社会需求的效益；运输项目提供运输服务满足人流物流需要、节约时间的效益；医院提供医疗服务满足人们增进健康、减少死亡的需求；学校提供的学生就学机会满足人们对文化、技能提高的要求等。

项目直接效益有以下多种表现：

（1）项目产出物用于满足国内新增的需求时，项目直接效益表现为国内新增需求的支付意愿。

（2）项目的产出物用于替代其他厂商的产品或服务，使被替代厂商减产或停产，从而使其他厂商耗用的社会资源得到节省，项目直接效益表现为这些资源的节省。

（3）项目的产出物直接出口或者可替代进口商品导致进口减少，项目直接效益表现为国家外汇收入的增加或支出的减少。以上所述的项目直接效益大多在财务分析中能够得到反映，尽管有时这些反映会有一定程度的价值失真。对于价值失真的直接效益，在经济分析中应按影子价格重新计算。

（4）某些行业的项目，其产生的效益有特殊性，不可能体现在财务分析的营业收入中。例如，交通运输项目产生的体现为时间节约的效果，教育项目、医疗卫生和卫生保健项目等产生的体现为对人力资本、生命延续或疾病预防等方面的影响效果，从经济分析角度都应该计为项目的直接经济效益。

（二）直接费用

项目直接费用是指项目使用投入物产生，且在项目范围内用影子价格计算的经济费用，是指项目所耗费的资源，一般包括投入项目的各种人力、物力、资金、技术以及自然资源带来的社会资源的消耗。

项目直接费用也有多种表现：

（1）社会扩大生产规模用以满足项目对投入物的需求时，项目直接费用表现为社会扩大生产规模所增加耗用的社会资源价值；

（2）社会不能增加供给时，导致其他人被迫放弃使用这些资源来满足项目的需要，项目直接费用表现为社会因其他人被迫放弃使用这些资源而损失的效益；

（3）项目的投入物导致进口增加或出口减少时，项目直接费用表现为国家外汇支出的增加或外汇收入的减少。

直接费用一般在项目的财务分析中已经得到反映，尽管有时这些反映会有一定程度的价值失真。对于价值失真的直接费用，在经济分析中应按影子价格重新计算。

三、间接效益与间接费用

（一）投资项目直接效益与间接效益的概念

在国民经济评价中，应关注项目财务评价中没有涉及的项目外部性。对项目产生的外部效果进行识别，习惯上把外部效果称为间接效益和间接费用。通常把与项目相关的间接效益与费用统称为外部效果。外部效果是指项目的产出或投入无意识地给他人带来费用或效益，但项目却没有为此付出代价或为此获得收益。间接效益和间接费用就是由于项目的外部性所导致的项目对外部的影响，而项目本身并未因此实际获得收入或交付费用。

项目的效益除了由其产出物所体现的直接效益外，还应包括对社会产生的某些其他效益，即间接效益。项目的间接效益是指由项目引起但在直接效益中没有得到反映的效益。间接效益主要是通过项目的外部正效应体现的，这些在项目的财务分析上没有得到体现，但在实际中却能给国民经济带来效益。如项目为社会创造的就业机会，高速公路的修建为沿路地区带来更多的投资机遇，技术扩散的效益；建设一个钢铁生产项目的同时，修建了一套厂外运输系统，这套运输系统除为钢铁项目本身服务外，还会使当地的工农业生产和人民生活得益。

根据我国国家发展和改革委员会、建设部发布的《建设项目经济评价方法与参数》（第三版），项目间接效益的识别应遵循以下3个原则。

（1）如果项目的产出效果表现为对人力资本、生命延续或疾病预防等方面的影响，如教育项目、卫生项目、环境改善项目或交通运输项目等，应根据项目的具体情况，测算人力资本增值的价值、可能减少死亡的价值以及对健康影响的价值，并将量化结果纳入项目国民经济评价的框架之中；如果货币量化缺乏可靠的依据，则可以采用非货币化的方法进行量化。

具体情况是：第一，对于教育类、科技类等项目实施可能带来人才培养、素质或能力的提高，造成人力资本增值的效果，可以根据"有项目"与"无项目"两种不同情况下的税前工资率的差别进行估算；第二，影响环境或医疗、健康等项目的实施可能带来增加或减少疾病发生率、死亡率等价值，可以根据支付意愿或者带来的效益或损失来估算其价值。

（2）如果项目的效益表现为费用节约的项目，应根据"有无对比"分析，计算节约的经济费用，计入项目相应的经济效益。

（3）对于表现为时间节约的运输项目，其经济价值应采用"有无对比"的方法，根据不同人群、货物、出行目的等，区别下列情况来计算时间节约价值：第一，根据不同人群及不同出行目的对时间的敏感程度，分析受益者为得到这种节约所愿意支付的货币数量，测算出行时间节约的价值；第二，根据不同货物对时间的敏感程度，分析受益者为得到这种节约所愿意支付的价格，测算其时间节约的价值。

间接费用是社会经济因项目实施而付出的代价，但在项目的直接费用中没有得到反映的费用，因为项目本身并不需要为间接费用付出成本。例如，项目对自然环境造成的损害，项目产品大量出口从而引起该种产品出口价格下降等，尽管这些项目本身并不需要为此付出代价，但是社会的其他利益相关者却受到了损失，因此从社会整体来看是为项目付出了成本。

（二）投资项目的外部效果的识别

投资项目的外部效果是指项目可能对其他社会群体产生的正面或负面影响，而项目本身却不会承担相应的货币费用或享有相应的货币效益。

投资项目的外部效果一般包括下列几个方面：

1. 环境及生态影响效果

有些项目会对自然环境产生污染，对生态环境造成破坏。例如，排放污水造成水污染，排放有害气体和粉尘造成大气污染、噪音污染、放射性污染、临时性的或永久性的交通阻塞、航道阻塞，对自然生态造成破坏等。项目造成的环境污染和生态破坏，是项目的一种间接费用，这种间接费用一般较难定量计算。近似的可按同类企业所造成的损失估计，或按恢复环境质量所需的费用估计。环境治理项目会对环境产生好的影响，评价中应考虑相应的间接效益。根据我国国家发展和改革委员会、建设部发布的《建设项目经济评价方法与参数》（第三版），环境及生态影响的外部效益和费用，应根据项目的时间范围和空间范围、具体特点、评价的深度要求及资料占有情况，采用适当的评估方法与技术对环境影响的外部效果进行识别、量化和货币化。环境和生态影响不能定量计算的，应进行定性描述。

2. 技术扩散效果

一个技术先进项目的实施，会培养和造就大量的工程技术人员、管理人员或技术较强的操作人员，也会产生或发明一些先进技术。这些先进技术由于技术培训、技术人员的流动，技术在社会上扩散和推广，整个社会都将受益，这种效益通常是隐蔽的、滞后的。但这类外部效果通常未在影子价格中得到反映，难以定量计算，一般只进行定性说明。

3. 产业关联效果

产业关联效果包括纵向的相邻效果和横向的乘数效果。产业关联效果中纵向的相邻效果是指由于项目的实施而给"上游企业"和"下游企业"带来的辐射效果；或者说是指项目的建设和运营对上、下游企业产生的效果，是由于拟建项目的投入与产出使其上、下游企业原来闲置的生产能力得以发挥或达到经济规模所产生的效果。项目的"上游企业"是指为该项目提供原材料或半成品的企业，项目的实施可能会刺激这些"上游企业"得到发展，增加新的生产能力或是使原有生产能力得到更充分的利用。例如，兴建汽车厂会对为汽车厂生产零部件的企业产生刺激，对钢铁生产企业产生刺激。项目的"下游企业"是指使用项目的产出物作为原材料或半成品的企业，项目的产品可能会对下游企业的经济效益产生影响，使其闲置的生产能力得到充分利用，或使其在生产上节约成本。例如，如果在国内已经有了很大的电视机生产能力而显像管生产能力不足时，兴建显像管生产厂会对电视机厂的生产产生刺激。显像管产量增加、价格下降，可以刺激电视机的生产和消费。大多数情况下，项目的产业关联效果可以在项目的投入和产出物的影子价格中得到反映，不应再计算间接效果；也有些间接影响难以反映在影子价格中，需要作为项目的外部效果计算。为防止外部效果扩大化，计算项目产业关联效果时，随着时间的推移，如果没有该拟建项目，上、下游企业生产能力的利用也可能会发生变化，要按照"有无对比"的原则计算增量效果并注意其他拟建项目是否也有类似的效果。如果有类似的效果，就不应把上、下游企业闲置生产能力的利用都归因于该拟建项目，以免引起外部效果的重复计算。

产业关联效果中横向的乘数效果是指由于项目的实施而使与该项目相关的产业部门的

闲置资源得到有效利用，进而产生一系列的连锁反应，带动某一行业、地区或全国的经济发展所带来的外部效果。例如，兴建汽车厂会带动零部件厂发展，带动各种金属材料和非金属材料生产的发展，进而带动机床生产、能源生产的发展等。在对经济落后地区的项目进行经济分析时，可能会需要考虑这种乘数效果，特别是扶贫项目，乘数效果更加显著。一般情况下，乘数效果不能连续扩展计算，只需计算一次相关效果。如果拟同时对该项目进行经济影响分析，该乘数效果可以在经济影响分析中体现。

(三) 投资项目外部效果的计算

投资项目的外部效果通常是较难计算的。在国民经济评价中，通过扩大计算范围和调整价格两种方法可以将很多外部效果"内部化"，从而在很大程度上使项目的外部效果在项目内部得到了体现。

(1) 项目的外部效果不能重复计算。已经在直接效益和费用中计入的财务效果不应在外部效果中重复计算。考虑外部效果时要避免发生重复计算和虚假扩大项目间接效益。如果项目产出物以影子价格计算的效益已经将部分外部效果考虑在内了，就不应再计算该部分外部效果；项目的投入物影子价格大多数已合理考虑了投入物的社会成本，不应再重复计算间接的上游效益。有些间接效益能否完全归属所评价的项目，也是需要仔细论证的。例如，一个地区的经济发展制约因素往往不止一个，可能有能源、交通运输、通信等，瓶颈环节有多个，不能简单地归于某一个项目。例如，在评价交通运输项目时，要考虑到其他瓶颈制约因素对当地经济发展的影响，不能把当地经济增长都归因于项目带来的运力增加。

(2) 可以采用调整项目范围的办法，解决项目外部效果计算上的困难。由于项目外部效果计算上较困难，有时可以采用调整项目范围的办法，将项目的外部效果变为项目以内的效果。调整项目范围的一种方法是将项目的范围扩大，将具有关联性的几个项目合成一个"项目群"进行经济分析，这样就可以将这几个项目之间的相互支付转化为项目内部，从而相互抵消。例如，在评价相互联系的煤矿、铁路运输和火力发电项目时，可以将这些项目合成一个大的综合能源项目，这些项目之间的相互支付就转为大项目内部而相互抵消。

(3) 项目的外部效果往往体现在对区域经济和宏观经济的影响上。对于影响较大的项目，需要专门进行经济影响分析，同时可以适当简化国民经济评价中的外部效果分析。

(4) 为防止外部效果计算扩大化，项目的外部效果一般只计算一次相关效果，不应连续计算。

四、投资项目的"转移支付"

在项目效益与费用的识别过程中，经常会遇到项目与各种社会实体之间的货币转移，如税金、补贴、利息、折旧等。这些都是财务评价中的实际支出，但从国民经济角度来看，它们并不影响社会最终产品的增减，都未造成资源的实际耗用或增加，仅仅是资源的使用权在不同社会实体之间的一种转移。这种并不伴随着资源增减的纯粹货币性质的转移称为"转移支付"。"转移支付"是一种收入再分配的形式，是指一部分资源的支配权从一些实体或人手中转移到另一些实体或人手中，同时不增加也不减少整体的资源总量。在实际经济生活中，可以是政府与个人之间、企业与政府之间、企业与个人之间、企业与企业之间、政府与政府之间的"转移支付"。项目的有些财务收入和支出是社会经济内部成员之间的"转移支付"，即接受方所获得的效益和付出方所发生的费用相等。从社会经济角度看，并没有造成资源的实际增加或减少，不应计作经济效益或费用。

在投资项目的国民经济评价中，"转移支付"不能计入项目的效益或费用，但关键是对"转移支付"的识别和处理。如果以项目的财务评价为基础进行国民经济评价，应从财务效益与费用中剔除在国民经济评价中作为"转移支付"的部分。常见的"转移支付"主要包括税金、补贴、国内借款利息、折旧等。

（一）税金

从本质上说，税金属于个人和企业向政府的"转移支付"，并没有导致整体国民收入的增加或者减少。在项目财务评价中，房产税、土地使用税等都被作为管理费用计入项目的成本中，销售税金等也是投资项目的支出。但是，从国民经济的角度来看，经济费用和效益是从增加资源消耗或者增加国民收入来判断的，而税金的支付实际上并不消耗任何资源，也不会从总体上增加国民收入。税金作为国家财政收入的主要来源，是国家进行国民收入二次分配的重要手段，交税只不过表明税收代表的那部分资源的使用权从纳税人那里转移到了国家手里。也就是说，税金只是一种"转移支付"，不能计为国民经济评价中的效益或费用，否则会高估项目的成本、低估项目的经济效益。

另外，"教育费附加"在国民经济评价中不列为费用，按"转移支付"处理。

（二）补贴

补贴是一种货币流动方向与税收相反的"转移支付"，是政府向企业或者个人的"转移支付"。补贴虽然使投资项目的财务效益增加，但同时也使国家财政收入减少，实质上仍然是国民经济中不同实体之间的货币转移，投资项目的资源消耗并没有因为补贴而减少，国民收入也没有因此而增加，整个国民经济并没有因此发生变化。因此，在进行经济分析时，应该把补贴的效应剔除，否则可能导致高估项目的效益。国家给予的各种形式的补贴都不能计入国民经济评价中的效益或费用。

（三）国内借款利息

国内借款利息也是一种"转移支付"，即把一部分款项从借款者转向了贷放者。在财务分析中，借款利息作为一种财务费用被计入项目的成本。从微观上看，借款利息的支出会减少企业的收益，但从国民经济的角度看，这种支付并没有增加资源的消耗，也没有导致国民经济收入的增加，因此不应该计入项目的成本中，否则会低估项目的国民经济效益。

但在进行国内投资国民经济评价中，为考察项目对本国国民经济的实际贡献，应以国内投资作为计算基础，进行国内投资国民经济评价，把国外贷款还本付息视为费用。

（四）折旧

折旧是会计意义上的生产费用要素，是从收益中提取的部分资金，与实际资源的耗用无关。因为在经济分析时，已将固定资产投资所耗用的资源视为项目的投资费用，而折旧无非是投资形成的固定资产在再生产过程中价值转移的一种方式而已。因此，不能将折旧视为国民经济评价中的效益或费用，否则就是重复计算。

第三节 影 子 价 格

一、影子价格及其提出

（一）影子价格

影子价格是指社会处于某种最优状态下能够反映社会劳动消耗、资源稀缺程度和最终产品需求状况的价格；或者说是指计算国民经济效益与费用时专用的价格，是能够真实反映项目投入物和产出物的真实经济价值的计算价格，是反映市场供求状况和资源稀缺程度，使资源得到合理配置的计算价格。影子价格又称"最优计划价格"，是为实现一定的经济发展目标而人为确定的、比交换价格更能反映出合理利用资源效率的价格。因此，影子价格是人们对所利用资源的一种评价，而不是一种真正意义上的商品价格。

影子价格是社会对货物真实价值的度量，只有在完善的市场条件下才会出现。在我国经济市场化的今天，大部分商品的市场价格基本反映了市场供求关系和资源的稀缺程度，但是仍有不少商品的市场价格与其影子价格不符，即存在价格失真现象。根据我国国家发展和改革委员会、建设部发布的《建设项目经济评价方法与参数》（第三版），我国投资项目国民经济评价应采用影子价格计算经济效益和经济费用。影子价格就是进行投资项目国民经济评价专用的计算价格。

影子价格实际上是一种国家参数。制定国家参数也是政府调控的重要方式。因此在理论上，国家参数应反映最佳的资源配置、宏观经济目标、政府价值判断和在一定时期的经济政策等。从原则上说，这些国家参数对于所有地区、部门和投资项目而言都是一致的，但对于特殊的项目也可以不使用统一的国家参数。比如一些由于历史、自然等原因导致的比较落后的地区，或者那些国家亟须发展的重要战略部门的投资项目，可以根据实际情况来制定参数。同时，国家参数也随着经济社会的发展不断地调整和变化。

（二）影子价格的提出

影子价格是 20 世纪 30 年代末 40 年代初由荷兰数理经济学家、计量经济学创始人之一詹恩·丁伯根及苏联数学家、经济学家、诺贝尔经济学奖获得者列·维·康托罗维奇分别提出来的，是指当社会经济处于最优状态、资源得到最优配置时能够反映资源稀缺程度和供求状况的价格。影子价格最早来源于数学规划，在西方最初称为预测价格或计算价格，在苏联称为最优计划价格。后来，美籍荷兰经济学家库普曼主张统一称为影子价格，这一提法为理论界所普遍接受。影子价格是目标函数对某一约束条件的一阶偏导数，表现为线性规划中的对偶解，非线性规划中的拉格朗日乘数，以及最优控制问题中的汉密尔顿函数。在不同的经济问题中，由于目标函数不同而影子价格显现出多变的状况：在以最少费用为目标时，影子价格表现为增加单位产品所耗费的边际成本；在以最大收益为目标时，影子价格表现为增加单位资源投入所获得的边际收益；在以消费者最大效用为目标时，影子价格表现为增加单位物品供应所需增加的边际效用，或者表现为消费者为获取效用所愿意支付的价格。

专家们已经用线性规划证明资源的最优利用是与影子价格密切相关的，即任何一个使目标函数最大化的线性规划问题，都有唯一的使目标函数最小化的对偶的线性规划问题；反之亦然。

影子价格理论上的计算方法是通过线性规划得出的，线性规划从优化资源配置出发，本身并不包含资源的价格，但由于对偶规划的存在，一旦实现了资源的最佳配置，各种资源的最优计划价格也就随之得到了。

具体而言，以国民收入作为目标函数，当各种资源都处于得到充分利用的最优社会生产状态，此时该方程组的对偶解就是各种资源的影子价格。

假设有 n 种产品，其产量用矩阵 $\boldsymbol{X}=(x_1, x_2, x_3, \cdots, x_n)$ 表示，生产这些产品耗费的资源有 m 种，数量用 $B=(b_1, b_2, b_3, \cdots, b_m)$ 表示。收益水平的矩阵为 $\boldsymbol{Z}$，产品价格矩阵为 $\boldsymbol{C}$，资源的单位消耗为 A，则在资源有限的约束条件下，收益最大化目标函数为：

$$\max \boldsymbol{X} = C \times \boldsymbol{Z}$$
$$\text{s. t.} \begin{cases} YA^T \leqslant \boldsymbol{C}^T \\ Y \geqslant 0 \end{cases} \tag{8-1}$$

对这个方程组进行求解等价于其对偶问题。在市场经济条件下，使用资源需要付出一定的代价（价格），而且以资源使用的最低代价为最优。假设产品成本矩阵为 $\boldsymbol{W}$，资源的价格矩阵为 $\boldsymbol{Y}$，则成本最小化函数为：

$$\min \boldsymbol{W} = \boldsymbol{Y} \times B$$

$$\text{s.t.} \begin{cases} YA^T \leqslant C^T \\ Y \geqslant 0 \end{cases} \tag{8-2}$$

可以证明，其均衡解为：

$$Z^* = W^*, \quad Y^* = CB \times B^{-1}$$

其中，Y^* 是影子价格，即边际收益或机会成本。其经济学概念是指单位资源对社会产出的边际贡献。我们从中也可以看出影子价格的两个特点：（1）供大于求的资源的影子价格为零；（2）影子价格考虑的是边际性，即资源使用量的边际变化对国家整体经济效益的贡献值。

当然，用线性规划的数学方法计算出来的影子价格，是一种反映资源最优利用的计算价格。在投资项目的国民经济评价中，没必要也不可能按这种方法去计算资源的影子价格，实际所采用的是一种近似的影子价格的计算方法。

二、影子价格的确定

影子价格应当根据项目的投入物和产出物对国民经济的影响，从"有无对比"的角度研究确定。项目使用了投入物，将造成两种影响：对国民经济造成资源消耗或挤占其他用户。项目生产的产品及提供的服务也会造成两种影响：用户使用得到效益或挤占其他供应者的市场份额。

在实际工作中，由于各种条件的限制，往往不能及时准确地获得建立数学模型所需要的各类数据，影子价格难以用数学模型来计算，而需要采用一些实用的方法来确定。国际上通常采用的方法主要有：由利特尔（I. M. D. Little）和米尔里斯（J. Mirrless）提出的并被经济合作发展组织和世界银行采用的利特尔-米尔里斯法（简称 L-M 法），联合国工业发展组织推荐的 UNIDO 法等。

在国外，以 L-M 法或 UNIDO 法确定影子价格时，首先把货物区分为贸易货物和非贸易货物两大类，然后根据项目的各种投入和产出对国民经济的影响分别进行处理；在我国考虑到我们仍然是发展中国家，整个经济体系还没有完成工业化过程，国内市场和国际市场的完全融合仍需一定时间等具体情况，将投入物和产出物区分为外贸货物、非外贸货物和特殊投入物，分别进行处理，采用不同的思路确定其影子价格。2006 年 7 月，我国国家发展和改革委员会、建设部发布的《建设项目经济评价方法与参数》（第三版）对不同情况影子价格的确定做了规定。

（一）项目的产出效果具有市场价格的影子价格计算

随着我国市场经济发展和贸易范围的扩大，我国市场经济体系建设取得了重大进展，市场经济体系已经比较完善，大部分货物的价格由市场形成，价格可以近似反映其真实价值。若该货物或服务处于竞争性市场环境中，市场价格能够反映支付意愿或机会成本，则进行国民经济评价时，应采用市场价格作为计算项目投入物或产出物影子价格的依据。

1. 可外贸货物的影子价格

可外贸货物通常称外贸货物，是指其生产和使用将对国家进出口产生直接或间接影响的货物。可外贸货物包括项目产出物中直接出口、间接出口和替代进口的货物，项目投入物中直接进口、间接进口和减少出口的货物。可外贸货物影子价格的确定是以口岸价格为基础，按项目各项产出和投入对国民经济的影响，根据口岸、项目所在地、投入物的国内产地、产出物的主要市场所在地以及交通运输条件等方面的差异对流通领域的费用支出进行调整而分别确定的。对于项目产出物，确定的是出厂影子价格；对于项目投入物，确定的是到厂影子价格。

口岸价格也称边境价格，或国际市场价格，包括到岸价格和离岸价格。到岸价格是指进口货物到达本国口岸的价格，包括国外购货成本及运到本国口岸，并卸下货物所需花费的运费及保险费。离岸价格是指国内出口货物离开边境（口岸）的交货价格。如果是海港交货，则指船上交货价格。

(1) 项目产出物影子价格的确定

① 直接出口产品的影子价格。

项目直接出口产品影子价格的计算公式为：

$$SP = FOB \times SER - (T_1 + TR_1) \tag{8-3}$$

式中，SP 为影子价格；FOB 为离岸价，是指国内出口货物运抵出口口岸交货的价格，以外汇计价；SER 为影子汇率；T_1 为出口产品出厂到口岸的运费；TR_1 为出口产品的贸易费用。

这里的影子汇率是指外汇的影子价格，应能够正确反映国家外汇的经济价值，由国家指定的专门机构统一发布。贸易费用是指外经贸机构为进出口货物所耗用的、用影子价格计算的流通费用，包括货物的储运、再包装、短途运输、装卸、保险、检验等环节的费用支出，以及资金占用的机会成本，但不包括长途运输费用。贸易费用一般用货物的口岸价乘以贸易费率来计算。贸易费率由项目评价人员根据项目所在地区流通领域的特点和项目的实际情况测定。

② 间接出口产品的影子价格。

所谓间接出口，是指项目的产品在国内销售，顶替其他同类货物，使其他的货物增加出口。间接出口产品影子价格的计算公式为：

$$SP = FOB \times SER - (T_2 + TR_2) + (T_3 + TR_3) - (T_4 + TR_4) \tag{8-4}$$

式中，SP 为影子价格；FOB 为离岸价，是指进口货物运抵我国进口口岸交货的价格，包括货物进口的货价、运抵我国口岸之前所发生的境外的运费、保险费等，以外汇计价；SER 为影子汇率；T_2、TR_2 为原供应厂到口岸的运费及贸易费用；T_3、TR_3 为原供应厂到用户的运费及贸易费用；T_4、TR_4 为项目产出厂到用户的运费及贸易费用。

③ 替代进口产品的影子价格。

所谓替代进口，是指项目的产品在国内销售，以产顶进，减少进口。替代进口产品影子价格的计算公式为：

$$SP = CIF \times SER - (T_4 + TR_4) + (T_5 + TR_5) \tag{8-5}$$

式中，SP 为影子价格；CIF 为到岸价；SER 为影子汇率；T_4、TR_4 为项目产出厂到用户的运费及贸易费用；T_5、TR_5 为被替代进口货物从口岸到用户的运费及贸易费用。

(2) 投入物影子价格的确定。

① 直接进口投入物的影子价格。

$$SP = CIF \times SER + (T_1 + TR_1) \tag{8-6}$$

式中，SP 为影子价格；CIF 为到岸价；SER 为影子汇率；T_1、TR_1 为直接进口投入物从我国口岸到项目地点的运费及贸易费用。

② 间接进口投入物的影子价格。

所谓间接进口，是指项目使用国内产品，但挤占其他用户需求，使得国家的进口增加，间接进口投入物影子价格的计算公式为：

$$SP = CIF \times SER + (T_5 + TR_5) - (T_3 + TR_3) + (T_6 + TR_6) \tag{8-7}$$

式中，SP 为影子价格；CIF 为到岸价；SER 为影子汇率；T_5、TR_5 为间接进口投入物从口岸到原用户的运费及贸易费用；T_3、TR_3 为国内生产供应厂到原用户的运费及贸易费用；T_6、TR_6 为国内生产供应厂到项目地点的运费及贸易费用。

③ 减少出口投入物的影子价格。

所谓减少出口，是指项目的投入物是国内生产的，但由于项目的使用而使国家减少了该种产品的出口。减少出口投入物影子价格的计算公式为：

$$SP = FOB \times SER - (T_2 + TR_2) + (T_6 + TR_6) \tag{8-8}$$

式中，SP 为影子价格；FOB 为离岸价，以外汇计价；SER 为影子汇率；T_2、TR_2 为投入物原来用于出口由生产厂到口岸的运费及贸易费用；T_6、TR_6 为投入物由生产厂到项目地点的运费及贸易费用。

如果可贸易货物以财务成本或价格为基础调整计算经济费用和效益，应注意以下两点：一是如果不存在关税、增值税、消费税、补贴等转移支付因素，则项目的投入物或产出物价值直接采用口岸价格进行调整计算；二是如果在货物的进出口环节存在转移支付因素，应区分不同情况处理。

对于可外贸货物，其投入物或产出物的影子价格也可以按照下列公式进行简化计算：

$$出口产出的影子价格（出厂价）= 离岸价格 \times 影子汇率 - 出口费用 \tag{8-9}$$

$$进口投入的影子价格（到厂价）= 到岸价格 \times 影子汇率 + 进口费用 \tag{8-10}$$

进口或出口费用是指货物进出口环节在国内发生的所有相关费用,包括运输、储存、装卸、运输保险等各种费用支出及物流环节的各种损失、损耗等。

2. 非贸易货物的影子价格

非贸易货物是指其生产和使用对国家进出口不产生影响的货物,包括天然非贸易货物,如国内建筑物、国内运输等基础设施产品和服务;非天然非贸易货物,如受到国内外政策限制及经济上不合理等因素约束而不能进行外贸的货物。

(1) 非贸易货物影子价格确定的原则。

① 对于具有市场价格的货物或服务,如果处于竞争性市场环境中,市场价格能够反映支付意愿或机会成本,应采用市场价格作为计算项目投入物或产出物影子价格的依据。

② 如果项目的投入物或产出物的规模很大,项目的实施将足以影响其市场价格,导致"有项目"和"无项目"两种情况下市场价格不一致,在项目评价实践中,取二者的平均值作为测算影子价格的依据。

(2) 非贸易货物影子价格确定的方法。

① 产出物影子价格。

第一,增加供应量数量满足国内消费的项目产出物的影子价格:若国内市场供求均衡,应采用市场价格定价;若国内市场供不应求,应参照国内市场价格并考虑价格变化的趋势定价,但不应高于质量相同的同类产品的进口价格;对于无法判断供求情况的,应按稳妥原则取上述价格较低者。

第二,不增加国内市场供应数量,只是替代其他相同或类似生产企业的产品,使被替代产品的企业减产或停产的产出物的影子价格:若产品质量与被替代产品相同,应按被替代产品的可变分解成本定价,其中可变分解成本是指某种产品已有一定的富余生产能力,要增加产量,只需要增加投入物和少量的辅助费用,不需要增加固定资产、流动资金、人工费和管理费等固定成本;若产品质量较被替代产品有所提高,应按被替代产品的可变成本再加上因产品质量提高而带来的国民经济效益定价,其中因提高质量而带来的国民经济效益,可近似地按国际市场价格与被替代产品的国内市场价格之差确定。

第三,占国内市场份额较大,项目建成后会导致市场价格下跌的项目产出物的影子价格:可按照项目建成前的市场价格和项目建成后的市场价格的平均值定价。

② 投入物影子价格。

第一,项目所需的某种投入物通过原有企业生产能力挖潜即可满足供应,不必增加新的投资。这说明此种货物原有生产能力过剩,属于长线物资。确定其影子价格时,对其可变成本进行分解,得到货物的出厂影子价格,加上运输费用和贸易费用,就得到该项目投入物的影子价格。

第二,项目所需的某种投入物必须通过投资,扩大生产规模,才能满足拟建项目的需要,说明此种货物的生产能力已充分利用,不属于长线物资。确定其影子价格时,需对其全部成本(包括变动成本和固定成本)进行分解,得到货物的出厂影子价格,加上运输费用和贸易费用,就得到该项目投入物的影子价格。当难以获得分解成本所需要的资料时,可参照国内市场价格定价。

第三，项目所需的某种投入物，在项目计算期内，其原有生产能力无法得到满足，又不可能新增生产能力，只有通过减少对原有用户的供应量才能得到。确定其影子价格时，应参照国内市场价格、国家统一价格加补贴（若有补贴）和协议价格这三者之中的最高者，再加上运输费用和贸易费用，即得到该项目投入物的影子价格。

3. 影子价格中流转税的处理

影子价格中流转税（如消费税、增值税等）宜根据产品在整个市场中发挥的作用，分别记入或不记入影子价格。

(1) 对于产出品，增加供给满足国内市场供应的，影子价格按支付意愿确定，含流转税；顶替原有市场供应的，影子价格按照机会成本确定，不含流转税。

(2) 对于投入品，有新增供应来满足项目的，影子价格按照机会成本确定，不含流转税；挤占原有用户需求来满足项目的，影子价格按支付意愿确定，含流转税。

(3) 在不能判断产出或投入是增加供给还是挤占（替代）原有供给的情况下，可以简化处理。处理的原则是：产出的影子价格一般包含实际缴纳流转税，投入的影子价格一般不包含实际缴纳流转税。

（二）项目的产出效果不具有市场价格的影子价格计算

有些货物或者服务不完全由市场机制形成价格，而是由政府调控价格，如由政府发布指导价、最高限价和最低限价等。这些货物或者服务的价格不能完全反映其真实价值。在进行国民经济评价时，应对这些货物或者服务的影子价格采用特殊方法确定。确定项目的产出效果不具有市场价格的货物或服务的影子价格的原则是：项目投入物的影子价格按成本分解法或机会成本定价，项目产出物的影子价格按消费者支付意愿定价。

成本分解法是确定非外贸货物影子价格的一个重要方法。用成本分解法对某种货物的成本进行分解并用影子价格进行调整换算，得到该货物的分解成本。分解成本是指某种货物的制造生产所需要耗费的全部社会资源的价值，这种耗费包括各种物料投入及人工、土地等投入，也包括资本投入所应分摊的机会成本费用，这种耗费的价值都以影子价格计算。

支付意愿是指消费者为获得某种商品或服务所愿意付出的价格。在国民经济评价中经常采用消费者支付意愿测定影子价格。

机会成本是指用于项目的某种资源用于本项目而不能用于其他替代机会，在所有其他替代机会中所放弃的最大效益。在国民经济评价中经常采用机会成本方法测定影子价格。

项目的产出效果不具有市场价格，应遵循消费者支付意愿和（或）接受补偿意愿的原则，按下列方法测算其影子价格。

(1) 按照消费者支付意愿的原则，采用"显示偏好"的方法，通过其他相关市场价格信号，寻求揭示这些影响的隐含价值，间接估算产出效果的影子价格。

(2) 按照"陈述偏好"原则，采用意愿调查评估方法，分析调查对象的支付意愿或接

受补偿的意愿,从中推断出项目造成的有关外部影响效果的影子价格。意愿调查评估中应注意以下可能出现的偏差:

① 调查对象相信他们的回答能影响决策,从而使他们实际支付的私人成本低于正常条件下的预期值时,调查结果可能产生策略性偏倚;

② 调查者对各种备选方案介绍得不完全或使人误解时,调查结果可能产生的资料性偏倚;

③ 问卷假设的收款或付款方式不当,调查结果可能产生的手段性偏倚;

④ 调查对象长期免费享受环境和生态资源等所形成的"免费搭车"心理,导致调查对象将这种享受看作天赋的权利而反对为此付款,从而导致调查结果的假想性偏倚等。

我国现阶段不是完全由市场机制决定价格,由政府调控价格的产品或服务主要是电、水和铁路运输等。这些产品或者服务的价格不能完全反映其真实的经济价值。

(1) 电价。电价作为项目投入物的影子价格,一般可以按成本分解法确定。一般情况下,应当按当地的电力供应完全成本口径的分解成本定价。电力过剩时,可以按电力生产的可变成本分解定价。电价作为项目产出物的影子价格,可按电力对当地经济的边际贡献率定价。

(2) 铁路运价。铁路运价作为项目投入物的影子价格,一般情况下按完全成本分解定价;对铁路运输能力过剩的地区,按可变成本分解定价;在铁路运输紧张地区,应当按照被挤占用户的支付意愿定价。

(3) 水价。水价作为项目投入物的影子价格,按后备水源的边际成本分解定价,或者按恢复水功能的成本计算。水价作为项目产出物的影子价格,按消费者支付意愿或者按消费者承受能力加政府补贴计算。

第四节 国民经济评价参数

一、国民经济评价参数概述

为适应社会主义市场经济发展,加强和规范建设项目经济评价工作,满足政府和其他各投资主体投资决策的需要,保证经济评价的质量,引导和促进各类资源的合理有效配置,发挥投资效益,提高项目决策的科学化水平,需要大量数据的支持,需要制定科学、合理、可用的评价参数。

投资项目国民经济评价参数也称经济评价参数,是用来计算和衡量项目国民经济效果、判断项目宏观经济合理性的一系列数值依据。项目国民经济评价参数是由国家发展和改革委员会(原国家计划委员会)、建设部组织在国家层次上统一测定,并根据实际情况与需要定时修订、调整和发布的。测定、修订、调整和发布国民经济评价参数,目的是为了保证各类项目评价标准的统一性和评价结论的可比性。

投资项目国民经济评价参数一般包括以下几个方面：(1) 国家级参数，主要是影子汇率、社会折现率等，由国家统一测定，供各类投资建设项目统一使用，评价人员不得自行测定；(2) 通用参数，主要是影子工资换算系数、贸易费用率、建筑工程和交通运输及水、电等基础设施的价格换算系数、土地的影子费用等；(3) 普通货物的影子价格，供非主要投入物直接使用，一般可自行测定。

根据国民经济评价参数的性质，可将其分为两类：一类是计算、衡量项目的经济费用效益的各类计算参数，如各种货物、服务、土地、自然资源、汇率和工资等的影子价格，由政府部门、行业或者项目评价人员测定；另一类是判断项目经济合理性的判据参数，如社会折现率，这些通用参数由有关专门机构或组织测算和发布。

在现实经济生活中，各方面的经济情况是不断发展变化的，所以从理论上讲，项目国民经济评价参数具有一定的时效性，应根据具体情况随时调整，但是从实践上来说，只能做到阶段性调整。

我国项目国民经济评价参数由国家有关部门统一组织测定，并实行阶段性调整。这种阶段性调整已经进行了三次。第一次统一测定、公布发生在1987年，这一年原国家计划委员会发布了《建设项目经济评价方法与参数》（第一版），对我国建设项目的科学决策起了巨大的推动作用；第二次调整发生在1993年，这一年原国家计委和建设部联合批准发布了《建设项目经济评价方法与参数》（第二版），推动了我国投资决策科学化进程；第三次调整发生在2006年，国家发展和改革委员会、建设部发布了《建设项目经济评价方法与参数》（第三版）。《建设项目经济评价方法与参数》（第三版）包括《建设项目经济评价工作的若干规定》《建设项目经济评价方法》和《建设项目经济评价参数》三个部分，要求在开展投资项目经济评价工作时借鉴和使用。这次调整对于加强固定资产投资宏观调控、提高投资决策的科学化水平、引导和促进各类资源合理配置、优化投资结构、减少和规避投资风险、充分发挥投资效益，具有重要作用。

国家有关行政主管部门根据国家与行业的发展战略与发展规划、国家的经济状况、资源供给状况、市场需求状况、各行业投资经济效益、投资风险、资金成本及项目投资者的实际需要，组织测定、调整和发布的建设项目评价参数有利于促进社会资源的合理配置，有利于实现政府利用信息引导经济，有利于社会信息资源的共享，有利于充分利用各行业专家资源，有利于避免参数测算中的盲目、主观、片面、局部、狭隘、短视、静止等弊端。

国民经济评价经济参数是进行投资项目国民经济评价的重要工具。正确理解和使用这些参数，对正确估算经济效益和费用，计算评价指标并进行经济合理性的判断，以及方案的比选、优化具有重要意义。但这些参数仅仅供投资项目评价及决策使用，并不在任何意义上暗示现行价格、汇率及利率的变动趋势，也不作为国家分配投资、企业间商品交换的依据。

国民经济评价参数又叫特殊投入物的影子价格，包括资金的影子价格（社会折现率）、汇率的影子价格（影子汇率）、劳动力的影子价格（影子工资）、自然资源的影子价格等。

二、社会折现率

(一) 社会折现率的概念

社会折现率是用以衡量资金时间经济价值的国民经济评价的重要参数，是指项目资金的影子价格，即项目使用资金的机会成本，也叫影子利率或计算利率。社会折现率反映了社会成员对于社会费用效益价值的时间偏好，即对于现在的社会价值与未来价值之间的权衡；反映了从国民经济整体出发，对货币真实价值的度量或者说对资金机会成本和资金时间价值的估量。社会折现率既体现了资金的稀缺性，又体现了资金的实际获利能力。社会折现率代表着社会投资所要求的最低动态收益率，既用作经济内部收益率的判别基准，也用作计算经济净现值的折现率。社会折现率是投资项目经济可行性和方案比较的主要依据。

(二) 社会折现率的作用

第一，社会折现率提供了统一的时间价值率标准。在国民经济评价中需要进行不同时点投入和产出的资金等值计算，而社会折现率则提供了统一的折现标准。社会折现率作为项目费用效益不同时间价值之间的折算率，反映了对于社会费用效益价值的时间偏好。社会费用或效益的时间偏好，代表人们对于现在的社会价值与未来价值之间的权衡。社会费用效益的时间偏好在一定程度上受到社会经济增长的影响，但并非完全由经济增长所决定，而经济增长也并不是完全由社会投资带来。

第二，社会折现率提供了统一的经济内部收益率的判断依据。社会折现率作为项目经济效益要求的最低经济收益率，是国民经济效益评估的基准收益率，其取值高低直接影响项目经济可行性的判断结果。社会折现率的取值，实质上反映的是国家希望投资项目获得的最低期望收益率，一个项目是否可行，首先要看其能否达到或超过这一期望收益水平。项目投资产生的收益率如果达不到这一最低水平，项目不应当被接受。社会投资所要求的最低收益率，理论上认为应当由社会投资的机会成本决定，也就是社会投资的边际收益率决定。社会折现率如果取值过低，将会使得一些经济效益不好的投资项目得以通过，经济评价起不到应有的作用。社会折现率取值提高，会使一部分本来可以通过评价的项目达不到判别标准而被舍弃，从而间接起到调控投资规模的作用。

需要说明的是，由社会资本投资的机会成本所决定的社会折现率，并不一定会等于由社会时间偏好所决定的社会折现率。一般认为，社会时间偏好率应低于社会资本投资的机会成本。由于这种偏差的存在，以及由于社会折现率在项目国民经济评价中的双重职能，使得评价结果不可避免地存在一定的偏差。

第三，社会折现率可用于间接调控投资规模。社会折现率的取值高低直接影响项目经济合理性判断的结果。社会折现率取值提高，会使一些本来可以通过的投资项目因达不到判别标准而被舍弃，从而使可以获得通过的项目总数减少，使投资总规模下降，间接地起到调控国家投资规模的作用。因此，社会折现率可以作为国家建设投资总规模的间接调控参数。需要缩小投资规模时，就提高社会折现率；需要扩大投资规模时，可降低社会折现率。

第四，社会折现率的取值高低会影响项目的选优和方案的比选。社会折现率在项目方案比选中，其取值高低会影响比选的结果。社会折现率取值较高会使远期收益在折算为现值时发生较高的折减，因此有利于社会效益产生在近期并有比较高的社会成本产生在远期的方案和项目入选，不利于初始投资大而后期费用节省或收益增大的方案或项目，因为后期的效益折算为现值时的折减率较高，从而使社会效益产生在远期的项目被淘汰。这可能会导致对评价结果的误导。

第五，社会折现率是一种重要的调控工具，适当的社会折现率可以促进资源的优化配置，正确引导资金的流向。从原则上说，选取的社会折现率应能使投资资金的供需基本平衡。如果社会折现率定得过高，将导致资金供过于求；如果定得过低，则会导致资金不足。

国家根据宏观调控意图和现实经济状况，制定、发布统一的社会折现率，有利于统一评价标准，避免参数选择的随意性。采用适当的社会折现率进行项目评价，有利于正确引导投资，控制建设规模，调节资金供求平衡，促进资金在短期与长期项目之间的合理配置。

(三) 社会折现率的测算

社会折现率是根据国家的社会经济发展目标、发展战略、发展优先顺序、发展水平、宏观调控意图，社会成员的费用效益时间偏好、社会投资收益水平、资金供给状况、资金机会成本等因素进行综合分析，由国家相关部门统一测定和发布。我国的社会折现率是由国家发展和改革委员会、建设部组织人员进行测算的。

社会折现率的测定主要有以下两种方法。

1. 用投资项目经济内部收益率排队的方法测定

用投资项目内部收益率排队的方法来制定社会折现率的原理是：在一定的时期内，国家和社会可用来投资的资金总额是一定的，而投资项目的数量却是不确定的。将可供选择的投资项目按其经济内部收益率高低依次累计其项目投资额之和，直到此累计投资额等于或最接近于预计可供筹集的投资总额为止，则最后一个投资项目的经济内部收益率即为社会折现率。从这种意义上讲，社会折现率的高低取决于一个国家资金供应总量和社会资源量的多少。一般来说，投资资金供应量越多，社会折现率就越低；反之，投资资金供应量越少，社会折现率就越高。社会折现率与社会上可供投资总量之间的关系可用图8-1表示。

需要指出的是，这种方法从理论上讲是成立的，但在实际中却是很难计算的。这是因为：第一，在现实经济活动中，投资项目的可行性研究、安排及决策是分别进行的，并不

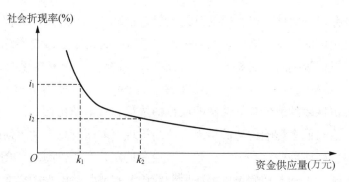

图 8-1 资金供应量与社会折现率

具备这种测定社会折现率的条件;第二,若能有效地按这种方式进行投资项目的排队并进行决策,就没有必要再测定社会折现率;第三,现阶段,我国的市场经济还很不发达,各行业之间的收益水平也很不平衡,考虑到国民经济综合平衡的要求,也不可能按照这种方式来安排投资项目并分配投资资金。因为,如果这样的话,投资收益水平较低的基础性投资项目和公益性投资项目的投资资金就会没有保证。

2. 根据现行价格下的投资收益率的统计数据测定

这是一种根据投资收益率的统计值来测定社会折现率的方法,即利用国家统计局公布的有关统计资料,用一种简化的方法测算社会平均投资收益率,从而确定社会折现率取值的方法。它的原理是在考虑资金时间价值的情况下,一定时期内的投资支出与可收回投资的收益额相等时的折现率。计算公式为:

$$(B+D)(P/A, i_s, n) = I/m(F/A, i_s, m) \qquad (8-11)$$

式中,B 为年收益额,D 为年提取的折旧额和无形资产摊销额,I 为总投资额,m 为所有项目的平均建设期,n 为项目平均生产经营期,i_s 为平均投资收益率(即所求的社会折现率)。

总之,社会折现率的确定,应考虑一定时期的经济发展情况、投资收益水平、资金的机会成本、资金的供求状况、投资规模、社会成员的费用效益时间偏好、国家宏观调控目标取向等因素。

(四) 社会折现率的取值

我国相关部门根据数量经济学原理,依据经济发展统计数据,在不同时期确定了不同的社会折现率数值。1987 年原国家计委发布的《建设项目经济评价方案与参数》(第一版)规定,社会折现率为 10%;1993 年原国家计委和建设部联合批准发布的《建设项目经济评价方法与参数》(第二版)中规定,社会折现率为 12%;2006 年国家发展和改革委员会、建设部联合批准和发布的《建设项目经济评价方法与参数》(第三版)根据影响社会折现率的各主要因素,结合当时经济发展的实际情况规定社会折现率为 8%,并对一些具体情况做出了相应规定和说明。对于一些特殊的项目,主要是水利工程、环境改善工程、某些稀缺资源的开发利用项目，采取较低的社会折现率，可能会有利于项目的优选和方案的优化。对于受益期长的建设项目，如果远期效益较大，效益实现的风险较小，社会折现率可适当降低，但不应低于6%。对于永久性工程或者受益期超长的项目，如水利设施等大型基础设施和具有长远环境保护效益的工程项目，宜采用低于8%的社会折现率。对于超长期项目，社会折现率可按时间分段递减的方法取值。

目前，亚洲开发银行对其提供贷款的投资项目一般要求的社会折现率为10%～20%。相比之下，英美等主要发达国家的社会折现率较低，大都在5%左右。

三、影子汇率及其换算系数

（一）影子汇率的概念

影子汇率即外汇的影子价格，是指两国货币购买力的实际对比关系，是一个单位外汇折合成国内价格的实际经济价值，是能够正确反映外汇真实价值的汇率。一般发展中国家都存在着外汇短缺的问题，政府在不同程度上实行外汇管制和外贸管制，外汇不允许自由兑换。在这种情况下，官方汇率往往不能真实地反映外汇的价值。一般认为，在外汇管制和没有形成自由外汇市场的条件下，官方汇率往会低估外汇的价值。因此，在建设项目的国民经济评价中，为了消除用官方汇率度量外汇价值所导致的误差，必须采用一种更合理的汇率，即影子汇率，使外贸货物和非外贸货物之间建立一种合理的价格转换关系，使二者具有统一的度量标准。影子汇率就是外汇的机会成本。外汇的机会成本是指在一定的经济条件下，由于项目的投入或产出而减少或者增加外汇收入给国民经济带来的净损失或者净效益。具体而言，就是当对项目投入1美元的外汇时，国家实际支付或者损耗多少人民币；以及当项目的产出增加1美元的外汇时，国家实际得到多少人民币。

影子汇率是项目国民经济评价的重要通用参数，体现了从国家角度对外汇价值的估量，在投资项目国民经济评价中用于外汇与人民币之间的换算。影子汇率在项目的国民经济评价中，除了用于外汇与本国货币之间的换算外，还是经济换汇和经济节汇成本的判别依据。影子汇率可以影响项目进出口的抉择，项目投资中使用进口设备或原材料，与国产设备或原材料比较时，如果影子汇率取值较高，进口设备或原材料的社会成本较高，国产设备或原材料的社会成本较低，有利于方案选择中选用国产设备或原材料。对于那些主要产出物是可外贸货物的建设项目，由于产品的影子价格要以产品的口岸价为基础计算，影子汇率高低直接影响项目收益价值的高低，影响对项目效益的判断。国家可以利用影子汇率作为经济杠杆影响项目方案或项目的选择。影子汇率取值的高低，直接影响项目（方案）比选中的进出口抉择，影响着产品进口替代型项目和产品出口型项目的决策。影子汇率越高，产品为可外贸货物的项目效益较高，评价结论会有利于出口方案；同时，外汇的影子价格较高时，项目引进投入物的方案费用较高，评价结论会不利于引进方案。比如，某项目的投入物既可以使用国产设备也可以使用进口设备，当影子汇率较高时，就有利于前一种方案。

(二)影子汇率换算系数

在实际应用中影子汇率是通过其换算系数得出的。影子汇率换算系数是影子汇率与国家外汇牌价的比值,由国家有关部门统一组织测定和发布。在项目国民经济评价中常用国家外汇牌价乘以影子汇率换算系数得到影子汇率,即

$$影子汇率 = 官方汇率 \times 影子汇率换算系数 \tag{8-12}$$

影子汇率换算系数是国家相关部门根据国家现阶段的外汇收支、外汇供求、进出口结构、进出口关税、进出口增值税及出口退税补贴等综合因素统一测算和发布的。我国国家发展和改革委员会、建设部发布的《建设项目经济评价方法与参数》(第三版)的规定,目前我国的影子汇率换算系数取值为1.08。此外,对于非美元的其他国家的货币,可按当时外汇管理局公布的汇率折算成美元,再用换算系数折算成人民币。

影子汇率换算系数取值较高,反映出外汇的影子价格较高,表明项目使用外汇时的社会成本较高,而项目为国家创造外汇收入时的社会效益较高。对于那些主要产出物是外贸货物的项目,影子汇率较高,将使得项目收入的外汇经济价值较高。对于投入物中有较大进口货物的项目,外汇影子价格较高,使得项目投入外汇的社会成本较高。

(三)影子汇率的测定方法简介

1. 基于外汇影子价格理论的计算方法

$$SER = \sum_{i=1}^{n} F_i \frac{PD_i}{PC_i} + \sum_{i=1}^{m} X_i \frac{PD_i}{PF_i} \tag{8-13}$$

式中,SER 为影子汇率,F_i 为边际上增加单位外汇中将用于进口 i 货物的那部分外汇,X_i 为边际上增加单位外汇中将导致减少出口 i 货物的那部分外汇,PD_i 为 i 货物的国内市场价格(人民币计价),PC_i 为 i 货物的进口到岸价格(人民币计价),PF_i 为 i 货物的出口离岸价格(人民币计价)。

F_i 与 X_i 代表边际上单位外汇适用于各种进出口货物的分配权重,其总和为1。

2. 基于均衡汇率理论的计算方法

$$SER = W_s \times BER \times (1 + T_0) + W_d \times BER \times (l + T_i) \tag{8-14}$$

$$W_s + W_d = 1 \tag{8-15}$$

外汇需求权重为:

$$W_S = \frac{-U_i(Q_i/Q_o)}{U_o - [U_i(Q_i/Q_o)]} \tag{8-16}$$

外汇供给权重为:

$$W_d = \frac{-U_o(Q_i/Q_o)}{U_o - [U_i(Q_i/Q_o)]} \tag{8-17}$$

式中，SER 为影子汇率，BER 为均衡汇率，T_o 为出口补贴率，T_i 为进口税率，U_i 为进口价格弹性，U_o 为出口价格弹性，Q_i 为进口总额，Q_o 为出口总额。

3. 基于关税和补贴的计算方法（加权平均关税率法）

$$SER = \frac{\sum_i X_i(1+S_i) + \sum_i M_i(1+t_i)}{\sum_i X_i + \sum_i M_i} OER \tag{8-18}$$

式中，SER 为影子汇率，OER 为官方汇率，X_i 为第 i 种出口货物用外汇表示的离岸价格总额，M_i 为第 i 种进门货物用外汇表示的到岸价格总额，S_i 为第 i 种出口品的补贴率，T_i 为第 i 中进口货物的关税率。

4. 平均影子汇率的计算

计算某一年的平均影子汇率可用以下公式求得：

$$SER = \frac{OER(C+T+F-S)}{F+C} \tag{8-19}$$

式中，SER 为影子汇率，OER 为官方汇率，C 为全部进口货物的到岸价格，T 为全部进口税收入，F 为全部出口货物的离岸价格，S 为出口补贴(出口税可看作负的补贴)。

四、影子工资及其换算系数

(一) 影子工资的含义

在项目的财务评价中，劳动力工资属于财务费用。在项目的国民经济评价中，劳动力工资作为新创造的价值，而被看作经济效益，只是在考虑项目招收劳动力对国民经济其余部分带来的损失时，才使用影子工资这一费用概念。在大多数国家中，由于经济、社会和传统等原因，劳动者的货币工资常常偏离竞争性劳动市场所决定的工资水平，不能真实地反映单位劳动的边际产品价值，因而产生了劳动市场供求失衡问题。在这种情况下，对建设项目进行国民经济评价，就不能简单地把项目财务评价中的劳动力工资直接视为该项目的劳动成本，而是要通过所谓劳动的影子价格即影子工资来对此劳动成本进行必要的调整。影子工资是指建设项目使用劳动力资源而使国家和社会付出的代价。建设项目国民经济评价中以影子工资计算劳动力费用。

需要说明的是，影子工资与名义工资不同。名义工资是指职工工资和福利费用之和。名义工资在财务分析中计入项目的成本，但在国民经济效益评估中，名义工资不计入费用，因为这是企业向员工支付的，并没有构成社会成本，属于一种"转移支付"。对于国民经济来说，名义工资并没有导致资源耗费，因此名义工资不同于影子工资。在国民经济评价中，影子工资是作为该项目使用劳动力的费用。

（二）影子工资的构成

影子工资一般由劳动力的机会成本和劳动力就业或转移而新增的社会资源消耗两部分组成，即：

$$影子工资 = 劳动力机会成本 + 新增资源消耗 \qquad (8-20)$$

劳动力机会成本是指项目占用的人力资源由于在本项目中使用，而不能再用于其他项目或享受闲暇时间而被迫放弃的最大价值；或者说，是指劳动力如果不就业于该项目而从事其他生产经营活动所能创造的最大效益。劳动力的机会成本与劳动力的技术熟练程度和供求状况或稀缺程度有关，技术越熟练，就业需求程度越高，其机会成本越高，反之越低；劳动力越稀少，劳动力的机会成本越高。

劳动力新增资源消耗是指劳动力在本项目就业或由其他就业岗位转移到本项目而发生的社会资源消耗，如交通运输费、城市管理费、补偿费等。这些资源消耗并没有提高劳动力的生活水平，在分析中应根据劳动力就业的转移成本测算。具体原则有如下三点。

（1）过去受雇于别处，由于本项目的实施而转移过来的人员，其影子工资应是其放弃过去就业机会的工资（含工资性福利）及支付的税金之和。

（2）对于自愿失业人员，影子工资应等于本项目的使用所支付的税后净工资额，以反映边际工人投入劳动力市场所必须支付的金额。

（3）非自愿失业劳动力的影子工资应反映他们为了工作而放弃休闲愿意接受的最低工资金额，其数值应低于本项目的使用所支付的税后净工资并大于支付的最低生活保障收入。缺少这些信息时，可以按非自愿失业人员接受的最低生活保障收入和税后净工资率的平均值近似测算。

（三）影子工资换算系数

影子工资一般通过影子工资换算系数计算。影子工资换算系数是投资项目国民经济评价通用参数，是影子工资与财务分析中劳动力的工资（名义工资）之比，即

$$影子工资 = 财务工资 \times 影子工资换算系数 \qquad (8-21)$$

影子工资换算系数主要应根据我国劳动力的状况、结构及就业水平等因素确定。影子工资换算系数由国家政府部门统一测定、发布。2006 年，国家发展和改革委员会、建设部联合批准和发布的《建设项目经济评价方法与参数》（第三版），采用技术与非技术劳动力的分类方式，分别测算劳动力影子价格的推荐取值。对于技术劳动力，采取影子工资等于财务工资，即影子换算系数为 1；对于非技术劳动力，推荐在一般情况下采取财务工资的 0.25~0.8 倍作为影子工资，即其影子工资换算系数为 0.25~0.8。考虑到我国现阶段各地经济发展不平衡，劳动的供求关系有一定差别，规定应按当地非技术劳动力资源供给

的富余程度调整影子工资换算系数。对于非技术劳动较为富余地区的影子工资系数可取较低值，非技术劳动力不太富余的地区可取较高值，中间状况可取 0.5。

在计算影子工资时要注意以下三点：

(1) 并不是所有项目在进行国民经济评价时都要通过换算系数求出影子工资，是否需要计算影子工资应根据工资在项目总成本中所占的比例确定。如果工资部分在项目总成本中所占份额很大并且是劳动密集型投资项目，则需要换算；如果相对于整个项目的总成本而言工资部分的比重很小，有时候就不必进行换算了。

(2) 根据影子工资对项目国民经济评价的敏感程度决定是否进行影子工资的精确计算。计算影子工资的过程较复杂，而且很难得到精确的数值。因此，可以先根据有限的数据估算出一个大致的近似值，然后再对影子工资的近似值进行敏感性分析。如果这个分析结果显示项目的经济评价指标对于影子工资的变化不是很敏感，就可以不做进一步的精确计算；如果一个项目的经济评价指标对于影子工资很敏感，就要进一步得出精确的结果，并据此计算劳动力的真实费用。

(3) 对于需要雇用国外熟练劳动力的项目，比如需要雇用国外管理人员、专业技术人员和技术工人等，向他们支付的所有费用都是机会成本。流向国外的支付款项是一种国外支付，应按实际发生的费用计入项目成本。

五、土地的影子价格

(一) 土地影子价格的概念

土地是一种重要的经济资源，是投资项目的一种特殊投入物。土地的影子价格是指建设项目使用土地资源而使得社会付出的代价，或者说是指该土地用于建设项目而使社会为此放弃国民经济效益以及国民经济为此增加的资源消耗。项目占用的土地无论是否实际支付财务成本，均应根据土地用途的机会成本原则或消费者支付意愿的原则计算其影子价格。在建设项目国民经济评价中以土地影子价格计算土地费用，或者认为土地的影子价格就是土地费用。

(二) 生产性用地的土地影子价格

生产性用地主要是指农业、林业、牧业、渔业及其他生产性用地。在国民经济评价中，这些生产性用地的土地影子价格或土地费用是指该土地用于建设项目而使社会为此放弃的国民经济效益（即土地机会成本）以及国民经济为此增加的资源消耗（如拆迁费用、剩余劳动力安置费等），即

$$土地影子价格（土地费用）＝土地机会成本＋新增资源消耗费用 \qquad (8-22)$$

土地的机会成本是指由于该项目占用了土地而放弃或失去的其他可能用途所能带来的

最大社会经济效益。土地机会成本按照拟建项目占用土地而使国民经济为此放弃的该土地"最好可行替代用途"的净效益测算，原则上应根据具体投资项目的情况，由项目评价人员自行测算。在计算土地机会成本时，项目评价人员应根据投资项目占用土地的种类和性质，分析、考虑项目计算期内技术、环境、政策、适宜性等多方面的约束条件，选择该土地最可行的2~3种替代用途（包括现行用途）进行比较，以其中收益最大者为其机会成本。

不同类型的土地，其机会成本有很大的不同：（1）如果项目使用的是荒地或不毛之地，这些土地没有其他用途，对国家来说没有损失，因此机会成本为零；（2）如果项目使用的是生产性用地或经济用地，则不管用于农业、工业还是商业，都会导致经济损失，存在机会成本；（3）如果项目使用的是非生产性用地或者说居住用地或其他非生产性、非建筑性、非营利性单位的用地，则存在着机会成本和搬迁费用，这两项费用之和就是项目所占用居住土地或其他非生产性、非建筑性、非营利性单位的用地的影子价格。

土地机会成本的确定应符合如下有关政府管理规定：

（1）通过政府公开招标、拍卖和挂牌出让等市场交易方式取得使用权的国有土地，其影子价格应按市场交易价格（也就是财务价格）计算。

（2）未通过正常市场交易，而是通过政府划拨或双方协议方式取得使用权的土地，应分析价格优惠或扭曲情况，参照当地正常情况下公开市场交易价格，对价格进行调整，作为影子价格；经济开发区优惠出让使用权的国有土地，其影子价格应参照当地土地市场交易价格类比确定。

（3）当难以通过正常市场交易价格类比方法确定土地影子价格时，可采用收益现值法或以土地开发投资应得收益加土地开发成本确定；当采用收益现值法确定土地影子价格时，应以社会折现率对土地的未来收益及费用进行折现。

（4）农村土地影子价格的确定。项目使用的农村土地一般是来自政府征用的农村农民集体所有的土地。项目通过政府征用农民的土地，使被征用土地的农民失去了土地，需要由政府重新安置，安置新的居住房屋，安排新的就业，使农民获得新的生活资料来源。因此，项目通过政府征用农民土地，需要向农民支付征地补偿费用，包括耕地补偿费、青苗补偿费、地上建筑物补偿费、安置补助费等。这些征地补偿费，通常全部或者部分由项目建设方来向政府交付。除此之外，项目建设方还要向政府缴纳征地管理费、耕地占用税、耕地开垦费、土地管理费、土地开发费等其他费用。如果征地费用与农民进行了充分协商，获得了农民的认可，则这些土地征用费可以直接作为影子价格；如果征地费用没有与农民进行充分协商，没有获得农民的认可，导致耕地补偿费、青苗补偿费、地上建筑物补偿费、安置补助费等低于市场价格，则需要按照当地正常补偿标准进行调整，重新确定这些土地的影子价格。

土地用于项目的建设可能带来的新增社会资源的耗费需要按照"有项目"情况下生产性用地的征用造成原有土地上附属物财产的损失及其他资源耗费来计算，一般包括拆迁费用、剩余劳动力安置费、养老保险费用等。

在实际应用中，土地费用多是以财务分析中的土地征用费为基础进行调整的。一般而言，对于属于土地机会成本性质的费用，如土地补偿费、青苗补偿费等，应根据机会成本的计算方法调整计算；对于土地用于项目的建设可能带来的新增资源消耗，如拆迁费用、剩余劳动力安置费用、养老保险费用等，应按影子价格调整计算；对于"转移支付"，如粮食开发基金、耕地占用税等，在国民经济评价中应予以剔除。

（三）非生产性用地的土地影子价格

对于住宅、休闲用地等非生产性用地，市场完善的应根据市场交易价格测算其影子价格；无市场交易价格或市场机制不完善的，应根据支付意愿估算其影子价格。

六、贸易费用与贸易费用率

在国民经济评价中，贸易费用主要是指物资系统、外贸公司和各级商业批发系统等部门花费在货物流通过程中以影子价格计算的费用（长途运输费用除外）。贸易费用率是反映这部分费用相对于影子价格的一个综合比率，用以计算货物的贸易费用。

贸易费用率一般取值为6%，对于少数价格高、体积与重量较小的货物，可适当降低贸易费用率。以贸易费用率计算货物的贸易费用时，可使用以下公式：

$$进口货物的贸易费用 = 到岸价 \times 影子汇率 \times 贸易费用率 \tag{8-23}$$

$$出口货物的贸易费用 = (离岸价 \times 影子汇率 - 国内长途运费)$$
$$\div (1 + 贸易费用率) \times 贸易费用率 \tag{8-24}$$

$$非外贸货物的贸易费用 = 出厂影子价格 \times 贸易费用率 \tag{8-25}$$

不经商贸部门流转而由生产厂家直接提供的货物，不计算贸易费用。

第五节 项目国民经济评价报表与指标

一、项目国民经济评价报表

进行项目国民经济评价，需要编制国民经济评价报表，这是一项基础工作。国民经济评价报表包括基本报表和辅助报表。

（一）国民经济评价辅助报表

投资项目国民经济评价辅助报表包括投资费用估算调整表、经营费用估算调整表、项目直接效益估算调整表、项目间接费用估算表、项目间接效益估算表等。编制国民经济效益辅助报表的目的是为了调整投资费用、经营费用、直接效益与费用，估算项目间接效益与费用，进而编制项目投资经济费用效益流量表，计算经济换汇成本或者经济节汇成本等指标。

1. 国民经济评价投资费用估算调整表

国民经济评价投资费用调整表是在财务评价基础上，采用影子价格、影子汇率等参数对项目投入总资金进行调整，以计算国民经济评价项目投入的总资金。

表 8-1　国民经济评价投资费用估算调整表　　　　　　　　　　单位：万元

序号	项目	财务评价			国民经济评价			国民经济评价比财务评价增减
		外币	人民币	合计	外币	人民币	合计	
1	建设投资							
1.1	建筑工程费							
1.2	设备购置费							
1.3	安装工程费							
1.4	其他费用							
1.4.1	其中：土地费用							
1.4.2	专利及专有技术费							
1.5	基本预备费							
1.6	涨价预备费							
1.7	建设期利息							
2	流动资金							
	合计（1+2）							

2. 国民经济评价经营费用估算调整表

该表的编制主要是为了调整在费用中占较大比重的投入物的价格，以便合理确定国民经济评价中的内部费用。

表 8-2　国民经济评价经营费用估算调整表　　　　　　　　　　单位：万元

序号	项目	单位	投入量	财务评价		国民经济评价	
				单价	成本	单价	费用
1	外购原材料						
1.1	原材料 A						
...	......						
2	外购燃料动力						
2.1	煤						

（续表）

序号	项目	单位	投入量	财务评价		国民经济评价	
				单价	成本	单价	费用
2.2	水						
2.3	电						
2.4	重油						
…	……						
3	工资及福利费						
4	修理费						
5	其他费用						
6	合计						

在填制该表时，财务评价的数据依据总成本费用估算表填写，国民经济评价的数据依据该表所列的年消耗量和影子价格计算结果填写。

3. 国民经济评价项目直接效益估算调整表

表8-3 项目直接效益估算调整表　　　　单位：万元

产出物名称			投产第一期负荷（%）			投产第二期负荷（%）			……	正常生产年份（%）		
			产品A	……	小计	产品A	……	小计		产品A	……	小计
年产出量	计算单位											
	国内											
	国际											
	合计											
财务评价	国内市场	单价										
		现金收入										
	国际市场	单价										
		现金收入										
国民经济评价	国内市场	单价										
		直接效益										
	国际市场	单价										
		直接效益										
合计												

4. 国民经济评价项目间接费用估算表

表 8-4　项目间接费用估算表　　　　　　　　　单位：万元

序号	项目	合计	计算期				
			1	2	3	…	n

5. 国民经济评价项目间接效益估算表

表 8-5　项目间接效益估算表　　　　　　　　　单位：万元

序号	项目	合计	计算期				
			1	2	3	…	n

（二）国民经济评价基本报表

2006 年，国家发展和改革委员会、建设部联合批准和发布的《建设项目经济评价方法与参数》（第三版）中要求的国民经济评价基本报表就是项目投资经济费用效益流量表。《建设项目经济评价方法与参数》（第三版）取消了原有的经济外汇流量表、国内资源流量表等。

项目投资经济费用效益流量表是国民经济评价的主要基本报表，以全部投资（包括国内投资和国外投资）作为分析对象，计算项目全部投资的经济内部收益率和经济净现值，考察项目国民经济盈利能力，以此判别项目的经济合理性。利用项目投资经济费用效益流量表可以计算投资项目经济内部收益率（$EIRR$）、经济净现值（$ENPV$）等指标。

编制国民经济评价报表是进行国民经济评价的基础工作之一。项目投资经济费用效益流量表可在财务评价基础上通过调整编制，也可直接编制。

表 8-6　项目投资经济费用效益流量表　　　　　单位：万元

序号	项目	合计	计算期				
			1	2	3	...	n
1	效益流量						
1.1	项目直接效益						
1.2	资产余值回收						
1.3	项目间接效益						
2	费用流量						
2.1	建设投资						
2.2	维持运营投资						
2.3	流动资金						
2.4	经营费用						
2.5	项目间接费用						
3	净现金流量（1−2）						

1. 在财务评价的基础上编制项目投资经济费用效益流量表

以项目财务评价为基础编制项目投资经济费用效益流量表，一般是在剔除"转移支付"的基础上，按影子价格、影子工资、影子汇率等评价参数，通过经济费用效益范围和数值的调整、计算来进行编制。具体过程如下：

（1）剔除财务现金流量中的通货膨胀因素，得到以"实价"表示的财务现金流量。

（2）剔除运营期财务现金流量中的"转移支付"。本章前面已经提到，"转移支付"仅仅代表购买力的转移行为，接受"转移支付"的一方所获得的效益与付出方所产生的费用相等，"转移支付"行为本身并没有导致资源的增加。因此，在进行投资项目国民经济评价中，应将投资项目财务评价中的销售税金及附加、增值税、补贴、国内借款和利息等作为"转移支付"剔除。

（3）计算投资项目的外部效益与外部费用。计算投资项目的外部效益与外部费用时，应根据项目的具体情况确定可以量化的项目外部效益和外部费用；要分析确定哪些是项目重要的外部效果，需要采用什么方法估算，并保持效益费用的计算口径一致。

(4) 调整建设投资。用影子价格、影子汇率逐项调整构成投资的各项费用，剔除涨价预备费、税金、国内借款建设期利息等"转移支付"项目；进口设备价格调整通常要剔除进口关税、增值税等"转移支付"；建筑工程费和安装工程费按材料费、劳动力的影子价格进行调整；土地费用按土地影子价格进行调整。

(5) 调整流动资金。财务评价中的应收款项、应付款项及现金并没有实际耗用国民经济资源，在国民经济评价中应将其从流动资金中剔除。如果财务评价中的流动资金是采用扩大指标法进行估算的，国民经济评价仍应按扩大指标法，以调整后的营业收入、经营费用等乘以相应的流动资金指标系数进行估算；如果财务评价中的流动资金是采用分项详细估算法进行估算的，则应用影子价格重新分项估算。

(6) 调整经营费用。用影子价格调整各项经营费用，对主要原材料、燃料及动力费用分别用相应的影子价格进行调整；对劳动工资及福利费用影子工资进行调整。

(7) 调整营业收入。用影子价格调整计算项目产出物的营业收入。

(8) 对于可货币化的投资项目外部效果，应将货币化的外部效果计入经济效益费用流量；对于难以进行货币化的投资项目的外部效果，应尽可能采用其他量纲进行量化处理；难以进行量化处理的外部效果，尽可能进行定性描述。

2. 直接编制项目投资经济费用效益流量表

有些行业的项目可能需要直接进行国民经济评价，以判断项目的经济合理性。直接进行国民经济评价，可按以下步骤直接编制项目投资经济费用效益流量表：

(1) 按照机会成本原则计算投资项目各种投入物的经济价值。

(2) 确定国民经济效益、费用的计算范围，识别、计算投资项目产出物可能带来的各种影响效果，包括直接效益与直接费用、间接效益与间接费用。对于具有市场价格的产出物，以市场价格为基础计算其经济价值；对于没有市场价格的产出效果，按照消费者的支付意愿或接受补偿意愿的原则计算其经济价值；对于投资项目难以使用货币量化的产出效果，尽可能采用其他量纲进行量化；难以量化的产出效果，尽量进行定性描述，以全面反映投资项目的产出效果。

(3) 编制项目投资经济费用效益流量表。

二、项目国民经济评价指标

国民经济评价和财务评价相似，也是通过评价指标的计算，编制相关报表反映项目的国民经济效果。国民经济评价指标主要包括经济净现值、经济内部收益率、经济效益费用比、经济换汇成本（经济节汇成本）等。通过这些评价指标反映项目的国民经济盈利能力。

(一) 经济净现值(ENPV)

经济净现值是反映项目对国民经济净贡献的绝对指标，是项目按照社会折现率将计算

期内各年的经济净效益流量折现到建设初期的现值之和,是国民经济评价的主要指标。其计算公式为:

$$ENPV = \sum_{t=0}^{n}(B-C)_t(1+i_s)^{-t} \tag{8-26}$$

式中,B 为经济效益流量,C 为经济费用流量,$(B-C)_t$ 为第 t 年的经济净效益流量,I_s 为社会折现率,n 为项目计算期。

在项目国民经济评价中,如果经济净现值等于或大于零,说明项目可以达到社会折现率要求的效益水平,或除得到符合社会折现率的社会盈余外,还可以得到以现值计算的超额社会盈余,项目从经济资源配置的角度看是可以被接受的;如果经济净现值小于零,说明项目没有达到社会折现率要求的效益水平,项目从经济资源配置的角度难以被接受。经济净现值越大,表示项目所带来的经济效益的绝对值越大。

(二) 经济内部收益率(EIRR)

经济内部收益率是指项目在计算期内经济净效益流量的现值累计等于零时的折现率,是国民经济评价的辅助指标。其计算表达式为:

$$\sum_{t=0}^{n}(B-C)_t(1+EIRR)^{-t} = 0 \tag{8-27}$$

式中,$EIRR$ 为经济内部收益率,B 为经济效益流量,C 为经济费用流量,$(B-C)_t$ 为第 t 年的经济净效益流量,I_s 为社会折现率,n 为项目计算期。

经济内部收益率可采用插值法求解。手算可用试差法,利用计算机可使用现成的软件程序或函数求解,也可用人工计算法计算。为了保证经济内部收益率值的准确性,在计算时选择的两个折现率的数值不能超过5%。

经济内部收益率是从资源配置角度反映项目经济效益的相对效果指标,表示项目占用的资金所能获得的动态收益率,反映资源配置的经济效率。如果经济内部收益率等于或者大于社会折现率,表明项目对社会经济的净贡献达到或者超过了社会折现率的要求,或者说项目资源配置的经济效率达到了可以被接受的水平;如果经济内部收益率小于社会折现率,表明项目对社会经济的净贡献没有达到社会折现率的要求,或者说项目资源配置的经济效率没有达到可以被接受的水平。

需要说明的是,项目国民经济评价有两种口径:一是项目投资,二是国内投资。前者是不考虑项目的资金筹集方式,分析项目给社会经济带来的经济效益,相应的指标原称为全部投资经济内部收益率和全部投资经济净现值,现称为项目投资经济内部收益率和项目投资经济净现值;后者则要考虑项目投资资金的筹集方式,考虑从国外借款或以其他方式从国外获得资金时,项目投资对社会经济效率造成的影响,这种口径的盈利性分析是针对国内投资的,所以相应的指标称为国内投资经济内部收益率和国内投资经济净现值。如果项目没有国外投资或借款,项目投资指标与国内投资指标一致。

(三) 经济效益费用比(R_{BC})

经济效益费用比是指项目在计算期内效益流量的现值与费用流量的现值之比,是国民经济评价的辅助指标。其计算公式为:

$$R_{BC} = \frac{\sum_{t=0}^{n} B_t(1+i_s)^{-t}}{\sum_{t=0}^{n} C_t(1+i_s)^{-t}} \tag{8-28}$$

式中,R_{BC} 为经济效益费用比,B_t 为第 t 年的经济效益流量,C_t 为第 t 年的经济费用流量。

如果投资项目的经济效益费用比大于1,则表明项目资源配置的经济效率达到了可以被接受的水平;如果投资项目的经济效益费用比小于1,则表明项目资源配置的经济效率没有达到可以被接受的水平。

(四) 经济换汇成本

外汇是一种重要的经济资源,对国民经济的发展具有特殊的价值,外汇平衡对一个国家的经济形势有着特殊的影响。投资项目的投入或产出涉及进出口时,可以分析其外汇效果。项目的外汇效果指标主要有经济换汇成本和经济节汇成本〔2006年国家发展和改革委员会、建设部联合批准和发布的《建设项目经济评价方法与参数》(第三版)取消了项目的外汇效果指标〕。

当投资项目的产品直接出口时,应计算经济换汇成本,以分析这种产品出口对于国民经济是否真正有益,在国际市场上是否有竞争力。经济换汇成本也称换汇率,是指用货物的影子价格、影子工资和社会折算率计算的为生产出口产品而投入的国内资源现值(以人民币表示)与生产出口产品的经济外汇净现值(通常以美元表示)的比值,即换取1美元外汇(现值)所要投入多少价值的国内资源(现值)。其计算公式为:

$$\text{经济换汇成本} = \frac{\text{生产出口产品的国内资源投入现金(本币)}}{\text{生产出口产品的经济外汇净现值(外币)}} \tag{8-29}$$

$$\text{经济换汇成本} = \frac{\sum_{t=1}^{n} DR_t(1+i_s)^{-t}}{\sum_{t=1}^{n} (FI-FO)_t(1+i_s)^{-t}} \tag{8-30}$$

式中,DR_t 为项目在第 t 年生产出口产品投入的国内资源价值(以人民币示),包括应分摊的投资、原材料、劳动力影子工资及其他投入;FI 为生产出口产品的外汇流入(以美元计);FO 为生产出口产品的外汇流出(以美元计),包括进口原材料、零部件以及应由出口产品分摊的建设投资及经营费用中的外汇流出;$(FI-FO)_t$ 为第 t 年的净外汇流量;

n 为项目的计算期,单位一般为年;i_s 为社会折现率。

经济换汇成本是分析评价项目实施后生产的出口产品在国际上的竞争能力和判断产品能否出口的一项重要指标,主要适用于生产出口产品的投资项目。当经济换汇成本小于或等于影子汇率时,表明项目生产出口品是有利的,在国际市场上具有竞争力;当经济换汇成本大于影子汇率时,表明项目生产出口品出口是不利的,在国际市场上没有竞争力。

当项目产出只有部分为外贸品时,应将生产外贸品部分所耗费的国内资源价值从国内资源总生产耗费中分离出来,然后采用上述公式计算经济换汇成本。

(五) 经济节汇成本

对于有产品替代进口的项目,应计算其经济节汇成本,分析其外汇效果,分析其在国际市场上的竞争力。经济节汇成本与经济换汇成本类似,所不同的是,它的外汇收入不是产品直接出口带来的外汇收入,而是产品替代进口从而为国家节省下来的外汇支出。经济节汇成本是指项目计算期内生产替代进口产品所投入的国内资源的现值与生产替代进口品的经济外汇净现值的比值。其计算公式为:

$$\text{经济节汇成本} = \frac{\sum_{t=1}^{n} DR_t (1+i_s)^{-t}}{\sum_{t=1}^{n} (FI' - FO')_t (1+i_s)^{-t}} \quad (8\text{-}31)$$

式中,DR_t 为项目在第 t 年生产替代进口产品投入的国内资源价值(以人民币表示),包括应分摊的投资、原材料、劳动力影子工资及其他投入;FI' 为生产替代进口产品所节约的外汇(以美元计);FO' 为生产替代进口产品的外汇流出(以美元计);$(FI' - FO')_t$ 为第 t 年的净外汇流量;n 为项目的计算期,一般为年;i_s 为社会折现率。

经济节汇成本指标可以反映项目产品替代进口时经济上的合理性,主要用于生产替代进口产品项目的外汇效果评价。如果经济节汇成本小于或等于影子汇率,则表明项目的产品替代进口是有利的;如果经济节汇成本大于影子汇率,则表明项目的产品替代进口是不利的。

经济换汇成本或者经济节汇成本都要用国家颁布的影子汇率进行比较分析,以判断项目耗费国内资源的合理性,并要求经济换汇成本或经济节汇成本都应该小于或者等于影子汇率,表明该项目产品出口或者替代进口都是有利的,可以考虑接受该项目。

三、社会效果评价

投资项目国民经济评价需要对难以量化的外部效果进行定性分析与评价,即需要进行社会效果的分析与评价。社会效果评价就是分析评价投资项目为实现社会发展目标所做的贡献与影响程度。社会效果评价指标包括定量效果和定性效果两大类指标。定量效果指标是用定量的价值形式来表示的社会经济效果指标,主要包括收入分配效果、劳动就业效果、综合能耗、环境保护及相关投资等效果指标；非定量效果指标是用非定量化的定性指标表示的社会效果，主要包括先进技术的引进、生态平衡、资源利用、地区开发和经济发展、城市建设的发展、产品功能质量的提高、文化水平的提高等效果指标。这里主要结合定量分析指标的有关内容，说明项目的社会效果评价。

(一) 收入分配效果指标

对投资项目的收入分配效果的分析、评价主要是考察拟建投资项目建成后所带来的国民收入净增值在各利益主体之间的分配情况，并评价是否公平和合理。

投资项目建成后的收入分配主要是在企业、个人、地区及国家之间进行。如果涉及技术引进和利用外资的投资项目，则还需考察其收入在国内和国外的分配情况。因此，在进行收入分配效果指标评价时，应根据项目的具体情况和特点进行相应的指标计算。

1. 职工分配指数

职工分配指数是指在项目的正常生产规模年份职工所获工资及附加福利的增值在项目年国民收入净增值中所占的比率。其计算公式为：

$$职工分配指数 = \frac{正常生产年份职工的工资收入 + 福利}{年国民收入净增值} \times 100\% \quad (8-32)$$

2. 企业分配指数

企业分配指数是指在正常生产规模年份企业所留存的利润、折旧及其他收益总额占项目年国民收入净增值的比率。其计算公式为：

$$企业分配指数 = \frac{年净利润 + 折旧 + 其他收益}{年国民收入净增值} \times 100\% \quad (8-33)$$

3. 国家（包括地区）分配指数

国家分配指数是指在正常生产规模年份项目上缴纳国家的税金（增值税和所得税）、利润、折旧、利息、保险费等国家收益在项目年国民收入净增值中所占的比率。其计算公式为：

$$国家（包括地区）分配指数 = \frac{年利润 + 年税金 + 年折旧 + 年其他上缴国家收益}{年国民收入净增值} \times 100\% \quad (8-34)$$

如没有涉及外资情况，则上述 3 种分配指数的总和应等于 1。

4. 国内分配指数

若是技术引进、利用外资的项目则还需计算项目所带来的总净增值额在国内和国外的分配比例，即国内分配指数和国外分配指数。国内分配指数是指项目国内获得部分占整个净增值的比率。其计算公式为：

$$国内分配指数 = \frac{项目留存国内的净增值部分}{项目的总净增值额} \times 100\% \quad (8-35)$$

其中，项目整体净增值应等于项目留存国内的净增值加上汇往国外的款项。

5. 国外分配指数

国外分配指数是指项目汇往国外款项的增值部分在整个项目的净增值额中所占的比率。其计算公式为：

$$国外分配指数 = \frac{项目汇往国外款项}{项目的总净增值额} \times 100\% \qquad (8-36)$$

国内和国外分配指数的总和应等于1，同时一般也要求国内分配指数大于国外分配指数。只有这样，才有利于提高我国国内经济建设的投资效果。

总之，收入分配效果指标是项目的社会效果评价中的一个主要评价指标。对项目进行收入分配效果指标的计算与评价，目的是为了评价投资项目建成后的收入分配是否遵循了合理、公平的分配原则。国民经济的合理、公平分配，有利于社会的稳定和发展，也有利于项目评价的深化和扩展，有利于促使项目从经济评价延伸到社会评价。

下面举一个简单的例子来说明项目的收入分配效果指标的计算。

【例题 8-1】 某拟建投资项目达到正常生产规模年份的全部净增值及在各利益主体之间的分配情况如表 8-7 所示。要求评价该拟建投资项目的收入分配效果。

表 8-7 某拟建投资项目的年净增值分配表　　　　　单位：万元

序号	类别	金额
1	项目的总净增值额	5 000
2	项目留存国内资源增值额	4 000
3	项目汇往国外款项	1 000
4	职工收入（工资和福利）	600
5	企业收益	1 300
6	国家收益	2 100

根据表 8-7 中的有关数据进行收入分配效果指标的计算过程如下：

① 职工分配指数 = 600÷4 000×100% = 15%

② 地区分配指数 = 1 300÷4 000×100% = 32.5%

③ 国家分配指数 = 2 100÷4 000×100% = 52.5%

上述分配指数为国家收益部分占的比例最大（52.5%），企业次之（32.5%），个人最少（15%）。

④ 国内分配指数 = 4 000÷5 000×100% = 80%

⑤ 国外分配指数 = 1 000÷5 000×100% = 20%

上述计算结果也表明，国内的分配效果是好的（占项目整个净增值的80%），而国外分配部分只占小部分（20%）是合适的，该项目投资是可以接受的。

(二)劳动就业效果指标

拟建投资项目的就业效果主要是指该项目建成后能为社会提供或创造的新就业机会。在评价项目的就业效果时,一般可按每单位投资可提供的就业人数多少来衡量,也可按照创造每个就业机会所需的投资量来衡量。其评价指标主要有如下三种。

1. 总就业效果

总就业效果是指拟建项目建成后给社会带来的总就业人数(包括直接就业效果和间接就业效果)与该项目的总投资额(包括直接投资和相关项目的间接投资)之比。其表达式为:

$$总就业效果 = \frac{总就业人数}{项目总投资}(人/万元) \tag{8-37}$$

或

$$总就业效果 = \frac{项目总投资}{总就业人数}(万元/人) \tag{8-38}$$

其中,

$$\begin{aligned}总就业人数 &= 直接就业人数 + 间接就业人数 \\ &= 熟练就业人数 + 非熟练就业人数\end{aligned} \tag{8-39}$$

$$总投资 = 直接投资 + 间接投资$$

上述两个计算就业效果公式的含义是各不相同的。如以第 1 个指标表示项目的就业效果,则该指标的值应越大越好,即每万元的投资所提供的就业人数越多越好;如以第 2 个指标来表示项目的就业效果,则其指标值应越小越好,即创造每个新的就业机会所需的投资额越少越好。

2. 直接就业效果指标

直接就业效果指标是从上述的总就业效果指标中派生出来的,是指拟建项目本身的直接投资所能提供的直接就业机会。直接就业效果与总就业效果指标一样,也可用单位投资可提供的就业人数或创造每个就业机会所需的投资额来分别表示:

$$直接就业效果 = \frac{直接就业人数}{项目的直接投资}(人/万元) \tag{8-40}$$

或

$$直接就业效果 = \frac{项目的直接投资}{直接就业人数}(万元/人) \tag{8-41}$$

3. 间接就业效果指标

间接就业效果指标是从上述的总就业效果指标中派生出来的,是指与拟建投资项目有关联的配套或相关项目及项目所在地区、部门所增加的附加投资所能提供的间接就业机会。间接就业效果指标与总就业效果指标一样，也可用单位投资可提供的就业人数或创造每个就业机会所需的投资额来分别表示。

$$间接就业效果 = \frac{间接就业人数}{相关部门的附加投资}（人/万元） \quad (8-42)$$

或

$$间接就业效果 = \frac{相关部门的附加投资}{间接就业人数}（万元/人） \quad (8-43)$$

在用就业效果指标评价拟建项目的社会效果时，应注意处理好劳动生产率与就业人数之间的关系。因为在某些情况下，如果提高了项目的就业效果（即项目可能使用了大量的非熟练劳动力），往往会降低项目的劳动生产率水平。

下面举例说明项目的就业效果评价。

【例题 8-2】 某拟建投资项目的总投资额为 3 000 万元。其中，直接投资额为 2 500 万元，间接投资额为 500 万元。该项目建成后估计可提供总就业人数为 1 500 人，其中，直接就业人数为 1 000 人，间接就业人数为 500 人。具体情况如表 8-8 所示。试对该项目的就业效果做出评价。

表 8-8 项目的投资与就业情况表

投资类别	新就业机会			投资（万元）
	非熟练工人（人）	熟练工人（人）	总数（人）	
项目本身	250	750	1 000	2 500
供给投入项目	100	150	250	210
使用产出项目	200	200	250	290
总计	400	1 100	1 500	3 000

根据上面表格中的数据，对项目的就业效果指标计算如下：

(1) 总就业效果 = 1 500 ÷ 3 000 = 0.5（人/万元）

或 总就业效果 = 3 000 ÷ 1 500 = 2（万元/人）

表明总投资中每投资 2 万元，就可创造 1 个就业机会，或每提供 1 个就业机会需要投资 2 万元。

(2) 直接就业效果 = 1 000 ÷ 2 500 = 0.4（人/万元）

或 直接就业效果 = 2 500 ÷ 1 000 = 2.5（万元/人）

说明该项目直接投资每投资 10 万元，就可提供 4 个直接就业机会，或每提供 1 个直接就业机会需要直接投资 2.5 万元。

(3) 间接就业效果 = 500 ÷ 500 = 1（人/万元）

或 间接就业效果 = 500 ÷ 500 = 1（万元/人）

说明每 1 万元间接投资可提供 1 个间接就业机会，或每提供 1 个就业机会需要间接投资额 1 万元。

就业效果直接关系到我国社会的长期稳定，应给予高度重视。

（三）综合能耗指标

综合能耗指标是指拟建投资项目在正常生产年份为获得单位国民收入净增值所需消耗的能源，一般以国民收入综合能耗来表示。综合能耗指标反映项目的能源利用情况，表达式为：

$$国民收入综合能耗 = \frac{能源消耗量}{国民收入净增值} \tag{8-44}$$

式中的能源消耗量应是按经折算后的标准值计算的。一般来说，综合能耗指标值越小越好。在当前及未来能源紧张的情况下，综合能耗指标具有重要作用。

（四）环境保护效果指标

环境保护效果指标是指拟建投资项目建成后，要达到符合国家标准的环境保护目标所需的环保措施费用。环境保护效果评价在项目的社会效果评价中具有重要意义。该效果指标可表示为：

$$C = K_0 + \sum_{t=1}^{n} K_t \cdot (P/F, i, t), + \sum_{t=1}^{n} C_t \cdot (P/A, i, t) \tag{8-45}$$

式中，C 为项目环保措施费用，K_0 为项目初始环保投资，K_t 为第 t 年的追加环保投资，C_t 为第 t 年的环保经费，n 为项目环保措施的服务年限，i 为设定的折现率。

一般要求拟建投资项目建成后以较少的环保措施费用达到符合国家标准的环保目标为好。该项目指标也间接反映出项目对环境破坏的可能程度。

第六节 项目费用效果分析

一、项目费用效果分析概述

项目费用效果分析是通过对项目预期效果和所支付费用的比较，判断项目费用的有效性和项目经济合理性的分析方法。项目效果是指项目引起的效应或效能，表示项目目标的实现程度，往往不能或难以货币量化。

费用效果分析是项目决策分析与评价的基本方法之一。当项目效果不能或难以货币量化时，或货币量化的效果不是项目目标的主体时，在经济分析中可采用费用效果分析方法，其结论作为项目投资决策的依据。例如，医疗卫生保健、政府资助的普及教育、气象预报、地震预报、交通信号设施、军事设施等项目。

在充分论证项目必要性的前提下需要进行费用效果分析的投资项目，重点是制定实现项目目标的有效途径或方案，并根据使用尽可能少的费用获得尽可能大的效果的原则，通过多方案比选，推荐优先选定方案或进行方案优先次序排队，以供投资项目决策。

费用效益分析和费用效果分析各有其特点和使用范围。费用效益分析使用货币作为统一的参照物，简单明了，结果透明，容易被人们接受，但项目的效果必须能够货币化。费用效果分析回避了项目效果定价及货币化问题，直接采用非货币化的效果指标与费用进行比较，方法比较简单，适合项目效果难以货币化的领域。

作为一种方法，费用效果分析既可以应用于财务分析，采用财务费用流量计算；又可以应用于经济分析，采用经济费用流量计算。应用于前者，主要用于项目各个环节的方案比选、项目总体方案的初步筛选；应用于后者，除了可以用于上述方案比选、筛选以外，对于项目主体效益难以货币量化的，则取代经济费用效益分析，并作为经济分析的最终结论。

二、费用效果分析的要求与应用条件

（一）费用效果分析的要求

费用效果分析是将效果与费用采取不同的度量方法、度量单位和指标，在以货币度量费用的同时，采用某种非货币指标度量效果。项目效果可以采用有助于反映项目效果或项目目标实现程度的各种指标。如供水工程可以选择供水量、教育项目选择受教育人数等。如果项目的目标不止一个，或项目的效果难以直接度量，需要建立次级分解目标加以度量时，应该用科学的方法确定权重，借助层次分析法对项目的效果进行加权计算，处理成统一的综合指标。

费用效果分析遵循多方案比选原则，通过对各种方案的费用和效果进行比较，选择最好或较好的方案。对单一方案的项目，由于费用与效果采取不同的度量单位和指标，不易直接评价其合理性。

（二）备选方案应具备的条件

进行费用效果分析，项目的备选方案应具备以下条件：
（1）备选方案是互斥方案或可转化为互斥方案的，且不少于2个；
（2）备选方案目标相同，且均能满足最低效果标准的要求，否则不可进行比较；
（3）备选方案的费用可以货币量化，且资金用量不突破预算限额；
（4）备选方案的效果应采用同一非货币单位计量，如果有多个效果，可通过加权的方法处理成单一的综合指标；
（5）备选方案应具有可比的寿命周期。

三、费用效果分析的基本程序

进行项目的费用效果分析，一般可以遵循下列程序：
(1) 确立项目目标，并将其转化为可量化的效果指标；
(2) 拟定各种可以完成任务（达到效果）的方案；
(3) 识别和计算各方案的费用与效果；
(4) 计算指标，综合比较，分析各方案的优缺点；
(5) 推荐最佳方案或提出优先采用的次序。

四、费用效果分析的基本指标与方法

费用效果分析的基本指标是效果费用比（$R_{E/C}$），即单位费用所达到的效果：

$$R_{E/C}=E/C \tag{8-46}$$

式中，$R_{E/C}$ 为效果费用比，E 为项目效果，C 为项目费用。

运用项目的费用效果比指标可以进行方案的比较、分析与选择。当项目目标一定时，也就是方案的效果相同，选择能够达到效果的各种可能方案中费用最小的方案。这种满足固定效果寻求费用最小方案的方法称为最小费用法，也称固定效果法。

当项目的费用一定时，也就是方案的费用固定（相同），选择效果最大化的方案。这种方法称为最大效果法，也称固定费用法。

当各种备选方案效果和费用均不固定，且分别具有较大幅度的差别时，应比较两个备选方案之间的费用差额和效果差额，分析获得增量效果所花费的增量费用是否值得，不可盲目选择效果费用比大的方案或者费用效果比小的方案。

当然，也可以采用费用效果比（$R_{C/E}$）指标，即单位效果所花费的费用：

$$R_{C/E}=C/E \tag{8-47}$$

【例题 8-3】 某大型投资项目有多种产品，大部分产品的市场价格可以反映其经济价值。其中的主要产品 A 的年产量为 20 万吨，产量大，但市场空间不够大。该项目市场销售收入总计估算为 760 000 万元（含销项税额），适用的增值税税率为 17%。当前产品 A 的市场价格为 22 000 元（含销项税额）。据预测，项目投产后，将导致产品 A 市场价格下降 20%，且很可能挤占国内原有厂家的部分市场份额。由于该项目是大型资源加工利用项目，主要产品 A 涉嫌垄断，要求进行经济费用效益分析，判定项目的经济合理性。A 产品的影子价格应如何确定？试估算按影子价格计算调整后的项目营业收入（其他产品价格不做调整）。

解： 按照前述产出物影子价格的确定原则和方法，A 产品的影子价格应按社会成本确定，可按不含税的市场价格作为其社会成本。

按照市场定价的非外贸货物影子价格确定方法，采用"有项目"和"无项目"价格的平均值确定影子价格：

$$[22\,000 + 22\,000 \times (1 - 20\%)] \div 2 \div (1 + 17\%) = 16\,923(元/吨)$$

调整后的年营业收入为：

$$760\,000 - 20 \times (22\,000 - 16\,923) = 658\,460(万元)$$

该项目的直接经济效益为 658 460 万元。

调整建设投资：将建设投资中涨价预备费从费用流量中剔除，建设投资中的劳动力按影子工资计算费用，土地费用按土地的影子价格调整，其他投入可根据情况决定是否调整。

有进口用汇的应按影子汇率换算，并剔除作为转移支付的进口关税和进口环节增值税。

【例题 8-4】 某公司拟从国外进口一套机电设备，质量 1 500 吨，离岸价为 400 万美元。其他有关费用参数国外运费标准为 360 美元，海上运输保险费费率为 0.266%，银行财务费用率为 0.5%，外贸手续费费率为 1.5%，进口关税税率为 22%，进口环节增值税税率为 17%，人民币外汇牌价为 1 美元=6.39 元人民币，设备的国内运杂费费率为 2.5%。该套进口设备的设备购置费估算为 5 529.26 万元，设进口相关费用经济价值与财务价值相同，不必调整。影子汇率换算系数为 1.08。试计算该套进口设备的经济价值（到厂价）。

解：用影子汇率换算为人民币表示的进口设备到岸价 = $(400 + 360 \times 1\,500/10\,000) \times (1 + 0.266\%) \times 6.39 \times 1.08 = 3\,141.48$(万元)

银行财务费 = $400 \times 6.39 \times 0.5\% = 12.75$(万元)

外贸手续费 = $(400 + 360 \times 1\,500/10\,000) \times (1 + 0.266\%) \times 6.39 \times 1.5\%$
= 43.63(万元)

国内运杂费 = $400 \times 6.39 \times 2.5\% = 63.9$(万元)

进口设备的经济价值 = $3\,141.48 + 12.75 + 43.63 + 63.9 = 3\,261.76$(万元)

调整建设期利息：国内借款的建设期利息不作为费用流量，来自国外的外汇贷款利息需按影子汇率换算，用于计算国外资金流量。

调整经营费用：对需要采用影子价格的投入物，用影子价格重新计算；对一般投资项目，人工工资可不予调整，即取影子工资换算系数为 1；人工工资用外币计算的，应按影子汇率调整；对经营费用中的除原材料和燃料动力费用之外的其余费用，通常可不予直接调整，但有时由于取费基数的变化引起其经济数值变化，也会与财务数值略有不同。

【例题 8-5】 某农场于 2009 年年初在某河边植树造林 500 公顷，初始投资 5 000 万元，预计将于 2015 年初择伐林后无偿移交政府，所伐树木的销售净收入为 12 万元/公顷。由于流域水土得到保持，气候环境得到改善，预计流域内 3 万亩农田粮食作物从 2010 年起到择伐树木时止，每年将净增产 360 万千克，粮食售价为 1.5 元/千克。财务基准收益率设定为 6%，社会折现率为 10%，不存在价格扭曲现象，且无须缴纳任何税收。

问：(1) 在考虑资金时间价值的情况下，该林场 2015 年初所伐树木的销售净收入能否回收初始投资？(要求采用净现值予以判断)

(2) 为了分析项目的经济合理性，试计算项目的经济净现值，并做出该植树造林项目是否具有经济合理性的判断（不考虑初伐以后的情况）。

解：(1) 2015 年初所伐树木的净收入 $=12\times 500=6\,000$（万元）

按 6% 折现率计算的净现值 $FNPV(6\%)=-5\,000+6\,000\times(1+6\%)^{-6}$
$$=-770.24(万元)$$

净现值为负，说明 2015 年初所伐树木的销售净收入不能回收初始投资。

从经济分析角度，应将农作物增产的年率收益作为效益流量，该项目的经济效益应包括择伐树木的收入和农作物增产效益两部分。

农作物增产年净收益：$1.5\times 360=540$（万元）

$ENPV=-5\,000+6\,000\times(1+10\%)^{-6}+540\times(1+10\%)^{-2}+540\times(1+10\%)^{-3}+540\times(1+10\%)^{-4}+540\times(1+10\%)^{-5}+540\times(1+10\%)^{-6}$
$$=247.78(万元)$$

经济净现值为正，说明该项目具有经济合理性。

第七节 项目评价案例分析

福建省宁德市拟建白马港区湾坞作业区 8# 泊位工程。该项目建设规模即码头年设计吞吐量为 130 万吨。该项目估算计算范围为：港池开挖、码头平台、栈桥、驳岸工程、陆域形成及软基处理、道路堆场、工艺设备购置及安装、供电照明、给排水及消防、通信控制、环保绿化、生产生活辅助建筑等。

一、基本数据

（一）估算工程总投资

工程费用为 33 606.05 万元，其他费用为 4 024.56 万元，基本预备费为 2 634.14 万元，建设期贷款利息为 1 685.71 万元，工程总估算为 41 950.46 万元。总估算表详见表 8-9。

表 8-9 工程投资总估算表　　　　　　　　　　　　　　　　　单位：万元

	工程或费用项目名称	估算价值	备注
一	第一部分 工程费用	33 606.05	
（一）	水域挖泥	440.80	

(续表)

	工程或费用项目名称	估算价值	备注
(二)	水工工程	9 119.59	
1	码头平台	5 680.27	
2	栈桥	1 865.92	
3	驳岸工程	1 573.39	
(三)	陆域形成及软基处理	8 053.21	
(四)	道路堆场	2 528.68	
(五)	生产、生活辅助建筑	2 920.90	
(六)	工艺设备购置及安装	8 342.87	
(七)	供电照明工程	850.00	
(八)	给排水、消防工程	750.00	
(九)	通信控制工程	300.00	
(十)	绿化环保工程	200.00	
(十一)	临时工程	100.00	
二	第二部分 其他费用	4 024.56	
(一)	海域使用金	1 329.26	
(二)	建设单位管理费	355.82	交水发〔2004〕247号
1	建设单位开办费	50.00	
2	建设单位经费	305.82	
(三)	工程建设监理费	513.23	发改价格〔2007〕670号
(四)	工器具及家具购置费	162.15	交水发〔2004〕247号
(五)	联合试运转	56.75	交水发〔2004〕247号
(六)	生产职工培训费	53.00	交水发〔2004〕247号
(七)	办公和生活家具购置费	26.50	交水发〔2004〕247号
(八)	前期工作费	265.00	
(九)	勘察设计费	1 038.07	计价格〔2002〕10号
(十)	研究试验费	0.00	
(十一)	扫海费	20.00	
(十二)	工程招标代理费	42.35	计价格〔2003〕857号
(十三)	工程保险费	100.82	闽交建〔2005〕22号
(十四)	初步设计文件审查费	24.65	交水发（2006）330号
(十五)	施工图设计文件审查费	36.97	估列
三	基本预备费	2 634.14	（一＋二）×7%

(续表)

	工程或费用项目名称	估算价值	备注
四	静态投资	40 264.75	一+二+三
五	建设期贷款利息	1 685.71	建设期 24 个月
六	工程总估算	41 950.46	四+五

(二) 工程项目投资估算、项目计算期

根据投资估算，本工程不含建设期贷款利息的静态投资为 40 264.75 万元。项目效益分析计算期为 22 年，其中建设期 2 年，生产经营期 20 年，投产第一年按吞吐量的 80% 计，第二年考虑 100% 达产。

(三) 资金筹措方式

本项目静态投资的 70%（约 28 185.32 万元）申请贷款，贷款年利率为 6.55%，建设期贷款利息为 1 685.71 万元，其余 30% 的资金为企业自筹。

(四) 财务基准收益率、税率

本项目财务基准收益率取 8%。企业营业税税率为 3%，城市维护建设费费率为 7%，教育附加费费率为 3%，企业所得税按 25% 的费率计缴。

(五) 估算财务效益与费用

1. 营业收入估算

本项目营运收入主要是指营运期的营业收入。达产年企业营运收入为 6 054 万元，其中，装卸收入 3 900 万元、堆存费及其他营业收入 2 154 万元。

2. 总成本费用估算

总成本费用主要包括经营成本、财务费用、折旧费和摊销费。

(1) 经营成本。

经营成本包括工资福利费、材料燃料动力费、设备修理费等。达产年企业年经营成本为 640.29 万元，具体见总成本费用表。

(2) 财务费用。

财务费用主要是指建设期间借款余额（含未支付的建设期贷款利息）应在生产期支付的利息，具体数据见总成本费用估算表。

(3) 折旧费。

采用平均年限法计算折旧，折旧年房屋、建筑物按 30 年测算，残值率按 10% 考虑；机械设备按 20 年，残值率按 4% 考虑；其他固定资产按 10 年测算，残值率按 4% 考虑。

二、经济分析

本项目国民经济评价采用"有项目"情况和"无项目"情况对比的方法,社会折现率采用8%。

1. 总投资调整

本工程影子价格系数按1取值进行调整,调整后项目投资为40 264.75万元。

2. 营运费用调整

拟建项目的经济营运费根据有无对比采用财务营运费作为经济费用。营业税金及附加是国民经济内部转移支付,应予以扣除。

3. 效益计算

拟建项目的国民经济效益根据"有项目"和"无项目"对比的原则来确定。有项目的情况下,所有货种均从本码头通过,无项目的情况下,3.5万吨级散货船、2万吨级杂货船和2万吨级集装箱船另觅他港停泊。经"有-无"对比,主要是运输成本的节约。经计算,本项目的国民经济净效益近期为8 000万元/年。

4. 国民经济评价指标

国民经济盈利能力指标见表8-10。

表 8-10 国民经济盈利能力指标

经济内部收益率($EIRR$):	17.02%
经济净现值($ENPV$)($i_s=8\%$)	29 995.43万元
经济费用效益比	1.76

从以上经济费用效益分析中可知,经济内部收益率为17.02%,大于社会折现率8%;经济净现值为29 995.43万元,大于0;经济效益费用比为1.76,大于1,因此本项目可以达到社会折现率的效益水平,认为该项目从经济资源配置的角度可以被接受,也是合理的。

三、财务分析

(一) 财务盈利能力分析

按以上基础数据和财务收支情况,主要财务盈利能力指标测算结果汇总于表8-11。

表 8-11 主要财务数据及评价指标表

序号	名 称	单位	数量
一	财务数据		
1	总投资	万元	41 950.47

(续表)

序号	名称	单位	数量
2	固定资产投资	万元	40 621.21
3	项目资本金	万元	12 079.44
4	营业收入（经营期平均）	万元	5 993.43
5	营业税金及附加（经营期平均）	万元	197.78
6	总成本费用（经营期平均）	万元	2 881.42
7	利润总额（经营期平均）	万元	2 914.22
8	所得税（经营期平均）	万元	728.56
9	税后利润（经营期平均）	万元	2 185.67
二	财务评价指标		
1	销售利润率	%	48.62
2	投资利润率	%	6.95
3	财务内部收益率（所得税前）	%	10.90
4	财务净现值（所得税前）	万元	9 193.4
5	投资回收期（所得税前）	年	9.94
6	资本金收益率	%	11.31
7	资产负债率（经营期第1期）	%	69.64
8	利息备付率（偿还期内平均）	%	4.27
9	偿债备付率（偿还期内平均）	%	1.18
10	总投资收益率	%	8.49
11	项目资本金净利润率	%	18.09

通过编制项目投资现金流量表、项目资本金现金流量表进行财务现金流量分析，指标计算结果见表 8-12。

表 8-12 主要经济指标

名称	税前	税后
项目投资财务内部收益率（%）	10.90	8.70
项目投资财务净现值（$i_c=8\%$）（万元）	9 193.4	2 112.72
项目投资回收期	9.94	11.32
项目资本金财务内部收益率（%）	11.31	

项目投资所得税前财务内部收益率 10.90%，大于财务基准收益率 8%；项目投资所得税后财务内部收益率 8.70%，大于财务基准收益率 8%。通过盈利能力指标的计算，可以看出该项目的盈利能力可以为业主所接受。

(二) 清偿能力分析

还款期限及偿还方式：该公司长期借款自投产之日（第 2 年）起按最大还款能力偿还，利率按 6.55% 计算，详见借款还本付息表。利息备付率和偿债备付率见表 8-13。

表 8-13　还款期前五年内偿债备付率和利息备付率

年数	1	2	3	4	5
偿债备付率	1.04	1.25	1.24	1.23	1.22
利息备付率	1.07	1.76	1.9	2.07	2.3

每年的偿债备付率和利息备付率均大于 1，表明该项目具有较强的本息偿还能力。

(三) 不确定性分析

1. 敏感性分析

从建设投资、运营收入、运营件价格等几个方面进行单因素敏感性分析。从敏感性分析表可以看出，当建设投资增加 15% 时，项目仍然可行，具体参见表 8-14。

表 8-14　敏感度系数和临界点分析表（基本方案收益率 10.90%）

序号	不确定因素	变化率（%）	内部收益率（%）	敏感系数	临界点（%）	临界值
1	运营收入（运输量）	−5.00	10.16	0.15	−19.16	装卸费销售量临界值：105.09
		−10.00	9.40	0.15		
		−15.00	8.63	0.15		
2	运营价格	−5.00	10.16	0.15	−19.16	装卸费单价（含税）临界值：24.25
		−10.00	9.40	0.15		
		−15.00	8.63	0.15		
3	建设投资（不含建息）	5.00	10.25	0.13	24.33	建设投资临界值：50 063.16
		10.00	9.65	0.12		
		15.00	9.09	0.12		

2. 盈亏平衡分析

经计算，随着本项目偿还银行贷款的进行，生产能力利用率的数值在逐渐减小，项目盈亏平衡点维持在 28.79%。

(四) 财务效益分析结论

本项目财务评价的所得税后财务内部收益率为 8.70%，大于财务基准收益率 8%；财务净现值（$FNPV$）为 2 112.72 万元；项目投资回收期 11.32 年（含建设期），因此，项目具有一定的盈利能力。

四、经济和社会影响综合评价

(一) 经济影响分析

港口的发展规模与腹地经济、贸易的发展水平紧密联系、息息相关。本工程直接经济腹地为宁德市和上饶市；随着综合运输网的不断完善，腹地范围将扩展至周边城市，拟建码头建成后势必促进当地的经济发展。

(二) 社会影响分析

1. 社会影响效果分析

根据财务评价的结果，本项目建成后将增加地方政府的财政收入，直接为地方经济发展做出贡献。

此外，本项目的建成与运营，将提供最合理的运输平台和物流节点，为企业节省物流成本、提高企业效益，同时，完善的基础设施将进一步增强本地区招商引资的实力。

根据设计要求，推荐方案定员为 275 人，这意味着本项目建成后的运营阶段将增加当地的就业人员，在为当地社会发展做出贡献的同时，也增加了当地就业，减少了失业率，保障了社会的稳定和谐。

2. 社会适应性分析

本项目建设 3.5 万吨级通用泊位 1 个以及相应的配套设施，年吞吐量 130 万吨，其中集装箱 3 万 TEU、废旧铜材 25 万吨、光伏产品 15 万吨、机电产品 20 万吨、农副产品 10 万吨、玉米 10 万吨、其他杂件 20 万吨，采用常规的装卸工艺，对装卸人员技术要求不是很高，在装卸堆存工程中对环境的污染小，能为当地人所接受。

3. 社会风险及对策分析

由于本工程用地涉及拆迁和征地，希望相关部门做好前期工作，减少负面社会影响。

(三) 综合评价

项目投资所得税前财务内部收益率 10.90%，大于行业基准收益率 8%；项目投资所得税后财务内部收益率 8.70%，大于行业基准收益率 8%。通过盈利能力指标的计算，该项目的盈利能力较强。同时本项目促进地方经济发展、和谐当地社会环境、完善基础设施建设、增加就业等方面都有积极的社会影响，与社会的适应性良好，因此，本项目无论是经济方面还是社会影响方面都是可行的。

注：各财务评价表附后，包括项目总投资使用计划与资金筹措表（表 8-15）、总成本费用估算表（表 8-16）、固定资产折旧费估算表（表 8-17）、项目投资现金流量表（表 8-18）、项目资本金现金流量表（表 8-19）、利润与利润分配表（表 8-20）、借款还本付息表（表 8-21）、资产负债表（表 8-22）。

表 8-15 项目总投资使用计划与资金筹措表

单位:万元,万美元

序号	项 目	合计	建设期		生产经营期																	
			1	2	3	4	5	6	7	8	9	10	11	12	13	14	15	16	17	18	19	20	21	22
1	总投资	41950.47	16811.19	25139.28	0	0	0	0	0	0	0	0	0	0	0	0	0	0	0	0	0	0	0
1.1	建设投资	40264.76	16441.96	23822.8	0	0	0	0	0	0	0	0	0	0	0	0	0	0	0	0	0	0	0
	人民币	40264.76	16441.96	23822.8	0	0	0	0	0	0	0	0	0	0	0	0	0	0	0	0	0	0	0
	外币	0	0	0	0	0	0	0	0	0	0	0	0	0	0	0	0	0	0	0	0	0	0
1.2	建设期利息	1685.71	369.23	1316.48	0	0	0	0	0	0	0	0	0	0	0	0	0	0	0	0	0	0	0
	人民币	1685.71	369.23	1316.48	0	0	0	0	0	0	0	0	0	0	0	0	0	0	0	0	0	0	0
	外币	0	0	0	0	0	0	0	0	0	0	0	0	0	0	0	0	0	0	0	0	0	0
	债券	0	0	0	0	0	0	0	0	0	0	0	0	0	0	0	0	0	0	0	0	0	0
1.3	流动资金	0	0	0	0	0	0	0	0	0	0	0	0	0	0	0	0	0	0	0	0	0	0
2	资金筹措	41950.47	16811.19	25139.28	0	0	0	0	0	0	0	0	0	0	0	0	0	0	0	0	0	0	0
2.1	项目资本金	12079.44	5167.83	6911.61	0	0	0	0	0	0	0	0	0	0	0	0	0	0	0	0	0	0	0
	建设投资	0	0	0	0	0	0	0	0	0	0	0	0	0	0	0	0	0	0	0	0	0	0
	流动资金	0	0	0	0	0	0	0	0	0	0	0	0	0	0	0	0	0	0	0	0	0	0
2.1.1	中方投资	0	0	0	0	0	0	0	0	0	0	0	0	0	0	0	0	0	0	0	0	0	0
	建设投资	0	0	0	0	0	0	0	0	0	0	0	0	0	0	0	0	0	0	0	0	0	0
	流动资金	0	0	0	0	0	0	0	0	0	0	0	0	0	0	0	0	0	0	0	0	0	0
2.1.2	外方投资	0	0	0	0	0	0	0	0	0	0	0	0	0	0	0	0	0	0	0	0	0	0
	建设投资	0	0	0	0	0	0	0	0	0	0	0	0	0	0	0	0	0	0	0	0	0	0
	流动资金	0	0	0	0	0	0	0	0	0	0	0	0	0	0	0	0	0	0	0	0	0	0
2.2	债务资金	29871.03	11643.36	18227.67	0	0	0	0	0	0	0	0	0	0	0	0	0	0	0	0	0	0	0
2.2.1	长期借款	29871.03	11643.36	18227.67	0	0	0	0	0	0	0	0	0	0	0	0	0	0	0	0	0	0	0
	建设投资借款	28185.32	11274.13	16911.19	0	0	0	0	0	0	0	0	0	0	0	0	0	0	0	0	0	0	0
	人民币	28185.32	11274.13	16911.19	0	0	0	0	0	0	0	0	0	0	0	0	0	0	0	0	0	0	0
	外币	0	0	0	0	0	0	0	0	0	0	0	0	0	0	0	0	0	0	0	0	0	0
	债券	0	0	0	0	0	0	0	0	0	0	0	0	0	0	0	0	0	0	0	0	0	0
	建设期利息借款	1685.71	369.23	1316.48	0	0	0	0	0	0	0	0	0	0	0	0	0	0	0	0	0	0	0
2.2.2	流动资金借款	0	0	0	0	0	0	0	0	0	0	0	0	0	0	0	0	0	0	0	0	0	0
2.3	其他资金	0	0	0	0	0	0	0	0	0	0	0	0	0	0	0	0	0	0	0	0	0	0

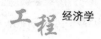

表 8-16 总成本费用估算表

单位：万元

序号	项目	合计	建设期			生产经营期																	
			1	2	3	4	5	6	7	8	9	10	11	12	13	14	15	16	17	18	19	20	21	22
1	外购原材料费	4064.86	0	0	0	0	0	0	0	0	0	0	0	0	0	0	0	0	0	0	0	0	0	0
2	外购燃料及动力费	6360	0	0	164.24	205.3	205.3	205.3	205.3	205.3	205.3	205.3	205.3	205.3	205.3	205.3	205.3	205.3	205.3	205.3	205.3	205.3	205.3	205.3
3	工资及福利费	2336.13	0	0	318	318	318	318	318	318	318	318	318	318	318	318	318	318	318	318	318	318	318	318
4	修理费		0	0	116.81	116.81	116.81	116.81	116.81	116.81	116.81	116.81	116.81	116.81	116.81	116.81	116.81	116.81	116.81	116.81	116.81	116.81	116.81	116.81
5	其他费用	0	0	0	0	0	0	0	0	0	0	0	0	0	0	0	0	0	0	0	0	0	0	0
	其中：其他制造费用	0	0	0	0	0	0	0	0	0	0	0	0	0	0	0	0	0	0	0	0	0	0	0
	其他管理费用	0	0	0	0	0	0	0	0	0	0	0	0	0	0	0	0	0	0	0	0	0	0	0
	其他营业费用	0	0	0	0	0	0	0	0	0	0	0	0	0	0	0	0	0	0	0	0	0	0	0
	其他项目	0	0	0	0	0	0	0	0	0	0	0	0	0	0	0	0	0	0	0	0	0	0	0
6	经营成本(1+2+3+4+5)	12760.99	0	0	599.04	640.1	640.1	640.1	640.1	640.1	640.1	640.1	640.1	640.1	640.1	640.1	640.1	640.1	640.1	640.1	640.1	640.1	640.1	640.1
7	折旧费	30567.62	0	0	1865.11	1865.11	1865.11	1865.11	1865.11	1865.11	1865.11	1865.11	1865.11	1865.11	1865.11	1191.65	1191.65	1191.65	1191.65	1191.65	1191.65	1191.65	1191.65	1191.65
8	摊销费	1329.26	0	0	132.93	132.93	132.93	132.93	132.93	132.93	132.93	132.93	132.93	132.93	0	0	0	0	0	0	0	0	0	0
9	利息支出	12970.59	0	0	1956.55	1829.6	1694.34	1550.22	1396.65	1233.03	1058.69	872.94	675.01	464.12	239.42	0	0	0	0	0	0	0	0	0
10	总成本费用合计(6+7+8+9)	57628.46	0	0	4553.63	4467.74	4332.48	4188.36	4034.79	3871.17	3696.83	3511.07	3313.15	3102.26	2071.18	1831.76	1831.76	1831.76	1831.76	1831.76	1831.76	1831.76	1831.76	1831.76
	其中：可变成本	4064.86	0	0	164.24	205.3	205.3	205.3	205.3	205.3	205.3	205.3	205.3	205.3	205.3	205.3	205.3	205.3	205.3	205.3	205.3	205.3	205.3	205.3
	固定成本	53563.6	0	0	4389.39	4262.45	4127.18	3983.06	3829.5	3665.87	3491.54	3305.78	3107.85	2896.96	1865.88	1626.46	1626.46	1626.46	1626.46	1626.46	1626.46	1626.46	1626.46	1626.46

总成本费用净现值：28 030.06　(折现率＝8.00%)

修理费计提比率：0.5%

表8-17 固定资产折旧费估算表

单位：万元

序号	项目	合计	建设期		生产经营期																		
			1	2	3	4	5	6	7	8	9	10	11	12	13	14	15	16	17	18	19	20	21	22
1.0	房屋、建筑物																							
	原值	23413.18	0	0	23413.18	22710.78	22008.39	21305.99	20603.6	19901.2	19198.81	18496.41	17794.02	17091.62	16389.23	15686.83	14984.44	14282.04	13579.64	12877.25	12174.85	11472.46	10770.06	10067.67
	本年折旧费	14047.91	0	0	702.4	702.4	702.4	702.4	702.4	702.4	702.4	702.4	702.4	702.4	702.4	702.4	702.4	702.4	702.4	702.4	702.4	702.4	702.4	702.4
	净值	9365.27	0	0	22710.78	22008.39	21305.99	20603.6	19901.2	19198.81	18496.41	17794.02	17091.62	16389.23	15686.83	14984.44	14282.04	13579.64	12877.25	12174.85	11472.46	10770.06	10067.67	9365.27
2.0	机器设备																							
	原值	10192.87	0	0	10192.87	9703.61	9214.35	8725.1	8235.84	7746.58	7257.32	6768.07	6278.81	5789.55	5300.29	4811.03	4321.78	3832.52	3343.26	2854	2364.75	1875.49	1386.23	896.97
	本年折旧费	9785.16	0	0	489.26	489.26	489.26	489.26	489.26	489.26	489.26	489.26	489.26	489.26	489.26	489.26	489.26	489.26	489.26	489.26	489.26	489.26	489.26	489.26
	净值	407.71	0	0	9703.61	9214.35	8725.1	8235.84	7746.58	7257.32	6768.07	6278.81	5789.55	5300.29	4811.03	4321.78	3832.52	3343.26	2854	2364.75	1875.49	1386.23	896.97	407.71
3.0	其他固定资产																							
	原值	7015.16	0	0	7015.16	6341.71	5668.25	4994.8	4321.34	3647.88	2974.43	2300.97	1627.52	954.06	280.61	0	0	0	0	0	0	0	0	0
	本年折旧费	6734.56	0	0	673.46	673.46	673.46	673.46	673.46	673.46	673.46	673.46	673.46	673.46	280.61	0	0	0	0	0	0	0	0	0
	净值	280.61	0	0	6341.71	5668.25	4994.8	4321.34	3647.88	2974.43	2300.97	1627.52	954.06	280.61	0	0	0	0	0	0	0	0	0	0
4.0	合计																							
	原值	40621.21	0	0	40621.21	38756.1	36891	35025.89	33160.78	31295.67	29430.56	27565.45	25700.34	23835.23	21970.12	20778.47	19586.82	18395.17	17203.51	16011.86	14820.21	13628.55	12436.9	11245.25
	本年折旧费	30567.62	0	0	1865.11	1865.11	1865.11	1865.11	1865.11	1865.11	1865.11	1865.11	1865.11	1865.11	1191.65	1191.65	1191.65	1191.65	1191.65	1191.65	1191.65	1191.65	1191.65	1191.65
	净值	10053.59	0	0	38756.1	36891	35025.89	33160.78	31295.67	29430.56	27565.45	25700.34	23835.23	21970.12	20778.47	19586.82	18395.17	17203.51	16011.86	14820.21	13628.55	12436.9	11245.25	10053.59

房屋、建筑物净残值率：10.00%   折旧期限：30
机器设备净残值率：4.00%   折旧期限：20
其他固定资产净残值率：4.00%   折旧期限：10

表 8-18　项目投资现金流量表

单位:万元

序号	项目	合计	建设期		生产经营期																		
			1	2	3	4	5	6	7	8	9	10	11	12	13	14	15	16	17	18	19	20	21	22
1	现金流入	129922.19	0	0	4842.6	6054	6054	6054	6054	6054	6054	6054	6054	6054	6054	6054	6054	6054	6054	6054	6054	6054	6054	16107.59
1.1	营业收入	119868.6	0	0	4842.6	6054	6054	6054	6054	6054	6054	6054	6054	6054	6054	6054	6054	6054	6054	6054	6054	6054	6054	6054
1.2	补贴收入	0	0	0	0	0	0	0	0	0	0	0	0	0	0	0	0	0	0	0	0	0	0	0
1.3	回收固定资产余值	10053.59																						10053.59
1.4	回收流动资金	0																						0
2	现金流出	56981.42	16441.96	23822.8	758.85	839.88	839.88	839.88	839.88	839.88	839.88	839.88	839.88	839.88	839.88	839.88	839.88	839.88	839.88	839.88	839.88	839.88	839.88	839.88
2.1	建设投资	40264.76	16441.96	23822.8	0	0	0	0	0	0	0	0	0	0	0	0	0	0	0	0	0	0	0	0
2.2	流动资金	12760.99			599.04	640.1	640.1	640.1	640.1	640.1	640.1	640.1	640.1	640.1	640.1	640.1	640.1	640.1	640.1	640.1	640.1	640.1	640.1	640.1
2.3	经营成本	3955.66			159.81	199.78	199.78	199.78	199.78	199.78	199.78	199.78	199.78	199.78	199.78	199.78	199.78	199.78	199.78	199.78	199.78	199.78	199.78	199.78
2.4	营业税金及附加																							
2.5	增值税	0			0	0	0	0	0	0	0	0	0	0	0	0	0	0	0	0	0	0	0	0
2.6	维持运营投资	0																						
3	所得税前净现金流量(1-2)	72940.78	-16441.96	-23822.8	4083.75	5214.12	5214.12	5214.12	5214.12	5214.12	5214.12	5214.12	5214.12	5214.12	5214.12	5214.12	5214.12	5214.12	5214.12	5214.12	5214.12	5214.12	5214.12	15267.71
4	累计所得税前净现金流量	72940.78	-16441.96	-40264.76	-36181.01	-30966.9	-25752.78	-20538.67	-15324.55	-10110.44	-4896.32	317.8	5531.91	10746.03	15960.14	21174.26	26388.37	31602.49	36816.6	42030.72	47244.84	52458.95	57673.07	72940.78
5	调整所得税	17813.77			521.43	804.02	804.02	804.02	804.02	804.02	804.02	804.02	804.02	804.02	804.02	1005.62	1005.62	1005.62	1005.62	1005.62	1005.62	1005.62	1005.62	1005.62
6	所得税后净现金流量(3-5)	55127.01	-16441.96	-23822.8	3562.32	4410.1	4410.1	4410.1	4410.1	4410.1	4410.1	4410.1	4410.1	4410.1	4410.1	4208.5	4208.5	4208.5	4208.5	4208.5	4208.5	4208.5	4208.5	14262.09
7	累计所得税后净现金流量	55127.01	-16441.96	-40264.76	-36702.44	-32292.35	-27882.25	-23472.16	-19062.06	-14651.96	-10241.87	-5831.77	-1421.68	2988.42	7196.92	11405.42	15613.92	19822.42	24030.92	28239.42	32447.92	36656.42	40864.92	55127.01

计算指标(所得税前):
项目投资财务内部收益率　10.90%
项目投资财务净现值　9 193.4
项目投资回收期　9.94
（折现率=8.00%）

计算指标(所得税后):
项目投资财务内部收益率　8.70%
项目投资财务净现值　2 112.72　（折现率=8.00%）
项目投资回收期　11.32

参考指标:
费用现值　42 653.63

表 8-19 项目资本金现金流量表

单位：万元

序号	项目	合计	建设期		生产经营期																		
			1	2	3	4	5	6	7	8	9	10	11	12	13	14	15	16	17	18	19	20	21	22
1	现金流入	129922.19	5167.83	6911.61	4842.6	6054	6054	6054	6054	6054	6054	6054	6054	6054	6054	6054	6054	6054	6054	6054	6054	6054	6054	16107.59
1.1	营业收入	119868.6	0	0	4842.6	6054	6054	6054	6054	6054	6054	6054	6054	6054	6054	6054	6054	6054	6054	6054	6054	6054	6054	6054
1.2	补贴收入	0	0	0	0	0	0	0	0	0	0	0	0	0	0	0	0	0	0	0	0	0	0	0
1.3	回收固定资产余值	10053.59																						10053.59
1.4	回收流动资金	0	0	0	0	0	0	0	0	0	0	0	0	0	0	0	0	0	0	0	0	0	0	0
2	现金流出	86208.84	5167.83	6911.61	4685.83	5081.2	5115.01	5151.04	5189.43	5230.34	5273.92	5320.36	5369.84	5422.57	5680.34	1845.5	1845.5	1845.5	1845.5	1845.5	1845.5	1845.5	1845.5	1845.5
2.1	项目资本金	12079.44	5167.83	6911.61																				
2.2	借款本金偿还	29871.03	0	0	1938.14	2065.09	2200.35	2344.47	2498.04	2661.66	2836	3021.76	3219.68	3430.57	3655.27	0	0	0	0	0	0	0	0	0
2.3	借款利息支付	12970.59	0	0	1956.55	1829.6	1694.34	1550.22	1396.65	1233.03	1058.69	872.94	675.01	464.12	239.42	0	0	0	0	0	0	0	0	0
2.4	经营成本	12760.99	0	0	599.04	640.1	640.1	640.1	640.1	640.1	640.1	640.1	640.1	640.1	640.1	640.1	640.1	640.1	640.1	640.1	640.1	640.1	640.1	640.1
2.5	营业税金及附加	3955.66	0	0	159.81	199.78	199.78	199.78	199.78	199.78	199.78	199.78	199.78	199.78	199.78	199.78	199.78	199.78	199.78	199.78	199.78	199.78	199.78	199.78
2.6	增值税	0	0	0	0	0	0	0	0	0	0	0	0	0	0	0	0	0	0	0	0	0	0	0
2.7	所得税	14571.12	0	0	32.29	346.62	380.43	416.47	454.86	495.76	539.35	585.79	635.27	687.99	945.76	1005.62	1005.62	1005.62	1005.62	1005.62	1005.62	1005.62	1005.62	1005.62
2.8	维持运营投资	0	0	0	0	0	0	0	0	0	0	0	0	0	0	0	0	0	0	0	0	0	0	0
3	净现金流量(1-2)	43713.36	-5167.83	-6911.61	156.77	972.8	938.99	902.96	864.57	823.66	780.08	733.64	684.16	631.43	373.66	4208.5	4208.5	4208.5	4208.5	4208.5	4208.5	4208.5	4208.5	14262.09

计算指标（所得税后）：
资本金财务内部收益率　11.31%
资本金财务净现值　5 214.07　（折现率=8.00%）
资本金投资回收期　14.00

表8-20 利润与利润分配表

单位:万元

序号	项目	合计	建设期 1	2	生产经营期 3	4	5	6	7	8	9	10	11	12	13	14	15	16	17	18	19	20	21	22
1	营业收入	119868.6	0	0	4842.6	6054	6054	6054	6054	6054	6054	6054	6054	6054	6054	6054	6054	6054	6054	6054	6054	6054	6054	6054
2	营业税金及附加	3955.66	0	0	159.81	199.78	199.78	199.78	199.78	199.78	199.78	199.78	199.78	199.78	199.78	199.78	199.78	199.78	199.78	199.78	199.78	199.78	199.78	199.78
3	增值税		0	0																				
4	总成本费用	57628.46	0	0	4553.63	4467.74	4332.48	4188.36	4034.79	3871.17	3696.83	3511.07	3313.15	3102.26	2071.18									
5	补贴收入		0	0																				
6	利润总额(1-2-3-4+5)	58284.48	0	0	129.16	1386.48	1521.74	1665.86	1819.43	1983.05	2157.39	2343.14	2541.07	2751.96	3783.04	4022.46	4022.46	4022.46	4022.46	4022.46	4022.46	4022.46	4022.46	4022.46
7	弥补以前年度亏损		0	0																				
8	应纳税所得额(6-7)	58284.48	0	0	129.16	1386.48	1521.74	1665.86	1819.43	1983.05	2157.39	2343.14	2541.07	2751.96	3783.04	4022.46	4022.46	4022.46	4022.46	4022.46	4022.46	4022.46	4022.46	4022.46
9	所得税	14571.12	0	0	32.29	346.62	380.43	416.47	454.86	495.76	539.35	585.79	635.27	687.99	945.76	1005.62	1005.62	1005.62	1005.62	1005.62	1005.62	1005.62	1005.62	1005.62
10	净利润(6-9)	43713.36	0	0	96.87	1039.86	1141.3	1249.4	1364.57	1487.29	1618.04	1757.36	1905.8	2063.97	2837.28	3016.85	3016.85	3016.85	3016.85	3016.85	3016.85	3016.85	3016.85	3016.85
11	期初未分配利润	287198.48	0	0	0	87.19	1023.06	2050.23	3174.69	4402.8	5741.36	7197.59	8779.22	10494.44	12352.01	14905.56	17620.72	20335.89	23051.05	25766.21	28481.37	31196.54	33911.7	36626.86
12	可供分配的利润(10+11)	330911.84	0	0	96.87	1127.04	2164.36	3299.63	4539.26	5890.09	7359.4	8954.95	10685.02	12558.41	15189.29	17922.41	20637.57	23352.73	26067.9	28783.06	31498.22	34213.38	36928.54	39643.71
13	提取法定盈余公积金	4371.34	0	0	9.69	103.99	114.13	124.94	136.46	148.73	161.8	175.74	190.58	206.4	283.73	301.68	301.68	301.68	301.68	301.68	301.68	301.68	301.68	301.68
14	可供投资者分配利润(12-13)	326540.5	0	0	87.19	1023.06	2050.23	3174.69	4402.8	5741.36	7197.59	8779.22	10494.44	12352.01	14905.56	17620.72	20335.89	23051.05	25766.21	28481.37	31196.54	33911.7	36626.86	39342.02
15	应付优先股股利		0	0	0	0	0	0	0	0	0	0	0	0	0	0	0	0	0	0	0	0	0	0
16	提取任意盈余公积金		0	0	0	0	0	0	0	0	0	0	0	0	0	0	0	0	0	0	0	0	0	0
17	应付普通股股利(14-15-16)	326540.5	0	0	87.19	1023.06	2050.23	3174.69	4402.8	5741.36	7197.59	8779.22	10494.44	12352.01	14905.56	17620.72	20335.89	23051.05	25766.21	28481.37	31196.54	33911.7	36626.86	39342.02
18	各投资方利润分配		0	0																				
19	未分配利润(14-15-16-17-18)	326540.5	0	0	87.19	1023.06	2050.23	3174.69	4402.8	5741.36	7197.59	8779.22	10494.44	12352.01	14905.56	17620.72	20335.89	23051.05	25766.21	28481.37	31196.54	33911.7	36626.86	39342.02
20	息税前利润	71255.07	0	0	2085.72	3216.08	3216.08	3216.08	3216.08	3216.08	3216.08	3216.08	3216.08	3216.08	4022.46	4022.46	4022.46	4022.46	4022.46	4022.46	4022.46	4022.46	4022.46	4022.46
21	息税折旧摊销前利润	103151.95	0	0	4083.75	5214.12	5214.12	5214.12	5214.12	5214.12	5214.12	5214.12	5214.12	5214.12	5214.12	5214.12	5214.12	5214.12	5214.12	5214.12	5214.12	5214.12	5214.12	5214.12

法定盈余公积金提取比率:10.00%

第八章 项目国民经济评价

表 8-21 借款还本付息计划表

单位：万元

序号	项目	合计	建设期			生产经营期																	
			1	2	3	4	5	6	7	8	9	10	11	12	13	14	15	16	17	18	19	20	21	22
1	人民币借款(单位:万元)	0	0	0	0	0	0	0	0	0	0	0	0	0	0	0	0	0	0	0	0	0	0	0
1.1	年初本息余额	0	0	11643.36	29871.03	27932.89	25867.8	23667.45	21322.97	18824.94	16163.28	13327.28	10305.52	7085.84	3655.27	0	0	0	0	0	0	0	0	0
1.2	本年借款	28185.32	11274.13	16911.19	0	0	0	0	0	0	0	0	0	0	0	0	0	0	0	0	0	0	0	0
1.3	本年应计利息	14656.3	369.23	1316.48	1956.55	1829.6	1694.34	1550.22	1396.65	1233.03	1058.69	872.94	675.01	464.12	239.42	0	0	0	0	0	0	0	0	0
1.4	本年还本付息	42841.62	0	0	3894.69	3894.69	3894.69	3894.69	3894.69	3894.69	3894.69	3894.69	3894.69	3894.69	3894.69	0	0	0	0	0	0	0	0	0
	其中:还本	29871.03	0	0	1938.14	2065.09	2200.35	2344.47	2498.04	2661.66	2836	3021.76	3219.68	3430.57	3655.27	0	0	0	0	0	0	0	0	0
	付息	12970.59	0	0	1956.55	1829.6	1694.34	1550.22	1396.65	1233.03	1058.69	872.94	675.01	464.12	239.42	0	0	0	0	0	0	0	0	0
1.5	年末本息余额	0	11643.36	29871.03	27932.89	25867.8	23667.45	21322.97	18824.94	16163.28	13327.28	10305.52	7085.84	3655.27	0	0	0	0	0	0	0	0	0	0
2	外币借款(单位:万美元)	0	0	0	0	0	0	0	0	0	0	0	0	0	0	0	0	0	0	0	0	0	0	0
2.1	年初本息余额	0	0	0	0	0	0	0	0	0	0	0	0	0	0	0	0	0	0	0	0	0	0	0
2.2	本年借款	0	0	0	0	0	0	0	0	0	0	0	0	0	0	0	0	0	0	0	0	0	0	0
2.3	本年应计利息	0	0	0	0	0	0	0	0	0	0	0	0	0	0	0	0	0	0	0	0	0	0	0
2.4	本年还本付息	0	0	0	0	0	0	0	0	0	0	0	0	0	0	0	0	0	0	0	0	0	0	0
	其中:还本	0	0	0	0	0	0	0	0	0	0	0	0	0	0	0	0	0	0	0	0	0	0	0
	付息	0	0	0	0	0	0	0	0	0	0	0	0	0	0	0	0	0	0	0	0	0	0	0
2.5	年末本息余额	0	0	0	0	0	0	0	0	0	0	0	0	0	0	0	0	0	0	0	0	0	0	0
3	债券(单位:万元)	0	0	0	0	0	0	0	0	0	0	0	0	0	0	0	0	0	0	0	0	0	0	0
3.1	年初本息余额	0	0	0	0	0	0	0	0	0	0	0	0	0	0	0	0	0	0	0	0	0	0	0
3.2	本年发行债券	0	0	0	0	0	0	0	0	0	0	0	0	0	0	0	0	0	0	0	0	0	0	0
3.3	本年应计利息	0	0	0	0	0	0	0	0	0	0	0	0	0	0	0	0	0	0	0	0	0	0	0
3.4	本年还本付息	0	0	0	0	0	0	0	0	0	0	0	0	0	0	0	0	0	0	0	0	0	0	0
	其中:还本	0	0	0	0	0	0	0	0	0	0	0	0	0	0	0	0	0	0	0	0	0	0	0
	付息	0	0	0	0	0	0	0	0	0	0	0	0	0	0	0	0	0	0	0	0	0	0	0
3.5	年末本息余额	0	0	0	0	0	0	0	0	0	0	0	0	0	0	0	0	0	0	0	0	0	0	0
4	借款和债券合计(单位:万元)	0	0	0	0	0	0	0	0	0	0	0	0	0	0	0	0	0	0	0	0	0	0	0

223

（续表）

序号	项目	合计	建设期			生产经营期																	
			1	2	3	4	5	6	7	8	9	10	11	12	13	14	15	16	17	18	19	20	21	22
4.1	年初本息余额	0	0	11643.36	29871.03	27932.89	25867.8	23667.45	21322.97	18824.94	16163.28	13327.28	10305.52	7085.84	3655.27	0	0	0	0	0	0	0	0	0
4.2	本年借款	28185.32	11274.13	16911.19	0	0	0	0	0	0	0	0	0	0	0	0	0	0	0	0	0	0	0	0
4.3	本年应计利息	14656.3	369.23	1316.48	1956.55	1829.6	1694.34	1550.22	1396.65	1233.03	1058.69	872.94	675.01	464.12	239.42	0	0	0	0	0	0	0	0	0
4.4	本年还本付息	42841.62	0	0	3894.69	3894.69	3894.69	3894.69	3894.69	3894.69	3894.69	3894.69	3894.69	3894.69	3894.69	0	0	0	0	0	0	0	0	0
	其中：还本	29871.03	0	0	1938.14	2065.09	2200.35	2344.47	2498.04	2661.66	2836	3021.76	3219.68	3430.57	3655.27	0	0	0	0	0	0	0	0	0
	付息	12970.59	0	0	1956.55	1829.6	1694.34	1550.22	1396.65	1233.03	1058.69	872.94	675.01	464.12	239.42	0	0	0	0	0	0	0	0	0
4.5	年末本息余额	0	11643.36	29871.03	27932.89	25867.8	23667.45	21322.97	18824.94	16163.28	13327.28	10305.52	7085.84	3655.27	0	0	0	0	0	0	0	0	0	0
5	还本资金来源（单位：万元）	552019.72	0	0	4051.46	6980.82	9749.41	12346.71	14761.49	16981.81	18994.92	20787.25	22344.34	24488.57	25041.8	29250.3	33458.8	37667.3	41875.8	46084.3	50292.8	54501.3	58709.8
5.1	当年可用于还本的利润	56683.95	0	0	2053.43	2869.46	2835.65	2799.62	2761.22	2720.32	2676.73	2630.29	2580.81	2528.09	3076.7	3016.85	3016.85	3016.85	3016.85	3016.85	3016.85	3016.85	3016.85
5.2	当年可用于还本的折旧和摊销	31896.88	0	0	1998.03	1998.03	1998.03	1998.03	1998.03	1998.03	1998.03	1998.03	1998.03	1998.03	1998.03	1191.65	1191.65	1191.65	1191.65	1191.65	1191.65	1191.65	1191.65
5.3	以前年度结余	463438.9	0	0	0	2113.32	4915.73	7549.06	10002.23	12263.45	14320.15	16158.92	17765.49	19124.66	20220.22	20833.3	25041.8	29250.3	33458.8	37667.3	41875.8	46084.3	50292.8	54501.3
5.4	可用于还本的短期借款	0	0	0	0	0	0	0	0	0	0	0	0	0	0	0	0	0	0	0	0	0	0	0
5.5	可用于还本的其他资金	0	0	0	0	0	0	0	0	0	0	0	0	0	0	0	0	0	0	0	0	0	0	0
6	偿还本金后的余额	522148.69	0	0	2113.32	4915.73	7549.06	10002.23	12263.45	14320.15	16158.92	17765.49	19124.66	20220.22	20833.3	25041.8	29250.3	33458.8	37667.3	41875.8	46084.3	50292.8	54501.3	58709.8
7	利息备付率	4.27			1.07	1.76	1.9	2.07	2.3	2.61	3.04	3.68	4.76	6.93	16.8									
8	偿债备付率	1.18			1.04	1.25	1.24	1.23	1.22	1.21	1.2	1.19	1.18	1.16	1.1									

人民币借款偿还期：11
外币借款偿还期：6
债券偿还期：7
理论上最大还款能力（含建设期）：8.39

表 8-22 资产负债表

单位：万元

序号	项目	建设期 1	建设期 2	3	4	5	6	7	8	9	10	11	12	13	14	15	16	17	18	19	20	21	22
1	资产	16811.19	41950.47	40109.21	39083.97	38024.93	36929.85	35796.38	34622.01	33404.05	32139.65	30825.77	29459.17	28641.18	31658.03	34674.87	37691.72	40708.57	43725.41	46742.26	49759.11	52775.95	55792.8
1.1	流动资产总额	0	0	156.77	1129.57	2068.56	2971.52	3836.08	4659.74	5439.82	6173.46	6857.61	7489.05	7862.71	12071.21	16279.71	20488.21	24696.71	28905.21	33113.71	37322.21	41530.71	45739.21
1.11	货币资金	0	0	156.77	1129.57	2068.56	2971.52	3836.08	4659.74	5439.82	6173.46	6857.61	7489.05	7862.71	12071.21	16279.71	20488.21	24696.71	28905.21	33113.71	37322.21	41530.71	45739.21
1.12	应收账款	0	0	0	0	0	0	0	0	0	0	0	0	0	0	0	0	0	0	0	0	0	0
1.13	预付账款	0	0	0	0	0	0	0	0	0	0	0	0	0	0	0	0	0	0	0	0	0	0
1.14	存货	0	0	0	0	0	0	0	0	0	0	0	0	0	0	0	0	0	0	0	0	0	0
1.15	其他	0	0	0	0	0	0	0	0	0	0	0	0	0	0	0	0	0	0	0	0	0	0
1.2	在建工程	16811.19	41950.47	0	0	0	0	0	0	0	0	0	0	0	0	0	0	0	0	0	0	0	0
1.3	固定资产净值	0	0	38756.1	36891	35025.89	33160.78	31295.67	29430.56	27565.45	25700.34	23835.23	21970.12	20778.47	19586.82	18395.17	17203.51	16011.86	14820.21	13628.55	12436.9	11245.25	10053.59
1.4	无形及其他资产净值	0	0	1196.33	1063.41	930.48	797.56	664.63	531.7	398.78	265.85	132.93	0	0	0	0	0	0	0	0	0	0	0
2	负债及所有者权益(24+25)	16811.19	41950.47	40109.21	39083.97	38024.93	36929.85	35796.38	34622.01	33404.05	32139.65	30825.77	29459.17	28641.18	31658.03	34674.87	37691.72	40708.57	43725.41	46742.26	49759.11	52775.95	55792.8
2.1	流动负债总额	0	0	0	0	0	0	0	0	0	0	0	0	0	0	0	0	0	0	0	0	0	0
2.11	短期借款	0	0	0	0	0	0	0	0	0	0	0	0	0	0	0	0	0	0	0	0	0	0
2.12	应付账款	0	0	0	0	0	0	0	0	0	0	0	0	0	0	0	0	0	0	0	0	0	0
2.13	预收账款	0	0	0	0	0	0	0	0	0	0	0	0	0	0	0	0	0	0	0	0	0	0
2.14	其他	0	0	0	0	0	0	0	0	0	0	0	0	0	0	0	0	0	0	0	0	0	0
2.2	建设投资借款(含债券)	11643.36	29871.03	27932.89	25867.8	23667.45	21322.97	18824.94	16163.28	13327.28	10305.52	7085.84	3655.27	0	0	0	0	0	0	0	0	0	0
2.3	流动资金借款	0	0	0	0	0	0	0	0	0	0	0	0	0	0	0	0	0	0	0	0	0	0
2.4	负债小计(21+22+2.3)	11643.36	29871.03	27932.89	25867.8	23667.45	21322.97	18824.94	16163.28	13327.28	10305.52	7085.84	3655.27	0	0	0	0	0	0	0	0	0	0
2.5	所有者权益	5167.83	12079.44	12176.32	13216.17	14357.48	15606.88	16971.44	18458.73	20076.77	21834.13	23739.93	25803.9	28641.18	31658.03	34674.87	37691.72	40708.57	43725.41	46742.26	49759.11	52775.95	55792.8
2.51	资本金	5167.83	12079.44	12079.44	12079.44	12079.44	12079.44	12079.44	12079.44	12079.44	12079.44	12079.44	12079.44	12079.44	12079.44	12079.44	12079.44	12079.44	12079.44	12079.44	12079.44	12079.44	12079.44
2.52	资本公积金	0	0	0	0	0	0	0	0	0	0	0	0	0	0	0	0	0	0	0	0	0	0
2.53	累计盈余公积金	0	0	9.69	113.67	227.8	352.74	489.2	637.93	799.73	975.47	1166.05	1372.45	1656.17	1957.86	2259.54	2561.23	2862.91	3164.6	3466.28	3767.97	4069.65	4371.34
2.54	累计未分配利润	0	0	87.19	1023.06	2050.23	3174.69	4402.8	5741.36	7197.59	8779.22	10494.44	12352.01	14905.56	17620.72	20335.89	23051.05	25766.21	28481.37	31196.54	33911.7	36626.86	39342.02
3	资产负债率	69.26%	71.21%	69.64%	66.19%	62.24%	57.74%	52.59%	46.68%	39.90%	32.06%	22.99%	12.41%	0.00%	0.00%	0.00%	0.00%	0.00%	0.00%	0.00%	0.00%	0.00%	0.00%
4	流动比率	0	0	0	0	0	0	0	0	0	0	0	0	0	0	0	0	0	0	0	0	0	0
5	速动比率	0	0	0	0	0	0	0	0	0	0	0	0	0	0	0	0	0	0	0	0	0	0

本章小结

投资项目的国民经济评价（经济分析）是在合理配置社会资源的前提下，从国家整体利益的角度出发，采用社会折现率、影子汇率、影子工资和货物影子的价格等经济分析参数，计算项目对国民经济的贡献，分析项目的经济效率、经济效果和对社会的影响，评价项目在宏观经济上的合理性。需要进行投资项目国民经济评价的项目范围主要包括具有垄断特征的项目、产出具有公共产品特征的项目、外部效果显著的项目、涉及国家控制的战略性资源开发项目和涉及国家经济安全的项目、政府行政干预过度的项目。

进行投资项目经济效益、经济费用识别应对经济效益与费用进行全面识别、遵循"有无对比"的原则、合理确定经济效益与费用识别的时间跨度、正确处理"转移支付"、遵循以本国社会成员作为分析对象的原则。

影子价格是指社会处于某种最优状态下能够反映社会劳动消耗、资源稀缺程度和最终产品需求状况的价格；或者说是指计算国民经济效益与费用时专用的价格，是能够真实反映项目投入物和产出物真实经济价值的计算价格，是反映市场供求状况和资源稀缺程度、使资源得到合理配置的计算价格。国际上通常采用的计算影子价格的方法主要有利特尔—米尔里斯法（简称 L-M 法）和联合国工业发展组织推荐的 UNIDO 法等。

投资项目国民经济评价参数也称经济评价参数，是用来计算和衡量项目国民经济效果，判断项目宏观经济合理性的一系列数值依据。一般包括以下几个方面：（1）国家级参数，主要是影子汇率、社会折现率等，由国家统一测定，供各类投资建设项目统一使用，评价人员不得自行测定；（2）通用参数，主要是影子工资换算系数、贸易费用率、建筑工程和交通运输及水、电等基础设施的价格换算系数、土地的影子费用等；（3）普通货物的影子价格，供非主要投入物直接使用，一般可自行测定。

进行建设项目国民经济评价，需要编制国民经济评价报表。国民经济评价报表包括基本报表和辅助报表。国民经济评价基本报表就是项目投资经济费用效益流量表。国民经济评价辅助报表包括投资费用估算调整表、经营费用估算调整表、项目直接效益估算调整表、项目间接费用估算表、项目间接效益估算表等。国民经济评价指标主要包括经济净现值、经济内部收益率、经济效益费用比、经济换汇成本（经济节汇成本）等。社会效果评价指标包括定量效果和定性效果两大类指标。定量效果指标是用定量的价值形式来表示的社会经济效果指标，主要包括收入分配效果、劳动就业效果、综合能耗、环境保护及相关投资等效果指标；非定量效果指标是用非定量化的定性指标表示的社会效果，主要包括先进技术的引进、生态平衡、资源利用、地区开发和经济发展、城市建设的发展、产品功能质量的提高、文化水平的提高等效果指标。

项目费用效果分析是通过对项目预期效果和所支付费用的比较，判断项目费用的有效性和项目经济合理性的分析方法。费用效果分析是项目决策分析与评价的基本方法之一。当项目效果不能或难以货币量化时，或货币量化的效果不是项目目标的主体时，在经济分析中可采用费用效果分析方法，其结论作为项目投资决策的依据。费用效果分析基本指标是效果费用比，即单位费用所达到的效果。

思考练习题

1. 国民经济评价的含义及主要特点是什么?
2. 国民经济评价的步骤及其主要内容有哪些?
3. 什么是社会折现率?它对项目的经济评价有什么作用?
4. 影子价格的含义是什么?外贸货物、非外贸货物的影子价格是如何调整的?
5. 国民经济评价中间接效果主要有哪些?如何确定项目的间接效果?
6. 什么是项目的社会效果分析?如何进行项目的社会效果分析?
7. 国民经济评价指标有哪些?它们是如何编制的?它们的主要作用是什么?
8. 土地的影子费用主要包括哪些内容?土地的机会成本是怎样计算的?
9. 国民经济效益评估的意义以及它与财务效益评估的异同。
10. 为什么"转移支付"不应计入国民经济效益评估?
11. 国民经济评价中为何使用机会成本来度量费用?
12. 如何使用成本分解法调整非外贸货物的价格?
13. 如何使用各项指标进行国民经济效益评估?
14. 简述国民经济评价的基本要求。
15. 简述国民经济评价与财务评价的关系。
16. 简述经济效益与费用的基本原则。
17. 简述直接效益与直接费用、间接效益与间接费用的概念。
18. 简述国民经济评价参数的种类和概念。

第九章 CHAPTER 9

项目后评价

> **学习目的**
>
> 本章主要介绍项目后评价的含义、基本内容和方法等。通过本章的学习，要求熟悉工程项目后评价的含义、特点、目的、作用、原则，了解项目后评价与项目前评价的区别，掌握工程项目后评价的范围与基本内容，熟悉工程项目后评价的方法、程序以及工程项目后评价的指标体系等。

项目后评价是项目投资建设程序中一项非常重要的工作阶段，是对项目投资建设成果及一定时期的生产运营情况进行的总结性评价。随着国家投资体制的改革与完善，政府逐步加大了对其投资项目的后评价力度，以增强项目建设单位的责任心，提高项目决策、建设和运营管理的效果，并总结经验教训，促进其他项目的决策、建设和运营管理，充分发挥政府投资的作用和效果，促进国家经济社会的健康发展。

第一节 项目后评价概述

一、项目后评价的概念

按照项目生命周期理论，项目后评价是在项目建成和竣工验收之后所进行的评价。此前的过程可分为项目前评价（事前评价）、项目中间评价（跟踪评价或事中评价），与项目后评价一起构成完整的项目评估评价过程。

项目前评价（事前评价）是在项目可行性研究等前期准备与决策阶段对拟建项目进行的评价。项目中间评价（事中评价）是指对正在建设尚未完工的项目所进行的评价。中间评价（事中评价）可以全面、系统地对项目的决策、目标、过程及未来效益等进行全面评价，也可以对项目建设的某个方面进行单项评价。

项目中间评价（事中评价）可以及时发现项目建设过程中存在的问题，分析存在问题

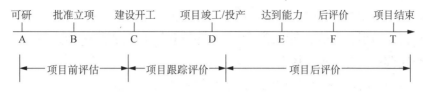

图 9-1 项目生命周期中的评价阶段
资料来源：冯为民、付晓灵，《工程经济学》，北京大学出版社 2006 年版。

的产生原因，重新评价项目的目标能否达到，项目的效益或效果指标能否完成，并据此提出相应的对策和措施，使决策者调整和完善项目建设与运营管理方案。项目中间评价（事中评价）可以是从项目立项到项目完成前整个项目实施过程中的各种评价，如开工评价、跟踪评价、调整评价、阶段评价、完工评价等。

项目后评价又称事后评价，是指在投资项目建成投产并运行一段时间后对项目立项决策、建设实施直到投产运营全过程（包括项目决策、项目设计、项目施工建设、投产经营等）的项目目的、过程、效益或影响等方面进行分析，确定项目预期的目标是否达到，项目或规划是否合理，项目的主要效益或效果指标是否实现，对投资项目取得的经济效益、社会效益或效果、环境效益或效果、项目建设和运行产生的影响及其持续性等进行系统、客观的分析和综合评价。

投资项目后评价是对项目决策前的评价报告及其设计文件中规定的技术经济指标进行再评价，并通过对整个投资项目建设过程各阶段工作的回顾，对项目投资全过程的实际情况与预计情况进行比较研究，衡量和分析实际情况与预测情况发生偏离的程度，分析项目成功或失败的原因，全面总结投资项目管理的经验教训。项目后评价是出资人对投资活动进行监管的重要手段之一，主要是服务于投资决策，可以增强项目建设、运营单位的责任心，促进其加强管理，提高建设质量，提高项目的运营效果。项目后评价也可以通过信息反馈，将项目后评价总结的经验教训反馈到项目投资单位、建设与运营管理单位以及未来进行投资建设的其他项目单位，供这些单位参考和借鉴，为改善项目管理工作，制订合理科学的后续投资计划及各项管理规定提供重要的信息依据和改进措施，以达到提高项目投资决策水平、管理水平和投资效益或效果的目的。

二、项目后评价的产生与发展

项目后评价起源于 20 世纪 30 年代。项目后评价和项目前评价几乎是同时在国外提出来的。1929—1933 年，美国发生了人类有史以来最严重的经济危机，美国国会和公众对经济大萧条期间"罗斯福新政"的投资效果非常关注，开始了工程项目的后评价工作。美国国会还以此作为监督政府投资新政政策的手段。20 世纪 30 年代，除美国外，加拿大、日本、瑞典等一些发达国家也相继开始工程项目的后评价工作。到 20 世纪 60 年代，美国在实施"向贫困宣战"的计划中进一步采用项目评价和后评价方法进行监督。20 世纪 70 年代以来，项目后评价广泛地被国外许多国家政府、联合国教科文组织、联合国儿童基金会、联合国粮农组织、联合国人口活动基金、世界银行、亚洲开发银行等国际金融组织等所采用,成为项目生命周期中的一个重要环节和投资管理的一种重要手段,并逐渐形成一套比较完善的管理和评价体系。

世界银行在20世纪70年代初就开始了贷款项目的后评价工作,并且早已形成一整套完整的贷款项目后评价制度和方法。世界银行的项目后评价分为两个阶段:第一阶段是由贷款项目的银行主管人员在贷款发放完毕后的6~12个月内编制一份"项目完成报告";第二阶段是由成立于1973年的业务评价局对贷款项目进行比较全面、深刻的总结、分析与评价。

在项目后评价机构方面,大部分西方发达国家将其隶属于立法机构或设立于政府部门中,如美国的项目后评价机构为美国会计总署,直接受美国国会领导;韩国在政府中设立了经济企划院进行项目后评价工作。在许多国际金融组织中,一般设立独立的后评价机构,直接由董事会领导,如世界银行的后评价机构为业务评价局。除了西方发达国家外,一些发展中国家也成立了项目后评价机构,如马来西亚在各级政府部门中建立了专门的项目监督和评价机构;印度早在20世纪50年代就成立了规划评议组织,专门负责组织项目后评价工作。印度的规划评议组织设在国家计划委员会内,只对计划委员会负责,而不对任何其他行政部门负责,以保证其独立性。印度各邦也设有邦评议组织,负责各州的项目后评价具体事务。

我国的项目后评价起步较晚,开始于20世纪80年代中后期。这一时期,我国引进了一些外商投资项目,特别是世界银行贷款的项目要求进行项目后评价工作。随着这些工作的开展,我国在学习、借鉴国外先进经验的基础上使项目后评价逐步建立、发展起来,并初步形成了具有中国特色的项目后评价体系。1988年,原国家计委委托中国国际工程咨询公司对十几个涉及农业、交通、能源等行业的国家重点投资建设项目进行了项目后评价,标志着项目后评价在我国正式开始应用。1990年1月,原国家计划委员会发布了《关于开展1990年国家重点建设项目后评估工作的通知》,决定对部分国家重点建设项目进行后评价工作。1990年1月,原交通部确定对沪嘉高速、广佛高速、西三高速、沈大高速进行后评价,并先后完成。到了20世纪90年代中期,项目后评价工作已在全国范围内得到普遍推广。1996年,原交通部总结了首批进行的4条高速公路项目后评价的经验和成果,制定并发布了《公路建设项目后评价工作管理办法》,标志着我国项目后评价管理水平已经上升到一个新的高度。国家开发银行于2001年开始全面实行项目贷款后评价制度,由总行稽核评价局负责归口管理项目贷款后评价工作,这种项目贷款后评价工作分为分行后评价、总行主要业务局后评价和后评价局后评价三个层次,形成了比较完整的特色鲜明的项目贷款后评价体系。我国2002年5月首次对深汕西高速公路项目进行了环境影响后评价试点工作,并在2002年10月正式颁布了《环境影响评价法》,首次对规划、建设项目的环境影响提出了后评价(或跟踪评价)要求,对加强我国规划、建设项目环境影响评价管理,健全环境影响评价体系起到了非常重要的作用。

2004年7月,国务院颁布的《国务院关于投资体制改革的决定》(国发〔2004〕20

号）明确提出"建立政府投资责任追究制度"，"完善重大项目稽查制度，建立政府投资项目后评价制度，对政府投资项目进行全过程监管"，正式建立了政府投资项目后评价制度，为确立项目后评价在我国投资管理体制中的作用和地位奠定了基础。2008年11月，国家发展和改革委员会颁布了《国家发展改革委关于印发中央政府投资项目后评价管理办法（试行）的通知》（发改投资〔2008〕2959号），旨在建立与完善政府投资项目后评价制度，规范项目后评价工作，提高投资决策水平与投资效益。自此，项目后评价承担了第三方独立、客观、公正、科学的监督与评价职能，成为国家对重大投资建设项目进行监督与管理的重要手段。

经过20多年的实践，我国项目后评价取得了较快发展，在公路、铁路、水利、火电站、大型建筑项目等部分工程项目中得到了运用。

三、项目后评价的特点

项目后评价不同于项目投资决策前的可行性研究和项目前评价。由于评价时点的不同，项目后评价与项目前评价相比具有现实性、独立公正性、全面性、反馈性等特点。

（一）现实性

项目后评价是对项目投产后一段时间所发生情况的一种总结评价。项目后评价分析研究的是投资项目的实际情况，是对项目建成投产后运营状况的总结评价，所依据的数据资料是项目建设、运营实际发生的真实数据或根据实际情况重新预测的数据，总结的是项目现实存在的经验教训，提出的是针对投资项目切实可行的对策措施。因此，项目后评价必须依据项目实际的技术、经济、环境、社会等各项指标，实事求是地对投资项目实施的效果进行评价。项目后评价的现实性决定了其评价结论的客观可靠性，或者说更加符合现实情况。而项目前评价分析研究的是项目的预测情况，所用的数据都是预测数据。

（二）独立公正性

项目后评价工作一般是以项目投资运行的监督管理机构或单设的后评价机构或决策的上一级机构为主，组织主管部门会同政府或企业的计划、财政、审计、银行、设计、质量等有关部门进行的，而不是项目的建设、运营管理机构。这样可以有效摆脱项目利益的束缚和局限，更为独立、客观、公正地做出项目后评价的结论。

（三）全面性

项目后评价的内容具有全面性。在进行项目后评价时，需要对项目实践进行全面评价，即不仅要分析项目立项决策、项目实施等投资过程，还要分析其运营管理过程；不仅要分析项目的投资经济效益，还要分析其社会效益或影响、环境效益或影响、综合管理效率等。项目后评价还要分析项目经营管理水平和项目发展的后劲和潜力，并把握影响项目效益或影响的主要因素，总结经验教训，提出切实可行的改进措施。

(四) 反馈性

项目后评价需要对项目建设与运营管理情况总结与分析评价的结果反馈给项目决策、投资建设、运营管理等有关部门或机构，为新项目立项、调整投资规划和政策等提供依据，为今后项目管理、投资计划的制订和投资决策积累经验，并用来检测项目投资决策的科学性、合理性，以提高投资项目决策和管理水平，为以后的宏观决策、微观决策和项目建设提供依据和借鉴。而项目前评价的目的在于为有关部门或机构对项目的投资决策提供依据。项目后评价的反馈机制、手段和方法是其成败的关键环节之一。

四、项目后评价与项目前评价的比较

项目后评价与项目前评价既有相同之处，又有明显的区别；既相对不同，又有紧密的联系。项目后评价与项目前评价的相同之处在于下列几个方面：一是项目后评价与项目前评价都是以实现项目投资收益或效果最大化为主要目标；二是项目后评价和项目前评价在评价原则、评价程序上基本相同；三是在评价方法的选择上，项目后评价与项目前评价均可采用定性分析和定量分析相结合、静态分析和动态分析相结合的分析方法；四是项目后评价与项目前评价都采用了一些相同的评价指标。

但是，项目后评价和项目前评价在评价主体、评价阶段、评价内容、评价依据和评价的侧重点等方面存在一定的区别，项目后评价的特点决定了它与项目前评价有较大的差别。

(一) 评价主体不同

项目前评价是由投资主体（投资者，包括企业和政府部门）、贷款决策机构、项目审批部门等组织实施的；而项目后评价则是以投资运行的监督管理机构或单设的后评价机构或决策的上一级机构为主，组织主管部门会同计划、财政、审计、银行、设计、质量等有关部门进行，按照项目单位自我评价、行业主管部门评价和国家评价三个层次组织实施，以保证投资项目后评价的全面性、公正性和客观性等。

(二) 评价内容不同

项目前评价主要通过项目建设的必要性、可行性、合理性及技术方案和生产建设条件等进行分析、评价，对未来的经济效益和社会效益、环境影响、可持续发展影响等进行科学预测，包括市场分析、技术分析、财务评价、国民经济评价、社会评价、风险分析、环境影响评价等内容；而项目后评价除了对上述内容进行再评价外，还要对已完成项目的整个过程、经济效益、环境影响、社会影响和项目可持续性等内容进行评价，总结项目的准备、实施、完工和运营管理情况；还要对项目决策的准确程度和实施效率进行分析，对项目的实际运行状况进行深入细致的分析，并通过使用预测数据对项目的未来进行新的分析评价。

（三）评价依据不同

项目前评价主要依据历史资料和类似项目的经验性资料以及国家和政府有关部门颁发的政策、规定、方法、参数等文件；而项目后评价则主要依据建成投产后项目实施的现实资料，并把历史资料与现实资料进行对比分析，其准确程度较高，说服力较强。

（四）评价阶段不同

项目前评价是在项目决策前的前期准备工作阶段进行的，是项目前期准备工作的重要内容之一，主要为项目投资决策提供依据；而项目后评价则是在项目建成投产并运营一段时间后对项目全过程（包括项目的投资实施期和生产经营期）的总体情况进行的评价。

（五）评价侧重点不同

项目前评价主要是以定量指标为主，应用预测技术和数据分析项目未来的经济效益，确定项目投资的可行性，为项目投资决策提供依据；而项目后评价则要结合行政和法律、经济和社会、建设和生产、决策和实施等各方面的内容进行综合评价。项目后评估侧重于总结项目决策、建设、运营管理的经验教训，为改进已完成项目、完善在建项目、指导拟建项目提供依据和建议。项目后评价以现有事实为依据，以提高经济效益为目的，对项目实施结果进行鉴定，并间接作用于未来项目的投资决策，为其提供反馈信息。

总之，项目后评价不是对项目前评价的简单重复，而是依据国家政策和制度规定，对投资项目的决策水平、管理水平、建设过程和实施结果进行的严格检验和评价。项目后评价是在与项目前评价比较分析的基础上总结经验教训，发现存在的问题并提出对策措施，促使项目更快更好地发挥效益和健康地发展。

五、项目后评价的作用

项目后评价对于提高项目决策的科学化水平、改进项目管理水平、监督项目的正常生产经营、降低投资项目的风险、提高投资效益以及为政府、银行部门等调整投资政策、信贷政策等提供依据具有重要作用。

1. 项目后评价通过总结项目投资、建设、管理的经验教训，可以有效监督和促进项目的决策与运营管理

项目决策、建设与运营管理是一个复杂的系统工程，涉及政府有关部门、项目主体、银行、规划设计单位、建设施工单位等众多单位。项目能否顺利完成并取得预期的投资效益或效果，不仅与项目自身因素有关，还与这些单位或部门的协调、合作及配合有关，需要这些单位或部门相互协调、密切合作、保质保量地完成各项任务和工作。如何进行项目

的有效管理？如何协调项目有关各方的关系？采取什么样的项目具体协作形式？都需要在项目建设过程中不断摸索、不断完善。项目后评价通过对已建成项目的分析，即运用实际数据资料分析项目实施情况与原来预测情况的偏离程度，确定项目不同环节存在的问题，并分析产生偏差（问题）的原因，全面总结项目建设与运营管理各个环节的经验教训，有针对性地指导未来项目的运营管理活动，提出切实可行的、有针对性的改进措施和建议，促使项目运营状况正常化，使项目尽快实现预期的效益、效果和目标，更好地发挥项目的效益。同时，对一些因决策失误，或投产后经营管理不善，或项目运营环境变化造成市场、生产、技术等方面处于困境的项目，项目后评价可以提出影响项目生存与发展的建议，促进项目的有效运行。

2. 项目后评价可以提高项目投资决策的科学化水平

项目前评价是项目投资决策的依据，但项目前评价中所做的预测和结论是否准确，需要通过项目建设的实践和项目后评价等进行检验、判断。因此，项目后评价是对项目投资决策、建设、运营管理等一系列过程的检查、总结和分析，通过建立和完善项目后评价制度和科学的方法体系，评价项目基本建设程序各环节和生产经营的实际效果，分析项目建设过程的立项、投资决策、技术采用及管理方法、经营手段等是否正确合理，及时纠正建设项目决策中存在的问题，从而提高未来建设项目决策的科学化水平。项目后评价制度可以使决策者和执行者预先知道自己的行为和后果要受到事后的审查和评价，从而增强他们的责任感，促使评价和决策人员努力做好项目前评价工作，提高项目预测的准确性。同时，项目后评价的反馈机制、反馈信息等可以对相同类型或相似的项目投资决策、实施过程、运营管理等起到参考和示范作用。

3. 项目后评价可以为政府制订投资计划和调整产业政策提供参考依据

项目后评价要对项目进行全面的分析与总结，获得项目投资、建设、运营管理的经验和教训，进而能够发现宏观投资管理中存在的某些问题，从而使国家可以及时修正某些不适合经济发展的技术经济政策，及时修订某些已经过时的项目评价指标与参数。同时，政府有关部门可以根据项目后评价所反馈的信息，运用金融政策、产业政策、财税政策等合理确定投资规模和投资流向，协调各产业、各部门之间及其内部的各种比例关系。此外，国家还可以充分运用法律、经济和行政等手段，建立和完善必要的法律法规、组织机构和相应的管理制度，促进国家投资管理体制的不断完善。

4. 项目后评价可以为银行等金融机构及时调整信贷政策提供依据

项目后评价可以使为项目提供贷款的银行等金融机构发现项目建设资金使用中存在的问题，分析贷款项目成功或失败的原因，为调整贷款投向与信贷政策提供依据，促进银行等金融机构加强风险防范，确保银行等金融机构信贷资金的安全。

六、项目后评价的原则

项目后评价应坚持"独立、科学、公正、实用"的原则。

(一)项目后评价的独立性原则

项目后评价的独立性原则要求不受项目决策者、管理者、执行者和前评价人员的干扰,以独立的第三者身份,深入实地认真听取各方的意见,保证项目后评价工作公平公正地进行。独立性原则是项目后评价公正性和客观性的重要保障。坚持独立性原则,要求从项目后评价的机构设置、人员组成、履行职责等方面加以落实,使项目后评价工作保持相对的稳定性和独立性,并且贯穿于项目后评价的整个过程,包括项目后评价内容的确定、指标选择、调查范围和对象确定、报告编写及完善等,都应独立地完成,不受外界的干扰,以便提供独立、公正的项目后评价报告,使项目后评价成果准确有效,提高项目后评价的可信度。

(二)项目后评价的科学性原则

项目后评价是以知识和经验为基础为客户提供咨询方案。科学性原则要求项目后评价按照规范的工作流程,根据项目真实全面的资料,利用自然科学、社会科学和工程技术等多种科学的理论、方法和技术手段进行项目后评价。科学知识的运用是保证项目后评价科学性的重要保障。科学性原则还要求项目后评价所采用的资料信息完整、可靠。

(三)项目后评价的公正性原则

项目后评价的结果往往受到社会公众的广泛关注,尤其是带有社会福利性质的公共项目的后评价。公正性原则要求项目后评价工作要采取实事求是的态度,在发现问题、分析原因和做出结论时要避免主观臆断,遵守职业道德,坚持客观、公平和公正地进行项目后评价工作。公正性原则标志着项目后评价及评价者的信誉,是项目后评价的一条重要原则。

(四)项目后评价的实用性原则

实用性原则要求项目后评价结果可以对项目本身后续的运营管理提供有针对性的具体指导和改进意见,对未来的类似项目提供经验教训,供拟建项目进行借鉴。因此,项目后评价报告提出的结论和建议要求具体、实用和可行。

第二节 项目后评价的内容

我国投资项目后评价体系是在参照世界银行后评价体系的基础上结合我国的实际情况确定的。项目后评价的主要内容包括项目目标后评价、项目过程后评价、项目效益或效果后评价等几个方面的内容。

一、项目目标后评价

项目目标一般是可量化的指标，在项目立项时就已经确定。项目目标后评价是对项目原定目标的正确性、合理性、实践性以及完成情况进行分析，对照项目原定目标中的主要指标，检查项目指标的实际完成情况和变化，分析项目实际指标发生改变（偏离项目原定目标）的原因，以判断项目目标的正确性、合理性、实践性及实现程度。有些项目原定的目标不明确，或者不符合项目实际情况，或者项目遇到政策变化、市场变化、技术变化等，需要对项目实施过程中可能会发生的重大变化进行重新分析和评价。

二、项目过程后评价

项目过程后评价就是对项目从前期准备、建设实施、竣工投产到运营管理等一系列过程进行分析，评价项目管理机构的能力。

（一）项目建设前期准备工作的后评价

项目建设的前期准备工作是项目从酝酿到开工建设前所进行的各项工作，是项目建设全过程的一个重要阶段，其工作质量对项目的成败具有重要影响，直接影响项目的建设和运营。项目前期准备工作的后评价是整个项目后评价的重点内容之一。

项目前期准备工作后评价的内容主要包括项目立项条件后评价、项目决策程序和方法后评价、项目决策阶段评价、项目勘察设计后评价和项目前期工作管理后评价等。

项目立项后评价主要是从项目的实际情况出发，分析项目立项条件、决策依据、决策目标、投资方向等；分析项目选址、资源条件、建设方案、建设规模、产品方案、产品性能和市场供求等；分析项目对提高行业生产能力以及对区域社会经济的影响；分析项目的技术水平，并与国家的技术经济政策和国内外同类项目的技术水平相比，评价其工艺流程、技术装备等选择的可靠性、实用性、配套性、先进性和合理性。

项目决策程序和方法后评价主要分析项目的决策程序、决策体制是否健全与完善，决策方法是否正确，决策过程是否科学，决策效率是否高效等。

项目决策阶段后评价主要分析可行性研究对项目决策的作用；分析项目经济评价、社会评价、环境影响评价等结论对项目决策的作用；根据投产运营后的实际情况分析项目评价结论的正确性等。

项目勘察设计后评价主要分析勘察设计单位的资质、选择；勘察设计质量、设计效率、设计依据、标准、规范、定额及费率；通过项目建设与运营状况分析，检验设计方案的技术可行性和经济合理性程度。

项目前期工作管理后评价主要是对项目筹建、决策、征地拆迁、安置补偿、工程招投标、勘察设计工作、委托施工、"三通一平"（水通、电通、路通和场地平整）、资金落实和物资落实等各方面管理工作的分析与评价。

建设单位对项目实施过程管理的好坏在很大程度上决定了项目的成败。因此，对建设单位的项目管理过程评价越来越受到投资者、决策者和管理者的重视。通过项目过程后评价，可以查明项目成功及失败的原因，总结在项目管理组织机构、前期准备、招投标、施工管理等方面的经验和教训。

（二）项目实施工作后评价

项目实施阶段是从项目开工到竣工验收的时期，是项目的建设期，是项目建设程序中耗时较长、耗资较大的时期，也是项目投资资金集中发生和使用的时期。按照项目实施的工作程序，项目实施工作后评价包括项目实施管理后评价、项目施工准备工作后评价、项目施工方式及项目施工管理后评价，项目竣工验收和试生产后评价，项目生产准备后评价等。项目实施工作后评价主要围绕项目变更情况、施工管理、建设资金的供应与使用、建设工期、建设成本、项目工程质量和安全情况、项目竣工验收、配套项目和辅助设施项目的建设、项目生产能力和单位生产能力投资等方面进行评价。项目实施工作后评价重点是工期、概算、质量、效益或影响等方面出现的问题及其产生原因分析等。

（三）项目运营阶段管理后评价

项目运营阶段是从项目竣工投产到进行项目后评价时的时期，是项目投资建设阶段的延续，是实现项目投资效益或效果的关键时期。项目运营阶段管理后评价是对项目运营阶段管理状况的系统分析，主要包括项目生产条件后评价、项目达到设计生产能力情况后评价、项目生产经营管理后评价等。

三、项目效益或影响效果后评价

这里的项目效益或影响效果主要是指项目的经济效益、社会影响效果、环境影响效果、可持续性发展效果等，相应的项目效益或影响效果后评价也包括项目经济效益后评价、项目社会影响效果后评价、项目环境影响效果后评价、项目可持续性发展效果后评价等。

（一）项目经济效益后评价

项目经济效益后评价主要是指项目竣工并运营一段时间后对项目投资经济效益或效果的再评价。项目经济效益后评价包括项目财务效益后评价和国民经济效益后评价。项目财务效益后评价是在国家现行财税制度和价格体系下，从项目投资者的角度，根据项目后评价时点以前各年实际发生的投入产出数据以及根据这些数据重新预测得出的项目计算期内未来各年将要发生的数据，综合考察项目目前及未来项目期内的财务情况，分析、判断项目的财务效果，并与项目前财务评价相比较，找出产生重大变化的原因，总结经验教训。

项目国民经济效益后评价是从国家整体角度考察项目的费用和效益，采用影子价格、影子工资、影子汇率和社会折现率等国家参数对项目后评价时点以后项目未来各年度预测的财务费用与财务效益进行调整，计算项目对国民经济的净贡献，并与项目前国民经济评价相比较，分析、判断项目的经济合理性。

进行项目经济后评价选用的数据要求真实、客观、准确。这些数据包括建设单位提供的项目投资报表、竣工决算表、竣工验收报告和生产单位提供的各年年终会计报表等。

（二）项目社会影响效果后评价

项目社会影响效果后评价是从促进社会发展的角度对项目在当地所产生的社会影响效果的分析和评价。项目的社会影响效果包括项目的有形社会影响效果和无形社会影响效果。项目的社会影响效果后评价主要分析项目对国家、地区、行业及社区等各项社会发展目标的效益和影响，特别是分析项目对社会、文化、教育、卫生、科技进步等方面的影响，分析项目对收益公平分配（特别是提高低收入阶层收入水平）的影响，分析项目对提高当地人口就业的影响，分析项目对提高当地居民生活质量和生活条件的影响，分析项目对促进民族团结、宗教和民俗民风等方面的影响。与项目后评价的其他内容一样，项目社会影响效果后评价既要对项目已经实现的社会贡献和影响效果进行分析和评价，还要与项目社会影响前评价提出要达到的社会目标相比较，对项目未来的社会影响进行分析，使项目的社会影响效果能够充分发挥，并为类似项目的决策、实施和管理提供可以借鉴的经验。

（三）项目环境影响效果后评价

项目环境影响效果后评价是指根据国家和地方环境质量标准、污染排放标准等政府环保法规、管理要求，分析项目的环境影响实际结果，并与项目前评价阶段的《环境影响报告书》进行比较，分析项目环境管理的决策、参数、结果的可靠性和实际效果，评价项目污染控制、区域环境质量、自然资源利用、区域生态平衡和环境管理能力等。同时，也要对项目未来环境影响效果做进一步分析，必要时重新提出一份单独的项目环境影响评价报告。

（四）项目可持续性发展效果后评价

项目可持续性是指在项目建设完成或运营一段时间之后可以持续发展，直到实现既定目标的能力。项目可持续性发展效果后评价主要分析项目与社会的各种适应性、存在的社会风险等；分析项目能否持续实施，项目能否持续发挥效益，项目的既定目标能否实现等。项目可持续性发展效果后评价需要结合政策因素、组织管理因素、技术因素、财务因素、市场条件、社会文化、生态环境因素以及其他外部因素等方面进行综合分析与评价。

第三节 项目后评价指标体系

项目后评价需要一整套指标体系，以评价项目的建设水平、效益水平以及对社会、环境等方面的影响程度，并与项目前评价时预测的各项指标或水平进行比较，全面描述和反映项目的整体功能与效果。项目后评价指标从定量的角度衡量和分析项目实际效益与预测效益之间的偏差程度，对项目进行分析、评价，为项目后评价中的某些定性分析提供依据。在项目后评价中，除了运用一些定性指标进行定性分析评价外，需要尽量把定性指标转化成定量指标，以便进行定量分析与评价。在计算项目后评价指标时，各项指标的计算均以项目建设与运营过程的实际数据资料为准。

项目后评价指标体系包括质量、进度、投资与成本等指标相对前评估预测值的变化率，反映项目运营阶段的效益、效果或影响等指标，根据获得的实际经营指标重新预测项目全生命周期的财务评价和国民经济评价指标，项目建成后的社会效益、环境影响、可持续发展影响评价指标等。

一、项目前期和实施阶段的后评价指标

（一）项目决策周期变化率

项目决策周期是指从项目提出或"项目建议书"提出开始到项目可行性研究报告被批准、项目决策确定实施为止所经历的时间。项目决策周期一般以月为计算单位，反映项目投资者与有关部门投资决策的效率。

项目决策周期变化率是指项目实际决策周期与项目预计决策周期的增减变化量之差与项目预计决策周期之比率，其计算公式如下：

$$项目决策周期变化率 = \frac{项目实际决策周期 - 项目预计决策周期}{项目预计决策周期} \times 100\% \quad (9-1)$$

项目决策周期变化率一般以月为计算单位进行计算，以百分数表示，反映项目决策时间的变化情况。当项目决策周期变化率大于零时，表明项目实际决策周期长于项目预计决策周期；当项目决策周期变化率小于零时，表明项目实际决策周期短于项目预计决策周期；当项目决策周期变化率等于零时，表明项目实际决策周期与项目预计决策周期正好相等。

（二）项目工期率

项目工期率是指竣工建设项目实际工期与定额工期之比率，其计算公式如下：

$$项目工期率 = \frac{竣工建设项目实际工期}{竣工建设项目设计定额工期} \times 100\% \qquad (9-2)$$

(三) 项目建设成本变化率

项目建设成本变化率是指项目实际建设成本与项目预计建设成本的增减变化量之差与项目预计建设成本之比率，其计算公式如下：

$$项目建设成本变化率 = \frac{项目实际建设成本 - 项目预计建设成本}{项目预计建设成本} \times 100\% \qquad (9-3)$$

(四) 项目单位工程合格(优良)率

项目单位工程合格（优良）率是指项目实际单位工程合格品（优良品）数量与项目单位工程总数之比率，其计算公式为：

$$项目单位工程合格(优良)率 = \frac{项目实际单位工程合格品(优良品)数量}{项目单位工程总数} \times 100\% \qquad (9-4)$$

项目单位工程合格（优良）以国家有关规定或施工合同有关条款作为标准。项目工程合格（优良）率越高，说明项目的工程质量越好；项目工程合格（优良）率越低，说明项目的工程质量越差。

(五) 项目投资总额变化率

项目实际投资总额是指项目建设与运营过程中耗费的建设投资、流动资金和建设期利息之和。可以按照静态与动态两种方法分别计算项目实际投资总额，即静态实际投资总额与动态实际投资总额。静态实际投资总额是将投资总额各年投资简单相加而得，动态实际投资总额是将各年的投资折现到建设起点而得。根据货币时间价值的原理，后一项指标更为科学。

项目投资总额变化率是指项目实际投资总额与预计投资总额的增减额之差与预计投资总额之比率，包括静态实际投资总额变化率与动态实际投资总额变化率两项指标，其计算公式如下：

$$静态投资总额变化率 = \frac{静态实际投资总额 - 静态预计投资总额}{静态预计投资总额} \times 100\% \qquad (9-5)$$

$$动态投资总额变化率 = \frac{动态实际投资总额 - 动态预计投资总额}{动态预计投资总额} \times 100\% \qquad (9-6)$$

项目投资总额变化率反映了实际投资总额与预计投资总额的偏差程度。

二、项目运营阶段的后评价指标

(一) 项目单位生产能力投资额

项目单位生产能力投资额是指项目为形成单位生产能力而耗费的投资额，其计算公式如下：

$$项目单位生产能力投资额 = \frac{项目实际投资总额 - 静态预计投资总额}{项目单位生产能力} \times 100\% \quad (9-7)$$

项目单位生产能力投资额是反映项目投资效果的综合性指标。项目单位生产能力投资额越少，说明项目投资效果越好；项目单位生产能力投资额越多，说明项目投资效果越差。

(二) 项目达产年限变化率

项目达产年限是指投资项目从投产之日起到达到设计生产（或营业）能力为止所经历的时间。项目达产年限包括设计达产年限和实际达产年限。项目实际达产年限采用下列公式计算：

$$项目设计生产能力 = 生产期第1年实际产量 \times (1 + 平均年产量增长率)^{n-1} \quad (9-8)$$

其中，n 为项目实际达产年限。

项目达产年限变化率是指项目实际达产年限与设计达产年限的增减变化量之差与设计达产年限之比率，其计算公式如下：

$$项目达产年限变化率 = \frac{实际达产年限 - 设计达产年限}{设计达产年限} \times 100\% \quad (9-9)$$

(三) 项目主要产品价格(成本)变化率

项目主要产品价格（成本）变化率是指项目在生产期所生产的产品实际价格（成本）与预测价格（成本）之差与预测价格（成本）之比率，其计算公式为：

$$项目主要产品价格(成本)变化率 = \frac{实际产品价格(成本) - 预测产品价格(成本)}{预测产品价格(成本)} \times 100\%$$

$$(9-10)$$

(四) 项目销售利润变化率

项目销售利润变化率是指项目生产期年实际销售利润额与预测销售利润额之差与预测销售利润额之比率，其计算公式为：

$$项目销售利润变化率 = \frac{该年实际销售利润额 - 预测销售利润额}{预测销售利润额} \times 100\% \quad (9-11)$$

（五）项目实际投资利润率

项目实际投资利润率是指项目在计算期内正常生产年份实际的年利润总额与项目实际总投资之比，是考察项目单位投资盈利能力的静态指标，其计算公式为：

$$项目实际投资利润率 = 项目实际年利润总额 / 项目实际总投资 \qquad (9-12)$$

其中，项目实际总投资包括项目实际建设投资、建设期利息和流动资金。

通过计算出的项目实际投资利润率与同行业的平均投资利润率进行比较，可以判断项目的实际获利能力和水平。如果计算出的项目实际投资利润率大于或等于同行业的平均水平，则认为项目是可以接受的；如果计算出的项目实际投资利润率小于同行业的平均水平，则认为项目是不可接受的。

（六）项目实际投资利税率

项目实际投资利税率是指项目在计算期内正常生产年份实际的年利润总额、销售税金及附加之和与项目实际总投资之比，是考察项目单位投资盈利能力的静态指标，其计算公式为：

$$\dfrac{项目实际}{投资利税率} = \left(\dfrac{项目实际}{年利润总额} + \dfrac{销售税}{金及附加} \right) \Big/ \dfrac{项目实际}{总投资} \qquad (9-13)$$

其中，项目实际总投资包括项目实际建设投资、建设期利息和流动资金。

通过计算出的项目实际投资利税率与同行业的平均投资利税率比较，可以判断项目的实际获利能力和水平。如果计算出的项目实际投资利税率大于或等于同行业的平均水平，则认为项目是可以接受的；如果计算出的项目实际投资利税率小于同行业的平均水平，则认为项目是不可接受的。

（七）项目实际财务净现值

项目实际财务净现值是指按设定的折现率将项目计算期内各年实际净现金流量折现，求现值之和，其计算公式为：

$$FNPV = \sum_{t=1}^{n} (RCI - RCO)_t (1 + i_R)^{-t} \qquad (9-14)$$

其中，$FNPV$ 为项目实际财务净现值，RCI 为项目实际现金流入量，RCO 为项目实际现金流出量，n 为项目的计算期，i_R 为设定的项目折现率。

项目实际财务净现值是评价项目盈利能力的绝对指标，反映项目在满足设定折现率要求情况下的实际盈利能力。如果项目实际财务净现值 $FNPV > 0$，说明项目的实际盈利能力超过了按设定的基准折现率计算的盈利能力，从财务评价的角度看，项目可以接受；如果项目实际财务净现值 $FNPV = 0$，说明项目的实际盈利能力刚好达到按设定的基准折现率计算的盈利能力，从财务评价的角度看，项目可以接受；如果项目实际财务净现值 $FNPV<0$，说明项目的实际盈利能力达不到按设定的基准折现率计算的盈利能力，从财务评价的角度看，该项目是不可行的。

项目实际财务净现值变化率是项目实际财务净现值与预测净现值的变化与预测净现值之比，其计算公式分别为：

$$净现值变化率 = \frac{实际净现值 - 预测净现值}{预测净现值} \times 100\% \quad (9-15)$$

(八) 项目实际财务内部收益率

项目实际财务内部收益率是指项目在整个计算期内各年净现金流量现值之和为零时的折现率。项目实际财务内部收益率是评价项目盈利能力的一个重要动态评价指标，反映项目的实际盈利水平，其表达式为：

$$\sum_{t=1}^{n} (RCI-RCO)_t (1+IRR)^{-t} = 0 \quad (9-16)$$

其中，$FIRR$ 为项目实际财务内部收益率，RCI 为项目实际现金流入量，RCO 为项目实际现金流出量，n 为项目的计算期，t 为年份数。

如果项目实际财务内部收益率 $FIIR$ 大于或等于基准收益率，说明项目的实际盈利能力超过或达到了基准折现率，从财务评价的角度看，项目可以接受；如果项目实际财务内部收益率 $FIRR$ 小于基准收益率，说明项目的实际盈利能力没有达到设定的基准折现率，从财务评价的角度看，该项目是不可行的。

项目实际财务内部收益率变化率是项目实际财务内部收益率与预测内部收益率的变化与预测内部收益率之比，其计算公式分别为：

$$内部收益率变化率 = \frac{实际内部收益率 - 预测内部收益率}{预测内部收益率} \times 100\% \quad (9-17)$$

(九) 项目实际投资回收期

项目实际投资回收期是项目实际产生的年度净收益或根据实际情况重新预测的项目年度净收益用于抵偿实际投资总额所需要的时间。项目实际投资回收期包括项目实际动态投资回收期、项目实际静态投资回收期两种。

项目实际静态投资回收期是以各年项目的实际净收益来回收实际投资总额所需的时间，其表达式为：

$$\sum_{t=1}^{n} (RCI-RCO)_t = 0 \quad (9-18)$$

其中，RCI 为项目的实际现金流入量，RCO 为项目实际现金流出量，n 为项目的计算期，t 为年份数。

项目实际动态投资回收期是以项目各年净收益现值来回收实际投资总额所需要的时间，其计算公式为：

$$\sum_{t=1}^{n}(RCI-RCO)_t(1+i_R)^{-t}=0 \quad (9-19)$$

其中，RCI 为项目的实际现金流入量，RCO 为项目的实际现金流出量，n 为项目的计算期，t 为年份数，i_R 为项目的实际折现率。

项目投资回收期变化率是项目实际投资回收期与预测投资回收期的变化与预测投资回收期之比，包括项目静态投资回收期变化率、项目动态投资回收期变化率。项目投资回收期指标变化率的计算公式为：

$$项目投资回收期变化率 = \frac{实际投资回收期 - 预测投资回收期}{预测投资回收期} \times 100\% \quad (9-20)$$

项目投资回收期指标变化率是衡量项目实际投资回收期与预测投资回收期与部门（行业）基准投资回收期偏离程度的指标。项目投资回收期指标变化率越小越好。

（十）项目实际借款偿还期

项目实际借款偿还期是以项目投产后获得的可用于还本付息的资金来源还清建设投资借款本息所需要的时间，一般以年为单位。项目偿还借款的资金来源包括按照国家规定当年可用于还本的折旧费、摊销费、未分配利润、以前年度结余可用于还本的资金、用于还本的短期借款和其他可用于还款的资金等。项目实际借款偿还期的计算公式为：

$$项目实际借款偿还期 = 偿还期偿还借款本金的资金来源大于年初借款本息累计的年份 - 开始借款的年份 + \frac{当年偿还借款数}{当年可用于还款的资金来源} \quad (9-21)$$

或

$$项目实际借款偿还期 = 偿还借款本金的资金来源大于年初借款本息累计的年份 - 开始借款的年份 + \frac{当年年初借款本息累计}{当年实际偿还借款本金的资金来源} \quad (9-22)$$

计算出项目实际借款偿还期后需要与贷款机构的要求还款期限进行对比，如果项目实际借款偿还期小于或等于贷款机构提出的要求期限，则认为项目有足够的偿债能力；如果项目实际借款偿还期大于贷款机构提出的要求期限，则认为项目的偿债能力不足，从偿债能力角度看项目是不可行的。

三、反映项目社会效益和环境效益的后评价指标

反映项目社会效益和环境效益的后评价指标有定性效益指标和定量效益指标两大类。

反映社会效益和环境效益的定性效益指标是指项目对社会效益和环境效益的影响分析，主要包括：(1) 项目建设和运营对资源有效利用的实际影响分析；(2) 项目采用先进技术扩散的实际影响分析；(3) 项目建设和运营对国家或地区生产力布局的实际影响分析；(4) 项目建设和运营对国家或地区工业产业结构调整的实际影响分析；(5) 项目建设和运营对地区经济平衡发展的实际影响分析；(6) 项目建设和运营对生态平衡和环境保护等方面的实际影响分析等。

反映社会效益和环境效益后评价的定量指标主要包括项目实际劳动就业效益、收入分配效益和综合能耗等。

(一) 项目劳动就业效益的后评价指标

项目实际劳动就业效益可分为项目实际直接劳动就业效益、项目实际间接劳动就业效益和项目实际总劳动就业效益三种。

$$项目实际直接劳动就业效益 = \frac{项目实际新增就业人数}{项目实际投资}（人/万元） \quad (9-23)$$

$$项目实际间接劳动就业效益 = \frac{配套项目实际新增就业人数}{配套项目实际投资}（人/万元） \quad (9-24)$$

$$项目实际总劳动就业效益 = \frac{项目实际新增就业人数 + 配套项目实际新增就业人数}{项目实际投资 + 配套项目实际投资}（人/万元） \quad (9-25)$$

项目劳动就业效益指标是指单位投资所创造的就业机会。在劳动力过剩、有较多失业人员存在的情况下，为了社会安定，分析项目实际新增的劳动就业机会，评价其对社会的贡献具有十分重要的意义。但是，劳动就业效益与技术进步和劳动生产率提高是有矛盾的。如果项目的自动化程度提高，可能会提高工人的劳动生产率，减少所需要的劳动力数量，特别是一线生产人员的数量，降低项目的劳动就业效益。

(二) 项目收入分配效益的后评价指标

项目实际收入分配效益后评价就是考察项目实际的国民收入净增值在职工、投资者、企业和国家等各利益主体之间的实际分配情况，并评价其公平性和合理性。

$$项目职工实际分配比重 = \frac{年实际职工工资收入 + 年实际职工福利费}{项目实际年国民收入净增值} \times 100\% \quad (9-26)$$

$$项目投资者实际分配比重 = \frac{年投资者实际分配的利润}{项目实际年国民收入净增值} \times 100\% \quad (9-27)$$

$$项目企业实际留用比重 = \frac{年实际提取法定盈余公积金和公益金 + 未分配利润}{项目实际年国民收入净增值} \times 100\% \quad (9-28)$$

$$\text{项目国家实际分配比重} = \frac{\text{项目年实际上交国家财政税金} + \text{保险费} + \text{利息}}{\text{项目实际年国民收入净增值}} \times 100\% \tag{9-29}$$

上述四项指标之和等于1。

这里需要说明的是：(1) 把项目缴纳的保险费、贷款利息等也算在国家收益中。(2) 国民收入净增值是指从事物质资料生产的劳动者在一定时期内所创造的价值，也就是从社会总产值中扣除生产过程中消耗掉的生产资料价值后的净产值。所以，项目年国民收入净增值应等于项目物质生产部门在正常生产经营年度的职工工资、职工福利费、税金、保险费、利息和税后利润的总和。

(三) 项目综合能耗后评价指标

一般采用项目国民收入实际综合能耗作为项目综合能耗后评价的指标。

$$\text{项目国民收入实际综合能耗} = \frac{\text{项目实际年度能源消耗量}}{\text{项目实际年国民收入净增值}} \tag{9-30}$$

这里的能源消耗量是指项目生产或经营过程中耗用的煤、油、气等折合成标准煤的吨数。项目国民收入实际综合能耗指标反映项目实际能源利用状况和对社会效益带来的影响。

第四节 项目后评价的程序与方法

根据投资项目的内在规律和项目后评价工作的实践，需要从国家的整体利益出发，结合项目的产业和行业特点进行后评价；需要对投资项目进行科学、客观、公正、全面的项目后评价；需要采用科学的评价方法，遵循科学的后评价程序，对投资项目进行定性分析与定量分析，使项目后评价报告的结论具有权威性、适用性和科学性，发挥项目后评价应有的作用。

一、项目后评价的程序

(一) 确定后评价项目

我国对国家或地方政府公共投资项目、利用国际金融组织贷款的项目进行项目后评价，要求每个项目编制项目完工报告，包括项目竣工报告、自我总结评价报告等。在此基础上，项目主管部门选择具备特殊性、可能性和典型性的项目，委托专门机构进行项目后评价。这里，具有特殊性的项目是指具有行业影响的大型项目、特大型项目、重大技术改造项目、重大技术创新项目、公众关注度高的项目等；具有可能性的项目是指在人员组成、经费来源和时间安排上均有保障，具备进行项目后评价条件的项目；具有典型性的项目是指在同一类项目中具有一定代表性的项目，如建设性质发生变化的项目、能为经济和社会发展提供信息的项目、能说明投资现状和未来投资方向的项目等。

政府项目主管部门选择、确定具体后评价项目时，一般选择具有下列特征的项目进行后评价：

(1) 政府投资项目管理规定中需要进行后评价的项目；
(2) 投资额巨大、建设工期长、建设条件较复杂的项目；
(3) 投资额巨大的跨地区、跨行业的项目；
(4) 采用新技术、新工艺、新设备，对提升企业核心竞争力有较大影响的项目；
(5) 在建设实施中产品市场、原料供应、融资条件及建设内容等发生重大变化的项目；
(6) 项目组织管理体系复杂的项目；
(7) 对企业、行业、部门或地区发展有重大影响的项目；
(8) 可能存在重大环境影响的项目；
(9) 可能存在重大社会影响的项目；
(10) 竣工运营后与项目前评价的预测结果有重大变化的项目等。

企业可以根据自身的管理规定，选择一些投资大的项目、技术先进竞争能力强的项目、经济或社会或环境影响大的项目进行项目后评价。

(二) 选择项目后评价机构，签订项目后评价合同或协议

如果委托专门机构进行项目后评价，则需要选择那些具有项目后评价资质或经验，符合项目后评价客观性、公正性基本要求，具有相关专业人员的机构作为项目后评价机构，与被选后评价机构人员充分沟通，深入了解项目实施背景，明确项目后评价的研究范围、评价目的和具体要求，签订项目后评价合同或协议。

如果政府有关部门或企业自己组建项目后评价机构，则需要确定项目后评价负责人，配备具有一定项目后评价工作经验的相关专业人员。

为了保证项目后评价的客观性、公正性，项目可行性研究单位、项目前评价单位、项目设计单位、项目建设监理单位、项目管理单位、工程建设单位等机构一般不宜作为项目后评价机构。

(三) 制订项目后评价计划

制订项目后评价计划，确定项目后评价计划内容，包括项目后评价的内容、范围、人员、方法、时间进度、质量要求、经费预算等。

(四) 实地调查、收集项目后评价的相关数据资料

项目后评价机构需要组织项目后评价人员进行实地调查、座谈走访，收集项目建设前期立项、决策、施工建设等方面的资料（包括项目自我评价报告、完工报告、竣工验收报告、决算审计、概算调整、开工报告、初步设计、可行性研究报告等报告及批复文件等）；收集项目所在地区的资料（如国家和地区的统计资料、物价信息等）；了解项目建成投产以后生产运营的实际效益状况；了解、分析项目可持续发展情况；了解、分析项目建设和运营对周围地区经济发展、生态环境的作用和影响等。收集资料尽可能满足完整性、准确性和有效性的要求。

（五）分析研究所收集的资料，进行具体项目后评价

在资料与数据收集、现场调查、座谈走访的基础上，首先要对已经获得的大量信息进行消化吸收；其次，需要根据项目的特点，建立与其相适应的项目后评价指标体系；再次，遵循定性分析与定量分析相结合的原则，采用对比分析法、逻辑框架法等方法对项目的经济、社会、环境及可持续性等方面进行分析评价；最后，总结项目建设、运营的经验教训，分析、确定项目存在的问题，针对存在的问题提出相应的解决办法。

（六）编写项目后评价报告

在对项目进行分析评价的基础上需要及时形成项目后评价报告初稿，征求项目主管部门、专家、项目单位的意见，根据修改意见进行修改、完善，形成项目后评价报告，提交给项目主管部门、项目单位等。

二、项目后评价方法

项目后评价的基本方法就是将项目投产后的实际情况、实际效果等与决策时期的目标或预测值相比较，从中找出差距、分析原因、提出改进措施和建议，进而总结经验教训。项目后评价的方法一般有如下三种。

（一）项目效益或效果评价法

项目效益或效果评价法是指通过计算反映项目准备、决策、实施和运营各阶段实际效益或效果指标，衡量和分析项目投产后所取得的实际效益或效果。项目效益或效果评价包括项目财务效益后评价、经济效益后评价、项目社会效益后评价、项目环境影响后评价、项目可持续性发展影响后评价等。在项目后评价阶段，项目各种效益或效果指标的分析计算完全是根据项目建设和运营的实际数据资料来进行分析或计算的，并相应地使用项目前评价中曾使用过的相同的评价参数来进行项目效益或效果分析或计算。

1. 项目财务效益后评价

项目财务效益后评价就是根据项目建设和运营的实际资料分析项目的实际盈利能力、清偿能力、财务生存能力，并进行敏感性分析。项目财务效益后评价的敏感性分析主要通过对成本和销售收入两个因素的敏感性分析来分析项目的财务可持续性。

2. 项目经济效益后评价

项目经济效益后评价也就是项目国民经济后评价,是从国家或地区的整体角度考察项目的费用和效益,采用实际国际市场价格或影子价格、影子汇率、影子工资、价格转换系数、社会折现率等参数对项目的实际国民经济效益进行分析评价。

3. 项目社会影响后评价

项目社会影响后评价也就是项目的社会效益后评价,其主要内容包括项目的实际就业影响或效果、实际地区收入分配影响或效果、实际居民生活条件和社会质量改善影响或效果、项目的实际受益范围及其受益情况、项目所在地政府和居民对项目的实际态度及参与程度、项目对当地城镇和社区发展的实际影响或效果、项目的建设与运营对当地妇女、民族和宗教信仰的实际影响或效果等。

4. 项目环境影响后评价

项目环境影响后评价也就是项目的环境效果后评价,其主要内容包括项目的实际污染及其控制情况、项目对区域环境质量的实际影响或效果、项目对自然资源的利用和保护的实际影响或效果、项目对生态平衡的实际影响和效果、项目的实际环境管理影响或效果等。

5. 项目可持续性发展影响后评价

项目可持续性发展后评价是以项目实施过程中所取得的经验、知识和能力为基础,采用预测分析的方法,预测项目未来的长远目标、效益、产出、措施和投入及其相关的条件和风险等。进行项目可持续性发展后评价需要重点关注影响项目可持续性发展的因素,包括一些项目不得不采取措施的影响因素、项目所在地的特殊社会文化因素、影响项目设计的财务因素、技术因素等。

(二) 对比分析法

对比分析法是项目后评价的基本方法,包括前后对比法、有无对比法、横向对比法等。

前后对比法是指将项目前期的可行性研究和评价的预测结论与项目的实际运行结果进行比较分析,以发现项目实施情况的变化,分析产生这些变化的原因,分析、确定项目计划、决策和实施过程中存在的问题。采用前后对比法进行项目后评价,要注意前后数据的可比性,因为时间不同,容易出现不能满足时间可比性要求的问题。项目后评价中经常采用的前后对比法,从理论上说并不是非常科学的方法。

有无对比法是将投资项目的建设、运营的实际效果和影响,与没有此项目可能发生的情况进行对比分析,以度量项目的真实效益、影响和作用。有无对比法需要做好不实施此项目可能发生情况的预测,以便进行对比分析。有无对比分析的重点是分析项目自身的作用和项目以外的环境或因素的作用。有无对比分析用于项目的效益后评价和影响后评价。有无对比分析需要大量可靠的数据资料。

横向对比法是将分析的项目与其他项目进行对比,包括同行业类似项目之间的对比、同规模类似项目之间的对比、同地区类似项目之间的对比等，用以评价项目的绩效或竞争能力。

（三）项目过程评价法

项目过程一般分为项目前期研究与决策阶段、项目设计与施工准备阶段、项目建设实施到竣工验收阶段、项目投产后运营阶段。项目过程评价法就是把项目从项目前期研究与决策、项目设计与施工准备、项目建设实施到竣工验收、项目投产后运营等各个阶段实际情况与原来制定的计划、目标进行比较分析，找出主观愿望（原定计划、目标等）与客观实际之间的差异，从而发现导致项目成败的主要环节和原因，提出有针对性的建议与措施，使以后同类项目的实施计划和目标制定得更切合实际和更可行，提高类似项目的投资效果。

除了上述几种主要方法外，项目后评价还有其他多种方法，如逻辑框架法、成功度评价法等。项目后评价各种方法之间存在着密切的联系，只有全面理解和综合应用，才能做好项目后评价工作，使项目后评价客观、公正和科学，能够真正发挥其作用。

第五节 项目后评价报告

项目后评价报告是项目后评价的最终成果形式，是项目后评价结果的汇总和综合反映，也是反馈项目建设、运营经验教训的重要资料。项目后评价报告必须反映项目建设、运营的真实情况，文字准确、简练，尽可能不用过分生疏的专业词汇；项目后评价报告应突出重点、简明扼要、观点明确；项目后评价报告的结论、建议要和存在的问题分析相对应，并把项目后评价结果与未来规划以及政策的制订、修改相联系。

一、总论

（一）项目概况

(1) 项目名称与建设地点；
(2) 项目投资者（业主）简介；
(3) 项目建设的主要内容；
(4) 项目产品或服务方案；
(5) 项目规模，包括设计生产能力、实际建成生产能力等；
(6) 项目建设工期及项目开工和竣工时间；
(7) 项目实施进度，包括项目周期各个阶段的起止时间等；

（8）项目总投资，包括项目立项决策批复投资、初步设计批复概算及调整概算、竣工决算投资和实际完成投资情况；

（9）项目资金来源计划和实际来源情况；

（10）项目运行及效益情况等。

（二）项目后评价概况

（1）项目后评价的目的；

（2）项目后评价工作的组织机构及管理情况；

（3）项目后评价报告编制单位情况；

（4）项目后评价工作的开始时间和完成时间；

（5）项目后评价资料的来源及依据；

（6）项目后评价采用的方法等。

二、项目过程后评价

（一）项目前期工作后评价

（1）项目前期筹备工作后评价，包括筹备单位名称、组织机构、筹备计划及筹备工作效率等；

（2）项目决策工作后评价，包括项目可行性研究的编制依据、起始和完成时间，项目决策单位、决策程序、决策效率等；

（3）项目征地拆迁工作后评价，包括征地拆迁工作进度、安置补偿标准及实际安置补偿情况分析等；

（4）项目委托设计与施工后评价，包括设计单位资格审查情况、委托设计方式、设计费用、设计方案的技术可行性和经济合理性、设计标准与设计质量、委托施工方式、施工企业资格审查情况及施工合同管理等；

（5）建设物资、资金筹措等实际情况的后评价。

（二）项目实施后评价

（1）项目建设工期后评价，包括项目实际建设工期、项目工期提前或延迟的原因分析等；

（2）施工管理后评价，包括项目施工组织方式、实际施工进度、施工技术与方案等方面的分析与评价；

（3）项目资金筹措实际情况的后评价；

（4）项目建设成本后评价，包括项目实际建设成本、项目建设成本增加或减少的原因分析与评价；

(5) 项目工程质量后评价;

(6) 项目合同执行与管理情况后评价等。

(三) 项目运营后评价

(1) 项目实际生产能力后评价,包括项目达到设计生产能力情况、项目的实际生产能力、项目实际的生产能力与设计生产能力的差异及其原因分析等;

(2) 项目实际产品或服务的市场情况后评价;

(3) 项目实际效益情况后评价,包括实际财务状况、成本情况、盈利情况的分析与评价;

(4) 项目运营管理后评价,包括组织机构设置、管理人员配备及素质、管理规章制度、管理效率、管理效果等方面的分析与评价等。

三、项目效益或影响后评价

(一) 项目经济效益后评价

(1) 项目财务效益后评价,主要包括项目财务状况及预测、项目实际财务效益指标、项目主要财务指标的对比与分析、项目财务效益变化的主要原因分析、项目财务状况的发展变化趋势及建议采取的对策措施等;

(2) 项目国民经济效益后评价,主要包括项目国民经济效益状况及预测、项目实际国民经济效益指标与计算、项目国民经济评价指标的对比分析、项目国民经济效益变化的主要原因分析等。

(二) 项目社会影响后评价

项目社会影响后评价主要分析和评价项目的主要利益群体;项目的建设实施对国家宏观经济、区域经济、行业经济、地区经济发展的影响;项目的建设和运营对当地就业和人民生活水平提高的实际影响;项目的建设和运营对当地政府的财政收入和税收的实际影响等。

(三) 项目环境影响后评价

项目环境影响后评价主要分析和评价项目环保实际达标情况、项目实际环保设施及制度建设和执行情况、项目对环境和生态保护的实际影响等。

(四) 项目可持续性发展影响后评价

项目可持续性发展影响后评价主要根据项目现状,结合国家的政策、资源条件和市场环境,分析和评价项目固定资产、人力资源和组织机构在外部投入结束之后持续发展的可能性，预测产品或服务的市场竞争力，从项目内部因素和外部条件等方面评价整个项目的可持续发展能力。

四、项目后评价的结论与建议

（一）项目后评价的结论

项目后评价要有综合性评价结论。项目后评价结论一般是定性结论，是在对项目后评价进行综合性总结、分析、归纳的基础上确定的，可以反映项目后评价的主要内容、主要方法、主要结果、存在问题及改进建议。

（二）项目的主要经验教训

项目建设和运营的经验教训主要包括具有项目本身特点的重要收获、教训与可供其他项目借鉴的经验教训，特别是可供项目决策者、投资者、借款者和执行者在项目不同阶段可以借鉴的经验教训，为新项目决策提供参考依据。

（三）项目后评价给出的对策建议

根据项目后评估的结论、存在的问题与总结的经验教训，提出项目进一步完善的建议和措施、其他项目决策和实施的建议和措施等。项目后评价的对策建议包括对项目和项目执行机构的建议、对项目主体（企业）的对策建议、对政府层面的宏观性对策建议等。

五、项目后评价的主要附件

项目后评价的主要附件包括项目后评价协议或任务书、项目自评报告、项目主管部门对项目后评价的初审报告、专家组现场调查小结等。

六、项目后评价的主要附表

项目后评价的主要附表包括：
(1) 项目主要效益指标对比表；
(2) 项目总投资来源表；
(3) 项目总投资执行情况表；
(4) 项目总成本费用表；
(5) 项目利润与利润分配表；
(6) 项目总投资超支因素分析表；
(7) 资产负债表；

(8) 借款还本付息计算表；

(9) 现金流量表等。

第六节　长江口深水航道治理工程项目后评价案例

一、长江口深水航道治理工程项目概况

长江河口是我国最大的河口，水量丰沛、输沙量大、中等潮汐强度是其代表性的水文特征，三级分汊、四口入海是其地貌特征。长江口河段上自大通（枯季潮区界），下至水下三角洲前缘，全长约 700 千米。

长江河口区可分为 3 个区段：大通至江阴（洪季潮流界），长约 400 千米，径流作用占优，为近口段；江阴至口门处，长 220 千米，径流与潮流共同作用，为河口段；自口门向外至水下三角洲前缘，潮流作用为主，为口外海滨。徐六泾以下，崇明岛将长江口分为南、北二支；长兴岛和横沙岛又将南支分为南、北二港；九段沙将南港又分为南、北两槽。徐六泾断面处江面宽 5.8 千米，苏北启东咀和上海南汇咀之间江面宽约 90 千米。长江口在径流与潮流的联合作用下，地形地貌的演变规律极其复杂。北支自 18 世纪中叶以后日益淤浅。南支河面宽阔，滩槽变化剧烈，冲淤交错，历史上入海汊道的主次关系多次更替。

长江口是我国沿海、沿江两条经济主轴线的交点，是长江黄金水道通往我国沿海地区和世界各大洋的必经之路，是关系到国民经济发展全局的重要战略运输通道。深水航道贯通江海，是建成上海国际航运中心，实现以上海浦东开发开放为龙头，把上海建成国际经济、金融、贸易中心，带动长江三角洲和整个长江流域地区经济新飞跃的关键举措。然而，长江口的四条入海汊道均存在拦门沙。自然条件下，即使是通航条件最好的主槽，拦门沙滩顶水深也不到 6.0 米，成为入海航道的天然障碍。为了改善长江口通航条件，交通部门自 20 世纪 70 年代开始，就进行着以维护 7.0 米航道为目的的大规模疏浚工程。

长江口深水航道治理工程方案选择的过程中有两个重大决策：第一，在开挖边滩运河的方案和对自然条件相对较好的汊道进行整治的方案中选择了后者；第二，在四条入海汊道中选择了南港北槽先行整治。主体工程包括以下四个。

(1) 分流口工程：由 3.2 千米的分流口潜堤和与之相连的 1.6 千米南线堤组成。分流口工程旨在稳定南、北槽分流口河势，防止江亚南沙后退，保持决策时对北槽较有利的分流、分沙比，并确保北槽进口航道具有良好的水深条件。

(2) 导堤工程：由总长分别为 48.1 千米和 49.2 千米的南、北导堤组成。南、北导堤的功能是归集北槽下段涨潮流及北槽上段落潮流，并防止横沙浅滩和九段沙浅滩的切滩，减少滩槽泥沙交换，减轻航道泥沙淤积。

(3) 丁坝工程：由总长 30.1 千米的南、北导堤间的 19 座束水丁坝组成。丁坝工程的目的在于调整河床断面形态，归顺水流，增大航槽流速、冲深航槽和减少航槽泥沙落淤。

(4) 疏浚工程：开挖航槽，分阶段达到目标水深 8.5 米、10.0 米和 12.5 米。

按照国务院"一次规划，分期建设，分期见效"的要求，长江口深水航道治理工程分三期实施。一期工程实现航道水深 8.5 米，航道底宽 300 米；二期工程航道水深增深至 10.0 米，航道底宽 350~400 米；三期工程进一步增至 12.5 米，航道底宽 350~400 米。

一期工程于 1998 年 1 月 27 日开工，2000 年 7 月 20 日通过交工验收，2001 年 6 月完善段工程竣工，2002 年 9 月 22 日通过国家验收委员会组织的竣工验收。

二期工程于 2002 年 4 月 28 日开工建设，2005 年 4 月完工，2005 年 6 月 16 日通过了交通部组织的交工验收，同年 11 月通过了竣工验收。

三期工程于 2006 年 9 月 30 日开工建设，2010 年 3 月 14 日通过了交通部组织的交工验收。

三期工程的交工验收标志着长江口 12.5 米水深航道的整治目标得以实现。经过一年的试运行，2011 年 5 月 18 日，三期工程通过国家竣工验收，标志着全长 92.2 千米、底宽 350~400 米、水深 12.5 米的长江口深水航道正式投入生产运行。

二、主要评估内容及相关的评估意见

(一) 整治建筑物及其效果

1. 工程的预期目标

长江口深水航道治理的目标水深为 12.5 米，相应的航道长度 92.20 千米，航道有效宽度在导堤掩护范围内为 350 米，无导堤掩护的外航道为 400 米。12.5 米深水航道整治完成后，可满足第三、四代集装箱船和 5 万吨级船舶全潮双向通航的要求，同时兼顾第五、六代大型远洋集装箱船舶和 10 万吨级满载散货船及 20 万吨级减载散货船乘潮通过长江口。

长江口深水航道整治工程建筑物的总体布置旨在稳定南、北槽分流口的河势，稳定北槽的南、北边界，归顺调整北槽流场，保持或增强北槽的落潮流优势，充分发挥"导流、挡沙、减淤"的作用。一、二、三期工程预期的建设内容和实际完成情况见表 9-1。

表 9-1 长江口深水航道治理工程主要建设内容

实施阶段		一期工程		二期工程		三期工程		合计	
		计划	实际	计划	实际	计划	实际	计划	实际
分流口	南线堤（千米）	1.6	1.6					1.6	1.6
	堵堤（千米）	0.73	0.73						0.73
	潜堤（千米）	3.2	3.2					3.2	3.2

(续表)

实施阶段		一期工程		二期工程		三期工程		合计	
		计划	实际	计划	实际	计划	实际	计划	实际
南导堤（千米）		20	30	18.077	18.077			48.077	48.077
北导堤（千米）		16.5	27.89	21.31	21.31			49.2	49.2
护滩丁坝及促淤潜堤（千米）		0.5	0.5	8.087	8.087			8.587	8.587
长兴潜堤（千米）						1.84	1.84	1.84	1.84
南坝田挡沙堤（千米）						21.22		21.22	
丁坝	数量（座）	6	10	18	14	11		19	
	总长（千米）	9.17	11.19	20.51	18.90	4.621		34.711	
航道疏浚长度（千米）		44.8	46.13	59.77	59.5	92.2	92.2	92.2	92.2
航道长度（千米）		51.77	51.77	73.45	74.471	92.2	92.2	92.2	92.2
疏浚量（万立方米）		4 684	4 386	6 854	5 921	17 208	21 849	28 746	32 156

2. 施工期效果

（1）一期工程整治效果。

分流口工程实施后，江亚南沙头部冲刷后退的局势迅即被遏止，分流口鱼嘴头部和潜堤两侧由冲转淤，北槽分流口河势得到稳定。

南导堤封堵了江亚北槽和九段沙串沟，拦截了北槽由该两处串沟进入南槽的落潮分流，并通过丁坝进一步归集漫滩落潮水流进入主槽，增大了航槽的单宽流量和落潮流优势。由于主槽水流动力的增强，河床发生了明显的冲刷，断面形态向窄深方向调整，北槽上段的拦门沙浅段形态趋于消失。南、北导堤形成了北槽上段两侧的稳定边界，减少了本段北槽两侧滩地风浪掀沙对航槽回淤的直接影响，为8.5米航道维护创造了良好条件，航道回淤总量是可控的。

一期工程的实施，对相邻的南槽和北港河段河势无明显不利影响。南槽上段主槽有所冲刷，下段淤浅，南槽航道拦门沙滩顶水深总体变化不大。北港河势无明显变化。

一期工程原方案进入试验性通航时，丁坝下游段出现了较严重淤积，追加实施了完善段工程（南北导堤分别延长至S30＋000和N27＋890，增建N4、N5和S4、S5两对丁坝）后，8.5米航道水深迅速恢复，并一直有效维护至二期10.0米的航道水深贯通。

一期工程预定目标总体得以实现，整治建筑物在稳定河势方面发挥了积极的作用，为后续二、三期工程的实施奠定了良好的基础。

（2）二期工程整治效果。

二期工程进一步稳定了北槽南、北边界，使北槽下段水流流态由旋转流调整为往复流，继续维持了北槽的落潮流优势。

二期工程实施后，整治段主槽冲刷，坝田淤积，断面形态进一步向窄深方向调整，深泓水深进一步增大。二期工程建成后，河势稳定性得到增强，南、北导堤的导流、挡沙、减淤功能得到进一步的发挥，为三期工程的实施提供了有利的河势条件。

由于二期工程坝田淤积引起的北槽河槽总容积的减小，北槽落潮分流比有所降低，但因丁坝缩窄了河宽，增加了主槽水流动力，北槽5米以下河槽总容积尚有所扩大，主槽单宽流量增大、动力增强，达到了预期的治理效果。

二期工程进一步消除了北槽中段的拦门沙地形，北槽形成了上、下衔接，具有相当宽度并覆盖航道的微弯深泓。河槽形态的调整变化，与工程前的预期基本一致。

二期工程的实施，对相邻的南槽和北港河段河势无明显不利影响。

（3）三期工程整治效果。

原计划三期工程以疏浚为主，目标为实现12.5米水深。三期工程开工以后遇到了回淤量大大超出工程前的预期，且高回淤强度集中于中段的问题。直至2008年年底，航道未能有效增深，仅能勉强维持10.0米水深。为减少北槽航道回淤，2009年上半年实施了YH101减淤工程，2009年下半年完成了南坝田挡沙堤工程和部分航段的航道轴线调整。

减淤工程实施后，航道增深明显，回淤总量减少，回淤分布得到改善，12.5米航道于2010年3月全槽贯通。

3. 整治建筑物的总体效果

（1）遏制了江亚南沙头部的冲刷后退，南北槽分流口河段河势得到有效控制，保障了邻汊的自然功能，维持了长江口总体河势的稳定。

（2）整治建筑物发挥了对流场的调节作用，有效地增强了北槽主槽落潮动力，使河床主槽容积和平均水深增加，北槽河床形态由宽浅向窄深方向调整；北槽全槽已形成了一条上下段连续、稳定、平顺相接的微弯深泓，且以相当的宽深尺度覆盖了北槽深水航道。

（3）北槽河势稳定，拦门沙消失，实现了12.5米水深航道的治理目标；北槽淤积环境的改善也为12.5米航道增深和有效维护创造了条件。

（二）航道减淤及疏浚维护措施

1. 航道回淤强度

一方面，在长江口深水航道治理工程项目可行性论证阶段，基于潮流波浪共同作用下的长江口深水航道全沙数学模型，利用深水航道工程实施前长江口航道维护过程中的实测资料对模型参数进行率定后，依据多年平均动力条件进行数值计算，得出的结论是：一期工程完成后为维护8.5米航道，按随淤随挖考虑的年碍航回淤量约为1 000万～1 200万立方米；二期工程完成后航道底高程浚深至10米，航道回淤量较一期工程8.5米航道的回淤量增大约50%，约为1 500万立方米；三期工程完成后航道浚深至12.5米，年碍航回淤量较二期工程时的回淤量增大1倍，约为3 000多万立方米。

另一方面，为了维护航道的正常运行，采用即时清淤疏浚的方式进行航道维护，这一过程中实测的清淤量（见表9-2）远大于数学模型预测的回淤量，分布规律和数学模型的结果也相差甚远。三期工程开工以来，航道年平均回淤量为6 122万立方米，占总回淤量的58.87%，其中2010年回淤量最多，高达7 456万平方米，回淤最少的2009年也达到5 136万立方米。

表9-2 长江口深水航道治理工程航道回淤情况

工期	年份	实测回淤量（万立方米）	H-N单元（万立方米）	H-N单元区所占比例（%）	数模预测回淤量（万立方米）	实测值与预测值之比
一期	2000	2 369	1 155	48.75		
	2001	2 103	733	34.85		
	2002	2 097	550	26.23		
	2003	1 838	1 272	69.21		
	平均	2 102	928	44.13	1 000~1 200	1.75~2.10
二期	2004	1 705	625	36.66		
	2005	3 555	2 121	59.66		
	2006	4 150	2 401	57.86		
	平均	3 137	1 716	54.70	1 500	2.09
三期	2007	6 127	3 922	64.01		
	2008	5 767	4 103	71.15		
	2009	5 136	2 838	55.26		
	2010	7 456	3 553	47.65		
	平均	6 122	3 604	58.87	3 000	2.04

实际回淤量大于数学模型预测量的主要原因有：长江口潮汐动力强劲，以细颗粒为主的泥沙具有极其复杂的物理力学性质和输移运动规律，考虑到水流挟沙能力公式、恢复饱和系数、沉降系数的选择方面经验性很强，数学模拟的局限性不可避免；长江口深水航道治理工程包括了线堤、堵堤、潜堤等分流口封堵设施，南北导堤，护滩丁坝及促淤潜堤，挡沙堤和丁坝等，工程种类多，布置复杂，全面准确地模拟这些建筑物对水流结构和泥沙运动的影响非常困难；此外，数学模型很难模拟航道实际的清淤疏浚过程；计算水沙条件与实际水沙条件也难免有较大的差异。

2. 减淤工程的效果

减淤工程的实施，辅以疏浚力量投入的增加，2010年3月5日全槽航道平均水深增加到13.06米，增深了2.52米；三期工程交工验收后，12.5米航道水深维护良好，2010年12月23日全槽航道平均水深为13.05米。表9-3为减淤工程实施前后分别维护10.0米航道和12.5米航道时回淤情况的对比。

表 9-3 减淤工程实施前后 10 米和 12.5 米航道维护情况对比

项目	2008年4月—2008年9月		2010年4月—2010年9月		12.5米与10.0米航道维护比较	
	全航道	H-N段	全航道	H-N段	全航道	H-N段
期初水深（米）	11.02	10.72	12.96	12.94	1.94	2.22
期末水深（米）	10.49	9.63	13.24	13.03	2.75	3.40
水深差（米）	−0.53	−1.09	0.28	0.09		
测图方量（万立方米）	−1 457	−813	645	60		
疏浚量（万立方米）	2 911	2 189	4 268	2 210	1 356.72	20.37
回淤量（万立方米）	4 368	3 003	3 623	2 150	−744.77	−853.00

3. 疏浚维护措施及其效果

长江口深水航道的疏浚维护措施具有如下特点：

（1）针对航槽回淤强度时空变化规律复杂这一特点，疏浚采用分段、分单元的精细化施工方法，各种施工作业和监测、记录数据均按单元统计，有利于回淤规律、整治效果、疏浚成槽效果的分析以及船舶的施工调度；

（2）基于科学的方法，制定了根据不同的涨落潮流影响，在不同位置的贮泥坑和抛泥区采取不同的分时段抛泥的措施，有效减少了回槽土量；

（3）有一套将台风骤淤和寒潮对航道的影响降低到最低程度的有效方案；

（4）实现了北槽地形及航道水深监测制度化，除由专业单位对北槽地形进行定期监测外，还为疏浚施工建立了严格的监测制度，不仅确保了航道的通航安全，也有效地指导了疏浚施工；

（5）开发了"耙吸疏浚监测平台系统"施工管理软件，采取了严格的船方计量率定管理措施，实行全程旁站监理，采取严格的疏浚船舶监控管理措施，严格加强疏浚安全管理等。

（三）工程的社会经济效益

长江口深水航道治理工程不仅对于以上海港为核心的长江下游地区航运和港口的发展具有重大意义，而且对于长江三角洲乃至整个长江流域地区的经济社会发展都具有重要影响。长江口深水航道治理工程所产生的效益是多方面的，主要包括直接的航运经济效益、宏观经济效益、综合社会效益等。

1. 直接经济效益

（1）直接经济效益。

长江深水航道治理工程的直接经济效益在此仅考虑航道条件改善后所产生的航运效益。具体体现为以下几方面：

① 航道增深后船型增大带来船舶运输费用的节约；

② 航道增深后直达运输增加所产生的运输费用节约；

③ 航道增深后船舶候潮时间减少相应的费用节约；

④ 货物在途时间减少产生的货物时间价值的节约。

直接经济效益受益区域为长江南京以下段，其中长江口至太仓段 2010 年后按 12.5 米深水航道考虑。对于太仓至南京段，完成 12.5 米深水航道建设当时仍存在很多不确定因素，因此效益计算 2010 年后仍按目前 10.5 米水深航道考虑。

评价工作的计算期为 33 年（1998—2030 年）；其中，建设期 13 年（1998—2010 年），营运期 20 年（2011—2030 年）。通过对长江沿线相关港口货物吞吐量和流量流向的分析，可知 2010 年通过长江口的货运量为 8.3 亿吨，预测 2015 年、2020 年、2030 年通过长江口的货运量将分别达到 11 亿吨、13.5 亿吨、16 亿吨。其中 2010—2015 年年均增长 5.7%，2015—2020 年、2020—2030 年年均增速分别为 4.2% 和 1.7%。

船舶大型化的效益主要体现在煤炭、铁矿石、原油和集装箱等需要大船运输的货类上。主要受益的航线构成如下：

① 煤炭：来自国内秦皇岛、黄骅等北方沿海港口的海进江煤炭；

② 铁矿石：来自宁波至舟山等沿海港口二程中转的铁矿石；

③ 原油：近海的海洋油以及二程中转的外贸进口原油；

④ 集装箱：中、近洋航线为主。

减少中转所产生的运输费用节约主要体现在外贸进口铁矿石、煤炭和国际航线集装箱运输方面。其中，原本需要在长江口外的码头中转再通过二程运输进入长江口外贸进口铁矿石、外贸进口煤炭可以通过亏载、减载直达运输完成；原先部分需要到中国香港、日本、韩国等港口中转的集装箱可以由长江口内的港口直达运输。

船舶候潮时间的减少带来船舶费用的节省可以直接计算。货物时间价值的确定主要考虑铁矿石、煤炭、集装箱因减少中转以及候潮时间减少带来货物时间价值的节约，按目前市场价格进行测算。综合长江口深水航道治理工程带来的各种直接经济效益如表 9-4 所示。测算结果表明，随着工程分期逐步实施，效益逐渐增长，至 2010 年工程建成直接经济效益达 62.2 亿元。随后，项目的直接经济效益还会有一个逐渐显现的过程，至 2020 年直接经济效益则可达到 95.5 亿元。

表 9-4 直接经济效益   单位：万元

因素	2000 年	2005 年	2010 年	2020 年	2030 年
船舶大型化	65 212	242 017	425 903	611 497	611 497
减少中转	31 812	130 411	169 118	303 467	303 467
候潮时间减少	5 038	9 317	11 616	13 993	13 993
货物时间价值	4 175	13 831	15 479	26 533	26 533
合计	106 237	395 576	622 116	955 490	955 490

(2) 经济费用效益分析。

长江口深水航道治理工程自 1998 年工程建设起至 2010 年完工历时 13 年，实际总投资 157.6 亿元。自 1998 年开工建设以来的分年投资详见表 9-5。由于本工程是分期建设、分期见效，建设期的航道维护费用难以计算，因此，航道维护费用仅考虑全部工程建成后的情况。根据预测，长江口 12.5 米深水航道 2010 年以后年维护量约为 6 000 万立方米，年维护费约 12 亿元。依据费用和效益测算的结果，通过编制国民经济效益费用流量表，动态计算出工程评价指标：经济内部收益率 139%、净现值为 354.9 亿元、效益费用比为 3.5。与工程可行性研究报告中测算的经济评价指标进行对比可以看出，项目的实际国民经济效益指标好于原测算指标（表 9-6）。也就是说，长江口深水航道治理工程国民经济效益显著。

表 9-5 长江口深水航道工程分年投资　　　　单位：万元

工程阶段	建设工期	总投资	分年投资	
一期工程	1998 年 1 月—2000 年 5 月	308 477	1998 年	127 646
			1999 年	127 646
			2000 年	53 186
二期工程	2002 年 4 月—2005 年 6 月	571 094	2002 年	131 791
			2003 年	175 721
			2004 年	175 721
			2005 年	87 861
三期工程	2006 年 9 月—2010 年 3 月	696 785	2006 年	64 817
			2007 年	194 452
			2008 年	194 452
			2009 年	194 452
			2010 年	48 613

注：一、二期为竣工决算价，三期为批准调整概算价。

表 9-6 国民经济效益指标对比

指标	单位	原预测值	后评价实际值
投资	亿元	151.8	157.6
经济净现值	亿元	112.8	354.9
内部收益率	%	20	39
效益费用比			3.5

经初步分析，工程效益指标好于原测算指标的主要原因一方面是长江口航道实际货运量的增长远远超出了原先的预期，从而使得工程所产生的航运效益显著增加；另一方面，工程总投资比原估算值仅有小幅增长。

2. 宏观经济效益

长江口深水航道治理工程的宏观经济效益主要体现在以下几个方面：

(1) 长江口深水航道治理工程支撑了国家和区域发展战略。

建设上海国际航运中心，是党中央、国务院在 20 世纪 90 年代做出的重大战略决策。当时上海港腹地的经济，尤其是对外贸易发展迅速，港口集装箱运输需求不断扩大。与此同时，物流行业的国际竞争异常激烈。面对这种局面，国家采取了两大举措：一方面实施长江口深水航道治理工程；另一方面开始建设洋山深水港区。长江口深水航道治理工程是上海国际航运中心建设的重要组成部分和必要条件之一。

(2) 长江口深水航道治理工程促进了沿江地区区域经济的发展。

长江口一期工程投入运营的 2000 年至三期工程试运行的 2010 年，长江沿线七省两市的 GDP 保持了 12.4% 的年均增长速度，对外贸易年均增长速度为 23.9%，分别高于全国同期 10% 和 20.1%，同时也高于"九五"期间沿江地区 11.1% 和 19.3%。作为重要基础设施的长江口深水航道治理工程在促进沿江地区区域经济发展中发挥了积极作用。

(3) 长江口深水航道治理工程提高了区域产业的竞争能力。

依托长江黄金水道和沿江的众多大中城市，长江沿岸形成了较为完备且具有国际竞争力的重化工业、加工制造业和高新技术产业集群，成为全球重要的制造业基地之一。沿江分布着宝钢、沙钢、武钢、马钢、南钢、重钢等大型钢铁企业，钢铁产量占全国的 1/3 左右；沿江已形成上海、南京、安庆、九江、岳阳、武汉等炼油中心和石油化学工业基地，石化产量占全国的 46% 左右；上海、武汉、重庆、南京、芜湖等已成为主要汽车工业基地，沿江汽车产销量占据全国的半壁江山，上海是我国最大的商品汽车交易中心；沿江机电工业竞争优势突出，家用洗衣机、家用电冰箱产量分别占全国的 45% 和 37%；沿江地区的微型电子计算机和集成电路产量分别占全国的 78% 和 53%。华东、华中和西南三大电网，装机容量和发电量都超过全国的 50%，其中相当一部分电厂布置在沿江。长江口深水航道治理工程的建设，显著改善了运输环境，降低了物流成本，其中集装箱、铁矿和煤炭等外贸物资、能源和原材料受益最为显著，其结果是极大地促进了沿江基础产业和外向型加工制造业的发展，提高了区域产业的综合竞争能力。

(4) 长江口深水航道治理工程促进了港口资源的有效利用。

长江口深水航道治理工程实施后，集装箱运输受益最大的是上海港外高桥港区，外高桥港区 5 个专业集装箱码头建设了 18 个大型集装箱泊位。此外，罗泾散货作业区年吞吐能力也达到 3 780 万吨。长江干流江苏段长 430 千米，对应岸线总长 1 162.5 千米，其中宜港岸线总长 426.6 千米。长江口深水航道治理工程也促进了江苏省沿江各港泊位数、能力成倍增加，促进了沿江港口集约化、专业化、规模化布局建设。

3. 综合社会效益

长江口深水航道治理工程的社会效益主要体现在以下几个方面：

(1) 长江口深水航道治理工程加快了浦东发展的步伐。

长江口深水航道治理工程的建成对于浦东地区产业的集聚发展起到了重要的推动作

用。1990年以来,上海开始在浦东长江沿岸建设外高桥集装箱港区,在罗泾建设了大型散货港区。经过20多年的建设,外高桥集装箱港区已成为世界最大集装箱港区之一。上海市在新一轮的城市规划中,对产业功能区划进行了较大规模的调整,长江口深水航道治理工程适应了将装备制造业集聚于长兴岛、冶金工业集中于宝山区、现代物流业集中于浦东外高桥地区的需要。

(2) 长江口深水航道治理工程带动了科技创新与进步。

长江口深水航道治理工程在技术创新方面取得了丰硕成果,形成长江口深水航道治理工程成套技术,这些成果包括对江口拦门沙演化规律认识以及在此基础上提出的符合长江口水沙运动规律的总体整治方案,整治建筑物新型结构形式及设计运算方法,全套创新的施工工艺及众多大型专用施工设备的研发。长江口深水航道治理工程成套技术的创新多达74项,其中原始创新49项。《长江口深水航道治理工程成套技术》获2007年国家科技进步一等奖。通过对长江口深水航道治理工程技术标准的总结,还形成了7项部颁专项标准。

目前长江口深水航道治理工程成套技术中的部分专项成果以及部分专用工程船和施工工艺,已经在我国一些重大工程中推广应用,如东海大桥、杭州湾大桥、洋山深水港区,黄骅港外航道一期整治工程,天津港出港航道整治工程及北大堤工程,京唐港曹妃甸港区出海航道、长江中游航道整治等。

(3) 长江口深水航道治理工程疏浚土带来了国土开发综合效益。

长江口深水航道治理工程实施产生了大量疏浚土。疏浚土是宝贵的资源,可用于吹填造陆。深水航道二期工程开始采用并发展了部分疏浚土吹泥上滩造陆的泥土处理方案,到项目后评价时,吹泥上滩主要集中在上海市横沙东滩促淤圈围工程,该工程拟分5期实施,计划在不到20年时间内,为上海增加43万亩土地资源,相当于将项目后评价时的横沙岛面积扩大约6倍。一期工程促淤区面积5.4万亩,

二期工程促淤区面积4.7万亩,三期工程在项目后评价时也已启动,工程可圈围成陆2.6万亩。长江口深水航道治理工程在营运过程中每年将产生约6 000万立方米的疏浚土,其中50%以上可吹填至横沙东滩促淤区。

(四) 工程对生态和环境的影响

1. 生态影响

根据长江口深水航道治理工程建设期和营运期的工程行为特点,其主要生态影响有以下四个方面。

(1) 建设期各生境类型面积和质量的变化。

长江口深水航道治理工程影响区总面积约14.3万公顷。工程前(1997年)全境为软底质的河口自然沉积泥沙生境,含海拔-6米以下河口深水生境面积4.5万公顷(占工程影响总面积的31.7%);-6米到0米的潮下带湿地8.2万公顷(57%);0米到2米的潮间带低滩湿地1.2万公顷(8.3%);2米以上潮间带中高滩湿地0.44万公顷(3%)。

2010年的监测资料显示工程完成时河口深水生境面积4.2万公顷（占工程影响总面积的29.3%），减少了0.34万公顷；潮下带湿地6.8万公顷（47.8%），减少了1.3万公顷；潮间带低滩湿地2.3万公顷（16.3%），增加了1.1万公顷；潮间带中高滩湿地0.95万公顷（6.6%），增加了0.5万公顷。各类生境产生面积变化和位置变动的总面积约3.3万公顷，约占影响区总面积的23%。河口生境被干扰后的自我修复期为3~5年。

在增加的潮间带中上滩湿地面积中含导堤、丁坝等工程建筑物占地1 450公顷。由于深水航道治理工程增加了潮间带中高滩湿地面积5 000公顷，工程没有导致同类湿地的减少，但引进了硬质生境。在导堤上形成藤壶、牡蛎群落，增加了生态系统中消费者层面的生物。

(2) 疏浚物倾倒区和重点回淤区的生境质量变化。

工程疏浚及疏浚物倾倒区的主要生态影响是导致生境类型"移位"，在一定程度上对生态系统的生物群落结构和水生生物生存状况造成了不良影响。

(3) 工程对河口区敏感物种的影响。

河鳗幼苗、中华绒螯蟹及其幼苗、长江口水生哺乳类动物是评估主要关注对象。根据现有资料分析，认为本工程对河鳗、中华绒螯蟹的总体影响不大。

(4) 工程对河口生态保护敏感区的影响。

九段沙国家级湿地自然保护区，其保护对象是河口沙洲湿地生态系统，其部分位置与长江口深水航道治理工程区重叠。九段沙新淤长出的部分全部沿工程导堤分布，而且，上沙和中沙沙头部分均有加速淤长的趋势。江亚南沙原来出露部分为不相连的两块，后连为一体，并明显增大；中沙与下沙之间的大潮沟也有逐渐愈合的趋势。深水航道工程加快了九段沙的淤涨。

为保护长江口中华鲟幼鱼资源而建立的中华鲟保护区（位于崇明岛东滩外侧），它不在长江口深水航道治理工程的直接影响区范围内。

2. 环境影响

(1) 工程影响范围内水质没有造成显著的影响。

长江口深水航道治理工程对水质的影响主要发生在工程施工期，工程对水质的影响主要是航道疏浚施工、底泥运移和抛泥作业对局部水域水质悬浮物浓度产生影响，其次是船舶运转和维修产生的废油及船员生活污水可能对施工水域水质产生污染。一期工程疏浚量、抛泥量较少，因此其对水质产生的影响也较小，二、三期工程抛泥量大，抛泥作业最大影响范围为29平方千米，主要是增加了抛泥倾倒区及附近水域的悬浮物含量，其对水质的不利影响属于局部和可逆的，在一定时间内，水质可逐步恢复。

长江口深水航道治理工程采取的水质保护措施主要包括：航道疏浚施工时采用先进疏浚施工工艺，准确定位和合理确定断面疏挖量，减少疏浚方量；运输过程确保泥门密闭，防止泥浆泄漏；抛泥作业严格执行规定，在指定的抛泥区抛泥；泄水处设置防浊帘防止外流泥浆引起悬浮泥沙的增加等。船舶运转和维修产生的废油以及船舶生活污水由海事部门认可的具有相应资质单位派出废油收集船收集集中处理。

项目分阶段竣工验收时环境保护部门认为：长江口深水航道治理工程在设计、施工和运营初期采取的水污染防治措施基本有效,基本落实了环境影响报告书及其批复中提出的环保要求。

(2) 工程对区域重要水源地基本不存在不利影响。

与长江口深水航道治理工程关系相对密切的重要水源地有上海市的陈行水库、宝钢水库及青草沙水库。陈行水库、宝钢水库距河口较远,工程建设、运行均不会对其产生影响。长江口深水航道治理工程(一期)环境影响报告书根据环保部环境评估中心的要求,将水域环境影响评价范围扩展至青草沙水源地取水口,报告书分工程施工期、运行期分别分析工程对青草沙水源地水质的影响,工程施工期水域含沙量增量模型的计算结果表明:航道疏浚施工导致水域含沙量增量为 0.50 千克/立方米的平均面积为 19.2~23.9 平方千米,青草沙水库取水口距离疏浚作业区最近距离为 50 千米,不在施工影响范围内,因此认为长江口深水航道治理工程施工不会对青草沙取水口水质产生影响;长江口深水航道治理工程竣工投入运行后,由于航道来往船舶数量增加,长江口深水航道内的流动污染源也会相应增加,但青草沙水库取水口水域水质主要受长江上游来水水质控制。根据 2010 年对青草沙水库取水口水域进行的水质监测结果分析,水质监测项目 DO、氨氮、高锰酸盐指数、总磷、石油类、铜、铬、镉、汞 9 项指标均符合《地面水环境质量标准》(GB 3838—88) Ⅱ类水质标准,仅挥发酚有超标现象,监测结果说明工程施工及运行对青草沙水库附近水域水质基本无影响,水质监测结果和环境影响报告书中的预测结果基本一致,工程建设运行对区域重要水源地基本不存在不利影响。

(3) 疏浚土处置没有造成不良影响。

长江口深水航道治理工程自 1998 年 1 月开工以来,经过 13 年的建设,三期工程累计完成航道疏浚工程量共 3.2 亿立方米。工程在施工时,航道疏浚工程清除的主要是长江口区的沉积物,由耙吸船疏浚满舱后,驶往海洋局指定的抛泥区倾倒。沉积物监测结果表明,整个工程海域表层沉积物质量总体状况良好,石油类、有机碳、硫化物、重金属汞、镉、铅、铬、锌和砷的含量水平除个别站位重金属铜稍稍超出,均符合海洋沉积物Ⅰ类标准的要求。工程对长江口水域的沉积物未造成污染。

工程在施工期间,环境管理较好,施工期疏浚土处置对周围环境影响较小,长江口深水航道治理工程在设计、施工和运营初期采取的生态保护和污染防治措施基本有效,海上抛泥区均为海洋部门指定区域,未发生随意抛泥现象,疏浚土均得到妥善处置,船舶垃圾由海事局认定的有资质的接收单位统一接收处理,落实了环境影响报告书及其批复中提出的各项环保措施。

三、工程建设的主要经验

(一) 长江口深水航道治理工程积累了复杂河口治理的经验

长江口是动力条件复杂的巨型多沙河口,治理工程的关键是确定总体方案。在深水航道治理工程方案比较和论证过程中,利用长期的现场勘测以及理论和实验研究的成果,在基本掌握水沙运动和河床演变规律的基础上,正确地提出了在长江口总体河势基本稳定的条件下可以选择北槽先期进行工程整治的论断。

整治方案充分考虑了长江口多级分汊、径流和潮量巨大,且主要汊道落潮流明显占优势的特点,创造性地制定了中水位整治、稳定分流口、采用宽间距双导堤加长丁坝群、结合疏浚工程的总体布局。

在三期工程建设过程中,针对航道回淤量大且分布集中的难题,创造性地提出了通过调整部分丁坝长度、缩窄北槽中段河宽,以显著增强中段的落潮动力和输沙动力、减少航道回淤量并改善其分布的减淤措施。

(二)长江口深水航道治理工程推动了港航建筑物设计理论的进步

长江口深水航道治理工程自主开发了以长管砂肋和混凝土联锁块为压载材料的新型护底软体排,提出了排宽设计的新方法。自主研发的新型护底结构具有适应地形变形能力强、保砂、透水性能好、整体性好、结构简单等特点。

工程大量采用了创新的堤身结构形式。结合长江口深水航道治理工程浪大软基的特点,提出了具有高抗浪能力、对地基承载力要求低的轻型重力式结构的结构设计新理念;首创了新型空心方块斜坡堤结构,具有自重轻、适用于软土地基的特点;通过引进、消化、吸收、再创新,开发了充砂半圆体和半圆型沉箱等导堤新结构。采用新型结构的整治建筑物占工程的65%以上。新型结构的研究及应用,对于长江口深水航道治理工程的顺利实施发挥了至关重要的作用。

突破性地解决了波浪作用下地基土动力软化的世界级技术难题,首次提出和实施了抗软化的工程措施,初步经受了多次台风、大浪考验。

(三)长江口深水航道治理工程提升了我国港航工程施工技术的水平

在国内首次建立了大范围长基线GPS控制网和高程异常网,解决了在长江口开阔水域应用GPS三维定位测控的关键技术难题,提高了定位精度和效率,实现了对施工过程的实时监控和信息化管理。

研发、应用了全套水上施工大型专用作业船及相关施工工艺。开发、应用的大型专用作业船(机)共6类,27艘(台),主要有塑料排水板打设船、软体排铺设船、座底式基床抛石整平船、平台式基床抛石整平船、步履式水下整平机、半圆型沉箱安装船、料斗抛石船等,其中26艘专用船全部是自主开发研制,世界首创。这些专用船机设备适应长江口的工况条件,提高了生产效率,保证了施工质量,并降低了工程成本。

(四)长江口深水航道治理工程创新了大型港航工程项目管理的模式

由于长江口水动力条件和泥沙运移规律的复杂性及局部地形冲淤变化存在的不确定性,很难在前期研究阶段对工程建设中的局部流场和地形冲淤的变化做出准确的定量预测。为确保工程顺利实施和整治目标的实现，有必要在工程实施过程中严密监测总体和局部河势的变化，及时掌握整治建筑物推进及航槽疏浚过程中周边河床的局部变化，监测流场及河槽的冲淤变化。通过对监测资料的分析研究，科学、适时地对局部工程做出必要的设计变更，或进行施工方案和施工计划的调整。因此，长江口深水航道治理工程必须采用动态管理。为此，长江口深水航道治理工程建立了水文、泥沙、波浪监测系统和整套动态管理的监测制度、技术标准和组织体系；在工程建设中实现了对流场、地形变化的全程监控，将现场监测、试验研究与优化、调整设计、施工方案有机地结合起来。

长江口深水航道整治工程实施的动态管理的基本含义是：以确保整治效果和建筑物稳定为目标，以现场监测成果为依据，以科研试验为手段，适时优化设计施工方案。经不断探索，总结出一套对本工程实施动态管理的基本程序（如图9-2所示）。

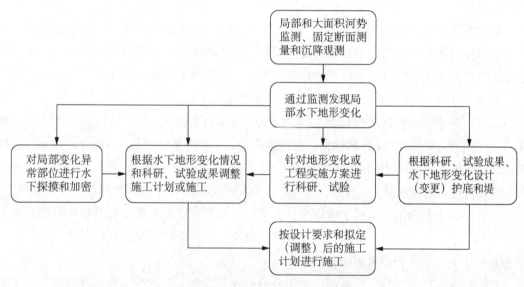

图9-2 动态管理基本程序示意图

（五）长江口深水航道治理工程促进了我国河口海岸工程领域的科学研究

为了适应长江口深水航道治理工程的需要，国内首次建立了可考虑径流、潮流、波浪和盐水等多种复杂因素共同作用的全沙（悬沙和底沙）数学模型，对各期航道回淤量及分布、强台风与天文大潮、大洪水相遇等特殊条件下航道骤淤做出了预报，对长江口深水航道治理工程的设计和实施起到了重要作用。在三期减淤工程研究中，开发了适用于北槽航道回淤的泥沙数学模型，提出了适用于北槽的悬沙挟沙力公式参数等，提高了航道回淤模拟计算精度。在大型潮汐河口物理模型中，成功实现了动床冲刷试验、悬沙淤积试验，并自主研发了口外旋转流场模拟技术。

四、主要结论和建议

(一) 主要结论

1. 科学决策和动态管理是长江口深水航道治理工程成功的关键

长江口航道治理的决策是一个长期、慎重、科学的过程。由于复杂的水动力和泥沙条件,长江口4条入海通道都存在拦门沙浅滩。而河口拦门沙的治理,一直是世界性的难题。国内多家研究机构的几代科技工作者通过长期不懈地探索研究,在长江口的历史演变、发育模式、汊道特性、水沙运动,特别是河口拦门沙的成因及变化规律等方面取得了一大批宝贵的成果,在立项过程中多次召开专家座谈会,充分听取各方面的意见,为长江口治理工程的决策奠定了坚实的科学基础。与此同时,由于长江口水动力条件和泥沙运移规律的复杂性及局部地形冲淤变化存在的不确定性,工程实施过程中引入了动态管理的概念,即对总体和局部河势的变化进行了严密的监测,并通过对监测资料的分析研究,科学、适时地对工程细部做出了必要的设计变更,或调整了施工方案和施工计划。科学决策和动态管理保证了长江口深水航道治理工程顺利实施和整治目标的实现。

2. 长江口深水航道治理工程原定目标顺利实现

长江口深水航道治理工程自1998年1月27日一期工程开工到2010年3月14日三期工程交工验收,经历了13年的建设,共建造导堤、丁坝等整治建筑物169.165千米,完成基建疏浚方量约3.2亿立方米,完成了一、二、三期工程国家批准的全部建设任务,实现了预定建设目标,航道水深从工程建设前的7.0米增加至12.5米,各项整治目标顺利实现。

长江口深水航道治理工程实施以后,由于徐六泾节点稳定了南、北分流口,南北港分汊口工程稳定了南、北港分流口,深水航道的分流口工程稳定了南、北槽分流口,长江口河势在总体上形成了一个相对稳定的格局。

长江口深水航道治理工程在河口航道整治研究及工程实践方面取得了巨大成功。工程建设的实践表明,工程前期研究中对长江口水沙运动及河床演变规律的总体认识是正确的,并在工程实施中不断得到了深化;工程整治方案是正确的,工程实施过程中对整治方案的总平面布置的适时优化调整,确保了工程整治效果;对工程实施科学的动态管理是必要的、成功的;整治建筑物的设计施工质量优良;12.5米深水航道的维护没有大的技术难度,航道的回淤量是稳定、可控的。

3. 航道整治总体技术水平先进

长江口深水航道治理工程的实施过程也是逐步加深对长江口水沙运动规律和河床演变规律的认识过程。对于这一巨型复杂河口的整治,没有现成的经验可循。工程的前期研究和建设全过程中解决了一系列重大技术难题,取得了成套技术创新成果,是我国河口治理和水运事业的伟大创举,也是世界巨型复杂河口航道治理的成功范例,带动了国内水运工程全行业及其他相关工程领域的技术进步。

《长江口深水航道治理工程成套技术》成果获 2007 年国家科技进步一等奖,该项科技成果总体上居国际领先水平。在一、二期工程的基础上,三期工程在航道工程整治方案研究、航道回淤泥沙数学模型和疏浚工艺及管理上取的创新成果,又进一步丰富了我国河口治理的经验。

4. 工程经济社会效益显著

长江口深水航道治理工程的成功实施使得航道水深增加,取得了显著的经济效益和社会效益,促进了沿江国民经济的快速发展、产业结构的调整,不仅在上海国际航运中心建设过程中发挥了巨大的作用,也对西部大开发、中部崛起、皖江开发和长江经济带建设等国家重大战略决策的推进起到了积极的作用。

5. 工程对生态和环境无显著的负面影响

长江口深水航道治理工程对河口生态系统没有显著的负面影响,对水质、河口重要水源地也无明显负面影响,工程疏浚土也得到了妥善处置。考虑到相较其他运输方式,航运具有运力大、节约能源、占地少、污染小等诸多优点,长江口深水航道的建设,对降低能耗、减少环境污染、实现可持续发展具有积极作用。

(二) 主要建议

1. 以深水航道为契机、加快推进长江口综合治理

国务院已批准了《长江口综合整治开发规划》,长江口深水航道治理工程建成,为加快推进长江口综合整治创造了有利条件。建议国家主管部门抓住深水航道工程建成后长江口局部地形动态调整的有利时机,进一步完善体制机制,落实长江口综合开发利用规划的各项目标。同时根据航运发展需要,在稳定、有效利用北槽 12.5 米深水航道的基础上,研究长江口北港、南槽等其他航道的整治方案。

2. 加快推进深水航道上延、扩大受益面

为充分发挥长江口深水航道治理工程的社会经济效益,加快长江黄金水道的建设,建议加快推进将 12.5 米深水航道延伸至南京,使得南京以下 10 多个港口、250 多个深水泊位直接连接海运航线,极大地改善了沿江产业的发展环境。

3. 依托深水航道、为上海市发展开拓新空间

长江口深水航道治理工程建成后,长江口局部地形势必经历一个动态调整的过程。在这个过程中,建议在顺应自然规律的大前提下,充分利用深水航道每年产生的约 6 000 万立方米的疏浚土,在一个有利的空间位置吹填造陆,为上海市的社会经济发展创造一个具有战略意义的新空间。为此,需制定规划、研究实施规划的保障措施。

4. 完善保障机制、坚持深水航道的公益性原则

深水航道常态年维护疏浚量约 6 000 万立方米,特殊动力条件下年维护疏浚量约 7 500 万~8 000 万立方米,需要相应的疏浚维护费用保障。为了确保工程的巨大效益不受影响,同时坚持深水航道的公益性原则,建议疏浚维护费用由国家财政拨款。

5. 加强现场观测、研究今后长江口演变趋势

长江口深水航道治理工程的建成以及近期大规模的人类活动不可避免地要影响到长江口的水沙运动规律以及河势的长期演变趋势。为了确保深水航道的长期稳定以及深水航道和长江口整体河势之间的良性相互作用，建议加强现场观测，并以大量的现场观测资料为基础，对包括进一步加强减淤措施在内的深水航道维护问题以及长江口的演变趋势开展深入系统的研究，为长江口的长治久安提供坚实的科学基础。

本章小结

项目后评价又称事后评价，是指在投资项目建成投产并运行一段时间后对项目立项决策、建设实施直到投产运营全过程（包括项目决策、项目设计、项目施工建设、投产经营等）的项目目的、过程、效益或影响等方面进行分析，确定项目预期的目标是否达到，项目或规划是否合理，项目的主要效益或效果指标是否实现，对投资项目取得的经济效益、社会效益或效果和环境效益或效果、项目建设和运行产生的影响及其持续性等进行系统、客观的分析和综合评价。项目后评价具有现实性、独立公正性、全面性、反馈性等特点，应坚持"独立、科学、公正、实用"的原则。项目后评价的主要内容包括项目目标后评价、项目过程后评价、项目效益或效果后评价等内容。

项目后评价指标体系包括质量、进度、投资与成本等指标相对前评估预测值的变化率；反映项目运营阶段的效益、效果或影响等指标；根据获得的实际经营指标重新预测项目全生命周期的财务评价和国民经济评价指标；项目建成后的社会效益、环境影响、可持续发展影响评价指标等。

项目后评价的一般程序为确定后评价项目；选择项目后评价机构，签订项目后评价合同或协议；制订项目后评价计划；实地调查、收集项目后评价的相关数据资料；分析研究所收集的资料，进行具体项目后评价；编写项目后评价报告。项目后评价的方法主要包括项目效益或效果评价法、对比分析法、项目过程评价法。

项目后评价报告是项目后评价的最终成果形式，是项目后评价结果的汇总和综合反映，也是反馈项目建设、运营经验教训的重要资料。项目后评价报告的主要内容包括总论、项目过程后评价、项目效益或影响后评价、项目后评价的结论与建议、项目后评价的主要附件、项目后评价的主要附表等。

思考练习题

1. 项目后评价的基本概念是什么？
2. 项目后评价的特点有哪些？项目后评价与前评价有何区别？
3. 项目后评价的目的和作用是什么？

4. 项目后评价的基本程序包括哪几个步骤?
5. 项目后评价的基本内容有哪些?
6. 项目后评价有哪些方法?
7. 项目后评价的主要评价指标有哪些?
8. 项目后评价报告的主要内容是什么?

第十章 CHAPTER 10

项目可行性研究

> **学习目的**
>
> 本章介绍项目可行性研究的含义、特点、作用及发展历程。通过本章的学习，要求掌握项目周期构成及项目可行性研究各阶段的具体内容，熟悉项目可行性研究报告的内容、结构与编写方法等。

项目可行性研究是项目投资前期的一项重要工作内容，是一整套项目分析中系统化和实用化的方法。项目可行性研究是工程经济学思想的具体应用，也是项目设想逐步细化和项目方案的创造过程。任何一个投资项目的成功建设、运营与项目提供的产品（或服务）需求、技术选择与应用条件以及与社会、经济、自然环境的相互影响等密切相关。因此，要想提高项目的成功率和效果，就必须对上述各个方面进行系统、科学及全面的分析和研究，即进行项目的可行性研究工作。

第一节 项目可行性研究概述

一、项目可行性研究的概念

项目可行性研究是指在投资决策前对与拟建项目有关的自然、社会、经济和技术等各方面情况进行深入、细致的调查分析；对各种可能拟订的技术方案和建设方案进行认真的技术经济分析与比较论证；对项目建成后的经济、社会、环境等效益或影响进行科学的预测和评价。在此基础上，综合分析建设项目的技术先进性和适用性、经济合理性和有效性、建设可能性和可行性以及相应的风险性，从而确定该项目是否应该投资、如何投资，为项目的投资决策提供尽可能可靠的科学依据，以减少或防止决策失误，从而提高投资效益。

项目可行性研究是投资前期工作的重要内容，是投资建设程序的重要环节，是项目的投资决策环节必不可少的一个工作程序。项目可行性研究通过对拟建项目进行投资方案规划、工程技术论证、经济效益的预测和分析，经过多个方案的比较和评价，为项目决策提供可靠的依据和可行的建议。因此，项目可行性研究是保证项目以一定的投资耗费取得最佳经济效果的科学手段，也是实现建设项目在技术上先进、经济上合理、建设上可行的科学方法。

一个完整的项目可行性研究报告包括很多内容。不同项目可行性研究报告的内容也不会完全相同。但是，项目可行性研究报告至少包括三个方面的内容，即项目投资建设的必要性、项目投资建设的可行性、项目投资建设的合理性。项目投资建设的必要性分析主要是通过市场调查与预测进行的，项目投资建设的可行性分析主要是通过生产建设条件分析、技术分析和生产工艺论证等进行的，项目投资建设的合理性分析主要是通过项目的效益或效果分析进行的。

二、项目可行性研究的作用

1. 可行性研究可以为项目投资决策提供可靠依据

项目的建设与运营效果受来自社会的、自然的、经济的、技术的诸多不确定因素的影响，而项目的可行性研究有助于分析和认识这些因素，可以对项目的建设规模、产品或服务方案、建设地点等重大问题进行具体研究，预测拟建项目的市场前景，分析项目投资的经济、社会、环境等效果，进而判断项目的可行性，并提出项目建设与运营的可靠的、合理的建议，从而为项目的决策提供强有力的依据。从理论上讲，投资决策前认真做好可行性研究工作，可以避免或减少投资决策失误，可以选择最佳投资方案，提高投资效益。

从我国引入项目可行性研究40多年来的实践看，有些项目建设前没有认真做可行性研究，投资效果差，甚至造成重大的经济和社会损失，如有的项目水文地质、工程地质、资源条件不清楚就盲目上马、仓促兴建，建成后因缺乏资源，生产能力得不到合理利用和发挥；有的项目未认真做好市场预测，建成后因市场需求不足而不能满负荷营运；有的项目工艺不过关、产品不定型，建成后不能投产；有的项目因原材料、燃料、动力和运输条件不落实，急于上马，建成后不能正常生产；有的项目技术落后、耗能过大、产品没有销路，建成后不久，尚未投产就要进行技术改造；等等。

2. 可行性研究可以作为投资者向银行等金融机构申请贷款的依据

可行性研究不仅是向世界银行等国际金融组织申请贷款的必要条件，也是向国内外商业银行申请贷款的首要条件。当项目需要向银行或其他金融机构贷款时，这些机构首先要查看项目可行性研究报告，并对项目的经济效益、偿还能力和风险等进行详细审查和评估，以保证信贷资金的安全。

3. 可行性研究可以作为项目投资者或主管部门商谈合同、签订协议的依据

项目的可行性研究是项目投资者与其他单位进行谈判，签订承包合同、设备订货合

同、原材料供应合同、燃料供应合同、协作件采购合同、运输合同或供应链管理合同、产品销售或服务合同的重要依据。项目一般是由多个单位共同完成的,因此,在与承包商、供应商签订合同或协议时,双方都要依据可行性研究的结果。

4. 可行性研究可以为工程设计、设备订货、施工准备等基本建设的前期工作提供依据

可行性研究涉及产品或服务方案、建设规模、建设地点（厂址）、工艺流程、主要设备选型、项目总体布局等很多内容,可以为项目初步设计、设备订货和施工准备提供可靠依据。

5. 可行性研究可以作为政府对项目进行审查、审批的依据

政府需要对项目的环境影响效果进行分析、审查；项目在整个施工过程中,许多环节需要不同政府部门的审批。而不同政府部门审批项目时,也主要依据可行性研究报告的内容。例如,项目建设单位正式开工之前,必须先向当地政府和环保当局申请项目建设执照。项目建设执照决定了项目建设能否如期进行；而要申请得到项目建设执照,建设单位必须出具项目可行性研究报告。

6. 可行性研究可以为企业组织管理、机构设置、劳动定员和职工培训等工作安排提供依据

项目可行性研究一般包括项目的组织管理、项目组织机构的设置、劳动定员的配备方案及其培训、工程技术及管理人员的素质及数量要求等内容,因此,项目可行性研究可作为项目组织管理、机构设置及劳动定员、职工培训等工作的依据。

7. 项目可行性研究可以作为项目后评价的依据

项目可行性研究可以作为项目后评价的参照物,提供项目有关效益分析的指标,便于进行项目后评价。

三、项目可行性研究的特点

1. 独立性

项目可行性研究的独立性是指进行项目可行性研究工作时,不受决策者和委托单位或其他利益相关者的任何约束或影响,而是运用科学的理论与方法独立地进行项目可行性研究工作。这是确保项目可行性研究成果客观、公正、可信的重要条件。坚持独立性原则是确保项目分析、论证真正按科学规律和客观实际办事的重要条件,也是对项目可行性研究工作者的基本要求。如果受决策者和委托单位或其他利益相关者的制约或影响,项目可行性研究可能成为"可批性研究",失去可行性研究应有的作用。

2. 系统性

项目可行性研究的系统性是指在可行性研究中需要考虑政府、投资者、其他利益相关者等多种主体；需要考虑政治、经济、社会、自然环境、技术等多种外部因素；需要考虑价格、成本、效益、质量、进度等多种要素；需要考虑项目投资者面临的内部条件和外部

环境等，需要统筹兼顾，系统分析，以整体最优为目标，在一个系统范围内反复进行综合平衡。因为拟建项目的可行性研究所涉及的内容相当广泛，包括市场前景、地理环境、工艺技术、设备与工程、组织管理、投资和成本、效益或效果、建设进度等。这些内容之间，既相互联系，又相互影响和制约，它们相互交织在一起，共同存在于一个矛盾统一体中。按照系统论思想，一个系统要追求总体最优。

3. 客观性

项目可行性研究的客观性是指项目可行性研究要以客观的数据为基础，定性分析与定量分析相结合，采用科学的理论与方法，建立一套完整的定量指标体系，利用真实的或可靠的数据、资料等进行项目的分析与论证。

4. 预测性

可行性研究是项目投资前期的主要工作，是在项目建设与运营前对拟建项目的分析和论证。可行性研究中对拟建项目的分析和论证都是建立在科学预测的基础之上的，比如投资和成本的估算、市场前景预测、项目寿命期的确定、项目实施进度安排以及投资效益或效果的分析等，都是预测、分析得到的。

5. 选优性

项目可行性研究必须按项目建设的基本目标，同时拟定多种可供选择的实施方案，逐个加以分析和比较，以便从中筛选，在保留的两个或三个方案中选最优方案。这种多方案的比较、选择是项目可行性研究的最大特点。项目可行性研究报告不同于计划文件，它只是决策者的决策依据而不是决策结果。可行性研究通常要提供几种可行方案供决策者评价和判断。当然，项目可行性研究工作需要向决策者推荐其中的最佳方案。

四、项目可行性研究的发展历程

项目可行性研究起源于美国。20 世纪 30 年代，美国为开发田纳西河流域在新建工程项目投资前景分析中第一次使用了可行性研究的概念与方法，并获得了成功。随后，可行性研究的方法在美国得到了推广和应用，然后在其他西方国家也得到了推广和应用，在投资项目决策中起到了很大的作用。20 世纪 60 年代后，西方工业发达国家普遍采用了项目可行性研究方法，并且不断地在实践中充实和完善，使项目可行性研究逐步形成了一整套较为系统、科学的研究方法，使项目可行性研究发展为投资决策前的一个普遍工作阶段。随着项目可行性研究的推广，可行性研究的应用范围不断扩展，逐渐渗透到世界各国的各个领域，成为工程项目投资决策的手段。

世界银行等国际金融组织把可行性研究作为项目申请贷款的依据。世界银行为有效管理建设项目贷款，先后组织工作人员在 1968 年出版了《发展中国家工业项目分析手册》、1974 年出版了《发展中国家项目评价和规划》（修订本）、1975 年出版了《项目经济分析》、1976 年出版了《社会成本效益分析》等关于项目评价与可行性研究等方面理论与方法的指导性文献。

联合国工业发展组织（UNIDO）为指导发展中国家有效开展可行性研究活动，自1978年以来先后出版了《工业可行性研究手册》《工业项目评价手册》《项目评价准则》和《项目评价实用指南》等指导性文献。此外，经济互助委员会（简称经互会）在1964年制定了《经互会成员国投资经济效果比较和计算暂行办法》，1972年颁布了《国际投资银行贷款经济效果计算分析方法指导》等指导可行性研究实践的文献。这些文献，对指导项目可行性研究实践发挥了积极作用。

随着我国改革开放战略的实施，20世纪70年代末80年代初引入了项目可行性研究的理论与方法。项目可行性研究的引入最初是由于世界银行的贷款要求。1978年改革开放以后，世界银行加大了对我国建设项目的贷款支持力度，但要求对我国的贷款建设项目审查可行性研究报告，使项目可行性研究工作在我国逐渐得到重视，并得到推广和应用。同时，由于我国利用外资项目日益增多，为避免决策失误造成损失、减小投资的盲目性、提高经济效益的可靠性、保证投资效果，更需要进行深入细致的可行性研究工作。因此，1981年国务院发布的《关于加强基本建设体制管理，控制基本建设规模的若干规定》中，明确规定了所有新建、扩建大中型项目以及所有利用外资进行基本建设的项目都须有可行性研究报告。1981年，原国家计委在正式把可行性研究作为建设前期工作中的一个重要技术经济论证阶段，纳入基本建设程序。1983年，原国家计划委员会颁布了《关于建设项目进行可行性研究的试行管理办法》，进一步明确了可行性研究的编制程序、内容和评审方法。现在，可行性研究已成为我国工程项目投资决策和银行贷款之前必须进行的一项重要工作。

第二节 项目周期与可行性研究阶段

可行性研究工作是项目周期中的构成阶段之一。可行性研究的具体过程和阶段与项目周期密切相关。

一、项目周期

可行性研究的对象是项目。任何一个项目从设想、立项直到竣工投产、发挥效益，都要经历一个相当长的过程。这一过程就是项目发展周期，简称项目周期。项目发展周期是指一个工程项目从设想、提出、开发、建设直到建成投产的全过程。任何一个项目，从提出到完成都必然经过若干个工作阶段，这些阶段是相互联系并按照一定的程序进行的，这样按一定的工作程序每循环一次，就构成了一个项目进展周期。项目周期一般分为投资前期、投资时期和生产时期三个时期，机会研究、初步可行性研究、（详细）可行性研究、项目评估决策、谈判及签订合同、工程项目设计、施工安装、试车投产、项目投产与经营、项目后评价十个阶段。

（一）投资前期

投资前期又称建设前期，是指从投资设想到评估决策这一时期。投资前期的主要任务是围绕投资决策进行可行性研究和资金筹措，对项目进行科学论证和评估决策。投资前期是决定项目效果的关键时期。项目的成立与否、规模大小、资金来源及其利用方式、技术与设备选择等项目的重大问题都在决策时期完成。

投资前期包括机会研究、初步可行性研究、（详细）可行性研究、项目评估决策四个阶段。

机会研究阶段主要是根据一定时期的有效社会需求和市场需求，采用一定预测方法，对拟建项目的产品总需求量进行分析，鉴别项目的投资意向，制定项目应达到的目标，简单分析项目能获得的收益，确定项目的适用性和可取性，对项目投资方向提出原则设想，并形成项目建议书。

初步可行性研究阶段主要是对拟建项目的各种预选的技术方案和建设方案进行筛选，以便能决定项目意向大体上的合理性和可能性，进一步考虑选择拟建项目的规划方案的理由，剔除不利因素和不确定因素，进行项目初步决策分析，最后筛选确定投资少、收益高和风险低的两个或三个比较项目，并形成初步可行性研究报告。

可行性研究阶段是投资前期工作的中心环节，主要工作是在项目建议书、项目初步可行性研究报告的基础上，组织各方面专家，进一步明确该项目在技术、经济、社会、环境等有关方面的可行性和合理性，对项目进行科学的、详细的研究论证，提出项目的可行性研究报告。

项目评价决策阶段主要是组织专家小组，对形成的详细可行性研究报告进行细致全面的审核和评估，并出具评估报告，对项目成立与否及其他主要问题做出决策。

（二）投资时期

在项目决策后，项目便进入实施阶段，转入投资时期。投资时期又称建设时期，是项目实施和监督阶段，是指项目决策后从开始建设到投产竣工验收、交付使用为止的阶段。项目投资时期的主要任务是谈判和签订合同、工程项目设计、施工安装和试运行。投资时期的关键是控制建设进度、工程质量和投资费用，需要从成本、质量和工期几个方面对主管机构和贷款者进行严密监督和有效控制，有效地协调各方面的工作，以保证项目的规划和要求按计划执行并顺利实现。

（三）生产时期

项目建设完成并交工验收后，便进入项目生产经营时期。生产时期涉及生产技术的应用、设备运行与更新改造等技术方面的问题，也涉及产品销售、生产成本等管理问题。项目生产时期是项目寿命期内一个非常重要的阶段。项目投资的成败，最终是通过生产经营时期的经济、社会等效益或效果所体现出来的。影响项目经济、社会等效益或效果的因素主要取决于生产时期的管理水平，以及投资前期可行性研究的质量和投资时期的工程质量。生产时期的任务则主要是项目的生产经营和后评价。

项目经过一段时间的生产经营，或在贷款偿还前后，有些项目需要对项目的成败因素作出全面而具体的审核、总结和评价，也就是项目后评价。通过项目后评价对项目的实际绩效进行评价，并与预先设计和期望的目标相比较，评价两者是否存在差距及差距大小，从而吸取经验或教训，为今后改进类似项目的规划设计与投资决策等管理工作提供参考，同时也可为新建项目的初选和评价工作提供参考。

二、可行性研究阶段

联合国工业发展组织（UNIDO）编写的《工业可行性研究手册》提出建设前期可行性研究工作可分为投资机会研究、初步可行性研究、详细可行性研究、项目评价与决策四个阶段。一些大型建设项目还需要在初步可行性研究和详细可行性研究之间开展一些辅助研究。可行性研究工作是项目发展周期的基础，因而是决定投资命运的关键环节。

（一）投资机会研究

投资机会研究也称为投资机会鉴定，是指通过对项目所在地的自然地理、国民经济、科学技术、市场变化、资源开发与利用，以及项目自身的优劣势等状况进行分析研究，以便寻找最佳的项目投资机会，也就是选择项目方案的过程。投资机会研究的主要任务是捕捉投资机会，为拟建投资项目的投资方向和设想提出轮廓性的建议和计划，即在一个确定的地区和部门内，根据自然资源、市场需求、国家产业政策和国际贸易情况，通过调查、预测和分析研究，初步选择建设项目，寻找投资的有利机会。机会研究要解决两个方面的问题：一是社会是否需要，二是有没有可以开展项目的基本条件。

机会研究总是围绕是否有良好发展前景的潜在需求开展工作，研究是大范围的、粗略的。但是，机会研究是项目产生的摇篮，因为通过机会研究可以挖掘潜在的发展机会，形成项目设想。通过机会研究可以为项目主体寻求具有良好发展前景、对经济发展有较大贡献、并具有较大成功可能性的投资发展机会。

在我国，一般应根据国民经济发展的长远规划、行业和地区规划、经济建设方针、建设任务和技术经济政策，在一个确定的地区、企业或部门内部，结合资源情况、市场预测和建设布局等条件，选择建设项目，寻找最有利的投资机会。

机会研究阶段所估算的投资额和生产成本的精确程度大约控制在±30%左右，大中型项目的机会研究所需时间在1~3个月，所需费用约占投资总额的0.2%~1%。

投资机会研究可分为一般机会研究和项目机会研究。

1. 一般机会研究

一般机会研究是以某个地区、某个行业或部门、某种资源为基础的投资机会研究，一般由国家机构和公共机构提出、完成,作为制订经济发展计划的基础。

一般机会研究是一种全方位的投资机会搜索过程,需要进行广泛的调查,收集大量的数据。这个研究过程涉及的调查和分析因素如下:

(1) 自然资源状况、劳动力状况、地理环境及社会条件;

(2) 我国发展工业的政策、生产力布局以及国外的成功经验;

(3) 现有农业经济结构及其发展趋势,对于以农产品加工为基础的工业,还应考虑现有的农业格局;

(4) 现有工业企业的潜力,如技术改造、改扩建和多种经营的可能性,生产要素的成本与可能性以及对合理经济规模的预测;

(5) 关于人口、购买力增长及市场需求的预测,包括某些消费品的发展潜力;

(6) 产品进出口情况、取代进口的能力及出口商品的国际竞争能力等。

一般机会研究可分为以下三种类型:

(1) 地区投资机会研究,即通过调查、分析某一特定地区的基本特征、人口及人均收入、地区产业结构、经济发展趋势、地区进出口结构等状况,研究、寻找在某一特定地区内的投资机会。

(2) 部门投资机会研究,即通过调查、分析某一特定产业部门在国民经济中的地位和作用、产业的规模和结构、各类产品的需求及其增长率等状况,研究、寻找在某一特定产业部门的投资机会。

(3) 资源开发投资机会研究,即通过调查、分析某一特定资源的特征、储量、可利用和已利用状况、相关产品的需求和限制条件等情况,研究、寻找开发某一特定资源的投资机会。

2. 项目机会研究

项目机会研究是在一般机会研究基础上以项目为对象进行的机会研究,是指在一般机会研究已确定了项目发展方向或领域后所做的进一步调查分析,经方案筛选后,可将项目发展方向或投资领域转变为概括的项目提案或项目建议。项目机会研究比一般机会研究更为深入、具体,需要对项目的背景、市场需求、资源条件、发展趋势以及需要的投入和可能的产出等方面进行调查、研究和分析。通过项目机会研究将项目设想落实到项目投资建议,以引起投资者的注意和兴趣,获得投资响应,并引导其做出投资意向。

项目机会研究一般包括市场分析、项目意向的外部环境分析、承办者优劣势分析等具体内容。这里的市场分析是对已选定的项目领域或投资方向中若干项目意向进行市场调查和市场预测;项目意向的外部环境分析是指除市场之外的其他与项目意向有关的环境分析,如具体税收政策、金融政策等政策的鼓励与限制、进出口状况和有关政策等;项目承办者优劣势分析是指分析承办者具体选定的项目意向有哪些优势,有哪些劣势,劣势能否转化为优势,或者通过寻找投资或发现"机会"和"威胁"的方式,再分析将"威胁"转化为"机会"的途径进行优劣势的评价。

在此基础上,编制项目建议书,为初步选择投资项目提供依据,如果该建议书获得批准,便可列入项目建设前期工作计划,成为国家对投资项目的初步决策。

3. 项目建议书

通过机会研究可以提出某一项目投资机会的初步结论或对其投资与否的建议。机会研究成果的表达形式一般就是项目的机会分析报告或项目建议书。

项目建议书是项目建设筹建单位或项目法人在机会研究的基础上就某一项目向项目投资决策者或政府有关部门提交的书面申请文件,是根据国民经济发展规划、国家和地方中长期规划、产业政策、地区规划、生产力布局、技术经济政策、国内外市场、所在地的内外部条件,经过调查、预测和分析,向国家有关部门、行业主管部门或本地区有关部门或上级主管企业或决策机构提出的某一具体项目的建议性文件,是对拟建项目提出的框架性的总体设想。

作为项目前期管理的基础性文件,项目建议书主要是从总体和宏观上对拟建项目考察其市场需求、建设的必要性、建设条件的可行性和获利的可能性,并做出对项目进行投资的建议和初步的设想。项目建议书是固定资产投资决策前对拟建项目做的轮廓(方案)设想,可作为国家、地区或投资者选择投资项目的初步决策依据,作为投资项目开展进一步可行性分析的基础。

项目建议书的主要作用是:第一,项目建议书可以在宏观上考察拟建项目是否符合国家(或地区或企业)长远规划、宏观经济政策和国民经济发展的要求,初步说明项目建设的必要性;第二,项目建议书可以初步分析人力、物力和财力投入等建设条件的可能性与具备程度;第三,项目建议书获得批准后即可开展可行性分析工作,成为项目可行性研究工作的基础。

以一般工业项目为例,项目建议书的主要内容是:

(1) 拟建项目的背景,投资的必要性和可能性;

(2) 项目产品的销售地区与市场分析;

(3) 产品方案、生产能力、销售方向、拟建规模和建设地点的初步设想;

(4) 项目的资源条件、建设条件、协作关系、主要原材料、电力、燃料、交通运输及协作配套等方面的要求以及其他建设和生产条件;

(5) 拟采用的生产技术和主要设备;

(6) 项目总投资估算、项目资金来源、构成及借贷资金的条件;

(7) 项目经济效益、社会效益或效果、环境影响等方面的初步分析;

(8) 项目的进度安排,包括建设前期工作的安排、项目建设需要的时间和生产经营时间等;

(9) 项目建议书的主要附件等。

(二) 初步可行性研究

1. 初步可行性研究的概念

项目建议书经项目投资决策者或政府有关部门审核同意后,对一般项目,仅靠机会研究尚不能决定项目的取舍,对于投资规模较大、工艺技术又较复杂的大中型骨干建设项目,在全面开展研究工作之前,还需进行初步可行性研究,进一步判明建设项目的可行性。如果项目的机会研究着重于投资可能性时,初步可行性研究往往是必不可少的,但如果机会研究的程度足以决定进入详细可行性研究阶段时,也可越过初步可行性研究阶段。

初步可行性研究又称预可行性研究,是介于机会研究和(详细)可行性研究的中间阶段,是对机会研究所选择的项目进行进一步的分析论证,即在机会研究的基础上进一步分析拟建项目的规模、场(厂)址、工艺设备、资源、组织机构和建设进度等情况,以判断是否有可能和有必要进行下一步的可行性研究工作。

2. 初步可行性研究的目的或目标

初步可行性研究可以对项目投资机会做出初步判断,确定拟建项目是否值得进一步做详细可行性研究;可以判断拟建项目的关键问题,确定对哪些关键问题进行辅助性专题研究;可以淘汰那些不可行的项目方案,减少方案的数量。

初步可行性研究阶段的主要工作包括:

(1) 深入分析项目规模、原材料资源、工艺技术、厂址、组织机构和建设进度等情况,进行初步投资估算和经济、社会、环境等效果评价,分析投资机会研究的结论,分析、论证项目的初步可行性,判断项目是否有必要继续研究,如果需要继续研究,则研究结果应作出是否投资的初步决定,进行下一步的可行性研究;如果研究结果表明该项目设想不可行,则中止研究工作。

(2) 判断和确定需要进行专题/辅助研究的关键性问题。例如,产品或服务的市场需求预测、产品或服务的竞争能力分析、原材料及燃料动力的供应和价格预测、工厂中间试验、厂址选择、合理经济规模及主要设备选型等研究,在进行广泛的方案分析、比较论证基础上,对各类技术方案加以筛选,选择最佳方案,排除一些不利方案,缩小下一阶段的工作范围和工作量,以节省时间和费用。

3. 初步可行性研究的主要内容

(1) 产品或服务的市场需求分析;

(2) 产品或服务的竞争能力分析;

(3) 产品生产或服务方案;

(4) 生产规模和生产能力;

(5) 原材料、燃料、动力、协作件的采购、运输与仓储;

(6) 项目坐落地点及厂址选择;

(7) 项目设计,包括项目总体规划、项目技术方案、设备方案、工程方案等;

(8) 项目进度安排;

(9) 项目投资与成本估算,包括投资估算、成本估算、筹集资金的渠道及初步筹集方案;

(10) 项目经济、社会、环境等效益或效果分析等。

初步可行性研究的研究内容和结构与详细可行性研究基本相同，主要区别在于两者所得资料的详尽程度不同，研究深度也不一样。初步可行性研究的时间大致为4～6个月，所需费用约占投资总额的0.25%～1.5%，对投资和生产成本的估算精度要求一般控制在±20%左右。

经过初步可行性研究，可以形成初步可行性研究报告，该报告虽然比详细可行性研究报告粗略，但是对项目已经有了全面的描述、分析和论证，所以初步可行性研究报告可以作为正式的文献供决策参考。

(三)(详细)可行性研究

1.（详细）可行性研究的概念

详细可行性分析简称可行性分析，是在项目决策前对项目有关的工程、技术、经济、社会、环境等各方面进行详尽、系统、全面的调查、研究和分析，对各种可能的建设方案和技术方案进行详细的比较论证，并对项目建成后的经济效益、社会效益、环境影响等进行预测和评价的一种科学分析过程和方法。

作为建设项目投资决策的基础，(详细)可行性研究是项目进行技术、经济、社会和环境等方面评价和决策的依据，是项目具体实施(建设、生产和运营)的科学依据，是项目可行性研究中最重要的一步，是对项目进行全面、深刻的技术经济论证过程，是投资前最重要的研究工作。项目可行性研究是保证建设项目以最少的投资耗费取得最佳经济、社会效果的科学手段，也是实现建设项目在技术上先进、经济上合理和建设上可行的科学方法。

2.（详细）可行性研究的主要目标

(1) 深入研究并提出项目产品或服务方案、资源供应方案、厂址选择方案、工艺技术方案、设备选型方案、工程进度安排、资金筹措方案、组织机构设置方案等各种可能选择的方案。

(2) 对投资建设方案进行全面的分析与评价，对投资方案进行多方案比较，确定一个能使投资费用和生产成本总和最低、经济效益和社会效益显著的最佳方案。

(3) 确定项目投资的最终可行性和选择依据标准，对拟建项目决策提出结论性意见。可行性研究的结论，一般是明确推荐一个研究者认为最好的建设方案；但也可以提出多个可供选择的方案，说明各个备选方案的利弊和适用条件，供决策者参考、选择；或者提出拟建项目不可行的结论性意见。当最终评价结果的数据表明该项目不可行时，则应调整各种参数和生产或服务方案，调整原材料投入或工艺技术，以便提出可行方案；若这样调整后项目仍属不可行，则应建议决策者放弃此项目。按照可行性研究结论编制出最终可行性研究报告，并作为项目投资决策的基础和重要依据。

作为工程项目建设决策的依据、向银行贷款的依据、向政府有关部门申请建设执照和同有关部门或单位签订协议、合同的依据，可行性研究是项目的定性阶段和决策研究的关键环节。可行性研究阶段对投资和生产费用的估计精度要求在±10%以内，大型项目可行性研究工作花费的时间为 8~12 个月,所需费用约占投资总额的 0.2%~1%;中小型项目可行性研究工作所花费的时间为 4~6 个月,所需费用约占投资总额的 1%~3%。

3. (详细) 可行性研究的原则

(1) (详细) 可行性研究需要遵循科学性原则,运用科学的理论与方法进行项目的可行性研究工作,包括对原始数据和资料运用科学的方法和认真的态度来收集、分析和鉴别,以确保它们的真实和可靠;对项目产品或服务市场进行调查研究,科学地预测和分析;对项目的技术方案、设备方案、工程方案、厂址方案进行科学的分析、论证;对项目的技术、经济、社会、环境效果或影响采用科学的方法进行认真分析;对项目进行科学决策等。

(2) (详细) 可行性研究需要遵循客观性原则,坚持从实际出发,实事求是。项目可行性研究是根据项目所处的国内外政治、经济、社会等环境条件和投资者的自身资源条件进行的,要从实际出发,排除主观臆断,不掺杂任何主观的成分,实事求是地进行分析和研究,得到合乎逻辑的科学的决定和结论。

(3) (详细) 可行性研究需要遵循公正性原则,站在公正的立场上,在建设项目的可行性研究工作中始终把国家和人民的利益放在首位,综合考虑项目利益相关者的各方利益,绝不为任何单位或个人而生偏私之心,不为任何利益或压力所动。在项目可行性研究工作中,只要能够坚持科学性与客观性原则,不弄虚作假,就能够保证项目可行性研究工作的正确和公正,从而为项目的投资决策提供可靠的依据。

4. 项目建议书、初步可行性研究报告与 (详细) 可行性研究报告的关系

项目建设前期工作中的项目建议书、初步可行性研究报告和 (详细) 可行性研究报告在分析范围和内容结构上基本相同,但有着明显的区别。

(1) 分析的任务不同。项目建议书是机会分析阶段的成果,是为发现市场投资机会、提出项目建议所做的分析和研究;初步可行性研究是在机会研究的基础上初步选择项目,以决定是否需要进行下一步工作,主要是分析、论证项目的必要性、可行性,从大的方面考虑项目建设有无可能;而 (详细) 可行性研究需要对项目进行全面、深入的技术经济分析、论证,进行多方案比较,推荐最佳方案,或者否定该项目并提出充分理由,为最终的项目决策提供可靠的依据。

(2) 基础资料和依据不同。项目建议书是在机会研究阶段提出的,仅仅对拟建项目提出了轮廓(方案)设想,没有翔实、确凿的数据与资料,仅有粗略的估算与分析;由于缺乏详细的设计资料和论证材料作为分析工作的基础,初步可行性研究阶段基本的依据是国家的长远规划、行业及地区规划、产业政策,与拟建项目有关的自然资源条件和生产布局状况,项目主管部门的有关批文,以及初步的市场预测资料;而在 (详细) 可行性研究阶段,除了已批准的项目建议书和初步可行性研究报告作为依据外,还具有详细的设计资料和经过深入调查分析后掌握的比较翔实、确凿的数据与资料作为依据。

(3) 内容的繁简和深浅程度不同。项目建议书的内容简单,缺乏详细的技术经济资料与数据;初步可行性研究工作的内容较为概略和简洁,不可能也不要求做得很细致,如对

项目的生产工艺技术方面的分析,在初步可行性研究阶段只做出初步设想方案和基本的规定;而在(详细)可行性研究阶段则要确定生产工艺流程和主要设备选型。在进行项目经济评价时,项目建议书(机会研究)、初步可行性研究阶段一般只做静态的初步分析、评价;而在(详细)可行性研究阶段要求进行详细的动态分析、评价。

(4) 投资估算的精度要求不同。项目建议书(机会研究)阶段仅仅对项目进行粗略估算,误差不超过±30%即可;初步可行性研究阶段项目总投资一般根据国内外类似已建工程有关数据或单位生产能力进行测算或对比推算,与实际发生的投资额差距较大,借鉴国外的经验投资误差允许控制在±20%以内;而(详细)可行性研究阶段必须对项目所需的各项投资费用,包括固定资产投资、流动资金、建设期贷款利息等分别进行比较详细、切实的精确计算,并要求投资估算的误差不应超过±10%。

(5) 上报的研究成果内容不同。机会分析阶段的研究成果是项目建议书,初步可行性研究阶段的研究成果是初步可行性研究报告,并须附上市场初步调查报告、建设地点初选报告、初步勘察报告等文件;而(详细)可行性研究阶段的研究成果中除项目可行性研究报告外,还必须附上市场调查报告、厂址选择报告、地质勘察报告、资源(包括水资源)调查报告、环境影响评价报告和自然灾害预测资料等文件。

(四) 项目评价与决策

在项目评价阶段,项目投资决策部门或单位组织或授权有关咨询公司或有关专家,代表项目业主和出资人对项目可行性研究报告进行全面的审核和再评价,其主要任务是对拟建项目的可行性研究报告提出评价意见,最终提出该项目投资是否可行,确定最佳投资方案。

在项目评价过程中,必须从国家全局角度,树立资金周转观念、利息观念和投入产出观念等进行科学评价。通过项目评价使所选择的工程能合理利用国家有限资源和各种社会基础设施,最有效地利用和配置有限的国家资源。项目评价结论应该成为项目决策的重要依据。

项目评价与决策是在可行性研究报告基础上进行的,其工作内容包括:

(1) 全面审核可行性研究报告中各种数据、资料、依据等各项情况的真实性;

(2) 分析项目可行性研究报告采用的指标体系中各项指标的计算是否正确,包括各种参数、基础数据、定额、费率的选择是否合理;

(3) 从企业、国家和社会等方面综合分析和判断工程项目的经济效益、社会效益、环境影响效果等;

(4) 分析、判断项目可行性研究的可靠性、真实性和客观性,对项目做出最终的投资决策;

(5) 在可行性研究报告的基础上编写出项目评估报告。

第三节 项目可行性研究报告及其撰写

一、项目可行性研究的依据

项目可行性研究必须在国家有关的规划、政策、法规的指导下,依据各种技术资料、规范、标准等进行。项目可行性研究的主要依据如下:

(1) 国民经济和社会发展的长远规划,国家有关部门或行业发展规划,地方政府有关的发展规划,国家经济建设的方针任务、产业/行业政策、投资政策,项目主管部门与政府机关对项目的建设地点选择意见,用地计划、资源开发利用以及对工业建设的鼓励、特许、限制、禁止等国家进出口贸易和关税政策等有关规定等。这是提出项目设想和开展可行性研究的最基本依据。

(2) 项目建议书及其审批文件。

(3) 项目承办单位委托进行(详细)可行性研究的合同或协议,项目承办单位与有关方面取得的协议,如投资、原料供应、建设用地、运输等方面的初步协议等。

(4) 经国家储量委员会批准的资源勘探报告、国土开发整治规划、区域规划、工业基地规划、江河流域规划、交通路网规划、行业基地规划等。

(5) 可靠的自然、地理、气象、水文、地质、经济、社会等基础原始资料,交通运输与环保资料等。

(6) 有关行业的工程技术、经济方面的规范、标准、定额资料以及国家正式颁布的技术法规和技术标准。

(7) 经国家统一颁布的有关项目评价的基本参数和指标,如基准收益率、社会折现率、折旧率、调整外汇率、工资和价格等,作为项目可行性研究中财务评价和国民经济评价的基准依据和判别标准。这些参数有些是国家统一颁布执行,有些是由各主管部门根据部门、行业的特点,对有关项目的技术经济参数和价格调整系数根据实行情况进行测算后自行拟订,报国家有关部门备案。

(8) 主要工艺和装置的技术资料。

(9) 项目环境影响报告。

(10) 项目初步选址报告。

(11) 由国家颁布的建设项目可行性研究及经济评价的有关规定。

(12) 项目市场分析报告、试验试制报告等。

(13) 水、电、交通、通信等外部条件资料等。

二、可行性研究工作的程序

项目可行性研究是一项相当复杂的工作，涉及社会、技术、经济、环境等众多因素。从项目产品或服务方案预测、生产或服务规模拟订、生产工艺或服务技术方案和厂址选择、物料投入、资金筹集、机构设置、人员配备，到经济、社会、环境效果等测算，都需要经过系统的分析、论证。因此，可行性研究工作不仅需要项目筹建单位的参与，还需要其他相关单位的参与和配合。这些单位主要是项目建设单位（投资主体）、计划部门和主管部门、银行与金融机构（项目贷款单位）、工程咨询公司（或设计单位）、工程承包单位（项目建筑与安装机构）、设备和材料供应单位（工业企业），以及环保、规划、市政公用工程等部门和单位。这些部门和单位，根据可行性研究工作的进程，在不同时期以不同方式参与。

根据我国现行的建设程序和国家《关于建设项目进行可行性研究的试行管理办法》，可行性研究工作按照如下程序进行。

1. 建设单位提出项目建议书和初步可行性研究报告

建设单位根据国家和地区经济发展的长远规划、经济建设的方针任务和技术经济政策，结合资源情况、建设布局等条件，在广泛调查分析、收集资料、踏勘建设地点、初步预测投资效果的基础上，提出需要进行可行性分析的项目建议书和初步可行性分析报告。跨地区、跨行业的建设项目以及对国计民生有重大影响的大型项目，由有关部门和地区联合提出项目建议书和初步可行性研究报告。

2. 项目筹建单位委托有资质的工程咨询公司（或设计单位）进行可行性研究工作

政府各级计划部门或投资决策机构在收到项目建议书后，进行汇总和平衡，并由国家计划部门或其他有关部门、投资决策机构授权的工程咨询公司（或设计单位）进行评估，经审定批准后该项目即可立项，纳入各级政府部门或投资决策机构的前期工作计划。项目筹建单位或主办单位就可委托经资格审定的工程咨询公司（或设计单位）着手编制拟建项目的可行性研究报告。委托方式有两种：由国家计划部门或主管部门直接给工程咨询公司（或设计单位）下达计划任务，或由各主管部门、国家专业投资公司、建设单位采用签订合同的方式委托给有资质的工程咨询公司（或设计单位）承担可行性研究工作，但委托的同时必须对研究工作的范围、前提条件、进度安排、费用支付办法以及协作方式等具体事项做好规定。

3. 工程咨询公司（或设计单位）进行可行性研究工作

工程咨询公司（或设计单位）与委托单位签订合同，承担可行性研究任务以后，即可按下述五个步骤开展工作。

（1）成立项目可行性研究小组，制订项目可行性研究工作计划。承担可行性研究的单位在承接可行性研究任务后，需要熟悉项目背景、项目建议书、初步可行性研究报告等文件资料，了解委托者的目标、要求、内容与范围，成立项目可行性研究小组，确定项目可行性研究小组负责人和主要成员，并根据可行性研究的工作范围和要求，制订可行性研究工作计划，安排具体实施进度。

（2）调查研究，收集项目可行性研究所需的各种资料。项目可行性研究小组成员需要到投资决策机构通过人员访谈、座谈会等形式，进一步明确委托单位对项目建设的意图和要求，收集和查阅与项目有关的自然环境、经济与社会等基础资料和文件资料，收集整理得到的设计基础资料；到项目拟建地点实地踏勘与抽样调查，调查、预测社会对产品或服务的需求量、产品或服务的价格和竞争能力，以便确定项目产品或服务方案和经济规模；调查项目所需原材料、能源、厂址、工艺技术、劳动力、运输条件、外围基础设施、环境保护等情况，为选定建设地点、生产工艺、技术方案、设备选型、组织机构和定员等提供确切的分析资料。

（3）项目总体建设方案的设计和优化。项目可行性研究小组在收集、整理、分析一定的基础资料和数据的基础上，提出多种项目建设总体方案。项目建设总体方案包括产品或服务方案、生产经济规模、工艺流程、设备选型、总图运输与布局、公用工程、车间组成、组织机构和人员配备等。项目可行性研究小组结合实际条件对多种项目建设总体方案进行多次分析、论证、优化，以备用做进一步的综合分析与评价。

（4）项目综合分析和评价。项目综合分析与评价包括项目财务评价、项目国民经济评价、项目社会效益评价、项目环境影响评价等，从测算项目建设投资、生产成本和销售利润入手，进行项目营利性分析、费用效益分析、社会效益与影响分析、环境影响分析、风险分析，分析、论证项目在技术、经济、社会、环境、风险等方面的可行性、合理性，进一步提出资金筹集建议，制订项目实施总进度计划。

（5）编写项目可行性研究报告。在对建设项目进行认真的综合分析、论证，进一步明确了项目建设的必要性、技术可行性以及经济、社会、环境影响等方面的合理性与有益性后，即可编制项目（详细）可行性研究报告，推荐一个项目建设总体方案和实施计划，提出项目可行性研究的结论性意见和重大措施建议，为决策部门的项目最终决策提供科学依据。

4. 项目可行性研究报告的评估与审批

根据国家规定，国家投资的大中型建设项目的可行性研究报告由各主管部门，各省、自治区、直辖市负责预审，报国家发展和改革委员会审批，或由国家发展和改革委员会委托有关单位审批。重大项目和特殊项目的可行性研究报告由国家发展和改革委员会会同有关部门预审，报国务院审批。小型项目的可行性报告，按隶属关系由各主管部门，各省、自治区、直辖市审批。

企业投资的项目除了一些需要政府审批的项目外，一般由企业投资决策机构组织有关人员对项目可行性研究报告进行评估和审批。

三、项目可行性研究的要求

作为项目投资决策的基础，可行性研究有一定的标准，需要达到一定的质量要求。

1. 可行性研究应具有科学性、公正性和严肃性

可行性研究是一项政策性、技术性和经济性很强的综合研究工作。为保证其科学性、客观性和公正性，在项目可行性研究工作中必须实事求是，本着对国家、对人民高度负责的精神和严肃认真的态度，在调查研究和科学预测的基础上，进行多方案分析和比较，按客观实际情况进行论证、评价，防止主观臆断、行政干预，防止受利益相关者的影响。不能把可行性研究变为"可批性研究"，使可行性研究流于形式。为保证可行性研究的质量，编制单位也应保持独立性和公正性的客观立场，不受自身利益的影响。

2. 承担可行性研究的单位应具备相应的条件、经验和资质

可行性研究报告是项目决策依据的基本文件，其研究过程中需要收集大量的资料，内容深度要求较高。为保证项目可行性研究工作的质量，要求承担编制任务的单位必须具有丰富的实际经验，技术力量雄厚，拥有相应的资质，并对可行性研究报告的可靠性、准确性承担责任。

3. 可行性研究的深度应达到标准要求

我国项目可行性研究工作是按照原国家计委颁布的《关于建设项目进行可行性研究的试行管理办法》和《建设项目经济评价与参数》等文件进行的，要求基本内容完整、文件齐全，研究深度达到国家规定标准的要求。虽然不同类型项目可行性研究的内容、深度的具体要求会有所侧重和不同，但其基本内容应做到完整和有说服力。具体要求是：

（1）项目可行性研究报告内容齐全、数据准确、论据充分、结论明确，可以满足决策者定方案、定项目的需要；

（2）项目可行性研究报告中选用的主要设备的规格、参数应能满足投资者预订货的要求，引进的技术设备的资料应能满足投资者合同谈判的要求；

（3）可行性研究中的重大技术、财务方案等应至少有两个方案的比选；

（4）可行性研究中确定的主要工程技术数据应能满足项目初步设计的要求；

（5）对建设投资和生产成本应进行分项详细估算，其估算误差应控制在 $\pm 10\%$ 以内；

（6）可行性研究确定的融资方案应能满足银行等金融机构信贷决策的需要；

（7）项目可行性研究报告应反映在可行性研究过程中出现的某些方案的重大分歧以及未被采纳的理由，以供决策者权衡利弊进行决策。

4. 落实可行性研究的经费来源

项目可行性研究需要一定的费用。项目可行性研究的费用一般是按项目投资的一定百分比来提取，比例占项目总投资的1‰左右。具体比例可根据项目的特点及其他情况而定。在进行项目可行性研究之前，需要落实可行性研究的费用来源，以便顺利开展项目可行性研究工作。

四、项目可行性研究的主要内容

由于项目的类型众多，项目可行性研究的内容非常广泛，并且存在着一些差异。根据

我国现行有关规定，一般新建工业项目可行性研究包括下列主要内容：

1. 总论

总论部分的主要内容包括：项目名称；项目的建设主体（主办单位）；承担可行性研究的单位；项目的主管部门；项目提出的背景和依据；投资环境；项目投资建设的必要性和经济意义；项目投资对国民经济发展的作用和重要性；项目可行性研究工作的依据、工作范围和要求；可行性研究的主要结论、存在的问题与建议；对推荐方案在论证过程中曾有的重要争论问题和不同的意见、观点；项目的主要技术经济指标；项目的历史发展概况、项目建议书及有关审批文件等。

2. 项目产品的市场需求预测和拟建规模

市场需求研究是通过对市场规模、位置、特点、性质以及变化趋势的调查与预测分析，为确定产品方案和项目建设规模提供依据。项目的生产规模是指项目建成之后的生产能力，是指在一定时期（通常是1年）内产出合格产品的数量，通常用年生产能力表示。可行性研究要求确定的生产规模是在符合市场需求和市场容量、不突破允许的投资总额上限、设备可以得到充分利用、原材料和能源得到正常供给等条件下，可以获得最高盈利水平的年产量。这部分的主要内容是：项目产品的国内、国外市场需求的调查与预测；国内外现有生产能力的估计；产品销售预测、价格分析、产品的竞争能力、进入国际市场的前景；拟建项目的规模、产品方案的技术经济分析等。

3. 资源、原材料、燃料及公用设施情况

主要包括：经过国家储量委员会正式批准的资源储量报告及资源品位、成分以及开采、利用条件的评述；原材料、辅助材料、燃料的种类、数量、来源和供应的可能性；现有的和潜在的原材料等供应渠道与供应情况、原材料价格及其走势分析；项目所需水、电、气、公用设施的数量、供应方式、供应条件、外部协作条件以及所签协议、合同或意向的情况。

4. 建厂条件及场（厂）址选择

厂址选择是否得当直接影响到项目建设进度、工程投资以及今后的生产成本和收益。厂址选择受国家或地区政治、经济、自然和社会等多种因素的影响，例如，项目要与所在地区有关政府（包括中央政府和地方政府）的政策与区域规划相符合；项目要靠近原材料产地，或者靠近消费地区，或者靠近能源、水源地，或者靠近科技发达地区，或者靠近劳动力充裕地区等。这一部分的主要内容包括：建厂的地理位置、气象、水文、地质、地形条件和社会经济现状；项目的地区选择；项目所在地的交通运输现状；（场）厂址比较选择意见，项目的场（厂）址占地范围、项目总体布置方案、建设条件、地价、拆迁及其他工程费用情况。

5. 项目工程设计方案分析

这一部分的主要内容是：项目的构成范围；项目产品的生产方法；主要工艺技术分析；设备选型方案分析；项目布置的初步选择；土建工程量估算；公用辅助设施分析；项目交通运输方式分析等。

(1) 工艺技术分析。拟建项目产品的生产可以采用不同的工艺技术方案。工艺技术方案一般综合考虑产品的质量及规格要求、可能获得的原材料的物理、化学及质量特征、工艺技术所需设备的价格及其安装工程的投资额、原材料及动力的消耗标准、生产成本、生产规模、工艺技术对资源的利用深度、工艺技术的先进性、适用性、安全性和成熟程度、发展变革前景等,按照"先进适用""经济合理"相结合的原则进行选择。

(2) 设备方案的分析。项目设备一般有生产设备、辅助设备、服务设备、备品及工具四类。设备的选择主要取决于生产工艺技术。设备选择需要考虑设备的可靠性、先进性、适应性、方便性、经济性、可获得性等因素。

(3) 项目工程技术方案分析。这一部分主要包括:确定项目的构成范围,包括主要单项工程(车间)的组成,厂内外主体工程和公用辅助工程的方案比较论证;项目土建工程总量估算;土建工程布置方案的选择,包括场地平整、主要建筑和构筑物与室外工程的规划;全厂总图布置的初步选择;公用辅助设施和厂内外交通运输方式的比较与选择;生活福利设施、地震设防措施等。

6. 环境保护与劳动安全

这一部分的主要内容包括:

(1) 项目所在地区的环境现状调查,包括项目的地理位置;项目周边区域地形、地貌和地质情况、江河湖海和水文情况、气象情况;项目周边区域矿藏、森林、草原、水产和野生植物等自然资源情况;项目周边区域的自然保护区、风景游览区、名胜古迹、温泉、疗养区及重要的政治文化设施情况;项目周边区域现有工矿企业分布情况;项目周边区域的生活居住分布情况和人口密度、地方病等情况;项目周边区域大气、水的环境质量状况等。

(2) 分析拟建项目"三废"(废气、废水、废渣)种类、成分和数量,预测项目建设和运营对环境的影响。其内容包括对项目周边区域的地质、水文、气象可能产生的影响;对项目周边区域自然资源可能产生的影响;对项目周边区域自然保护区等可能产生的影响;各种污染物最终排放量及对项目周围大气、水、土壤的环境质量的影响范围和程度;噪声、震动等对周围生活居住区的影响范围和程度等。

(3) 提出环境保护、"三废"(废水、废气、废渣)治理和劳动保护的初步方案,估算环境保护所需要的投资费用等。其内容包括防范和减少项目周边区域的地质、水文、气象可能产生影响的措施;防范和减少项目周边区域自然资源可能产生影响的措施;防范和减少项目周边区域自然保护区等可能产生影响的措施;绿化措施,包括防护地带的防护林和建设区域的绿化;专项环境保护措施的投资估算。

7. 生产组织、劳动定员和人员培训

这一部分的主要内容包括:项目的管理体制、机构(组织形式)设置方案的分析与论证,工程技术人员、管理人员的数量与素质要求,劳动定员的配备方案,人力资源的招聘与雇用,人力资源开发与培训,各类人员的工资和福利等。

8. 项目实施计划和进度

项目实施计划是根据项目工作的特点、各工作的相互关系和主要的限制因素等制订项目实施的时间进度安排，即在各个工作段内应该实施哪些工作或者各个工作实施的时间长度。这一部分的主要内容包括：根据预定的建设工期和勘察、设计、设备选购、工程施工、安装、试生产所需时间与进度要求，确定整个工程项目的实施方案和总进度及项目实施费用，并用甘特图、网络图等反映项目的进度安排。

9. 投资估算与资金筹措

这一部分的主要内容包括：

（1）项目投资估算，包括基本建设投资估算、流动资金投资估算。基本建设投资估算包括厂房、建筑物、机器设备、辅助设施、公用工程、生活服务设施、厂外工程等各项投资估算，可以采用单位生产能力投资估算法、生产规模指数法、比例估算法、分项类比估算法等方法进行估算。流动资金估算可以根据已有类似项目的百元产值占用的流动资金额来估算定额流动资金，也可按类似项目流动资金与固定资产投资、经营成本、年销售收入的比例来估算。

（2）项目资金的筹措，包括项目的资金来源、筹措方式、贷款计划及贷款的偿付方式等。

10. 项目的效益分析

这一部分的主要内容包括：

（1）项目的销售收入估算、成本（包括总成本和单位成本）估算、税金估算。

（2）项目财务评价。项目财务评价是根据前面研究的各项结果，对项目投入营运后可能的财务状况以及该项投资的财务效果进行科学的分析、预测和评价。项目财务评价主要包括财务盈利能力分析、项目清偿能力分析、项目生存能力分析、基本报表和辅助报表的编制、财务不确定性分析等内容。

（3）项目国民经济评价。国民经济评价是从国民经济的角度来分析和评价项目对国民经济的贡献。

（4）项目社会效益评价。

（5）项目环境影响评价。

（6）项目不确定性分析等。项目的实际状况是不断变化的，不确定性分析就是分析项目在可能的变化下做出的反应，为决策提供依据。不确定性分析包括盈亏平衡分析、敏感性分析、概率分析、风险分析等。

11. 结论与建议

这一部分的主要内容包括：通过对建设方案的综合分析与方案选择，从技术、经济、社会以及项目财务等方面论述建设项目的可行性，推荐可行性方案，供投资决策参考；指出项目存在的问题；提出项目改进建议；提出项目可行性研究的结论性意见。

五、一般新建工业项目可行性研究报告编制大纲

不同行业项目可行性研究的具体内容各有侧重,但其基本内容是相似的。下面以一般新建工业项目为例说明项目可行性研究报告的编制大纲。

1. 总论

(1) 项目提出的背景;

(2) 项目概况,包括项目名称,项目的建设主体(主办单位),项目的主管部门,项目投资建设的必要性和经济意义,项目投资对国民经济发展的作用和重要性,研究的主要依据、工作范围、主要过程等;

(3) 研究结果概要;

(4) 存在的问题与建议。

2. 市场预测

(1) 市场现状调查,包括产品用途、现有生产能力、产量及销售量、替代产品、产品价格、国外市场;

(2) 市场需求预测,包括消费对象、消费条件、产品更新周期特点、市场成长速度及趋势、可能出现的替代产品、产品可能的新用途、产品出口或进口替代分析;

(3) 市场进入壁垒,包括技术壁垒、规模壁垒、政策壁垒等分析;

(4) 产品方案和项目规模,包括产品方案(规格标准)、项目拟建规模等;

(5) 市场营销策略,包括市场定位(领先或追随目标市场)、促销价格、促销方式与措施等;

(6) 产品销售费用预测,包括价格预测、销售收入预测等;

(7) 竞争力分析;

(8) 市场风险分析。

3. 资源条件评价

(1) 资源可利用量;

(2) 资源品质情况;

(3) 资源赋存条件;

(4) 资源开发价值。

4. 建设规模与产品方案

(1) 建设规模与产品方案构成;

(2) 建设规模与产品方案的比选;

(3) 推荐的建设规模与产品方案。

5. 场址选择

(1) 场址现状;

(2) 场址方案比选;

（3）推荐的场址方案。

6. 技术方案、设备方案和工程方案

（1）技术方案选择；

（2）主要设备方案选择；

（3）工程方案选择。

7. 原材料、燃料供应

（1）主要原材料供应方案；

（2）燃料供应方案。

8. 总图运输与公用辅助工程

（1）总图布置方案；

（2）场内外运输方案；

（3）公用工程与辅助工程方案。

9. 节能措施

（1）节能措施；

（2）能耗指标分析。

10. 节水措施

（1）节水措施；

（2）水耗指标分析。

11. 环境影响评价

（1）环境条件调查；

（2）影响环境因素分析；

（3）环境保护措施。

12. 劳动安全卫生与消防

（1）危险因素和危害程度分析；

（2）安全防范措施；

（3）卫生保健措施；

（4）消防设施。

13. 组织机构与人力资源配置

（1）组织机构设置及其适应性分析；

（2）人力资源配置；

（3）员工培训，包括员工培训费用估算及培训规划。

14. 项目实施进度

（1）建设工期；

（2）实施进度安排。

15. 投资估算

（1）建设投资估算；

(2) 流动资金估算;
(3) 投资估算表。

16. 融资方案
(1) 融资组织形式;
(2) 资本金筹措;
(3) 债务资金筹措;
(4) 融资方案分析。

17. 财务评价
(1) 财务评价基础数据与参数选取;
(2) 销售收入与成本费用估算;
(3) 财务评价报表;
(4) 盈利能力分析;
(5) 偿债能力分析;
(6) 不确定性分析;
(7) 财务评价结论。

18. 国民经济评价
(1) 影子价格及评价参数选取;
(2) 效益费用范围与数值调整;
(3) 国民经济评价报表;
(4) 国民经济评价指标;
(5) 国民经济评价结论。

19. 社会评价
(1) 项目对社会影响分析;
(2) 项目与所在地的互适性分析;
(3) 社会风险分析;
(4) 社会评价结论。

20. 风险分析
(1) 项目主要风险识别;
(2) 风险程度分析;
(3) 防范风险对策。

21. 研究结论与建议
(1) 推荐方案总体描述;
(2) 推荐方案优缺点描述;
(3) 主要对比方案;
(4) 结论与建议。

22. 附图、附表、附件

(1) 附图，包括场址位置图、工艺流程图、总平面布置图、主要车间布置方案简图等。

(2) 附表，主要有项目经济评价报表，分为基本报表和辅助报表。

基本报表包括：
◇ 项目投资现金流量表；
◇ 项目资本金现金流量表；
◇ 投资各方现金流量表；
◇ 利润与利润分配表；
◇ 财务计划现金流量表；
◇ 资产负债表；
◇ 借款还本付息计划表；
◇ 项目投资经济费用效益流量表等。

辅助报表包括：
◇ 建设投资估算表（概算法）；
◇ 建设投资估算表（形成资产法）；
◇ 建设期利息估算表；
◇ 流动资金估算表；
◇ 项目总投资使用计划与资金筹措表；
◇ 营业收入营业税金及附加和增值税估算表；
◇ 总成本费用估算表（生产要素法）；
◇ 外购原材料费估算表；
◇ 外购燃料和动力费估算表；
◇ 固定资产折旧费估算表；
◇ 无形及递延资产摊销估算表；
◇ 工资及福利费估算表；
◇ 总成本费用估算表（生产成本加期间费用法）；
◇ 经济费用效益分析投资费用估算调整表；
◇ 经济费用效益分析经营费用估算调整表；
◇ 项目直接效益估算调整表；
◇ 项目间接费用估算表；
◇ 项目间接效益估算表等。

(3) 附件，项目可行性研究报告附件主要包括：
◇ 项目建议书（或初步可行性分析报告）及其批复文件；
◇ 项目环境影响报告书及其批复文件；
◇ 资源开发项目有关资源勘察报告书及开发的审批文件；

◇ 主要原材料、燃料及水、电、气供应的意向性协议；
◇ 项目资本金的承诺证明及银行等金融机构对项目贷款的承诺函；
◇ 中外合资、合作项目各方草签的协议；
◇ 引进技术考察报告；
◇ 项目厂址选择报告及其批复文件；
◇ 新技术开发的技术鉴定报告等。

六、港口项目可行性研究报告编写大纲

前面我们看到的是一般新建工业项目的可行性研究报告编写大纲。下面给出本书作者所在港口行业的港口项目可行性研究报告编写大纲。

1. 总论

(1) 项目背景。

① 项目名称；

② 承办单位概况；

③ 可行性研究报告编制依据；

④ 项目提出的理由与过程。

(2) 项目概况。

① 港址地理位置；

② 建设规模与目标；

③ 主要建设条件；

④ 项目投入总资金及效益情况；

⑤ 主要技术经济指标。

(3) 问题与建议。

2. 吞吐量预测

(1) 预测依据和范围。

(2) 项目服务区域区内经济发展状况。

① 服务范围的确定；

② 服务范围内面积、人口、国内生产总值变化情况；

③ 资源分布及开发利用情况；

④ 工农业现状及发展情况；

⑤ 交通运输状况及规划目标（各种运输方式的网络构成、能力、历史年度运量变化情况，各种运输方式的市场份额分析等）。

(3) 吞吐量预测。

① 预测方法和依据；

② 历史年度吞吐量状况分析；

③ 预测年度吞吐量分析（货种、流量、流向、内外贸和集疏运比例等）。

3. 港口建设规模

(1) 设计代表船型；

(2) 新建泊位数、泊位等级、吞吐能力。

4. 港址选择

(1) 地理位置概况。

(2) 自然条件。

① 气象，包括气温、降水、风况、雾况、湿度等；

② 水文，包括潮汐水位、波浪、海（水）流、冰凌等；

③ 地形、地貌及泥沙运动；

④ 河势；

⑤ 地质等。

(3) 外部协作条件。

① 港外水源与供水条件；

② 港外电源与供电条件；

③ 港外铁路工程条件；

④ 港内公路与内河工程条件；

⑤ 港内通信系统方案（含有线、无线）；

⑥ 砂石料来源、数量、质量、单价。

(4) 征地、拆迁条件。计算陆域占用面积、水域占用面积，填海造地面积，征地拆迁面积等。

(5) 港口所在地区法律支持条件。

(6) 比选推荐方案。

(7) 港址地理位置图。

5. 技术方案、设备方案和工程方案

(1) 装卸工艺方案。

① 按照不同货种、批量、港口规模及船型等，选择装卸工艺布置方案；

② 码头泊位数及年通过能力等。

(2) 装卸机械设备方案。

① 根据不同货种、批量、港口规模及船型等，进行港口装卸机械设备选型；

② 计算机管理与自动化控制系统方案；

③ 主要设备清单。

(3) 工程方案。

① 水工建筑工程，包括码头工程、引桥工程、引堤工程、堤坝工程、港池挖泥工程、临时建筑工程等的方案及工程量；

② 陆地工程，包括道路、堆场工程，装卸机械安装工程，生产及辅助生产建筑工程

等的方案及工程量；

③ 港内配套工程，包括供电、照明、通信、给水、排水、供油、环保设施、消防、港内生产及生活辅助建筑物、生活福利设施、库场、道路、铁路、桥涵、导助航设施、机修等的方案及工程量；

④ 建筑安装工程量及"三材"用量估算；

⑤ 主要建、构筑物工程一览表。

6. 港区总图布置与运输

(1) 港区范围及主要工程（列出单项工程表）；

(2) 总平面布置的原则；

(3) 水域布置，包括码头前沿、港池、航道设计水深、码头前沿线、码头长度和宽度、引桥、引堤、码头前沿水域、港池宽度、防波堤、口门、进港航道、防波墙、防汛闸门等；

(4) 陆域布置，包括道路、堆物、集装箱大门、陆域形成、占地和造地、高程等；

(5) 主要建、构筑物；

(6) 导助航设施和锚地；

(7) 抛泥区位置；

(8) 港区作业车船配置；

(9) 港区集、疏、运总图布置；

(10) 港口总平面布置图。

7. 环境影响评价

(1) 港区环境条件；

(2) 港口建设和运营可能引起的生态变化；

(3) 环境保护设施与投资；

(4) 环境影响评价。

8. 劳动安全卫生与消防

(1) 影响劳动安全与卫生的因素分析。

① 运营过程中对劳动安全卫生有害物质种类、数量及危害程度；

② 运营过程中的危险作业。

(2) 危害防治措施。

(3) 消防设施。

9. 组织机构与人力资源配置

(1) 组织机构。

① 项目法人组建方案；

② 管理机构组建方案及体系图；

③ 机构适应性分析。

(2) 人力资源配置。

① 劳动定员数量及技能素质要求；

② 职工工资福利；

③ 员工来源及招聘方案；

④ 员工培训计划。

10. 项目实施进度

(1) 建设工期；

(2) 项目实施进度安排；

(3) 项目实施进度表（横线图）。

11. 投资估算

(1) 投资估算依据。

(2) 建设投资估算。

① 建筑工程费；

② 设备及工器具购置费；

③ 安装工程费；

④ 工程建设其他费用；

⑤ 基本预备费；

⑥ 涨价预备费；

⑦ 建设期利息。

(3) 流动资金估算。

(4) 投资估算表。

① 项目投入总资金估算汇总表；

② 单项工程投资估算表；

③ 分年投资计划表；

④ 流动资金估算表。

12. 融资方案

(1) 资本金筹措。

① 新设项目法人项目资本金筹措；

② 既有项目法人项目资本金筹措。

(2) 债务资金筹措。

(3) 融资方案分析。

13. 财务评价

(1) 新设项目法人项目财务评价。

① 财务评价基础数据与参数选取，包括财务价格、计算期与运营负荷、财务基准收益率及其他计算参数的选取；

② 运营收入估算（编制运营收入估算表）；

③ 成本费用估算（编制总成本费用估算表和分项成本费用估算表）；

④ 财务评价报表，包括财务现金流量表、利润和利润分配表、资金来源与运用表、借款偿还计划表等；

⑤ 财务评价指标，其中，盈利能力分析包括项目财务内部收益率、项目资本金净利润率、投资各方收益率、财务净现值、投资回收期、项目投资收益率等，偿债能力分析包括借款偿还期、利息备付率、偿债备付率、流动比率、速动比率、资产负债率等。

(2) 既有项目法人项目财务评价。

① 财务评价范围确定；

② 财务评价基础数据与参数选取，包括"有项目"数据、"无项目"数据、增量数据等；

③ 运营收入估算（编制运营收入估算表）；

④ 成本费用估算（编制总成本费用估算表和分项成本费用估算表）；

⑤ 财务评价报表，包括增量财务现金流量表、"有项目"利润和利润分配表、"有项目"资金来源与运用表、借款偿还计划表等；

⑥ 财务评价指标，其中，盈利能力分析包括项目财务内部收益率、项目资本金净利润率、投资各方收益率、财务净现值、投资回收期、项目投资收益率等，偿债能力分析包括借款偿还期、利息备付率、偿债备付率、流动比率、速动比率、资产负债率等。

(3) 财务评价结论

14. 国民经济评价

(1) 影子价格及主要参数选取。

(2) 效益费用范围调整。

① 间接效益与间接费用计算；

② 转移支付处理。

(3) 效益费用数值调整。

① 投资调整；

② 运营费用调整；

③ 效益计算，包括运输费用节约效益、运输时间节约效益、减少拥挤效益、提高交通安全效益、提高运输质量效益、包装费用节约效益等。

(4) 国民经济效益费用流量表。

① 项目国民经济效益费用流量表；

② 国内投资国民经济效益费用流量表。

(5) 国民经济评价指标。

① 经济内部收益率；

② 经济净现值。

(6) 国民经济评价结论。

15. 社会评价

(1) 项目对社会的影响分析。

(2) 项目与所在地的互适性分析。

① 不同利益群体对项目的态度及参与程度；
② 各级组织对项目的态度及支持程度；
③ 地区文化状况对项目的适应程度。

(3) 社会风险分析。

(4) 社会评价结论。

16. 风险分析

(1) 项目主要风险因素识别；

(2) 风险程度分析；

(3) 防范和降低风险措施。

17. 研究结论与建议

(1) 推荐方案总体描述。

(2) 推荐方案优缺点描述。

① 优点；

② 存在的问题；

③ 主要争论与分歧意见。

(3) 主要对比方案。

① 方案描述；

② 未被采纳的理由。

(4) 结论与建议。

18. 附图、附表、附件

见前面的内容。

 本章小结

项目可行性研究是指在投资决策前对与拟建项目有关的自然、社会、经济和技术等各方面情况进行深入、细致的调查分析；对各种可能拟订的技术方案和建设方案进行认真的技术经济分析与比较论证；对项目建成后的经济、社会、环境等效益或影响进行科学的预测和评价。项目可行性研究具有独立性、系统性、客观性、预测性、选优性等特点。

建设前期可行性研究工作可分为投资机会研究、初步可行性研究、详细可行性研究、项目评价与决策四个阶段。可行性研究工作是项目发展周期的基础，是决定投资命运的关键环节。

一般新建工业项目可行性研究包括总论、项目产品的市场需求预测、拟建规模、资源、原材料、燃料及公用设施情况、建厂条件及场（厂）址选择、项目工程技术方案分析、环境保护与劳动安全、生产组织、劳动定员和人员培训、项目实施计划和进度、投资估算与资金筹措、结论与建议等主要内容。

思考练习题

1. 什么是项目可行性研究？为何要对投资项目进行可行性研究？
2. 试述项目发展周期各阶段工作的主要内容。
3. 国外可行性研究通常划分为几个阶段？各阶段主要有哪些工作内容？
4. 我国可行性研究工作主要分哪两个阶段进行？两者之间有何联系与区别？
5. 编制项目的可行性研究报告应取得哪些依据？
6. 简述项目建议书的主要任务和基本内容。
7. 项目可行性研究报告的基本内容有哪些？
8. 试述我国可行性研究一般要经历的工作程序。
9. 项目可行性研究有哪些要求？

主要参考文献

1. 国家发展改革委员会,建设部. 建设项目经济评价方法与参数(第三版)[M]. 北京:中国计划出版社,2006.
2. 全国注册咨询工程师资格考试参考教材编写委员会. 项目决策分析与评价[M]. 北京:中国计划出版社、科学出版社,2017.
3. 黄渝祥,邢爱芳. 工程经济学[M]. 上海:同济大学出版社,2005.
4. 游达明,刘亚铮. 技术经济与项目经济评价[M]. 北京:清华大学出版社,2009.
5. 陶树人. 技术经济学[M]. 北京:经济管理出版社,1999.
6. 陶树人等. 技术经济学[M]. 北京:石油工业出版社,2003.
7. 刘亚臣,王静. 工程经济学[M]. 大连:大连理工大学出版社,1999.
8. 李明孝,赵旭,黄湘红. 工程经济学[M]. 北京:化学工业出版社,2011.
9. 李南. 工程经济学(第四版)[M]. 北京:北京大学出版社,2015.
10. 刘晓君,杨建平,郭斌,兰峰. 技术经济学[M]. 北京:科学出版社,2008.
11. 蒋丽波,杨会云,张怡副. 工程经济学[M]. 西安:西北工业大学出版社,2012.
12. 邵颖红. 工程经济学概论(第三版)[M]. 北京:电子工业出版社,2015.
13. 邵颖红,黄渝祥,邢爱芳等. 工程经济学(第4版)[M]. 上海:同济大学出版社,2009.
14. 傅家骥,仝允桓. 工业技术经济学(第三版)[M]. 北京:清华大学出版社,1996.
15. 刘玉明. 工程经济学(第二版)[M]. 北京:北京交通大学出版社,2014.
16. 沈建明. 项目风险管理(第三版)[M]. 北京:机械工业出版社,2018.
17. 万威武. 可行性研究与项目评价[M]. 西安:西安交通大学出版社,2008.
18. 葛宝山,邬文康. 工程项目评估[M]. 北京:北京交通大学出版社,2004.
19. 路君平. 项目评估与管理[M]. 北京:中国人民大学出版社,2009.
20. 王贵春. 工程经济学[M]. 重庆:重庆大学出版社,2016.
21. 简德三. 投资项目评估[M]. 上海:上海财经大学出版社,2016.
22. 何元斌,杜永林. 工程经济学[M]. 成都:西南交通大学出版社,2016.
23. 冯为民,付晓灵. 工程经济学[M]. 北京:北京大学出版社,2006.
24. 刘新梅. 工程经济学[M]. 北京:北京大学出版社,2015.
25. 武献华,宋维佳,屈哲. 工程经济学[M]. 北京:科学出版社,2010.

26. 洪军，阳兆祥等. 工程经济学［M］. 北京：高等教育出版社，2015.
27. 陆菊春，徐莉，张清. 工程经济学（第3版）［M］. 武汉：武汉大学出版社，2014.
28. 福建省港航勘察设计研究院. 福州港白马港区湾坞作业区 8♯泊位工程工程可行性研究报告［R］. 2012.
29. 中国工程院长江口深水航道治理工程评估组. 长江口深水航道治理工程评估综合报告［R］. 2011.
30. Fraser N. M., Jewkes E. M. Engineering economics：financial decision making for engineers［M］. Toronto：Pearson. 2013.
31. White J. A., Case K. E., Pratt D. B. Principles of engineering economic analysis［M］. Hoboken：John Wiley & Sons, Inc., 2012.

附录　复利系数表

复利系数表

$i=1\%$

年限 n/年	一次支付终值系数 $(F/P, i, n)$	一次支付现值系数 $(P/F, i, n)$	等额系列终值系数 $(F/A, i, n)$	偿债基金系数 $(A/F, i, n)$	资金回收系数 $(A/P, i, n)$	等额系列现值系数 $(P/A, i, n)$
1	1.010 0	0.990 1	1.000 0	1.000 0	1.010 0	0.990 1
2	1.020 1	0.980 3	2.010 0	0.497 5	0.507 5	1.970 4
3	1.030 3	0.970 6	3.030 1	0.330 0	0.340 0	2.941 0
4	1.040 6	0.961 0	4.060 4	0.246 3	0.256 3	3.902 0
5	1.051 0	0.951 5	5.101 0	0.196 0	0.206 0	4.853 4
6	1.061 5	0.942 0	6.152 0	0.162 5	0.172 5	5.795 5
7	1.071 2	0.932 7	7.213 5	0.138 6	0.148 6	6.728 2
8	1.082 9	0.923 5	8.285 7	0.120 7	0.130 7	7.651 7
9	1.093 7	0.914 3	9.368 5	0.106 7	0.116 7	8.566 0
10	1.104 6	0.905 3	10.462 2	0.095 6	0.105 6	9.471 3
11	1.115 7	0.896 3	11.566 8	0.086 5	0.096 5	10.367 6
12	1.126 8	0.887 4	12.682 5	0.078 8	0.088 8	11.255 1
13	1.138 1	0.878 7	13.809 3	0.072 4	0.082 4	12.133 7
14	1.149 5	0.870 0	14.947 4	0.066 9	0.076 9	13.003 7
15	1.161 0	0.861 3	16.096 9	0.062 1	0.072 1	13.865 1
16	1.172 6	0.852 8	17.257 9	0.057 9	0.067 9	14.717 9
17	1.184 3	0.844 4	18.430 4	0.054 3	0.064 3	15.562 3
18	1.196 1	0.836 0	19.614 7	0.051 0	0.061 0	16.398 3
19	1.208 1	0.827 7	20.810 9	0.048 1	0.058 1	17.226 0
20	1.220 2	0.819 5	22.019 0	0.045 4	0.055 4	18.045 6
21	1.232 4	0.811 4	23.239 2	0.043 0	0.053 0	18.857 0
22	1.244 7	0.803 4	24.471 6	0.040 9	0.050 9	19.660 4
23	1.257 2	0.795 4	25.716 3	0.038 9	0.048 9	20.455 8
24	1.269 7	0.787 6	26.973 5	0.037 1	0.047 1	21.243 4
25	1.282 4	0.779 8	28.243 2	0.035 4	0.045 4	22.023 2
26	1.295 3	0.772 0	29.525 6	0.033 9	0.043 9	22.795 2
27	1.308 2	0.764 4	30.820 9	0.032 4	0.042 4	23.559 6
28	1.321 3	0.756 8	32.129 1	0.031 1	0.041 1	24.316 4
29	1.334 5	0.749 3	33.450 4	0.029 9	0.039 9	25.065 8
30	1.347 8	0.741 9	34.784 9	0.028 7	0.038 7	25.807 7

复利系数表

$i=2\%$

年限 n/年	一次支付终值系数 $(F/P, i, n)$	一次支付现值系数 $(P/F, i, n)$	等额系列终值系数 $(F/A, i, n)$	偿债基金系数 $(A/F, i, n)$	资金回收系数 $(A/P, i, n)$	等额系列现值系数 $(P/A, i, n)$
1	1.020 0	0.980 4	1.000 0	1.000 0	1.020 0	0.980 4
2	1.040 4	0.961 2	2.020 0	0.495 0	0.515 0	1.941 6
3	1.061 2	0.942 3	3.060 4	0.326 8	0.346 8	2.883 9
4	1.082 4	0.923 8	4.121 6	0.242 6	0.262 6	3.807 7
5	1.104 1	0.905 7	5.204 0	0.192 2	0.212 2	4.713 5
6	1.126 2	0.888 0	6.308 1	0.158 5	0.178 5	5.601 4
7	1.148 7	0.870 6	7.434 3	0.134 5	0.154 5	6.472 0
8	1.171 7	0.853 5	8.583 0	0.116 5	0.136 5	7.325 5
9	1.195 1	0.836 8	9.754 6	0.102 5	0.122 5	8.162 2
10	1.219 0	0.820 3	10.949 7	0.091 3	0.111 3	8.982 6
11	1.243 4	0.804 3	12.168 7	0.082 2	0.102 2	9.786 8
12	1.268 2	0.788 5	13.412 1	0.074 6	0.094 6	10.575 3
13	1.293 6	0.773 0	14.680 3	0.068 1	0.088 1	11.348 4
14	1.319 5	0.757 9	15.973 9	0.062 6	0.082 6	12.106 2
15	1.345 9	0.743 0	17.293 4	0.058 7	0.077 8	12.849 3
16	1.372 8	0.728 4	18.639 3	0.053 7	0.073 7	13.577 7
17	1.400 2	0.714 2	20.012 1	0.050 0	0.070 0	14.291 9
18	1.428 2	0.700 2	21.412 3	0.046 7	0.066 7	14.992 0
19	1.456 8	0.686 4	22.840 6	0.043 8	0.063 8	15.678 5
20	1.485 9	0.673 0	24.297 4	0.041 2	0.061 2	16.351 4
21	1.515 7	0.659 8	25.783 3	0.038 8	0.058 8	17.011 2
22	1.546 0	0.646 8	27.299 0	0.036 6	0.056 6	17.658 0
23	1.576 9	0.634 2	28.845 0	0.034 7	0.054 7	18.292 2
24	1.608 4	0.621 7	30.421 9	0.032 9	0.052 9	18.913 9
25	1.640 6	0.609 5	32.030 3	0.031 2	0.051 2	19.523 5
26	1.673 4	0.597 6	33.670 9	0.029 7	0.049 7	20.121 0
27	1.706 9	0.585 9	35.344 3	0.028 3	0.048 3	20.706 9
28	1.741 0	0.574 4	37.051 2	0.027 0	0.047 0	21.281 3
29	1.775 8	0.563 1	38.792 2	0.025 8	0.045 8	21.844 4
30	1.811 4	0.552 1	40.568 1	0.024 6	0.044 6	22.396 5

复利系数表

$i=3\%$

年限 n/年	一次支付终值系数 $(F/P, i, n)$	一次支付现值系数 $(P/F, i, n)$	等额系列终值系数 $(F/A, i, n)$	偿债基金系数 $(A/F, i, n)$	资金回收系数 $(A/P, i, n)$	等额系列现值系数 $(P/A, i, n)$
1	1.0300	0.9709	1.0000	1.0000	1.0300	0.9709
2	1.0609	0.9426	2.0300	0.4926	0.5226	1.9135
3	1.0927	0.9151	3.0909	0.3235	0.3535	2.8286
4	1.1255	0.8885	4.1836	0.2390	0.2690	3.7171
5	1.1593	0.8626	5.3091	0.1884	0.2184	4.5797
6	1.1941	0.8375	6.4684	0.1546	0.1846	5.4172
7	1.2299	0.8131	7.6625	0.1305	0.1605	6.2303
8	1.2668	0.7894	8.8923	0.1125	0.1425	7.0197
9	1.3048	0.7664	10.1591	0.0984	0.1284	7.7861
10	1.3439	0.7441	11.4639	0.0872	0.1172	8.5302
11	1.3842	0.7224	12.8078	0.0781	0.1081	9.2526
12	1.4258	0.7014	14.1920	0.0705	0.1005	9.9540
13	1.4685	0.6810	15.6178	0.0640	0.0940	10.6350
14	1.5126	0.6611	17.0863	0.0585	0.0885	11.2961
15	1.5580	0.6419	18.5989	0.0538	0.0838	11.9379
16	1.6047	0.6232	20.1569	0.0496	0.0796	12.5611
17	1.6528	0.6050	21.7616	0.0460	0.0760	13.1661
18	1.7024	0.5874	23.4144	0.0427	0.0727	13.7535
19	1.7535	0.5703	25.1169	0.0398	0.0698	14.3238
20	1.8061	0.5537	26.8704	0.0372	0.0672	14.8775
21	1.8603	0.5375	28.6765	0.0349	0.0649	15.4150
22	1.9161	0.5219	30.5368	0.0327	0.0627	15.9369
23	1.9736	0.5067	32.4529	0.0308	0.0608	16.4436
24	2.0328	0.4919	34.4265	0.0290	0.0590	16.9355
25	2.0938	0.4776	36.4593	0.0274	0.0574	17.4131
26	2.1566	0.4637	38.5530	0.0259	0.0559	17.8768
27	2.2213	0.4502	40.7096	0.0246	0.0546	18.3270
28	2.2879	0.4371	42.9309	0.0233	0.0533	18.7641
29	2.3566	0.4243	45.2189	0.0221	0.0521	19.1885
30	2.4273	0.4120	47.5754	0.0210	0.0510	19.6004

复利系数表

$i = 4\%$

年限 n/年	一次支付终值系数 $(F/P, i, n)$	一次支付现值系数 $(P/F, i, n)$	等额系列终值系数 $(F/A, i, n)$	偿债基金系数 $(A/F, i, n)$	资金回收系数 $(A/P, i, n)$	等额系列现值系数 $(P/A, i, n)$
1	1.040 0	0.961 5	1.000 0	1.000 0	1.040 0	0.961 5
2	1.081 6	0.924 6	2.040 0	0.490 2	0.530 2	1.886 1
3	1.124 9	0.889 0	3.121 6	0.320 3	0.360 3	2.775 1
4	1.169 9	0.854 8	4.246 5	0.235 5	0.275 5	3.629 9
5	1.216 7	0.821 9	5.416 3	0.184 6	0.224 6	4.451 8
6	1.265 3	0.790 3	6.633 0	0.150 8	0.190 8	5.242 1
7	1.315 9	0.759 9	7.898 3	0.126 6	0.166 6	6.002 1
8	1.368 6	0.730 7	9.214 2	0.108 5	0.148 5	6.732 7
9	1.423 3	0.702 6	10.582 8	0.094 5	0.134 5	7.435 3
10	1.480 2	0.675 6	12.006 1	0.083 3	0.123 3	8.110 9
11	1.539 5	0.649 6	13.486 4	0.074 1	0.114 1	8.760 5
12	1.601 0	0.624 6	15.025 8	0.066 6	0.106 6	9.385 1
13	1.665 1	0.600 6	16.626 8	0.060 1	0.100 1	9.985 6
14	1.731 7	0.577 5	18.291 9	0.054 7	0.094 7	10.563 1
15	1.800 9	0.555 3	20.023 6	0.049 9	0.089 9	11.118 4
16	1.873 0	0.533 9	21.824 5	0.045 8	0.085 8	11.652 3
17	1.947 9	0.513 4	23.697 5	0.042 2	0.082 2	12.165 7
18	2.025 8	0.493 6	25.645 4	0.039 0	0.079 0	12.659 3
19	2.106 8	0.474 6	27.671 2	0.036 1	0.076 1	13.133 9
20	2.191 1	0.456 4	29.778 1	0.033 6	0.073 6	13.590 3
21	2.278 8	0.438 8	31.969 2	0.031 3	0.071 3	14.029 2
22	2.369 9	0.422 0	34.248 0	0.029 2	0.069 2	14.451 1
23	2.464 7	0.405 7	36.617 9	0.027 3	0.067 3	14.856 8
24	2.563 3	0.390 1	39.082 6	0.025 6	0.065 6	15.247 0
25	2.665 8	0.375 1	41.645 9	0.024 0	0.064 0	15.622 1
26	2.772 5	0.360 7	44.311 7	0.022 6	0.062 6	15.982 8
27	2.883 4	0.346 8	47.084 2	0.021 2	0.061 2	16.329 6
28	2.998 7	0.333 5	49.967 6	0.020 0	0.060 0	16.663 1
29	3.118 7	0.320 7	52.966 3	0.018 9	0.058 9	16.983 7
30	3.243 4	0.308 3	56.084 9	0.017 8	0.057 8	17.292 0

复利系数表

$i=5\%$

年限 n/年	一次支付终值系数 $(F/P, i, n)$	一次支付现值系数 $(P/F, i, n)$	等额系列终值系数 $(F/A, i, n)$	偿债基金系数 $(A/F, i, n)$	资金回收系数 $(A/P, i, n)$	等额系列现值系数 $(P/A, i, n)$
1	1.050 0	0.952 4	1.000 0	1.000 0	1.050 0	0.952 4
2	1.102 5	0.907 0	2.050 0	0.487 8	0.537 8	1.859 4
3	1.157 6	0.863 8	3.152 5	0.317 2	0.367 2	2.723 2
4	1.215 5	0.822 7	4.310 1	0.232 0	0.282 0	3.546 0
5	1.276 3	0.783 5	5.525 6	0.181 0	0.231 0	4.329 5
6	1.340 1	0.746 2	6.801 9	0.147 0	0.197 0	5.075 7
7	1.407 1	0.710 7	8.142 0	0.122 8	0.172 8	5.786 4
8	1.477 5	0.676 8	9.549 1	0.104 7	0.154 7	6.463 2
9	1.551 3	0.644 6	11.026 6	0.090 7	0.140 7	7.107 8
10	1.628 9	0.613 9	12.577 9	0.079 5	0.129 5	7.721 7
11	1.710 3	0.584 7	14.206 8	0.070 4	0.120 4	8.306 4
12	1.795 9	0.556 8	15.917 1	0.062 8	0.112 8	8.863 3
13	1.885 6	0.530 3	17.713 0	0.056 5	0.106 5	9.393 6
14	1.979 9	0.505 1	19.598 6	0.051 0	0.101 0	9.898 6
15	2.078 9	0.481 0	21.578 6	0.046 3	0.096 3	10.379 7
16	2.182 9	0.458 1	23.657 5	0.042 3	0.092 3	10.837 8
17	2.292 0	0.436 3	25.840 4	0.038 7	0.088 7	11.274 1
18	2.406 6	0.415 5	28.132 4	0.035 5	0.085 5	11.689 6
19	2.527 0	0.395 7	30.539 0	0.032 7	0.082 7	12.085 3
20	2.653 3	0.376 9	33.066 0	0.030 2	0.080 2	12.462 2
21	2.786 0	0.358 9	35.719 3	0.028 0	0.078 0	12.821 2
22	2.925 3	0.341 8	38.505 2	0.026 0	0.076 0	13.163 0
23	3.071 5	0.325 6	41.430 5	0.024 1	0.074 1	13.488 6
24	3.225 1	0.310 1	44.502 0	0.022 5	0.072 5	13.798 6
25	3.386 4	0.295 3	47.727 1	0.021 0	0.071 0	14.093 9
26	3.555 7	0.281 2	51.113 5	0.019 6	0.069 6	14.375 2
27	3.733 5	0.267 8	54.669 1	0.018 3	0.068 3	14.643 0
28	3.920 1	0.255 1	58.402 6	0.017 1	0.067 1	14.898 1
29	4.116 1	0.242 9	62.322 7	0.016 0	0.066 0	15.141 1
30	4.321 9	0.231 4	66.438 8	0.015 1	0.065 1	15.372 5

复利系数表

$i=6\%$

年限 n/年	一次支付终值系数 $(F/P, i, n)$	一次支付现值系数 $(P/F, i, n)$	等额系列终值系数 $(F/A, i, n)$	偿债基金系数 $(A/F, i, n)$	资金回收系数 $(A/P, i, n)$	等额系列现值系数 $(P/A, i, n)$
1	1.060 0	0.943 4	1.000 0	1.000 0	1.060 0	0.943 4
2	1.123 6	0.890 0	2.060 0	0.485 4	0.545 4	1.833 4
3	1.191 0	0.839 6	3.183 6	0.314 1	0.374 1	2.673 0
4	1.262 5	0.792 1	4.374 6	0.228 6	0.288 6	3.465 1
5	1.338 2	0.747 3	5.637 1	0.177 4	0.237 4	4.212 4
6	1.418 5	0.705 0	6.975 3	0.143 4	0.203 4	4.917 3
7	1.503 6	0.665 1	8.393 8	0.119 1	0.179 1	5.582 4
8	1.593 8	0.627 4	9.897 5	0.101 0	0.161 0	6.209 8
9	1.689 5	0.591 9	11.491 3	0.087 0	0.147 0	6.801 7
10	1.790 8	0.558 4	13.180 8	0.075 9	0.135 9	7.360 1
11	1.898 3	0.526 8	14.971 6	0.066 8	0.126 8	7.886 9
12	2.012 2	0.497 0	16.869 9	0.059 3	0.119 3	8.383 8
13	2.132 9	0.468 8	18.882 1	0.053 0	0.113 0	8.852 7
14	2.260 9	0.442 3	21.015 1	0.047 6	0.107 6	9.295 0
15	2.396 6	0.417 3	23.276 0	0.043 0	0.103 0	9.712 2
16	2.540 4	0.393 6	25.672 5	0.039 0	0.099 0	10.105 9
17	2.692 8	0.371 4	28.212 9	0.035 4	0.095 4	10.477 3
18	2.854 3	0.350 3	30.905 7	0.032 4	0.092 4	10.827 6
19	3.025 6	0.330 5	33.760 0	0.029 6	0.089 6	11.158 1
20	3.207 1	0.311 8	36.785 6	0.027 2	0.087 2	11.469 9
21	3.399 6	0.294 2	39.992 7	0.025 0	0.085 0	11.764 1
22	3.603 5	0.277 5	43.392 3	0.023 0	0.083 0	12.041 6
23	3.819 7	0.261 8	46.995 8	0.021 3	0.081 3	12.303 4
24	4.048 9	0.247 0	50.815 6	0.019 7	0.079 7	12.550 4
25	4.291 9	0.233 0	54.864 5	0.018 2	0.078 2	12.783 4
26	4.549 4	0.219 8	59.156 4	0.016 9	0.076 9	13.003 2
27	4.822 3	0.207 4	63.705 8	0.015 7	0.075 7	13.210 5
28	5.111 7	0.195 6	68.528 1	0.014 6	0.074 6	13.406 2
29	5.418 4	0.184 6	73.639 8	0.013 6	0.073 6	13.590 7
30	5.743 5	0.174 1	79.058 2	0.012 6	0.072 6	13.764 8

复利系数表

$i=7\%$

年限 $n/$年	一次支付终值系数 $(F/P, i, n)$	一次支付现值系数 $(P/F, i, n)$	等额系列终值系数 $(F/A, i, n)$	偿债基金系数 $(A/F, i, n)$	资金回收系数 $(A/P, i, n)$	等额系列现值系数 $(P/A, i, n)$
1	1.070 0	0.934 6	1.000 0	1.000 0	1.070 0	0.934 6
2	1.144 9	0.873 4	2.070 0	0.483 1	0.553 1	1.808 0
3	1.225 0	0.816 3	3.214 9	0.311 1	0.381 1	2.624 3
4	1.310 8	0.762 9	4.439 9	0.225 2	0.295 2	3.387 2
5	1.402 6	0.713 0	5.750 7	0.173 9	0.243 9	4.100 2
6	1.500 7	0.666 3	7.153 3	0.139 8	0.209 8	4.766 5
7	1.605 8	0.622 7	8.654 0	0.115 6	0.185 6	5.389 3
8	1.718 2	0.582 0	10.259 8	0.097 5	0.167 5	5.971 3
9	1.838 5	0.543 9	11.978 0	0.083 5	0.153 5	6.515 2
10	1.967 2	0.508 3	13.816 4	0.072 4	0.142 4	7.023 6
11	2.104 9	0.475 1	15.783 6	0.063 4	0.133 4	7.498 7
12	2.252 2	0.444 0	17.888 5	0.055 9	0.125 9	7.942 7
13	2.409 8	0.415 0	20.140 6	0.049 7	0.119 7	8.357 7
14	2.578 5	0.387 8	22.550 5	0.044 3	0.114 3	8.745 5
15	2.759 0	0.362 4	25.129 0	0.039 8	0.109 8	9.107 9
16	2.952 2	0.338 7	27.888 1	0.035 9	0.105 9	9.446 6
17	3.158 8	0.316 6	30.840 2	0.032 4	0.102 4	9.763 2
18	3.379 9	0.295 9	33.999 0	0.029 4	0.099 4	10.059 1
19	3.616 5	0.276 5	37.379 0	0.026 8	0.096 8	10.335 6
20	3.869 7	0.258 4	40.995 5	0.024 4	0.094 4	10.594 0
21	4.140 6	0.241 5	44.865 2	0.022 3	0.092 3	10.835 5
22	4.430 4	0.225 7	49.005 7	0.020 4	0.090 4	11.061 2
23	4.740 5	0.210 9	53.436 1	0.018 7	0.088 7	11.272 2
24	5.072 4	0.197 1	58.176 7	0.017 2	0.087 2	11.469 3
25	5.427 4	0.184 2	63.249 0	0.015 8	0.085 8	11.653 6
26	5.807 4	0.172 2	68.676 5	0.014 6	0.084 6	11.825 8
27	6.213 9	0.160 9	74.483 8	0.013 4	0.083 4	11.986 7
28	6.648 8	0.150 4	80.697 7	0.012 4	0.082 4	12.137 1
29	7.114 3	0.140 6	87.346 5	0.011 4	0.081 4	12.277 7
30	7.612 3	0.131 4	94.460 8	0.010 6	0.080 6	12.409 0

复利系数表

$i=8\%$

年限 n/年	一次支付终值系数 $(F/P, i, n)$	一次支付现值系数 $(P/F, i, n)$	等额系列终值系数 $(F/A, i, n)$	偿债基金系数 $(A/F, i, n)$	资金回收系数 $(A/P, i, n)$	等额系列现值系数 $(P/A, i, n)$
1	1.080 0	0.925 9	1.000 0	1.000 0	1.080 0	0.925 9
2	1.166 4	0.857 3	2.080 0	0.480 8	0.560 8	1.783 3
3	1.259 7	0.793 8	3.246 4	0.308 0	0.388 0	2.577 1
4	1.360 5	0.735 0	4.506 1	0.221 9	0.301 9	3.312 1
5	1.469 3	0.680 6	5.866 6	0.170 5	0.250 5	3.992 7
6	1.586 9	0.630 2	7.335 9	0.136 3	0.216 3	4.622 9
7	1.713 8	0.583 5	8.922 8	0.112 1	0.192 1	5.206 4
8	1.850 9	0.540 3	10.636 6	0.094 0	0.174 0	5.746 6
9	1.999 0	0.500 2	12.487 6	0.080 1	0.160 1	6.246 9
10	2.158 9	0.463 2	14.486 6	0.069 0	0.149 0	6.710 1
11	2.331 6	0.428 9	16.645 5	0.060 1	0.140 1	7.139 0
12	2.518 2	0.397 1	18.977 1	0.052 7	0.132 7	7.536 1
13	2.719 6	0.367 7	21.495 3	0.046 5	0.126 5	7.903 8
14	2.937 2	0.340 5	24.214 9	0.041 3	0.121 3	8.244 2
15	3.172 2	0.315 2	27.152 1	0.036 8	0.116 8	8.559 5
16	3.425 9	0.291 9	30.324 3	0.033 0	0.113 0	8.851 4
17	3.700 0	0.270 3	33.750 2	0.029 6	0.109 6	9.121 6
18	3.996 0	0.250 2	37.450 2	0.026 7	0.106 7	9.371 9
19	4.315 7	0.231 7	41.446 3	0.024 1	0.104 1	9.603 6
20	4.661 0	0.214 5	45.762 0	0.021 9	0.101 9	9.818 1
21	5.033 8	0.198 7	50.422 9	0.019 8	0.099 8	10.016 8
22	5.436 5	0.183 9	55.456 8	0.018 0	0.098 0	10.200 7
23	5.871 5	0.170 3	60.893 3	0.016 4	0.096 4	10.371 1
24	6.341 2	0.157 7	66.764 8	0.015 0	0.095 0	10.528 8
25	6.848 5	0.146 0	73.105 9	0.013 7	0.093 7	10.674 8
26	7.396 4	0.135 2	79.954 4	0.012 5	0.092 5	10.810 0
27	7.988 1	0.125 2	87.350 8	0.011 4	0.091 4	10.935 2
28	8.627 1	0.115 9	95.338 8	0.010 5	0.090 5	11.051 1
29	9.317 3	0.107 3	103.965 9	0.009 6	0.089 6	11.158 4
30	10.062 7	0.099 4	113.283 2	0.008 8	0.088 8	11.257 8

复利系数表

$i=9\%$

年限 n/年	一次支付终值系数 $(F/P, i, n)$	一次支付现值系数 $(P/F, i, n)$	等额系列终值系数 $(F/A, i, n)$	偿债基金系数 $(A/F, i, n)$	资金回收系数 $(A/P, i, n)$	等额系列现值系数 $(P/A, i, n)$
1	1.090 0	0.917 4	1.000 0	1.000 0	1.090 0	0.917 4
2	1.188 1	0.841 7	2.090 0	0.478 5	0.568 5	1.759 1
3	1.295 0	0.772 2	3.278 1	0.305 1	0.395 1	2.531 3
4	1.411 6	0.708 4	4.573 1	0.218 7	0.308 7	3.239 7
5	1.538 6	0.649 9	5.984 7	0.167 1	0.257 1	3.889 7
6	1.677 1	0.596 3	7.523 3	0.132 9	0.222 9	4.485 9
7	1.828 0	0.547 0	9.200 4	0.108 7	0.198 7	5.033 0
8	1.992 6	0.501 9	11.028 5	0.090 7	0.180 7	5.534 8
9	2.171 9	0.460 4	13.021 0	0.076 8	0.166 8	5.995 2
10	2.367 4	0.422 4	15.192 9	0.065 8	0.155 8	6.417 7
11	2.580 4	0.387 5	17.560 3	0.056 9	0.146 9	6.805 2
12	2.812 7	0.355 5	20.140 7	0.049 7	0.139 7	7.160 7
13	3.065 8	0.326 2	22.953 4	0.043 6	0.133 6	7.486 9
14	3.341 7	0.299 2	26.019 2	0.038 4	0.128 4	7.786 2
15	3.642 5	0.274 5	29.360 9	0.034 1	0.124 1	8.060 7
16	3.970 3	0.251 9	33.003 4	0.030 3	0.120 3	8.312 6
17	4.327 6	0.231 1	36.973 7	0.027 0	0.117 0	8.543 6
18	4.717 1	0.212 0	41.301 3	0.024 2	0.114 2	8.755 6
19	5.141 7	0.194 5	46.018 5	0.021 7	0.111 7	8.950 1
20	5.604 4	0.178 4	51.161 0	0.019 5	0.109 5	9.128 5
21	6.108 8	0.163 7	56.764 5	0.017 6	0.107 6	9.292 2
22	6.658 6	0.150 2	62.873 3	0.015 9	0.105 9	9.442 4
23	7.257 9	0.137 8	69.531 9	0.014 4	0.104 4	9.580 2
24	7.911 1	0.126 4	76.789 8	0.013 0	0.103 0	9.706 6
25	8.623 1	0.116 0	84.700 9	0.011 8	0.101 8	9.822 6
26	9.399 2	0.106 4	93.324 0	0.010 7	0.100 7	9.929 0
27	10.245 1	0.097 6	102.723 1	0.009 7	0.099 7	10.026 6
28	11.167 1	0.089 5	112.968 2	0.008 9	0.098 9	10.116 1
29	12.172 2	0.082 2	124.135 4	0.008 1	0.098 1	10.198 3
30	13.267 7	0.075 4	136.307 5	0.007 3	0.097 3	10.273 7

复利系数表

$i=10\%$

年限 n/年	一次支付终值系数 $(F/P,i,n)$	一次支付现值系数 $(P/F,i,n)$	等额系列终值系数 $(F/A,i,n)$	偿债基金系数 $(A/F,i,n)$	资金回收系数 $(A/P,i,n)$	等额系列现值系数 $(P/A,i,n)$
1	1.100 0	0.909 1	1.000 0	1.000 0	1.100 0	0.909 1
2	1.210 0	0.826 4	2.100 0	0.476 2	0.576 2	1.735 5
3	1.331 0	0.751 3	3.310 0	0.302 1	0.402 1	2.486 9
4	1.464 1	0.683 0	4.641 0	0.215 5	0.315 5	3.169 9
5	1.610 5	0.620 9	6.105 1	0.163 8	0.263 8	3.790 8
6	1.771 6	0.564 5	7.715 6	0.129 6	0.229 6	4.355 3
7	1.948 7	0.513 2	9.487 2	0.105 4	0.205 4	4.868 4
8	2.143 6	0.466 5	11.435 9	0.087 4	0.187 4	5.334 9
9	2.357 9	0.424 1	13.579 5	0.073 6	0.173 6	5.759 0
10	2.593 7	0.385 5	15.937 4	0.062 7	0.162 7	6.144 6
11	2.853 1	0.350 5	18.531 2	0.054 0	0.154 0	6.495 1
12	3.138 4	0.318 6	21.384 3	0.046 8	0.146 8	6.813 7
13	3.452 3	0.289 7	24.522 7	0.040 8	0.140 8	7.103 4
14	3.797 5	0.263 3	27.975 0	0.035 7	0.135 7	7.366 7
15	4.177 2	0.239 4	31.772 5	0.031 5	0.131 5	7.606 1
16	4.595 0	0.217 6	35.949 7	0.027 8	0.127 8	7.823 7
17	5.054 5	0.197 8	40.544 7	0.024 7	0.124 7	8.021 6
18	5.559 9	0.179 9	45.599 2	0.021 9	0.121 9	8.201 4
19	6.115 9	0.163 5	51.159 1	0.019 5	0.119 5	8.364 9
20	6.727 5	0.148 6	57.275 0	0.017 5	0.117 5	8.513 6
21	7.400 2	0.135 1	64.002 5	0.015 6	0.115 6	8.648 7
22	8.140 3	0.122 8	71.402 7	0.014 0	0.114 0	8.771 5
23	8.954 3	0.111 7	79.543 0	0.012 6	0.112 6	8.883 2
24	9.849 7	0.101 5	88.497 3	0.011 3	0.111 3	8.984 7
25	10.834 7	0.092 3	98.347 1	0.010 2	0.110 2	9.077 0
26	11.918 2	0.083 9	109.181 8	0.009 2	0.109 2	9.160 9
27	13.110 0	0.076 3	121.099 9	0.008 3	0.108 3	9.237 2
28	14.421 0	0.069 3	134.209 9	0.007 5	0.107 5	9.306 6
29	15.863 1	0.063 0	148.630 9	0.006 7	0.106 7	9.369 6
30	17.449 4	0.057 3	164.494 0	0.006 1	0.106 1	9.426 9

复利系数表

$i = 12\%$

年限 n/年	一次支付终值系数 $(F/P, i, n)$	一次支付现值系数 $(P/F, i, n)$	等额系列终值系数 $(F/A, i, n)$	偿债基金系数 $(A/F, i, n)$	资金回收系数 $(A/P, i, n)$	等额系列现值系数 $(P/A, i, n)$
1	1.120 0	0.892 9	1.000 0	1.000 0	1.120 0	0.892 9
2	1.254 4	0.797 2	2.120 0	0.471 7	0.591 7	1.690 1
3	1.404 9	0.711 8	3.374 4	0.296 3	0.416 3	2.401 8
4	1.573 5	0.635 5	4.779 3	0.209 2	0.329 2	3.037 3
5	1.762 3	0.567 4	6.352 8	0.157 4	0.277 4	3.604 8
6	1.973 8	0.506 6	8.115 2	0.123 2	0.243 2	4.111 4
7	2.210 7	0.452 3	10.089 0	0.099 1	0.219 1	4.563 8
8	2.476 0	0.403 9	12.299 7	0.081 3	0.201 3	4.967 6
9	2.773 1	0.360 6	14.775 7	0.067 7	0.187 7	5.328 2
10	3.105 8	0.322 0	17.548 7	0.057 0	0.177 0	5.650 2
11	3.478 5	0.287 5	20.654 6	0.048 4	0.168 4	5.937 7
12	3.896 0	0.256 7	24.133 1	0.041 4	0.161 4	6.194 4
13	4.363 5	0.229 2	28.029 1	0.035 7	0.155 7	6.423 5
14	4.887 1	0.204 6	32.392 6	0.030 9	0.150 9	6.628 2
15	5.473 6	0.182 7	37.279 7	0.026 8	0.146 8	6.810 9
16	6.130 4	0.163 1	42.753 3	0.023 4	0.143 4	6.974 0
17	6.866 0	0.145 6	48.883 7	0.020 5	0.140 5	7.119 6
18	7.690 0	0.130 0	55.749 7	0.017 9	0.137 9	7.249 7
19	8.612 8	0.116 1	63.439 7	0.015 8	0.135 8	7.365 8
20	9.646 3	0.103 7	72.052 4	0.013 9	0.133 9	7.469 4
21	10.803 8	0.092 6	81.698 7	0.012 2	0.132 2	7.562 0
22	12.100 3	0.082 6	92.502 6	0.010 8	0.130 8	7.644 6
23	13.552 3	0.073 8	104.602 9	0.009 6	0.129 6	7.718 4
24	15.178 6	0.065 9	118.155 2	0.008 5	0.128 5	7.784 3
25	17.000 1	0.058 8	133.333 9	0.007 5	0.127 5	7.843 1
26	19.040 1	0.052 5	150.333 9	0.006 7	0.126 7	7.895 7
27	21.324 9	0.046 9	169.374 0	0.005 9	0.125 9	7.942 6
28	23.883 9	0.041 9	190.698 9	0.005 2	0.125 2	7.984 4
29	26.749 9	0.037 4	214.582 8	0.004 7	0.124 7	8.021 8
30	29.959 9	0.033 4	241.332 7	0.004 1	0.124 1	8.055 2

复利系数表

$i=15\%$

年限 n/年	一次支付终值系数 $(F/P, i, n)$	一次支付现值系数 $(P/F, i, n)$	等额系列终值系数 $(F/A, i, n)$	偿债基金系数 $(A/F, i, n)$	资金回收系数 $(A/P, i, n)$	等额系列现值系数 $(P/A, i, n)$
1	1.150 0	0.869 6	1.000 0	1.000 0	1.150 0	0.869 6
2	1.322 5	0.756 1	2.150 0	0.465 1	0.615 1	1.625 7
3	1.520 9	0.657 5	3.472 5	0.288 0	0.438 0	2.283 2
4	1.749 0	0.571 8	4.993 4	0.200 3	0.350 3	2.855 0
5	2.011 4	0.497 2	6.742 4	0.148 3	0.298 3	3.352 2
6	2.313 1	0.432 3	8.753 7	0.114 2	0.264 2	3.784 5
7	2.660 0	0.375 9	11.066 8	0.090 4	0.240 4	4.160 4
8	3.059 0	0.326 9	13.726 8	0.072 9	0.222 9	4.487 3
9	3.517 9	0.284 3	16.785 8	0.059 6	0.209 6	4.771 6
10	4.045 6	0.247 2	20.303 7	0.049 3	0.199 3	5.018 8
11	4.652 4	0.214 9	24.349 3	0.041 1	0.191 1	5.233 7
12	5.350 3	0.186 9	29.001 7	0.034 5	0.184 5	5.420 6
13	6.152 8	0.162 5	34.351 9	0.029 1	0.179 1	5.583 1
14	7.075 7	0.141 3	40.504 7	0.024 7	0.174 7	5.724 5
15	8.137 1	0.122 9	47.580 4	0.021 0	0.171 0	5.847 4
16	9.357 6	0.106 9	55.717 5	0.017 9	0.167 9	5.954 2
17	10.761 3	0.092 9	65.075 1	0.015 4	0.165 4	6.047 2
18	12.375 5	0.080 8	75.836 4	0.013 2	0.163 2	6.128 0
19	14.231 8	0.070 3	88.211 8	0.011 3	0.161 3	6.198 2
20	16.366 5	0.061 1	102.443 6	0.009 8	0.159 8	6.259 3
21	18.821 5	0.053 1	118.810 1	0.008 4	0.158 4	6.312 5
22	21.644 7	0.046 2	137.631 6	0.007 3	0.157 3	6.358 7
23	24.891 5	0.040 2	159.276 4	0.006 3	0.156 3	6.398 8
24	28.625 2	0.034 9	184.167 8	0.005 4	0.155 4	6.433 8
25	32.919 0	0.030 4	212.793 0	0.004 7	0.154 7	6.464 1
26	37.856 8	0.026 4	245.712 0	0.004 1	0.154 1	6.490 6
27	43.535 3	0.023 0	283.568 8	35.000 0	0.153 5	6.513 5
28	50.065 6	0.020 0	327.104 1	0.003 1	0.153 1	6.533 5
29	57.575 5	0.017 4	377.169 7	0.002 7	0.152 7	6.550 9
30	66.211 8	0.015 1	434.745 1	0.002 3	0.152 3	6.566 0

复利系数表

$i = 18\%$

年限 n/年	一次支付终值系数 $(F/P, i, n)$	一次支付现值系数 $(P/F, i, n)$	等额系列终值系数 $(F/A, i, n)$	偿债基金系数 $(A/F, i, n)$	资金回收系数 $(A/P, i, n)$	等额系列现值系数 $(P/A, i, n)$
1	1.180 0	0.847 5	1.000 0	1.000 0	1.180 0	0.847 5
2	1.392 4	0.718 2	2.180 0	0.458 7	0.638 7	1.565 6
3	1.643 0	0.608 6	3.572 4	0.279 9	0.459 9	2.174 3
4	1.938 8	0.515 8	5.215 4	0.191 7	0.371 7	2.690 1
5	2.287 8	0.437 1	7.154 2	0.139 8	0.319 8	3.127 2
6	2.699 6	0.370 4	9.442 0	0.105 9	0.285 9	3.497 6
7	3.185 5	0.313 9	12.141 5	0.082 4	0.262 4	3.811 5
8	3.758 9	0.266 0	15.327 0	0.065 2	0.245 2	4.077 6
9	4.435 5	0.225 5	19.085 9	0.052 4	0.232 4	4.303 0
10	5.233 8	0.191 1	23.521 3	0.042 5	0.222 5	4.494 1
11	6.175 9	0.161 9	28.755 1	0.034 8	0.214 8	4.656 0
12	7.287 6	0.137 2	34.931 1	0.028 6	0.208 6	4.793 2
13	8.599 4	0.116 3	42.218 7	0.023 7	0.203 7	4.909 5
14	10.147 2	0.098 5	50.818 0	0.019 7	0.199 7	5.008 1
15	11.973 7	0.083 5	60.965 3	0.016 4	0.196 4	5.091 6
16	14.129 0	0.070 8	72.939 0	0.013 7	0.193 7	5.162 4
17	16.672 2	0.060 0	87.068 0	0.011 5	0.191 5	5.222 3
18	19.673 3	0.050 8	103.740 3	0.009 6	0.189 6	5.273 2
19	23.214 4	0.043 1	123.413 5	0.008 1	0.188 1	5.316 2
20	27.393 0	0.036 5	146.628 0	0.006 8	0.186 8	5.352 7
21	32.323 8	0.030 9	174.021 0	0.005 7	0.185 7	5.383 7
22	38.142 1	0.026 2	206.344 8	0.004 8	0.184 8	5.409 9
23	45.007 6	0.022 2	244.486 8	0.004 1	0.184 1	5.432 1
24	53.109 0	0.018 8	289.494 5	0.003 5	0.183 5	5.450 9
25	62.668 6	0.016 0	342.603 5	0.002 9	0.182 9	5.466 9
26	73.949 0	0.013 5	405.272 1	0.002 5	0.182 5	5.480 4
27	87.259 8	0.011 5	479.221 1	0.002 1	0.182 1	5.491 9
28	102.966 6	0.009 7	566.480 9	0.001 8	0.181 8	5.501 6
29	121.500 5	0.008 2	669.447 5	0.001 5	0.181 5	5.509 8
30	143.370 6	0.007 0	790.948 0	0.001 3	0.181 3	5.516 8

复利系数表

$i=20\%$

年限 n/年	一次支付终值系数 $(F/P,i,n)$	一次支付现值系数 $(P/F,i,n)$	等额系列终值系数 $(F/A,i,n)$	偿债基金系数 $(A/F,i,n)$	资金回收系数 $(A/P,i,n)$	等额系列现值系数 $(P/A,i,n)$
1	1.200 0	0.833 3	1.000 0	1.000 0	1.200 0	0.833 3
2	1.440 0	0.694 4	2.200 0	0.454 5	0.654 5	1.527 8
3	1.728 0	0.578 7	3.640 0	0.274 7	0.474 7	2.106 5
4	2.073 6	0.482 3	5.368 0	0.186 3	0.386 3	2.588 7
5	2.488 3	0.401 9	7.441 6	0.134 4	0.334 4	2.990 6
6	2.986 0	0.334 9	9.929 9	0.100 7	0.300 7	3.325 5
7	3.583 2	0.279 1	12.915 9	0.077 4	0.277 4	3.604 6
8	4.299 8	0.232 6	16.499 1	0.060 6	0.260 6	3.837 2
9	5.159 8	0.193 8	20.798 9	0.048 1	0.248 1	4.031 0
10	6.191 7	0.161 5	25.958 7	0.038 5	0.238 5	4.192 5
11	7.430 1	0.134 6	32.150 4	0.031 1	0.231 1	4.327 1
12	8.916 1	0.112 2	39.580 5	0.025 3	0.225 3	4.439 2
13	10.699 3	0.093 5	48.496 6	0.020 6	0.220 6	4.532 7
14	12.839 2	0.077 9	59.195 9	0.016 9	0.216 9	4.610 6
15	15.407 0	0.064 9	72.035 1	0.013 9	0.213 9	4.675 5
16	18.488 4	0.054 1	87.442 1	0.011 4	0.211 4	4.729 6
17	22.186 1	0.045 1	105.930 6	0.009 4	0.209 4	4.774 6
18	26.623 3	0.037 6	128.116 7	0.007 8	0.207 8	4.812 2
19	31.948 0	0.031 3	154.740 0	0.006 5	0.206 5	4.843 5
20	38.337 6	0.026 1	186.688 0	0.005 4	0.205 4	4.869 6
21	46.005 1	0.021 7	225.025 6	0.004 4	0.204 4	4.891 3
22	55.206 1	0.018 1	271.030 7	0.003 7	0.203 7	4.909 4
23	66.247 4	0.015 1	326.236 9	0.003 1	0.203 1	4.924 5
24	79.496 8	0.012 6	392.484 2	0.002 5	0.202 5	4.937 1
25	95.396 2	0.010 5	471.981 1	0.002 1	0.202 1	4.947 6
26	114.475 5	0.008 7	567.377 3	0.001 8	0.201 8	4.956 3
27	137.370 6	0.007 3	681.852 8	0.001 5	0.201 5	4.963 6
28	164.844 7	0.006 1	819.223 3	0.001 2	0.201 2	4.969 7
29	197.813 6	0.005 1	984.068 0	0.001 0	0.201 0	4.974 7
30	237.376 3	0.004 2	1 181.881 6	0.000 8	0.200 8	4.978 9

复利系数表

$i = 25\%$

年限 n/年	一次支付终值系数 $(F/P, i, n)$	一次支付现值系数 $(P/F, i, n)$	等额系列终值系数 $(F/A, i, n)$	偿债基金系数 $(A/F, i, n)$	资金回收系数 $(A/P, i, n)$	等额系列现值系数 $(P/A, i, n)$
1	1.250 0	0.800 0	1.000 0	1.000 0	1.250 0	0.800 0
2	1.562 5	0.640 0	2.250 0	0.444 4	0.694 4	1.440 0
3	1.953 1	0.512 0	3.812 5	0.262 3	0.512 3	1.952 0
4	2.441 4	0.409 6	5.765 6	0.173 4	0.423 4	2.361 6
5	3.051 8	0.327 7	8.207 0	0.121 8	0.371 8	2.689 3
6	3.814 7	0.262 1	11.258 8	0.088 8	0.338 8	2.951 4
7	4.768 4	0.209 7	15.073 5	0.066 3	0.316 3	3.161 1
8	5.960 5	0.167 8	19.841 9	0.050 4	0.300 4	3.328 9
9	7.450 6	0.134 2	25.802 3	0.038 8	0.288 8	3.463 1
10	9.313 2	0.107 4	33.252 9	0.030 1	0.280 1	3.570 5
11	11.641 5	0.085 9	42.566 1	0.023 5	0.273 5	3.656 4
12	14.551 9	0.068 7	54.207 7	0.018 4	0.268 4	3.725 1
13	18.189 9	0.055 0	68.759 6	0.014 5	0.264 5	3.780 1
14	22.737 4	0.044 0	86.949 5	0.011 5	0.261 5	3.824 1
15	28.421 7	0.035 2	109.686 8	0.009 1	0.259 1	3.859 3
16	35.527 1	0.028 1	138.108 5	0.007 2	0.257 2	3.887 4
17	44.408 9	0.022 5	173.635 7	0.005 8	0.255 8	3.909 9
18	55.511 2	0.018 0	218.044 6	0.004 6	0.254 6	3.927 9
19	69.388 9	0.014 4	273.555 8	0.003 7	0.253 7	3.942 4
20	86.736 2	0.011 5	342.944 7	0.002 9	0.252 9	3.953 9
21	108.420 2	0.009 2	429.680 9	0.002 3	0.252 3	3.963 1
22	135.525 3	0.007 4	538.101 1	0.001 9	0.251 9	3.970 5
23	169.406 6	0.005 9	673.626 4	0.001 5	0.251 5	3.976 4
24	211.758 2	0.004 7	843.032 9	0.001 2	0.251 2	3.981 1
25	264.697 8	0.003 8	1 054.791 2	0.000 9	0.250 9	3.984 9
26	330.872 2	0.003 0	1 319.489 0	0.000 8	0.250 8	3.987 9
27	413.590 3	0.002 4	1 650.361 2	0.000 6	0.250 6	3.990 3
28	516.987 9	0.001 9	2 063.951 5	0.000 5	0.250 5	3.992 3
29	646.234 9	0.001 5	2 580.939 4	0.000 4	0.250 4	3.993 8
30	807.793 6	0.001 2	3 227.174 3	0.000 3	0.250 3	3.995 0

复利系数表

$i=30\%$

年限 n/年	一次支付终值系数 $(F/P, i, n)$	一次支付现值系数 $(P/F, i, n)$	等额系列终值系数 $(F/A, i, n)$	偿债基金系数 $(A/F, i, n)$	资金回收系数 $(A/P, i, n)$	等额系列现值系数 $(P/A, i, n)$
1	1.300 0	0.769 2	1.000 0	1.000 0	1.300 0	0.769 2
2	1.690 0	0.591 8	2.300 0	0.434 8	0.734 8	1.360 9
3	2.197 0	0.455 2	3.990 0	0.250 6	0.550 6	1.816 1
4	2.856 1	0.350 1	6.187 0	0.161 6	0.461 6	2.166 2
5	3.712 9	0.269 3	9.043 1	0.110 6	0.410 6	2.435 6
6	4.826 8	0.207 2	12.756 0	0.078 4	0.378 4	2.642 7
7	6.274 9	0.159 4	17.582 8	0.056 9	0.356 9	2.802 1
8	8.157 3	0.122 6	23.857 7	0.041 9	0.341 9	2.924 7
9	10.604 5	0.094 3	32.015 0	0.031 2	0.331 2	3.019 0
10	13.785 8	0.072 5	42.619 5	0.023 5	0.323 5	3.091 5
11	17.921 6	0.055 8	56.405 3	0.017 7	0.317 7	3.147 3
12	23.298 1	0.042 9	74.327 0	0.013 5	0.313 5	3.190 3
13	30.287 5	0.033 0	97.625 0	0.010 2	0.310 2	3.223 3
14	39.373 8	0.025 4	127.912 5	0.007 8	0.307 8	3.248 7
15	51.185 9	0.019 5	167.286 3	0.006 0	0.306 0	3.268 2
16	66.541 7	0.015 0	218.472 2	0.004 6	0.304 6	3.283 2
17	86.504 2	0.011 6	285.013 9	0.003 5	0.303 5	3.294 8
18	112.455 4	0.008 9	371.518 0	0.002 7	0.302 7	3.303 7
19	146.192 0	0.006 8	483.973 4	0.002 1	0.302 1	3.310 5
20	190.049 6	0.005 3	630.165 5	0.001 6	0.301 6	3.315 8
21	247.064 5	0.004 0	820.215 1	0.001 2	0.301 2	3.319 8
22	321.183 9	0.003 1	1 067.279 6	0.000 9	0.300 9	3.323 0
23	417.539 1	0.002 4	1 388.463 5	0.000 7	0.300 7	3.325 4
24	542.800 8	0.001 8	1 806.002 6	0.000 6	0.300 6	3.327 2
25	705.641 0	0.001 4	2 348.803 3	0.000 4	0.300 4	3.328 6
26	917.333 3	0.001 1	3 054.444 3	0.000 3	0.300 3	3.329 7
27	1 192.533 3	0.000 8	3 971.777 6	0.000 3	0.300 3	3.330 5
28	1 550.293 3	0.000 6	5 164.310 9	0.000 2	0.300 2	3.331 2
29	2 015.381 3	0.000 5	6 714.604 2	0.000 1	0.300 1	3.331 7
30	2 619.995 6	0.000 4	8 729.985 5	0.000 1	0.300 1	3.332 1

复利系数表

$i=40\%$

年限 n/年	一次支付 终值系数 $(F/P,i,n)$	一次支付 现值系数 $(P/F,i,n)$	等额系列 终值系数 $(F/A,i,n)$	偿债基金 系　数 $(A/F,i,n)$	资金回收 系　数 $(A/P,i,n)$	等额系列 现值系数 $(P/A,i,n)$
1	1.400 0	0.714 3	1.000 0	1.000 0	1.400 0	0.714 3
2	1.960 0	0.510 2	2.400 0	0.416 7	0.816 7	1.224 5
3	2.744 0	0.364 4	4.360 0	0.229 4	0.629 4	1.588 9
4	3.841 6	0.260 3	7.104 0	0.140 8	0.540 8	1.849 2
5	5.378 2	0.185 9	10.945 6	0.091 4	0.491 4	2.035 2
6	7.529 5	0.132 8	16.323 8	0.061 3	0.461 3	2.168 0
7	10.541 4	0.094 9	23.853 4	0.041 9	0.441 9	2.262 8
8	14.757 9	0.067 8	34.394 7	0.029 1	0.429 1	2.330 6
9	20.661 0	0.048 4	49.152 6	0.020 3	0.420 3	2.379 0
10	28.925 5	0.034 6	69.813 7	0.014 3	0.414 3	2.413 6
11	40.495 7	0.024 7	98.739 1	0.010 1	0.410 1	2.438 3
12	56.693 9	0.017 6	139.234 8	0.007 2	0.407 2	2.455 9
13	79.371 5	0.012 6	195.928 7	0.005 1	0.405 1	2.468 5
14	111.120 1	0.009 0	275.300 2	0.003 6	0.403 6	2.477 5
15	155.568 1	0.006 4	386.420 2	0.002 6	0.402 6	2.483 9
16	217.795 3	0.004 6	541.988 3	0.001 8	0.401 8	2.488 5
17	304.913 5	0.003 3	759.783 7	0.001 3	0.401 3	2.491 8
18	426.878 9	0.002 3	1 064.697 1	0.000 9	0.400 9	2.494 1
19	597.630 4	0.001 7	1 491.576 0	0.000 7	0.400 7	2.495 8
20	836.682 6	0.001 2	2 089.206 4	0.000 5	0.400 5	2.497 0
21	1 171.355 6	0.000 9	2 925.888 9	0.000 3	0.400 3	2.497 9
22	1 639.897 8	0.000 6	4 097.244 5	0.000 2	0.400 2	2.498 5
23	2 295.856 9	0.000 4	5 737.142 3	0.000 2	0.400 2	2.498 9
24	3 214.199 7	0.000 3	8 032.999 3	0.000 1	0.400 1	2.499 2
25	4 499.879 6	0.000 2	11 247.199 0	0.000 1	0.400 1	2.499 4
26	6 299.831 4	0.000 2	15 747.078 5	0.000 1	0.400 1	2.499 6
27	8 819.764 0	0.000 1	22 046.909 9	0.000 0	0.400 0	2.499 7
28	12 347.669 6	0.000 1	30 866.673 9	0.000 0	0.400 0	2.499 8
29	17 286.737 4	0.000 1	43 214.343 5	0.000 0	0.400 0	2.499 9
30	24 201.432 4	0.000 0	60 501.080 9	0.000 0	0.400 0	2.499 9

图书在版编目(CIP)数据

工程经济学/邵俊岗,肖敏主编. —上海:复旦大学出版社,2020.5
(复旦博学.21世纪工程管理系列)
ISBN 978-7-309-14969-2

Ⅰ.①工… Ⅱ.①邵… ②肖… Ⅲ.①工程经济学-高等学校-教材 Ⅳ.①F062.4

中国版本图书馆 CIP 数据核字(2020)第 053294 号

工程经济学
邵俊岗　肖　敏　主编
责任编辑/张美芳

复旦大学出版社有限公司出版发行
上海市国权路 579 号　邮编:200433
网址: fupnet@ fudanpress.com　http://www.fudanpress.com
门市零售: 86-21-65642857　团体订购: 86-21-65118853
外埠邮购: 86-21-65109143
上海华业装潢印刷厂有限公司

开本 787 × 1092　1/16　印张 20.5　字数 461 千
2020 年 5 月第 1 版第 1 次印刷

ISBN 978-7-309-14969-2/F·2684
定价: 58.00 元

如有印装质量问题,请向复旦大学出版社有限公司发行部调换。
版权所有　侵权必究